Jonathan Swift
Gullivers Reisen

SWIFT
GULLIVER

Jonathan Swift

Gullivers Reisen

Roman

Aus dem Englischen von Franz Kottenkamp

Illustrationen von Grandville

Anaconda

Titel der englischen Originalausgabe: *Travels into Several Remote Nations of the World in four Parts. By Lemuel Gulliver, First a Surgeon an Then a Captain of Several Ships*. Erstdruck: London (Benjamin Motte) 1726 (2 Bde.).
Die Übersetzung von Franz Kottenkamp erschien zuerst 1839 in zwei Bänden und mit 450 Bildern und Vignetten von Grandville bei Krabbe in Stuttgart.
Diese von Jens Knipp behutsam überarbeitete Fassung erschien im Anaconda Verlag erstmals 2008.

FSC www.fsc.org
MIX
Papier | Fördert gute Waldnutzung
FSC® C014496

Penguin Random House Verlagsgruppe FSC® N001967

1. Auflage

produktsicherheit@penguinrandomhouse.de
(Vorstehende Angaben sind zugleich Pflichtinformation nach GPSR)

Umschlaggestaltung: Katja Holst, Frankfurt am Main
Umschlagmotiv: © Interfoto / Mary Evans (Gulliver wird von den Bewohnern von Lilliput gefesselt, Illustration aus dem späten 19. Jahrhundert aus: The Coloured Picture Book for the Nursery)
Satz und Layout: paquémedia, www.paque.de
Druck und Bindung: GGP Media GmbH, Pößneck
Printed and bound in Germany
ISBN 978-3-7306-1515-7
www.anacondaverlag.de

Inhalt

Der Herausgeber an den Leser 7
Ein Brief von Kapitän Gulliver
an seinen Vetter Sympson 8

Erster Teil
Eine Reise nach Lilliput 15

Zweiter Teil
Eine Reise nach Brobdingnag 99

Dritter Teil
Eine Reise nach Laputa, Balnibarbi, Luggnagg,
Glubbdubdrib und Japan 193

Vierter Teil
Eine Reise in das Land der Houyhnhnms 281

Der Herausgeber an den Leser

Lemuel Gulliver, der Verfasser dieser Reisen, ist mein alter, enger Freund, auch verwandtschaftliche Beziehungen bestehen zwischen uns von mütterlicher Seite. Vor etwa drei Jahren kaufte Herr Gulliver, der des Besuches neugieriger Leute in seinem Haus in Redriff müde wurde, etwas Land mit einem geeigneten Haus nahe bei Newark in Nottinghamshire, seinem Heimatland, wo er jetzt zurückgezogen, aber von seinen Nachbarn sehr geachtet, lebt.

Obwohl Herr Gulliver in Nottinghamshire geboren wurde, wo sein Vater wohnte, habe ich ihn doch sagen hören, daß seine Familie aus Oxfordshire stamme; zur Bestätigung dessen habe ich auf dem Friedhof zu Banbery in jener Grafschaft mehrere Grabsteine und Denkmäler der Gullivers gesehen. Bevor er Redriff verließ, vertraute er mir die folgenden Papiere zu meiner freien Verfügung an. Ich habe sie sorgfältig dreimal durchgelesen. Der Stil ist sehr klar und einfach; der einzige Fehler, den ich finde, ist, daß der Verfasser nach Art der Reisenden ein wenig zu umständlich vorgeht. Über dem Ganzen liegt ein Schimmer offensichtlicher Wahrheit; und wirklich war der Verfasser wegen seiner Wahrheitsliebe so berühmt, daß es unter seinen Nachbarn in Redriff zur sprichwörtlichen Redensart wurde zu sagen: »Es ist so wahr, als ob Herr Gulliver es gesagt hätte«, wenn einer etwas behauptete.

Auf Anraten mehrerer ehrenwerter Personen, denen ich mit des Verfassers Erlaubnis diese Papiere mitteilte, wage ich es jetzt, sie in die Welt hinausgehen zu lassen in der Hoffnung, daß sie wenigstens für eine Zeitlang für unsere jungen Edelleute eine bessere Unterhaltung sein mögen als das übliche Geschreibsel über Politik und Gesellschaft.

Dieser Band wäre mindestens zweimal so umfangreich geworden, hätte ich es nicht gewagt, zahllose Stellen zu streichen, die von Wind, Ebbe und Flut handeln wie auch von den Kursänderungen und Positionen mehrerer Reisen; ebenso die ausführlichen Schilderungen der Führung eines Schiffes bei Sturmwetter in der Seemannssprache; desgleichen die Erwähnung von Längen- und Breitengraden. Hier glaube ich befürchten zu müssen, daß Herr Gulliver etwas unzufrieden sein wird; aber ich war entschlossen, das Werk so weit als möglich der allgemeinen Aufnahmefähigkeit der Leser anzupassen. Wenn mich jedoch meine eigene Unkenntnis in Seeangelegenheiten zu einigen Fehlern verleitet haben soll, so bin ich dafür allein verantwortlich; und wenn ein Reisender darauf versessen ist, das ganze umfangreiche Werk, wie es aus der Hand seines Verfassers kam, zu sehen, so bin ich bereit, ihm Genüge zu tun.

Für alle weiteren Einzelheiten über den Verfasser wird der Leser aus den ersten Seiten dieses Buches zur vollen Befriedigung schöpfen können.

Richard Sympson

Ein Brief von Kapitän Gulliver an seinen Vetter Sympson

Ich hoffe, daß Du, sooft Du dazu aufgefordert werden solltest, bereit bist, öffentlich anzuerkennen, daß Du mich durch Deine wiederholte dringende Bitte veranlaßt hast, einen sehr losen und ungenauen Bericht über meine Reise zu veröffentlichen in der Absicht, einen jungen Mann von dieser oder jener Universität zu gewinnen, um sie zu ordnen und den Stil zu verbessern, so wie es mein Vetter Dampier auf meinen Rat in seinem Buch »Eine Reise um die Welt« tat. Aber ich erinnere mich nicht, daß ich

Dir die Ermächtigung gab, irgendwelchen Auslassungen oder gar Hinzufügungen zuzustimmen; daher erkläre ich hier mit Bezug auf letztere, daß ich nichts mit ihnen zu tun habe, besonders nicht mit einem Abschnitt über Ihre Majestät, die Königin Anna, hochseligen und ruhmreichen Andenkens, obwohl ich sie wirklich mehr verehrte und achtete als irgend jemanden. Aber Du oder Dein Textfälscher hätten bedenken sollen, daß, da es nicht meiner Neigung entsprach, es auch nicht schicklich war, irgendein Lebewesen unserer Art über meinen Meister Houyhnhnm hinaus zu loben; und zudem war der Sachverhalt gänzlich falsch; denn meines Wissens – ich war während eines Teils der Regierung Ihrer Majestät in England – regierte sie wirklich durch einen Premierminister, ja sogar durch zwei aufeinanderfolgende, von denen der erste Lord Godolphin und der zweite Lord Oxford war; so daß Du mich also etwas hast sagen lassen, was gar nicht zutrifft. In gleicher Weise hast Du in dem Bericht über die Akademie der Plänemacher und an mehreren Stellen meiner Unterredung mit meinem Meister Houyhnhnm entweder wesentliche Umstände weggelassen oder sie derart zerhackt oder verändert, daß ich kaum mein eigenes Werk wiedererkenne. Wenn ich Dich früher auf so etwas in einem Brief aufmerksam machte, antwortetest Du freundlicherweise, daß Du befürchtetest, beleidigend zu wirken, daß einflußreiche Leute sehr über die Presse wachten und imstande seien, nicht nur etwas herauszulesen, sondern auch alles zu bestrafen, was wie eine Anspielung aussah (so nennst Du es wohl). Aber, bitte, wie konnte das, was ich vor so vielen Jahren sprach und in einer Entfernung von über 5000 Meilen, in einem anderen Reich, bezogen werden auf einen der Yahoos, die jetzt die Herde regieren sollen; besonders zu einer Zeit, da ich wenig von dem Unglück unter ihnen zu leben hielt oder befürchtete? Habe ich nicht den meisten Grund, mich zu beklagen, wenn ich sehe, wie gerade diese Yahoos von Houyhnhnms in einem Fahrzeug gefahren werden, als ob diese das wilde Vieh und jene die vernunftbegabten Geschöpfe wären? Und wirklich, die Vermeidung eines so ungeheuren und verabscheuungswürdigen Anblicks war ein Hauptbeweggrund dafür, daß ich mich hierher zurückzog.

So viel schien mir erwähnenswert für Dich selbst und für das von mir in Dich gesetzte Vertrauen.

An zweiter Stelle beklage ich mich über meinen eigenen großen Mangel an Urteilskraft, da ich durch die Bitten und falschen Beweisführungen von Deiner und anderer Seite sehr gegen meine eigene Meinung dazu gebracht wurde, die Veröffentlichung meiner Reisen zu dulden. Bitte, erinnere Dich, wie oft ich wünschte, Du würdest, wenn Du auf dem Motiv des öffentlichen Wohles bestündest, bedenken, daß die Yahoos eine Gattung von Lebewesen waren, die ausgesprochen unfähig waren, sich durch Vorschrift oder Beispiel verbessern zu lassen; und so hat es sich auch erwiesen; denn anstatt wenigstens auf dieser kleinen Insel zu sehen, wie all den Mißbräuchen und Verderbnissen Einhalt geboten wurde, was ich mit gutem Grund erwarten konnte, kann ich – sieh da, nach halbjähriger Warnung – nicht in Erfahrung bringen, daß mein Buch einen einzigen zweckentsprechenden Erfolg hervorgebracht hat. Ich hatte gewünscht, Du würdest mich durch einen Brief wissen lassen, wenn die Parteien und Fraktionen ausgelöscht seien; die Richter gebildet und aufrecht; die Verteidiger ehrbar und bescheiden und mit einem Anstrich von gesundem Menschenverstand, und Pyramiden von Gesetzesbüchern auf dem Smithfield-Platz verbrannt; der jungen Adligen Erziehung gänzlich geändert; die Ärzte verbannt; die weiblichen Yahoos an Tugend, Ehre, Wahrheit und Takt überströmend; Höfe und Empfänge großer Minister gründlich ausgerottet und weggefegt; Witz, Verdienst und Wissenschaft belohnt; alle Beschimpfer der Presse in Prosa und Dichtung dazu verurteilt, nichts als ihr eigenes Gespinst zu essen und ihren Durst mit ihrer eigenen Tinte zu löschen. Auf diese und eintausend andere Reformen rechnete ich fest dank Eurer Förderung, da sie in der Tat aus den in meinem Buch gegebenen Anleitungen leicht zu bewerkstelligen waren. Und es muß zugegeben werden, daß sieben Monate eine hinreichende Zeit waren, um alle Laster und Torheiten, denen die Yahoos unterworfen sind, zu heilen, wenn nur ihre Natur der geringsten Neigung zur Tugend oder Klugheit fähig gewesen wäre. Indes bist Du so weit davon entfernt gewesen, meinen Erwartungen in einem Deiner Briefe zu entsprechen, daß Du im Gegenteil jede Woche unseren Boten mit Schmähschriften, Schlüsseln, Reflexionen und Memoiren sowie Fortsetzungen überhäufst; worin ich mich selbst der üblen Nachrede über große Staatsmänner, der Herabwürdigung der Menschennatur (denn so nennen sie es noch vertrauensvoll) und des Mißbrauchs des weiblichen Geschlechts angeklagt sehe. Auch finde ich, daß die Schreiber jener Bündel von Schriften unter sich selbst nicht einig sind; denn einige von ihnen wollen nicht zugeben, daß ich der Verfasser meiner eigenen Reisen bin, und andere wieder machen mich zum Verfasser von Büchern, mit denen ich gar nichts zu tun habe.

Ferner finde ich, daß Dein Drucker so nachlässig gewesen ist, daß er die Zeiten und Daten meiner verschiedenen Reisen und Heimfahrten verwechselt und vertauscht hat, indem er weder die richtige Jahreszahl noch den richtigen Monat, noch den Monatstag einsetzt; und ich höre, daß das Originalmanuskript seit der Veröffentlichung meines Buches ganz zerstört ist; auch habe ich keine Kopie übrig. Ich habe Dir aber einige Korrekturen gesandt, die Du einfügen kannst, wenn jemals eine zweite Auflage in Frage kommen sollte; und doch kann ich nicht darauf bestehen, sondern muß diese Sache meinen urteilsfähigen und aufrichtigen Lesern überlassen, sie nach ihrem Gutdünken in Ordnung zu bringen.

Ich hörte, daß einige unserer See-Yahoos meine Seesprache tadeln als in vieler Hinsicht nicht angemessen und jetzt außer

Gebrauch. Ich kann daran nichts ändern. Auf meinen ersten Reisen, als ich noch jung war, wurde ich von den ältesten Seeleuten unterrichtet und lernte sprechen wie sie. Aber seitdem habe ich bemerkt, daß die See-Yahoos wie die Land-Yahoos geneigt sind, in ihren Worten erneuerungssüchtig zu werden, welch letztere sie jährlich ändern, und zwar so sehr, daß, wie ich mich erinnere, bei jeder Rückkehr in meine Heimat ihr alter Dialekt so verändert war, daß ich kaum den neuen verstehen konnte. Und ich beobachtete, daß, wenn Yahoos von London kommen, um aus Neugier mich in meinem Heim zu besuchen, wir beide außerstande sind, unsere Gedanken in einer dem anderen verständlichen Weise auszudrücken.

Wenn die Kritik der Yahoos mich irgendwie treffen könnte, so hätte ich allen Grund, mich darüber zu beklagen, daß einige von ihnen so dreist sind, mein Reisebuch nur für eine Einbildung meines eigenen Gehirnes zu halten; und einige sind sogar so weit gegangen, die Bemerkung fallenzulassen, daß die Houyhnhnms und Yahoos kein bißchen mehr Existenz besitzen als die Einwohner von Utopia.

Ich muß wirklich gestehen, daß ich im Hinblick auf die Leute von Lilliput, Brobdingrag (denn so sollte das Wort geschrieben werden und nicht irrtümlicherweise Brobdingnag) und Laputa noch niemals von einem Yahoo gehört habe, der so anmaßend gewesen wäre, ihr Dasein oder die auf sie bezüglichen Tatsachen in Zweifel zu ziehen; weil die Wahrheit jedem Leser sofort mit Überzeugungskraft in die Augen springt. Und liegt vielleicht weniger Wahrscheinlichkeit in meinem Bericht von den Houyhnhnms oder Yahoos, wenn es, was letztere betrifft, offenbar ist, daß es so viele Tausende sogar in diesem Land gibt, die sich von ihren ungeschlachten Brüdern in Houyhnhnms-Land nur dadurch unterscheiden, daß sie eine Art Geplapper anwenden und nicht nackt gehen? Ich schrieb zu ihrer Besserung und nicht zu ihrer Billigung. Das vereinigte Lob der ganzen Rasse wäre für mich von geringerer Bedeutung als das Wiehern jener beiden entarteten Houyhnhnms, die ich in meinem Stall habe, weil ich von diesen, so degeneriert sie auch sind, immer noch etwas in einigen makellosen Tugenden für meine Besserung lernen kann.

Sollten diese elenden Geschöpfe wirklich meinen, ich sei so entartet, um meine Wahrheitsliebe zu verteidigen? Ich bin nun einmal ein Yahoo, und jeder weiß im ganzen Houyhnhnm-Land, daß ich durch die Belehrungen und das Beispiel meines erlauchten Meisters imstande war, im Lauf von zwei Jahren (obwohl, wie ich gestehe, mit der größten Schwierigkeit) jene teuflische Gewohnheit von mir abzulegen, die zutiefst im Seelengrund meiner sämtlichen Artgenossen, besonders der Europäer, verwurzelt ist: die Gewohnheit des Lügens, Überlistens, Täuschens und der zweideutigen Rede.

Bei dieser verdrießlichen Gelegenheit hätte ich noch andere Klagen vorzubringen, aber ich unterlasse es, mir selbst oder Dir noch weiteren Kummer zu bereiten. Ich muß offen gestehen, daß seit dem letzten Mal einige Verdorbenheiten der Yahoo-Natur in mir wieder aufgelebt sind, und zwar durch den Umgang mit einigen ihrer Vertreter und besonders – wie ganz unvermeidlich – mit denen meiner eigenen Familie; sonst hätte ich niemals ein so verrücktes Projekt wie das der Besserung der Yahoo-Rasse in diesem Königreiche versucht; aber ich bin nun für immer und ewig fertig mit solchen Zukunftsplänen.

2. April 1727

ERSTER TEIL

Eine Reise nach Lilliput

Erstes Kapitel

Der Verfasser gibt Nachricht von seiner Person und seiner Familie. Seine erste Veranlassung zu Reisen. Er leidet Schiffbruch, sucht sich durch Schwimmen zu retten, erreicht wohlbehalten den Strand von Lilliput, wird gefangengenommen und in das Innere des Landes gebracht.

Mein Vater besaß ein kleines Gut in Nottinghamshire; ich war der dritte seiner fünf Söhne. Mit dem vierzehnten Jahr wurde ich auf Emanuel-College in Cambridge geschickt, wo ich drei Jahre lang blieb und fleißig studierte. Die damit verbundenen Kosten waren jedoch für das kleine Vermögen meines Vaters zu groß, obgleich ich nur einen unbedeutenden Wechsel erhielt; deshalb wurde ich bei Herrn James Bates, einem ausgezeichneten Wundarzt der Hauptstadt London, in die Lehre gegeben, bei dem ich drei Jahre lang blieb. Von Zeit zu Zeit schickte mir mein Vater kleine Geldsummen, die ich auf das Erlernen der Schiffahrtskunde und auf das Studium anderer mathematischer Wissenschaften verwandte, deren Kenntnis für diejenigen durchaus notwendig ist, die große Reisen unternehmen wollen; ich hegte immer ein gewisses Vorgefühl, dies werde früher oder später mein Schicksal sein. Als ich Herrn Bates verließ, kehrte ich zu meinem Vater zurück und erhielt von ihm, meinem Onkel James und einigen anderen Verwandten die Summe von 43 Pfund. Zugleich wurden mir 30 Pfund jährlich versprochen, so daß ich nach Leiden ziehen konnte. Dort studierte ich zwei Jahre und sieben Monate Medizin. Ich wußte, daß mir dies auf großen Reisen von Nutzen sein würde.

Bald nach meiner Rückkehr aus Leiden erhielt ich durch die Empfehlung meines guten Lehrers Bates die Stelle eines Wundarztes auf der »Schwalbe«, deren Kapitän der kommandierende Abraham Pannel war. Mit diesem Schiffe machte ich einige Reisen nach der Levante und anderen Gegenden. Nach meiner Rückkehr beschloß ich, mich in London niederzulassen, wozu mich auch Herr Bates ermutigte, nachdem er mich mehreren seiner Patienten empfohlen hatte. Ich mietete mir ein Stockwerk eines kleines Hauses in Old Jewry, und da man mir riet, den Junggesellenstand aufzugeben, verheiratete ich mich mit Maria Burton, der zweiten Tochter des Strumpfhändlers Edmund Burton in der Newgate Street, durch die ich 60 Pfund Mitgift erhielt.

Nach zwei Jahren starb aber mein guter Lehrer Bates. Ich hatte nur wenig Freunde, und somit verschlechterte sich auch mein Geschäft, denn mein Gewissen erlaubte mir nicht, in meiner Praxis gelegentlich unerlaubte Handlungen vorzunehmen, wie dies bei so vielen meiner Kollegen üblich ist. Nachdem ich deshalb eine lange Beratung mit meiner Frau und mehreren meiner Bekannten gehalten hatte, beschloß ich, wieder zur See zu gehen. Ich war Wundarzt auf zwei Schiffen und machte sechs Jahre lang verschiedene Reisen nach Ostindien und Amerika, wodurch ich mein Vermögen etwas vermehrte. In meinen Mußestunden las ich die besten älteren und neueren Schriftsteller, denn ich hatte stets eine nicht unbedeutende Anzahl Bücher mitgenommen; war ich ans Land gegangen, so beobachtete ich die Sitten und Charaktere der verschiedenen Nationen und erlernte ihre Sprachen, wozu ich durch die Stärke meines Gedächtnisses befähigt war.

Da die letzte dieser Reisen nicht sehr glücklich verlief, wurde ich des Seefahrens müde und beschloß, bei meiner Frau und meiner Familie zu bleiben. Ich zog aus der Old Jewry in die Fetter Lane und von da nach Wapping, denn ich hoffte, mir unter den dortigen Matrosen eine ärztliche Praxis einzurichten; allein diese Veränderung schlug nicht zu meinem Vorteil aus. Nachdem ich drei Jahre auf eine Besserung meiner Lage gewartet hatte, erhielt ich von Kapitän William Prichard, dem Eigentümer der »Antilope«, die im Begriff war, nach der Südsee abzusegeln, ein vorteilhaftes Anerbieten. Wir fuhren am 4. Mai 1699 von Bristol ab, und unsere Reise war anfangs glücklich.

Aus bestimmten Gründen will ich den Leser mit den Einzelheiten unserer Reise in jenen Meeren nicht langweilen; es genüge die Bemerkung, daß wir auf unserer Fahrt von Bristol nach Ostindien durch einen heftigen Sturm nordwestlich von Vandiemensland getrieben wurden. Durch nautische Beobachtungen bestimmten wir, daß wir uns bei 30 Grad zwei Minuten südlicher Breite befanden. Zwölf Mann hatten wir durch übermäßige Arbeit bei schlechter Nahrung bereits verloren; die übrigen waren erschöpft. Am 5. November, dem Anfang des Sommers in diesen Breitengraden, war das Wetter trübe; die Matrosen bemerkten ein Felsenriff in der Entfernung von einer halben Kabellänge; der Wind war stark. Wir wurden darauf zugetrieben und scheiterten. Sechs von der Mannschaft, unter denen ich mich befand, setzten das Boot aus und suchten vom Schiff und dem Felsenriff loszukommen. Wir ruderten nach meiner Berechnung drei Seemeilen, bis es nicht mehr möglich war zu rudern, da unsere Kräfte durch fortwährende Anstrengung im Schiff bereits aufgerieben waren. Wir gaben uns deshalb den Wogen preis, und nach ungefähr einer halben Stunde wurde das Boot durch einen plötzlichen Windstoß von Norden her umgeworfen. Ich kann nicht berichten, was aus meinen Gefährten im Boot und der Schiffsmannschaft geworden ist, vermute jedoch, daß sie ertranken. Was mich betrifft, so schwamm ich auf gut Glück, wohin Wogen und Flut mich trieben. Oft ließ ich die Füße herabhängen, konnte aber keinen Grund fühlen; als ich beinahe verloren war, denn ich konnte nicht länger mit den Wellen ringen, fand ich endlich festen Boden; zugleich ließ auch der Sturm nach. Der Strand war so flach, daß ich beinahe eine Meile gehen mußte, bevor ich um acht Uhr abends, wie ich glaube, auf das trockene Ufer gelangte. Alsdann ging ich noch eine halbe Meile, konnte aber keine Spur von Häusern oder Einwohnern entdekken. Zuletzt wurde ich so schwach, daß ich gar nichts mehr bemerkte. Da ich sehr müde war und das Wetter heiß, ich auch, als ich das Schiff verließ, eine halbe Pinte Branntwein getrunken hatte, fühlte ich Neigung zum Schlaf. Ich legte mich auf das Gras, das mir kurz und weich zu sein schien, und schlief dann fester als jemals in meinem Leben, soviel ich weiß und wie ich glaube, an die neun Stunden. Als ich erwachte, war der Tag angebrochen. Ich versuchte aufzustehen, konnte mich aber nicht bewegen; während ich auf dem Rücken lag, bemerkte ich, daß meine Arme und Beine festgebunden am Boden hafteten. Dasselbe war mit meinen sehr langen und dicken Haaren der Fall. Auch fühlte ich mehrere dünne Bande am ganzen Leibe von den Achselhöhlen bis zu den Schenkeln. Ich konnte nur aufwärts blicken; die Sonne war sehr heiß, und ihr Licht blendete meine Augen. Ich vernahm ein wirres Geräusch in meiner Nähe; in der Stellung jedoch, die ich einnahm, konnte ich nur den Himmel sehen. Mittlerweile fühlte ich, wie sich etwas auf meinem linken Schenkel bewegte; irgendein Geschöpf rückte leise vorwärts und kam über meine Brust bis fast an mein Kinn; ich erkannte in diesem eine Menschengestalt von etwa sechs Zoll Höhe, mit Bogen und Pfeilen in der Hand und mit einem Köcher auf dem Rücken. Zugleich fühlte ich, daß wenigstens noch vierzig derselben Menschengattung dem ersten folgten. Ich war äußerst erstaunt und brüllte so laut, daß sie sämtlich erschrocken fortliefen; einige, wie ich nachher hörte, verletzten sich durch den Fall, als sie von meiner Seite herabspringen wollten. Sie kamen aber bald zurück; einer von ihnen wagte sich so weit, daß er vollkommen in mein Gesicht blicken konnte, erhob voll Verwunderung seine Hände und Augen und rief mit schallender und deutlicher Stimme: »Hekinah degul.« Die übrigen wiederholten dieselben Worte mehrmals; ich konnte damals aber ihren Sinn noch nicht verstehen.

Der Leser wird wohl verstehen, daß ich mich in keiner bequemen Lage befand; ich suchte loszukommen und hatte zuletzt das Glück, die Stricke zu zerreißen oder die Pfähle abzubrechen, woran mein linker Arm befestigt war. Als ich diesen nun zum Gesicht erhob, bemerkte ich die Art, wie man mich gebunden hatte. Durch einen heftigen Ruck, der mir viel Schmerz verursachte, machte ich die Bande, die meine Haare auf der linken Seite hielten, etwas locker, so daß ich imstande war, meinen Kopf um zwei Zoll zu drehen; doch liefen die Geschöpfe noch einmal fort, ehe ich eins davon ergreifen konnte, worauf ein sehr lauter Ruf von mehreren Stimmen erklang, der aber schnell wieder verhallte. Hierauf hörte ich, wie einer »Tolgo phonac« rief. Sogleich trafen mehr als hundert Pfeile meine linke Hand und stachen mich wie Nadeln. Außerdem wurde eine andere Salve in die Luft geschossen, so wie wir die Bomben in Europa schleudern. Ich glaube, eine Menge Pfeile fiel auf meinen Körper, ich habe sie aber nicht gefühlt. Einige richteten ihre Geschosse auf mein Gesicht, das ich sogleich mit der linken Hand bedeckte. Als dieser Pfeilschauer vorüber war, begann ich aus Gram und wegen meiner Schmerzen zu seufzen; ich versuchte wieder, mich loszumachen, und erhielt noch eine zweite und größere Salve; einige suchten mit Speeren in meine Seite zu stechen; zum Glück aber trug ich ein Wams von Büffelleder, das sie nicht durchbohren konnten. Ich hielt es deshalb für das klügste, regungslos liegenzubleiben, bis die Nacht einbräche. Da meine linke Hand bereits von den Banden gelöst war, konnte ich mich sehr leicht gänzlich befreien, und was die Einwohner betraf, so hegte ich die Überzeugung, ihrem größten Heer vollkommen gewachsen zu sein, wenn alle Soldaten von derselben Größe wären wie jenes Geschöpf, das ich gesehen hatte. Allein das Geschick hatte mir ein anderes Los beschieden. Als die Volksmasse meine Ruhe sah, schickte sie mir keine weitere Salve von Pfeilen; aus dem Lärm, den ich vernahm, konnte ich jedoch den Schluß ziehen, daß ihre Anzahl sich vermehrte. Auch vernahm ich, wie man in einer Entfernung von vier Ellen, meinem rechten Ohr gegenüber, ungefähr eine Stunde lang in der Art polterte, wie wenn dort Arbeiter beschäftigt wären. Deshalb drehte ich den Kopf nach der Seite hin, so gut es die Stricke und Pfähle erlaubten, und erblickte ein ungefähr anderthalb Fuß hohes Gerüst, das, mit zwei oder drei Leitern versehen, vier jener Eingeborenen tragen konnte. Von dort aus hielt eins der Geschöpfe, wie es schien ein Mann von Stand, eine lange an mich gerichtete Rede, wovon ich aber keine Silbe verstand. Jedoch muß ich noch erwähnen, daß jene Hauptperson, bevor sie ihre Rede begann, dreimal ausrief: »Langro dehul san« (diese sowie auch die früheren Worte wurden mir später wiederholt erklärt). Hierauf traten ungefähr fünfzig Einwohner näher, welche die Stricke an der linken Seite meines Kopfes abschnitten, so daß ich diesen nach rechts hin drehen und die Gestalt sowie die Handlung dessen, der reden wollte, beobachten konnte. Er war ein Mann von mittleren Jahren und schlanker als die andern drei, die ihn begleiteten. Einer davon war ein Page, der ihm die Schleppe trug und etwas länger als mein Mittelfinger zu sein schien. Die anderen beiden standen an den Seiten der hohen Person, um sie zu halten. Diese spielte vollkommen die Rolle eines Redners, und ich konnte manche Perioden der Drohung, eine andere der Versprechung, des Mitleids und der Höflichkeit unterscheiden. Ich antwortete in wenig Worten, jedoch in der untertänigsten Weise. Die linke Hand und die Augen erhob ich zur Sonne, als wollte ich sie zum Zeugen anrufen. Da ich nun aber mehrere Stunden, bevor ich das Schiff verließ, nur einige sehr schmale Bissen gegessen hatte, war ich jetzt beinahe verhungert; die Ansprüche der Natur wirkten deshalb mit solcher Stärke, daß ich es nicht unterlassen konnte, meine Ungeduld, vielleicht gegen die strengen

Regeln des Anstandes, dadurch zu zeigen, daß ich meinen Finger mehrmals in den Mund steckte, um anzudeuten, ich müsse durchaus Nahrung zu mir nehmen. Der Hurgo (so nannten die anderen, wie ich nachher erfuhr, den erwähnten vornehmen Herrn) verstand mich vollkommen. Er stieg von dem Gerüst herab und gab Befehl, mehrere Leitern an meine Seite zu stellen; ungefähr hundert Einwohner stiegen hinauf und gingen mit Körben voll Fleisch, das auf des Königs Befehl nach der ersten Nachricht von meiner Ankunft hierher gesandt worden war, auf meinen Mund zu. Ich erkannte dies als das Fleisch verschiedener Tiere, konnte es aber nach dem Geschmack nicht unterscheiden. Mir wurden Keulen und Rippenstücke, von der Gestalt der Hammelkeulen und -rippen, gebracht; sie waren sehr schmackhaft gekocht, aber nur von der Größe eines Lerchenflügels. Zwei oder drei steckte ich auf einmal mit drei runden Broten, so dick wie Musketenkugeln, in den Mund. Jene Geschöpfe versahen mich nun so schnell wie möglich mit Nahrung und äußerten dabei mehr als tausendmal ihr Erstaunen über meine Größe und meinen Hunger. Darauf gab ich ein anderes Zeichen, daß ich zu trinken wünsche. Sie hatten durch meinen Appetit bereits erkannt, eine kleine Quantität würde mir nicht genügen, und da sie nun sehr verständig waren, zogen sie mit vieler Geschicklichkeit eines ihrer größten Fässer zu mir hinauf, rollten es auf meine Hand und stießen den Boden ein; denn es enthielt keine halbe Pinte und schmeckte beinahe wie ein leichter Burgunder, aber köstlicher. Alsdann brachte man mir ein zweites Faß, das ich auf dieselbe Weise leerte; ich gab durch Zeichen zu verstehen, man möge mir noch mehr bringen, aber leider war nichts mehr vorhanden. Als ich diese Wunder vollbrachte, stießen die erwähnten Geschöpfe ein lautes Geschrei aus, tanzten auf meiner Brust und wiederholten mehrmals, wie früher, »Hekinah degul«. Dann gaben sie mir durch Zeichen zu verstehen, ich solle die leeren Fässer fortwerfen. Zuerst aber hatten sie den Umstehenden erklärt, auf der Hut zu sein. Als die Fässer nun durch die Luft flogen, ertönte ein abermaliges Freudengeschrei.

Ich muß gestehen, daß ich wohl in Versuchung kam, dreißig oder vierzig von jenen Herren, die auf meiner Brust herumspazierten und die ich packen konnte, mit kurzem Prozeß auf den Boden zu werfen. Allein die Erinnerung meiner soeben überstandenen Plage, wahrscheinlich noch nicht die schlimmste Peinigung, die in der Macht jener Geschöpfe lag, und dann auch mein Ehrenwort, ruhig zu bleiben (denn so deutete ich mir meine untertänigen Bewegungen), brachten mich bald auf andere Gedanken. Außerdem hielt ich mich durch die Gesetze der Gastfreundschaft jenen Leuten für moralisch verpflichtet. Sie bewirteten mich ja mit so viel Kostenaufwand und Freigebigkeit. Dennoch mußte ich über die Unerschrockenheit dieser kleinen Menschen staunen, die keck genug auf meinem Leib spazierengingen, während meine Hand durchaus zu meiner Verfügung stand, und die dennoch nicht vor einem so erstaunlichen Geschöpf, wie ich ihnen erscheinen mußte, erzitterten. Als meine neuen Bekannten darauf bemerkten, daß ich nicht weiter zu essen verlangte, erschien eine Person hohen Ranges von seiten Seiner Kaiserlichen Majestät. Seine Exzellenz stieg auf mein rechtes Knie, unter meinen Waden hinauf, marschierte mit einem Dutzend Trabanten an mein Gesicht, präsentierte mir sein Kreditiv mit dem königlichen Siegel, hielt es mir dicht vor die Augen und sprach ungefähr zehn Minuten ohne Zeichen von Zorn, jedoch mit dem Ausdruck der Entschlossenheit; oftmals wies die Exzellenz nach einer bestimmten Richtung, wo, wie ich bald bemerkte, die Hauptstadt in der Entfernung einiger Meilen lag. Seine Majestät hatte nämlich im Geheimen Rat beschlossen, mich dorthin transportieren zu lassen. Ich antwortete in wenig Worten. Allein, was half mir das? Deshalb machte ich ein Zeichen mit meiner noch freien Hand. Ich legte sie auf die andere (beiläufig gesagt, ich mußte mich sehr in acht nehmen, den Kopf Seiner Exzellenz nicht zu berühren und ihn oder sein Gefolge zu verletzen) und dann auf meinen Kopf und meinen Leib. Dies sollte nämlich bedeuten, ich wünschte meine Freiheit. Wie es schien, verstand Seine Exzellenz mich vollkommen, schüttelte jedoch mißbilligend ihr Haupt und hielt ihre Hand in solcher Art, daß sie mir zu verstehen gab, ich müsse als Gefangener fortgeführt werden. Zugleich aber eröffnete sie mir durch andere Zeichen, ich würde Getränke und Speise zur Genüge erhalten und sehr gut behandelt werden. Hierauf versuchte ich noch einmal, meine Fesseln zu zerreißen, allein zum zweiten Mal empfand ich das Stechen der Pfeile auf Gesicht und Händen, die bereits mit Blasen bedeckt waren; auch fühlte ich, daß noch einige Pfeile in der Haut steckten, und sah zugleich, wie die Zahl meiner Feinde sich vermehrte. So gab ich Zeichen, sie möchten mit mir tun, was sie wollten. Alsdann entfernte sich der Hurgo nebst seinem Gefolge mit vieler Höflichkeit und vergnügtem Gesicht. Bald darauf vernahm ich einen allgemeinen Schrei, worin die Worte »Peplom selan« häufig wiederholt wurden; ich fühlte zugleich, wie eine Menge von Leuten die Stricke an meiner linken Seite in der Art löste, daß ich mich auf die rechte umdrehen konnte, um endlich meine Blase zu erleichtern. Dies tat ich in vollem Maße, zum großen Erstaunen meiner neuen Bekannten, die aus meinen Bewegungen auf mein Vorhaben schlossen und sogleich rechts und links eine Gasse öffneten, den Strom zu vermeiden, der mit solchem Getöse und solcher Heftigkeit aus mir hervorbrauste. Zuvor jedoch hatten sie mir Gesicht und Hände mit einer angenehm duftenden Salbe eingerieben, die in wenigen Minuten den durch die Pfeile verursachten Schmerz heilte; dieser Umstand sowie auch die Erfrischung, die ich durch Getränk und Speise erhalten hatte, die wirklich sehr nahrhaft war, machte mich zum Schlaf geneigt. Wie man mir nachher gesagt hat, schlief ich acht Stunden, und dies war sehr natürlich, denn die Ärzte hatten auf Befehl des Kaisers ein Schlafmittel in den Wein gemischt.

Der Kaiser war, sobald man mich nach meiner Landung auf dem Strand schlafend gefunden hatte, wahrscheinlich sogleich durch Kuriere davon benachrichtigt worden und hatte im Staatsrat beschlossen, man solle mich in der von mir berichteten Weise fesseln und verhaften, wie es während meines Schlafes geschah; ferner solle mir Speise und Trank zur Genüge gereicht und eine Maschine zu meinem Transport in die Hauptstadt instand gesetzt werden.

Dieser Entschluß konnte vielleicht kühn und gefährlich erscheinen; auch würde ein europäischer Fürst bei ähnlicher Gelegenheit schwerlich eine solche Maßregel treffen. Nach meiner Meinung war er aber sowohl klug als edelmütig. Hätten nämlich jene Leute es versucht, mich mit ihren Pfeilen und Speeren zu töten, während ich schlief, so wäre mein erstes Gefühl beim Erwachen sicherlich ein heftiger Schmerz gewesen; dadurch wären meine Wut und all meine Kraft erregt worden, so daß ich meine Bande sehr leicht würde zersprengt haben. Da sie in dem Fall mir keinen Widerstand hätten leisten können, durften sie auch keine Gnade erwarten.

Das Volk zeichnet sich durch mathematisches Wissen aus und hat es zu einer großen Vollkommenheit in mechanischen Arbeiten gebracht, weil der Kaiser, der überhaupt als berühmter Beschützer der Gelehrten gilt, jene Bestrebungen unterstützt und ermutigt. Dieser Fürst besitzt mehrere auf Rädern ruhende Maschinen zum Transport der Bäume und anderer Dinge von großem Gewicht. Er läßt seine größten Kriegsschiffe, wovon einige an neun Fuß lang sind, meist an Ort und Stelle, wo das Zimmerholz wächst, verfertigen und dann auf eine Entfernung von drei- bis vierhundert Ellen zur See fahren. Fünfhundert Zimmerleute und Ingenieure wurden sogleich in Tätigkeit gesetzt, um die größte Maschine der Art, die vorhanden war, in Eile herzurichten. Es war ein hölzerner um drei Zoll über dem Boden erhöhter Bau, sieben Fuß lang, vier Fuß breit, und mit zweiundzwanzig Rädern versehen. Der Freudenruf, den ich vernahm, erscholl wegen der Ankunft der Maschine, die, wie es schien, schon vier

Stunden nach meiner Landung in Bewegung gesetzt wurde. Sie wurde mit meiner Lage parallel gestellt; aber nun kam die größte Schwierigkeit. Wie sollte ich auf das Fuhrwerk gehoben werden? Achtzig Pfähle von einem Fuß Höhe wurden zu diesem Zweck eingerammt. Sehr starke Stricke, von der Dicke eines Bindfadens, wurden mit Haken an einer gleichen Zahl von Banden befestigt, welche die Arbeiter mir um Hände, Hals, Leib und Arme geschlungen hatten. An den Pfählen hingen diese Stricke auf Rollen; neunhundert der stärksten Männer wanden diese auf. Somit wurde ich in ungefähr drei Stunden emporgehoben, in die Maschine gezogen und dort festgebunden. Alles dies ist mir nachher erzählt worden, denn während der Operation lag ich, infolge des Schlaftrunkes in dem von mir genossenen Wein, im tiefsten Schlaf. Fünfzehnhundert Pferde, die größten, die der Kaiser besaß, die an Länge zwei Zoll und an Höhe einen halben Zoll betrugen, wurden vorgespannt, um mich zur Hauptstadt zu ziehen, die, wie ich hörte, eine halbe Meile entfernt war.

Nachdem wir ungefähr vier Stunden unterwegs gewesen waren, erwachte ich durch einen lächerlichen Umstand. Als nämlich das Fuhrwerk anhielt, damit irgendeiner plötzlichen Verwirrung abgeholfen werde, konnten zwei oder drei junge Eingeborene ihre Neugier, mich schlafen zu sehen, nicht unterdrükken. Sie kletterten auf das Fuhrwerk und schlichen sich auf Zehenspitzen an mein Gesicht. Einer von ihnen, ein junger Gardeoffizier, steckte aber in mein linkes Nasenloch die Spitze seines Spontons, die mich wie ein Strohhalm kitzelte, so daß ich mehrere Male niesen mußte. Dann schlichen sie sich unbemerkt davon, und erst nach drei Wochen erfuhr ich die Ursache meines plötzlichen Erwachens. Während der übrigen Zeit machten wir einen langen Marsch; in der Nacht ward haltgemacht. Fünfhundert Gardisten waren an jeder Seite aufgestellt; die eine Hälfte von diesen trug Fackeln, die andere, mit Bogen und Pfeilen ausgerüstet, stand bereit, auf mich zu schießen, sobald ich mich rühren würde. Am nächsten Morgen bei Sonnenaufgang setzten wir uns wieder in Bewegung und waren gegen Mittag nur noch zweihundert Ellen von den Stadttoren entfernt. Der Kaiser kam uns mit seinem ganzen Hof entgegen; die Großoffiziere wollten aber durchaus nicht leiden, daß Seine Majestät durch das Besteigen meines Körpers sein Leben in Gefahr setze.

Der Wagen hielt bei einem alten Tempel an, der, wie es hieß, der größte im ganzen Königreich war. Einige Jahre vorher war er durch einen scheußlichen Mord befleckt worden. Das Volk hielt ihn deshalb für entweiht, und man hatte ihn nunmehr zum profanen Gebrauch bestimmt und alle heiligen Geräte und Verzierungen daraus hinweggeschafft. Das Gebäude wurde mir als Wohnung angewiesen. Das große, nach Norden hin gerichtete Tor war vier Fuß hoch und zwei Fuß breit, so daß ich bequem hindurchkriechen konnte. Auf jeder Seite dieses Tores befand sich, kaum sechs Fuß über dem Boden, ein kleines Fenster; an dem linken spannte der Hofschmied des Kaisers einundneunzig Ketten aus, von der Größe derer, woran die Damen ihre Uhren tragen; diese wurden mit einundsechzig Schlössern an meinem linken Bein befestigt. Dem Tempel gegenüber, auf der anderen Seite der Heerstraße, stand in der Entfernung von zwanzig Fuß ein wenigstens fünf Fuß hoher Turm. Diesen bestieg der Kaiser mit dem ersten Adel seines Hofes, um mich zu sehen. Ich selbst konnte die Herren nicht erblicken, habe aber den Vorfall nachher erfahren. Zu demselben Zweck sollen wenigstens hunderttausend Menschen aus der Stadt gekommen sein, und ich glaube, daß nicht weniger als zehntausend meinen Leib mit Leitern erstiegen und so den Verboten meiner Wachen trotzten. Bald aber erschien eine Verfügung, die diese Neugier bei Todesstrafe untersagte.

Als die Arbeiter sahen, daß es mir unmöglich war, meine Ketten zu zerbrechen, durchschnitten sie alle Stricke, womit ich gefesselt war. Hierauf erhob ich mich in so melancholischer Gemütsverfassung, wie ich sie bisher noch nie empfunden hatte. Der Lärm und das Staunen des Volkes, als man mich aufstehen und herumgehen sah, sind nicht zu beschreiben. Die Ketten an meinem linken Bein waren ungefähr zwei Ellen lang und gestatteten mir nicht nur, im Halbkreis vorwärts und rückwärts zu gehen, sondern erlaubten mir auch, in das Tor zu kriechen und mich der Länge nach im Tempel auszustrecken, da sie vier Zoll vom Tor entfernt befestigt waren.

Zweites Kapitel

Der Kaiser von Lilliput besucht mit dem Gefolge seines Adels den Verfasser. Des Kaisers Person und die Vornehmen werden beschrieben. Gelehrte erhalten den Auftrag, den Verfasser in der Landessprache zu unterrichten. Er setzt sich durch seinen sanften Charakter in Gunst. Seine Taschen werden durchsucht. Degen und Pistolen werden konfisziert.

Als ich nun auf den Füßen stand, sah ich mich ein wenig um, und ich muß gestehen, daß ich niemals eine so schöne Aussicht erblickt habe. Die Umgebung erschien wie ein Garten, und die eingehegten Felder, die meist vierzig Quadratfuß umfaßten, glichen Blumenbeeten. Diese Felder waren untermischt mit Wäldern von acht Fuß Umfang; die größten Bäume schienen sieben Fuß hoch zu sein. Links erblickte ich die Hauptstadt, die einer auf Theaterkulissen gemalten Stadt glich. Schon seit einigen Stunden wurde ich von Naturbedürfnissen heftig gedrängt, und dies war wahrlich kein Wunder, denn schon seit zwei Tagen hatte ich mich nicht entleert. Ich befand mich in großer Klemme zwischen Not und Scham. Das beste Auskunftsmittel, das mir einfiel, war, in mein Haus zu kriechen. Ich tat es, schloß das Tor,

DÉFENS

ging, soweit es die Länge meiner Ketten erlaubte, hinein und erleichterte meinen Körper. Dies war jedoch das einzige Mal, daß ich mich einer so unreinlichen Handlung schuldig machte; auch hoffe ich in diesem Punkte auf die Nachsicht des gütigen Lesers, wenn er reiflich und unparteiisch meinen Fall und meine schlimme Lage geprüft haben wird. Von dieser Zeit an war stets meine Gewohnheit, sobald ich aufstand, dieses Geschäft in der freien Luft abzutun; und jeden Morgen wurde auch gehörig Sorge getragen, daß der anstößige Stoff, ehe Gesellschaft kam, von zwei dazu angestellten Dienern auf Karren fortgebracht wurde. Ich würde vielleicht bei einem Umstande nicht so lange verweilen, der beim ersten Eindruck als nicht sehr wichtig erscheint, hätte ich es nicht für notwendig gehalten, meinen Ruf in betreff der Reinlichkeit vor der Welt zu rechtfertigen, da Verleumder, wie ich höre, bei diesem Anlaß und anderen Gelegenheiten sie in Frage gestellt haben.

Als dies Abenteuer zu Ende war, ging ich wieder aus meinem Haus, denn ich bedurfte der frischen Luft. Der Kaiser war bereits vom Turm herabgestiegen und ritt auf mich zu, was ihn beinahe teuer zu stehen gekommen wäre. Sein Pferd, obgleich trefflich zugeritten, bäumte sich auf bei dem ungewöhnlichen Anblick, denn es mußte ihm scheinen, ein Berg bewege sich vor seinen Augen. Der Fürst jedoch, der ein vorzüglicher Reiter war, hielt sich im Sattel, bis seine Begleiter herbeieilten und das Pferd am Zaum ergriffen, so daß Seine Majestät Zeit hatte abzusteigen. Als der Kaiser abgestiegen war, besah er mich von oben bis unten mit großer Bewunderung, hielt sich aber immer aus dem Bereich meiner Ketten. Er befahl alsdann seinen Köchen und Kellermeistern, die schon mit allem bereit waren, mir Essen und Trinken zu reichen. Diese Nahrung schoben sie mir auf einer Art von Fuhrwerken hin, bis ich sie ergreifen konnte. Ich nahm aber diese Fuhrwerke und leerte sie in kurzem sämtlich aus. Zwanzig waren mit Fleisch, zehn mit geistigem Getränk in irdenen Geschirren beladen. Jedes lieferte mir zwei oder drei gute Bissen. Das Getränk von zehn irdenen Gefäßen goß ich in einen solchen Wagen und leerte diesen mit einem Zuge. Die Kaiserin und die jungen Prinzen und Prinzessinnen von Geblüt saßen mit einem Gefolge vieler Damen in einiger Entfernung auf Stühlen. Bei dem Unfall des kaiserlichen Pferdes standen sie auf und traten näher an die Person Seiner Majestät heran, die ich jetzt genauer beschreiben will. Der Kaiser ist um die Breite meines Nagels größer als seine Hofleute; und dies allein genügt, die, welche ihn sehen, mit Ehrfurcht zu erfüllen. Seine Gesichtszüge sind stark und männlich; seine Lippe ist österreichisch, seine Nase gebogen, Leib und Glieder in schönem Verhältnis gebildet, seine Bewegungen anmutig, seine Haltung majestätisch. Er war damals schon über die erste Jugendblüte hinaus, denn er zählte 28 ¾ Jahre. Sieben Jahre hatte seine glückliche und im allgemeinen siegreiche Regierung gedauert. Um ihn besser betrachten zu können, legte ich mich auf die Seite, so daß sein Gesicht mit dem meinigen in gleicher Höhe stand, während er sich drei Ellen von mir entfernt hielt. Später habe ich ihn jedoch öfter in der Hand gehalten und kann mich deshalb in der Beschreibung nicht täuschen. Seine Kleidung war sehr einfach; die Mode halb orientalisch, halb europäisch. Er trug auf dem Haupt einen leichten goldenen, mit Juwelen geschmückten Helm, von dessen Spitze eine Feder herabwehte. Er hielt sein blankes Schwert in der Hand, um sich zu verteidigen, falls ich losbräche; es war beinahe drei Zoll lang, Scheide und Griff mit Diamanten besetzt. Seine Stimme klang schrill, war aber zugleich deutlich und vernehmlich; sogar wenn ich aufstand, konnte ich sie hören. Die Damen und Herren des Hofes waren sämtlich mit vieler Pracht gekleidet, so daß es scheinen konnte, als sei an dem Orte, wo sie standen, ein mit gestickten Figuren in Gold und Silber ausgeschmücktes Damenkleid der Länge nach ausgebreitet. Seine Majestät erwies mir die Ehre, öfter mit mir zu reden, und gab auch

Erwiderungen, allein wir konnten einander nicht verstehen. Auch waren mehrere Priester und Rechtsgelehrte gegenwärtig (auf den Stand schloß ich aus der Kleidung), die den Auftrag hatten, mich anzusprechen; ich wollte mich mit ihnen in allen Sprachen unterhalten, worin ich mich nur einigermaßen ausdrücken konnte: im Deutschen, Holländischen, Lateinischen, Französischen, Spanischen, Italienischen und in der Lingua franca. Allein meine Bemühung half nichts.

Nach zwei Stunden entfernte sich der Hof. Eine stärkere Wache wurde vor mir aufgestellt, um die Impertinenz und wahrscheinlich auch die Bosheit des Pöbels abzuwehren, der sehr begierig war, mir so nahe zu kommen, wie er durfte. Einige waren sogar so unvorsichtig, ihre Pfeile auf mich abzuschießen, als ich auf dem Boden vor meinem Hause saß, und ein Pfeil hätte sogar beinahe mein linkes Auge getroffen. Allein der Oberst befahl, sechs der Rädelsführer verhaften zu lassen, und hielt es für die passendste Strafe, sie mir gefesselt auszuliefern; sein Befehl wurde von den Soldaten sogleich ausgeführt, indem sie die Gefangenen mit den Lanzenspitzen in meinen Bereich trieben. Ich nahm sie sämtlich in meine rechte Hand, steckte fünf in meine Rocktasche und gab mir das Ansehen, als wollte ich den sechsten lebendig essen. Der arme Mann schrie furchtbar, und der Oberst wurde mit seinen Offizieren doch besorgt, besonders als sie sahen, wie ich mein Messer aus der Tasche zog; allein ich beschwichtigte bald diese Furcht, denn ich schaute ihn mit sanften Blicken an, durchschnitt seine Fesseln und setzte ihn auf den Boden. Natürlich lief er fort. Die übrigen behandelte ich in derselben Art, als ich sie einen nach dem anderen aus der Tasche gezogen hatte und ich bemerkte, daß sowohl Soldaten als auch Volk über dieses Zeichen meiner Gnade entzückt waren, was bei Hof sehr zu meinen Gunsten berichtet wurde.

Am Abend gelangte ich mit einiger Schwierigkeit in mein Haus und legte mich dort auf den Boden nieder. Dies mußte ich ungefähr vierzehn Tage lang tun, während welcher Zeit auf Befehl des Kaisers ein Bett für mich hergerichtet wurde. Sechshundert Betten von gewöhnlichem Maß wurden in mein Haus gebracht und dort bearbeitet; hundertundfünfzig Betten, zusammengenäht, bildeten die Länge und Breite einer Matratze; vier davon wurden übereinandergelegt, waren mir aber noch immer nicht bequem genug wegen der Härte des Fußbodens von poliertem Stein. In demselben Verhältnis wurde ich mit Kissen, Bettüchern und Decken versehen, die mir ziemlich erträglich schienen, da ich so lange an Strapazen jeder Art gewöhnt gewesen war.

Als die Nachricht von meiner Ankunft sich im Königreiche verbreitete, strömte eine wunderliche Menge reicher, fauler und neugieriger Leute herbei, um mich zu sehen. Die Dörfer standen beinahe leer, und eine bedeutende Vernachlässigung der Landwirtschaft hätte die Folge sein müssen, wenn Seine Kaiserliche Majestät diese Nachteile nicht durch mehrere Proklamationen verhindert hätte. Sie gebot, alle diejenigen, die mich bereits gesehen hätten, sollten nach Hause zurückkehren und sich nicht unterstehen, ohne Erlaubnis des Hofes bis auf fünfzig Ellen in den Bereich meines Hauses zu kommen. Hierdurch erlangten zugleich die Staatssekretäre bedeutende Nebeneinkünfte.

Mittlerweile hielt der Kaiser häufig Ratsversammlungen ab, um zu überlegen, wie man mit mir verfahren solle. Ein besonderer Freund, zugleich ein Mann von höchstem Stand, der alle Geheimnisse vortrefflich kannte, hat mir nachher die Versicherung gegeben, der Hof sei meinetwegen in bedeutender Verlegenheit gewesen. Man fürchtete, ich möchte meine Fesseln zerreißen oder so viel essen, daß eine Hungersnot die notwendige Folge sein müßte. Einige Male beschloß der Hof, mich verhungern zu lassen oder Gesicht und Hände mit vergifteten Pfeilen zu beschießen, die mich bald getötet haben würden; dann aber überlegte man wieder, der Gestank einer so großen Leiche könne eine Pest in der Hauptstadt verursachen, die sich dann wahrscheinlich im ganzen Königreiche verbreitet hätte. Während dieser Beratungen traten mehrere Offiziere an die Tür des Saals, wo der Rat versammelt war. Zwei von ihnen wurden hereingelassen und berichteten über mein Verhalten gegenüber den sechs vorher erwähnten Verbrechern. Dies machte auf das Herz Seiner Majestät und auf den ganzen Rat einen so günstigen Eindruck, daß ein kaiserlicher Befehl erlassen wurde, wonach alle Dörfer innerhalb der Entfernung von neunhundert Ellen jeden Morgen sechs Ochsen, vierzig Schafe und andere Nahrung zu meinem Lebensunterhalt liefern sollten; darunter befand sich eine verhältnismäßige Masse von Brot, Wein und anderen geistigen Getränken. An Zahlungs Statt gab Seine Majestät Anweisungen auf die Schatzkammer, denn dieser Fürst bestreitet seinen Hofhalt fast ausschließlich aus den Einkünften seiner Domänen. Nur selten und bei außerordentlichen Gelegenheiten wurden Abgaben von den Untertanen erhoben, die dagegen auf ihre eigenen Kosten Kriegsdienste leisten mußten. Auch wurden sechshundert Personen als meine Bedienten angestellt, die einen bestimmten Lohn für ihre Nahrung und passend eingerichtete Zelte an den beiden Seiten meiner Tür zur Wohnung erhielten. Ferner wurde befohlen, dreihundert Schneider sollten mir einen Anzug nach der Mode des Landes verfertigen; sechs Gelehrte, und zwar die bedeutendsten im Reich Seiner Majestät, sollten mich in der Landessprache unterrichten; endlich sollten die Pferde des Kaisers, die des Adels und der Garden häufig vor mir geritten werden, damit sie sich an meine Person gewöhnten. Alle diese Befehle wurden gehörig zur Ausführung gebracht; nach ungefähr drei Wochen hatte ich bedeutende Fortschritte im Erlernen der Sprache gemacht; währenddessen beehrte mich der Kaiser häufig mit seinen Besuchen und hatte die Gnade, meinen Lehrern beim Unterricht zu helfen. Wir fingen bereits an, uns einigermaßen zu verständigen, und die ersten Worte, die ich lernte, waren der Satz:

Er möge mir gütigst meine Freiheit schenken, eine Phrase, die ich täglich kniend wiederholte. Seine Antwort, soviel ich begreifen konnte, lautete: Nur die Zeit könne meine Freiheit erwirken. Er dürfe ohne ein Gutachten seines Geheimen Rates mir diese nicht erteilen, und zuerst müsse ich »Lumos Kelmin pesso desmar lon Emposo«, das heißt, ihm und seinem Königreich Frieden schwören. Ich würde übrigens mit aller Milde behandelt werden. Dann riet er mir, durch Geduld und kluges Betragen mir seine und seiner Untertanen Achtung zu erwerben. Er sprach den Wunsch aus: Ich möge es ihm nicht übelnehmen, wenn er bestimmten Beamten den Befehl erteile, mich zu durchsuchen; wahrscheinlich würde ich verschiedene Waffen mitgebracht haben, die notwendigerweise höchst gefährliche Dinge sein müßten, wenn sie meiner Größe entsprächen. Ich antwortete: Seine Majestät werde zufriedengestellt werden. Ich sei bereit, mich zu entkleiden und meine Taschen vor ihren Augen auszuleeren. Diese Antwort gab ich teils durch Zeichen, teils auch durch Worte. Er sagte hierauf: Nach den Gesetzen des Königreichs müsse ich mich von zweien seiner Beamten durchsuchen lassen; er wüßte, dies könne ohne meine Einstimmung und Hilfe nicht geschehen. Alles, was sie mir nähmen, werde mir zurückerstattet werden, sobald ich das Land verließe, oder ich würde nach einem von mir festgesetzten Preis die Zahlung des Wertes erhalten. Die beiden Beamten setzte ich dann auf meine Hand, steckte sie zuerst in die Taschen meines Überrocks und hierauf in die übrigen meiner Kleider, nur ließ ich in meinen Beinkleidern einige Behälter aus, die kleine, mir notwendige Artikel enthielten, die ihnen jedoch gleichgültig sein konnten. In einer Tasche trug ich eine silberne Uhr und in der anderen einen Beutel mit einigem Geld. Da diese Herren Feder, Tinte und Papier bei sich hatten, schrieben sie ein genaues Verzeichnis von allem nieder, was sie sahen, und als sie fertig waren, baten sie mich, sie wieder auf den Boden zu setzen, damit sie das Verzeichnis dem Kaiser überbringen könnten. Dies Verzeichnis übersetzte ich nachher ins Englische, und es lautet Wort für Wort folgendermaßen:

Imprimis: In der rechten Tasche des großen Bergmenschen (so übersetzte ich die Worte »Quinbus Flestrin«) fanden wir nach der genauesten Untersuchung nur ein großes Stück rauhen Tuches, breit genug, einen Fußteppich für Euer Majestät erstes Staatszimmer zu bilden. In der linken Tasche sahen wir eine große silberne Kiste mit einem Deckel von demselben Metall, welchen wir, die Visitatoren, nicht anheben konnten. Wir baten deshalb, die Kiste zu öffnen; einer von uns trat hinein und geriet bis an die Mitte des Beins in eine Art Staub, der uns ins Gesicht flog und uns beide heftig und mehrmals niesen ließ. In seiner rechten Westentasche fanden wir ein ungeheures Bündel weißer und dünner Substanz, die übereinandergelegt ungefähr die Dicke von drei Menschen betrug. Sie war mit einem starken Tau umwunden und mit schwarzen Figuren bemalt. Nach unserer untertänigsten Meinung bestehen diese in Buchstaben, von denen jeder halb so groß ist wie die Fläche unserer Hand. In der linken Westentasche befand sich eine Art Maschine, von deren Rücken zwanzig lange Pfähle sich ausdehnten, ähnlich den Palisaden vor dem Palast Eurer Majestät. Hiermit kämmt sich der Bergmensch, wie wir vermuten, seine Haare. Wir haben ihn nämlich nicht immer mit Fragen belästigt, weil wir es sehr schwierig fanden, uns einander verständlich zu machen. In der großen Tasche rechts an seiner Mittelkleidung (so übersetze ich das Wort »ranfu-lo«, womit sie meine Beinkleider bezeichneten) sahen wir einen hohlen Pfeiler aus Eisen von einer Mannslänge, mit einem starken Stück Zimmerholz von noch größerem Umfange als der Pfeiler. Auf einer Seite des Pfeilers ragten große Eisenstücke in sonderbaren Figuren hervor, die wir nicht zu erklären vermögen. In der linken Tasche befand sich eine Maschine derselben Art. In der kleinen Tasche rechts waren mehrere runde und flache Stükke von weißem und rotem Metall; einige weiße, wie es schien, aus Silber bestehend, waren so groß, daß ich und mein Kamerad sie kaum in die Höhe heben konnten. In der linken Tasche waren zwei Pfeiler von unregelmäßiger Gestalt. Wir konnten nicht ohne Schwierigkeit bis auf ihren Gipfel reichen, als wir auf dem Boden der Tasche standen. Einer davon war bedeckt und schien aus einem Stück verfertigt zu sein, am oberen Ende des anderen befand sich aber eine weiße runde Substanz, zweimal so dick wie unsere Köpfe. In jedem war eine wundersame Stahlfläche eingelassen, die wir ihn durch unseren Befehl zu öffnen zwangen; wir befürchteten nämlich, dieses könnten gefährliche Maschinen sein. Er nahm die Stahlflächen aus ihrem Gehäuse und sagte uns, in seinem Land sei es Sitte, sich mit der einen zu rasieren und mit der anderen die Fleischspeisen zu zerschneiden. In zwei Taschen konnten wir nicht eindringen; er nannte diese seine kleineren Behälter; sie bestanden in zwei breiten Schlitzen am oberen Teil seines Mittelkleides, die aber durch die Spannung seines Leibes eng geschlossen waren. Aus dem rechten Behälter hing eine dicke, silberne Kette mit einer wunderbaren Maschine am Ende. Wir befahlen ihm, sie herauszuziehen, was auch immer sich dort befinden möge. Sie bestand aus einer Kugel, zur Hälfte von Silber, zur Hälfte von irgendeinem durchsichtigen Metall. An der durchsichtigen Seite sahen wir mehrere sonderbare kreisförmige Figuren und glaubten, diese berühren zu können, bis unsere Finger durch die helle Substanz aufgehalten wurden. Als er die Maschine an unsere Ohren hielt, machte sie ein fortwährendes, dem einer Wassermühle ähnliches Geräusch: Wie wir vermuten, ist das entweder ein unbekanntes Tier oder der Gott, den er verehrt. Wir sind aber zu der letzteren Meinung geneigter, weil er uns versicherte (wenn wir ihn nämlich recht verstanden haben, denn er ist noch immer nicht imstande, sich richtig auszudrücken), er tue selten etwas, ohne jenes Ding um Rat zu fragen. Er nannte es sein Orakel und sagte, es bezeichne die Zeit jeder Handlung seines Lebens. Aus der linken Tasche zog er ein Netz heraus, groß genug, um einem Fischer bei seinem Geschäft zu dienen; er verstand es jedoch, dieses wie einen Geldbeutel zu öffnen und zu schließen, und es versah ihm wirklich die Dienste eines solchen. Wir fanden darin mehrere massive Stücke gelben Metalls, die von ungeheurem Wert sein müssen, wenn sie wirklich aus Gold verfertigt sind.

Nachdem wir so auf Befehl Eurer Majestät mit Sorgfalt seine Taschen durchsucht hatten, bemerkten wir einen Gürtel um seinen Leib, aus der Haut eines wunderbaren Tieres verfertigt, an dem links ein Degen von fünffacher Mannslänge herabhing, rechts ein in zwei Zellen abgeteilter Sack oder Beutel; jede Zelle kann ungefähr zwei Untertanen Eurer Majestät aufnehmen. In einer dieser Zellen befanden sich Kugeln oder Bälle von sehr schwerem Metall von der Dicke unserer Köpfe, die eine sehr starke Hand zum Aufheben erforderten; die andere Hälfte enthielt einen Haufen schwarzer Körner von keinem großen Umfang oder Gewicht, denn wir konnten ungefähr fünfzig auf unserer Handfläche halten.

Dies ist ein genaues Verzeichnis aller Dinge, die wir an dem Leibe des Bergmenschen gefunden haben, der uns mit vieler Höflichkeit behandelte und der geziemende Achtung vor dem Auftrag Eurer Majestät bewies. Unterschrieben und besiegelt am vierten Tag des neunundachtzigsten Monats der glücklichen Regierung Eurer Majestät

Clefren Frelock, Marsi Frelock.

Als dieses Verzeichnis dem Kaiser vorgelesen worden war, befahl er mir, jedoch in höflichen Ausdrücken, alle angeführten Artikel auszuliefern. Zuerst verlangte er meinen Degen, den ich mit Scheide und allem Zubehör übergab. Mittlerweile ließ er 3000 Mann auserwählte Truppen, die ihn begleiteten, manövrieren, um mich zu umringen. Bogen und Pfeile wurden in der Art bereitgehalten, daß eine Salve auf Befehl sogleich abgeschossen werden konnte. Dies jedoch bemerkte ich nicht, denn meine Augen waren allein auf Seine Majestät gerichtet. Dann bat er mich, den Degen zu ziehen, der fast überall noch sehr glänzte, obgleich er durch Seewasser etwas verrostet war; ich tat es, und sogleich erscholl von den Truppen ein lauter Ruf, der teils von Schrecken, teils von Überraschung zeugte. Die Sonne schien hell, und der Lichtreflex blendete die Augen der Leute, als ich den Degen in meiner Hand hin und her schwang. Seine Majestät ist ein sehr mutiger Fürst und erschrak weniger, als ich erwarten konnte. Er befahl mir, den Degen wieder in die Scheide zu stecken und dann so sanft wie möglich in der Entfernung von ungefähr sechs Fuß, soweit es meine Kette erlaubte, auf den Boden zu legen. Zunächst wurde dann einer der hohlen eisernen Pfeiler verlangt, worunter sie meine Taschenpistolen verstanden. Ich zog eine derselben heraus und machte ihnen so gut wie möglich den Gebrauch verständlich; alsdann lud ich sie nur mit Pulver aus dem engen Schluß meiner Pulvertasche, in die kein Tropfen Seewasser hatte dringen können (kluge Seeleute pflegen sich stets mit einer solchen zu versehen). Zuvor ermahnte ich den Kaiser, nicht zu sehr zu erschrecken, und schoß dann in die Luft. Hier war das Erstaunen noch größer als bei dem Anblick des Degens. Hunderte fielen wie tot zu Boden, und sogar der Kaiser, obgleich er stehenblieb, konnte sich nicht so bald vom Schreck erholen. Ich lieferte meine Pistole in derselben Weise wie meinen Degen aus, hierauf auch meine Pulvertasche mit den Kugeln, wobei ich bat, sie vom Feuer entfernt zu halten, denn der kleinste Funke würde den Inhalt sogleich entzünden und sein kaiserlicher Palast könnte alsdann in die Luft fliegen; ich händigte ferner meine Uhr aus, auf die der Kaiser sehr neugierig war; er befahl deshalb zweien seiner größten Gardisten, sie auf den Schultern herbeizubringen, indem sie an einem Pfahl in der Art hing, wie Kärrner in England ein Bierfaß tragen. Er wunderte sich über ihr Geräusch und über die Bewegung des Zeigers, die er sehr gut erkennen konnte, denn das Sehvermögen jener Leute ist bei weitem schärfer als das unsrige. Dann fragte er seine Gelehrten nach ihren Meinungen hierüber, die, wie sich der Leser leicht denken kann, auf sehr verschiedene Weise ausfielen; ich brauche sie wohl nicht zu wiederholen und konnte sie auch wirklich nicht ganz verstehen. Hierauf lieferte ich mein Silber- und Kupfergeld, meine Börse mit neun größeren Goldstücken und einigen kleineren aus, mein Taschen- und Rasiermesser, meine silberne Schnupftabakdose, meinen Kamm, mein Schnupftuch und mein Tagebuch. Die Pistolen und die Pulvertasche wurden auf Wagen in die Vorratshäuser Seiner Majestät gebracht; mein übriges Eigentum wurde mir jedoch zurückgegeben.

Wie ich schon erwähnte, hatte ich noch eine besondere Tasche, die man bei den Durchsuchungen nicht bemerkt hatte. Hierin befanden sich eine Brille (die ich wegen meiner schwachen Augen bisweilen gebrauchen muß), ein Taschenperspektiv und einige andere Geräte, die dem Kaiser von keinem Nutzen sein konnten, weshalb ich mich denn auch mit gutem Gewissen nicht für verpflichtet hielt, sie herauszugeben. Ich befürchtete nämlich, sie könnten verlorengehen oder beschädigt werden, wenn ich sie überlieferte.

Drittes Kapitel

Der Verfasser unterhält den Kaiser und den Adel beider Geschlechter auf eine ungewöhnliche Weise. Die Vergnügungen des Hofes von Lilliput werden beschrieben. Der Verfasser erhält seine Freiheit unter gewissen Bedingungen.

Mein Sanftmut und mein gutes Betragen hatten den Kaiser und seinen Hof sowie auch Heer und Volk im allgemeinen so sehr gewonnen, daß ich anfing, die Hoffnung zu hegen, ich würde in kurzem meine Freiheit erhalten: Ich gab mir alle mögliche Mühe, diese günstige Stimmung zu erhalten. Die Eingeborenen fürchteten allmählich weniger Gefahr; bisweilen legte ich mich nieder und ließ fünf oder sechs auf meinen Kopf; Knaben und Mädchen wagten zuletzt, Verstecken in meinem Haare zu spielen. Auch hatte ich schon ziemliche Fortschritte im Verständnis der Landessprache gemacht. Eines Tages hatte der Kaiser den Einfall, mich mit dem Schaugepränge des Landes zu unterhalten, worin sein Volk alle anderen, die ich kenne, an Gewandtheit und Pracht übertrifft. Keines gefiel mir aber so sehr wie ein Seiltanz, der auf einem dünnen weißen Faden ausgeführt wurde, der ungefähr vier Fuß lang war und zwölf Zoll über dem Boden ausgespannt wurde. Ich nehme mir die Freiheit und des Lesers Geduld in Anspruch, hierüber ein wenig weitläufiger zu werden.

An dieser Unterhaltung wird nur von denjenigen mitgewirkt, die sich um bedeutende Ämter und um die höchste Gunst bei Hof bewerben. Von Jugend auf erlernen die Kandidaten diese Kunst, sind jedoch nicht immer von adliger Geburt oder durch Erziehung gebildet. Wenn ein höheres Amt vakant wird, entweder durch Tod oder Ungnade (letzteres geschieht öfter), so ersuchen fünf oder sechs Kandidaten den Kaiser in einer Bittschrift, Seine Majestät mit einem Seiltanz unterhalten zu dürfen. Wer am höchsten springt, ohne zu fallen, erhält das Amt. Oft erhalten die regierenden Minister Befehl, ihre Geschicklichkeit zu zeigen, um den Kaiser zu überzeugen, daß sie ihre Fähigkeit nicht verloren haben. Der Finanzminister Flimnap besitzt das Privileg, auf dem straff gespannten Seil Kapriolen zu machen, und zwar um einen Zoll höher als der übrige hohe Adel des Reiches; ich habe oftmals gesehen, wie er jenen gefährlichen Sprung vollführte, bei dem der Seiltänzer sich kopfüber in der Luft überschlägt und dennoch auf seinen Füßen steht, sobald er den Boden erreicht. Dieses Meisterstück wurde auf einem Teller ausgeführt, der auf einem Tau von der Dicke eines gewöhnlichen Bindfadens befestigt war. Mein Freund Redresal, Erster Sekretär für die Hausangelegenheiten, ist nach meiner Meinung, wenn mich die Freundschaft nicht parteiisch macht, der zweite nach dem Finanzminister; die übrigen Großbeamten der Krone sind einander gleich an Kunstfertigkeit.

Diese Unterhaltungen werden oft von unglücklichen Zufällen unterbrochen, von denen man in den Annalen des Reiches mehrere verzeichnet finden kann. Ich selbst habe gesehen, wie sich zwei oder drei Kandidaten ein Glied brachen. Bei weitem größer ist jedoch die Gefahr, wenn die Minister selbst Befehl erhalten, ihre Geschicklichkeit zu zeigen; da sie nämlich miteinander wetteifern, strengen sie sich so sehr an, daß fast jeder einmal, mehrere aber zwei-, dreimal zu Fall gekommen sind. Man hat mir die Versicherung gegeben, Flimnap würde sich zwei oder drei Jahre vor meiner Ankunft unfehlbar den Hals gebrochen haben, hätte nicht ein Kissen des Kaisers, das zufälligerweise auf dem Boden lag, die Heftigkeit seines Falles gemildert.

Ein zweiter Zeitvertreib findet allein in Gegenwart des Kaisers, der Kaiserin und des Premierministers statt. Der Kaiser legt drei feine seidene Fäden von drei Zoll Länge auf den Tisch, der eine ist blau, der andere rot, der dritte grün. Diese Fäden werden denjenigen als Belohnung bestimmt, die der Kaiser durch eine besondere

Gunstbezeigung auszeichnen will. Die Zeremonie wird in Seiner Majestät großem Staatszimmer ausgeführt, wo die Kandidaten eine Probe ihrer Geschicklichkeit ablegen müssen, die von der eben erwähnten sehr verschieden und von so besonderer Art ist, daß ich nie etwas Ähnliches in der Alten oder Neuen Welt angetroffen habe. Der Kaiser hält einen Stock horizontal in der Hand. Die Kandidaten treten einer nach dem anderen vor diesen hin und springen mehrmals vorwärts und rückwärts darüber weg oder kriechen darunter durch, je nachdem der Stock erhoben oder gesenkt wird. Bisweilen hält der Kaiser das eine Ende des Stockes und sein Premierminister das andere, bisweilen ist dem Minister allein dies Geschäft übertragen. Derjenige, welcher die meiste Behendigkeit zeigt und das Kriechen und Springen am längsten aushält, erhält als Belohnung die blaufarbene Seide, die rote erhält derjenige, welcher als nächster kommt, und dann wird die grüne ausgeteilt; die Herren tragen sämtlich diese Auszeichnung zweimal um den Bauch gewunden. Auch sieht man wenige Personen bei Hof, die nicht mit diesen Gürteln geschmückt sind.

Da die Pferde des Heeres und der kaiserlichen Ställe mir täglich vorgeführt wurden, waren sie nicht lange scheu, sondern kamen, ohne zu stutzen, bis vor meine Füße. Die Reiter pflegten mit ihren Tieren über meine Hand hinwegzusetzen, wenn ich diese auf den Boden hielt; ein Jäger des Kaisers setzte sogar einmal auf einem großen Renner über meinen Fuß mitsamt Schuh, und dies war wirklich ein wunderbarer Sprung. Am Tag darauf hatte ich auch das Glück, den Kaiser auf außerordentliche Weise zu unterhalten. Ich bat, er möchte mir einige Stöcke von zwei Fuß Höhe und von der Dicke eines gewöhnlichen Rohres bringen lassen, worauf Seine Majestät dem Oberforstmeister sogleich die notwendigen Befehle erteilte, und am nächsten Morgen kamen neun Förster mit ebenso vielen Wagen, von denen jeder mit acht Pferden bespannt war. Ich nahm neun dieser Stöcke und stieß sie im Viereck von zwei Fuß in den Boden; vier andere band ich horizontal an jene fest; dann befestigte ich mein Schnupftuch an die neun Pfähle, die aufrecht standen, und dehnte es nach allen Seiten hin aus, bis es so gespannt war wie ein Trommelfell. Die vier horizontalen Pfähle, die ungefähr vier Zoll über das Schnupftuch vorragten, bildeten eine Brüstung. Als ich dies Werk zustande gebracht hatte, bat ich den Kaiser, er möge eine Truppe seiner besten Reiterei, vierundzwanzig an der Zahl, auf dieser Ebene exerzieren lassen. Seine Majestät billigte den Vorschlag; ich hob die Reiter, einen nach dem anderen, beritten und bewaffnet, zugleich mit den kommandierenden Offizieren mit einer Hand hinauf. Sobald sie in Reih und Glied aufgestellt waren, teilten sie sich in zwei Parteien, manövrierten in Scheingefechten, schossen mit stumpfen Pfeilen, zogen ihre Schwerter, flohen und verfolgten, griffen an und zogen sich zurück. Kurz, sie offenbarten die beste militärische Disziplin, die ich jemals gesehen habe. Die horizontal liegenden Stäbe verhinderten, daß sie mit ihren Pferden von der Bühne herabfielen. Der Kaiser war über diese Unterhaltung so entzückt, daß er sie mehrere Tage lang zu wiederholen befahl; auch hatte er einmal die Gnade, sich hinaufheben zu lassen und selbst zu kommandieren. Er überredete sogar die Kaiserin mit großer Mühe, sich von mir in ihrer Sänfte, zwei Ellen von der Bühne entfernt, emporhalten zu lassen, damit sie eine vollkommene Übersicht über die Manöver erlangen könnte. Es war mein Glück, daß kein Unfall bei dieser Unterhaltung Seiner Majestät stattgefunden hat; nur einmal schlug ein feuriges Pferd, das ein Kapitän ritt, hinten aus und riß ein Loch in das Schnupftuch; sein Huf glitt aus, und es stürzte mit seinem Reiter. Sogleich aber hob ich sie wieder auf, bedeckte das Loch mit meiner Hand und setzte die Truppen mit der anderen in derselben Weise herunter, wie ich sie hinaufgehoben hatte. Das gestürzte Pferd hatte sich das linke Hinterbein verrenkt, allein der Reiter war nicht verletzt. So gut wie möglich besserte ich mein Schnupftuch wieder aus, setzte aber auf seine

Haltbarkeit nicht länger genug Vertrauen, um aufs neue eine so gefährliche Unternehmung zu wagen.

Ungefähr zwei oder drei Tage, bevor ich in Freiheit gesetzt wurde, langte, als ich den Hof mit dem erwähnten Kunststück unterhielt, plötzlich ein Kurier an, um Seine Majestät zu benachrichtigen, daß einer seiner Untertanen einen Fund gemacht habe. Jener war in der Gegend des Ortes, wo ich zuerst gefunden wurde, spazierengeritten und hatte eine große schwarze Substanz von sonderbarer Form auf dem Boden erblickt. Sie erstreckte sich bis zum Umfang des Schlafzimmers Seiner Majestät, und zwar im Kreis, und erhob sich in der Mitte bis zu Mannesgröße; es sei kein lebendes Geschöpf, wie man es zuerst befürchtete (so lautete der Bericht), sondern sei bewegungslos auf dem Gras gelegen; mehrere seien einigemal herumgegangen, dann einander auf die Schulter gestiegen, um auf den Gipfel zu gelangen. Sie fanden diesen flach und eben und bemerkten durch Stampfen, daß die Substanz inwendig hohl sei. Dann hätten sie, wie sie sagten, die untertänigste Meinung gehegt, dies werde wohl etwas sein, das dem Bergmenschen gehöre; wenn Seine Majestät befehle, würden sie es mit fünf Pferden herbeischaffen. Ich verstand sogleich, was sie beschreiben wollten, und freute mich herzlich, diese Nachricht zu erhalten. Als ich nämlich nach meinem Schiffbruch zuerst das Land erreichte, war ich so verwirrt, daß mein Hut mir vom Kopf fiel, bevor ich an den Ort kam, wo ich einschlief. Meinen Hut hatte ich nämlich beim Rudern mit einer Schnur auf dem Kopf befestigt, und er war mir deshalb während des Schwimmens nicht abgefallen; erst nach der Landung hatte ich ihn verloren, und die Schnur mußte durch irgendeinen Zufall, den ich nicht bemerkte, gerissen sein; bisher glaubte ich, ihn im Meer verloren zu haben. Ich bat darauf Seine Kaiserliche Majestät, indem ich die Natur und den Nutzen des Hutes beschrieb, er möge Befehl erteilen, ihn mir so schnell als möglich überbringen zu lassen. Am nächsten Tag kamen auch die Fuhrleute mit ihm an, brachten ihn aber in keinem guten Zustand, sie hatten in die Krempe anderthalb Zoll vom äußersten Rand zwei Löcher gebohrt und in den Löchern zwei Haken befestigt; auf einen Wagen hatten sie ihn nicht geladen, sondern mit langen Stricken an das Geschirr der Pferde gebunden, die ihn ungefähr eine halbe englische Meile auf dem Boden hinter sich hergeschleift hatten; da jedoch der Boden dieses Landes außerordentlich eben und weich ist, so wurde mein Hut weniger beschädigt, als ich befürchtet hatte.

Zwei Tage nach diesem Abenteuer befahl der Kaiser, der Teil seines Heeres, der in der Hauptstadt und in der Umgegend einquartiert sei, solle sich zum Marsch bereit halten. Er hatte nämlich den Einfall, sich auf sonderbare Weise zu unterhalten. Er wünschte, ich möchte mich wie ein Koloß aufstellen, indem ich die Beine, so weit wie möglich, auseinanderspreizte. Dann befahl er seinem General, der ein alter, erfahrener Truppenführer und zugleich auch mein Beschützer war, die Truppen in geschlossenen Reihen aufzustellen und unter meinen Beinen durchmarschieren zu lassen; die Infanterie in Reihen von vierundzwanzig Mann, die Kavallerie in Reihen von sechzehn, bei Trommelschlag, mit fliegenden Fahnen und eingelegten Lanzen. Dies Korps bestand aus 3000 Mann Infanterie und 1000 Mann Kavallerie. Seine Majestät gab Befehl, jeder Soldat solle auf dem Marsch bei Todesstrafe den korrekten Anstand gegen meine Person beachten; das konnte jedoch einige junge Offiziere nicht abhalten, ihre Augen, als sie unter mir hermarschierten, aufzuschlagen. Um die Wahrheit zu gestehen, meine Beinkleider waren damals in so schlimmem Zustand, daß sie Gelegenheit zum Lachen und Erstaunen bieten mußten.

Ich hatte so viele Vorstellungen und Bittschriften über die Wiedererlangung meiner Freiheit eingesandt, daß Seine Majestät die Sache zuerst in seinem Kabinett und dann in dem versammelten Staatsrat zur Sprache brachte. Dort fand durchaus kein

Widerstand statt, nur von Skyresh Bolgolam, der mein Todfeind zu sein beliebte, ohne daß ich ihm die geringste Veranlassung dazu gegeben hatte. Allein der ganze Staatsrat stimmte gegen ihn, und der Kaiser gab die Bestätigung. Dieser Minister war Galbet oder Admiral des Reiches; er besaß das Zutrauen seines Herrn in hohem Grad und war auch sehr gewandt in den Staatsgeschäften, allein von mürrischem und saurem Gemüt. Zuletzt wurde er aber überredet, nachzugeben; es wurde jedoch nur unter der Bedingung durchgesetzt, daß er die Artikel und Bedingungen, unter denen ich meine Freiheit erhalten sollte, aufsetzen dürfe. Skyresh Bolgolam brachte mir die Artikel persönlich; er wurde von seinen Untersekretären begleitet. Nachdem jene mir vorgelesen worden waren, wurde mir ein Eid über die Befolgung abverlangt; zuerst nach der Sitte meines Vaterlandes und nachher in der Art, die von ihren Gesetzen vorgeschrieben war, die darin bestand, daß ich meinen rechten Fuß mit der linken Hand pakken und den Mittelfinger der rechten Hand über die Stirn und den Daumen an das rechte Ohr legen mußte. Vielleicht aber ist der Leser neugierig, von dem besonderen Stil und der Ausdrucksweise dieses Volkes einen Begriff zu bekommen und zugleich auch die Artikel kennenzulernen, nach denen ich meine Freiheit erhielt. Deshalb habe ich die ganze Urkunde Wort für Wort, soweit es mir möglich war, abgeschrieben und nehme mir die Freiheit, sie dem Publikum darzubieten.

Golbasto Momaren Evlame Gurdilo Shefin Mully Ully Gue, der allergroßmächtigste Kaiser von Lilliput, Entzücken und Freude der Welt, dessen Reich sich 5000 Blustrugs weit ausdehnt (im ganzen ungefähr sechs Stunden), bis an den Rand des Erdreichs; Monarch aller Monarchen, größer an Wuchs als die Söhne der Menschen; dessen Füße den Mittelpunkt der Erde drücken und dessen Haupt sich bis zur Sonne erhebt; auf dessen Wink die Fürsten der Erde mit den Knien zittern; süß wie der Frühling, voll Behaglichkeit wie der Sommer, fruchtbar wie der Herbst, furchtbar wie der Winter. Seine hocherhabene Majestät stellt dem in unsern himmlischen Provinzen kürzlich angelangten Bergmenschen folgende Bedingungen, deren Artikel er mit feierlichem Eid beschwören muß.

Erstens. Der Bergmensch soll unser Reich nicht ohne besondere, mit unserem Reichssiegel versehene Erlaubnis verlassen dürfen.

Zweitens. Er soll ohne besonderen Befehl unsere Hauptstadt nicht zu betreten wagen; alsdann soll den Einwohnern zwei Stunden vorher eine Warnung verkündet werden, damit sie ihre Häuser nicht verlassen.

Drittens. Der besagte Bergmensch soll seine Spaziergänge auf unsere hauptsächlichsten Heerstraßen beschränken und auf Wiesen oder Kornfeldern sich weder niederlegen noch auf diesen umherwandeln.

Viertens. Wenn er auf besagten Heerstraßen spazierengeht, soll er mit der äußersten Sorgfalt sich in acht nehmen, nicht auf die Leiber unserer geliebten Untertanen, ihre Pferde oder Wagen zu treten; er soll auch keinen unserer Untertanen ohne besondere Erlaubnis auf die Hand nehmen.

Fünftens. Wenn die außerordentliche Abfertigung eines Kuriers erforderlich ist, so soll der Bergmensch den Kurier sowie dessen Pferd sechs Tagereisen in seiner Tasche tragen, und zwar einmal monatlich; ferner soll er den besagten Kurier, im Fall dies erforderlich ist, in unsere kaiserliche Gegenwart wohlbehalten zurückbringen.

Sechstens. Er soll unser Verbündeter gegen unsern Feind auf der Insel Blefuscu sein und alles aufwenden, um dessen Flotte zu zerstören, die jetzt einen Angriff auf unsere Besitzungen vorbereitet.

Siebentens. Besagter Bergmensch soll nach Zeit und Muße unsere Arbeiter unterstützen, gewisse große Steine aufheben, die für die Mauern unseres Parks und andere königliche Gebäude verwendet werden sollen.

Achtens. Besagter Bergmensch soll in der Zeit von zwei Monaten eine genaue Übersicht des Umfangs unserer Kaiserreiche liefern, indem er seine Schritte im Umkreis der Küste berechnet.

Neuntens und letztens. Der besagte Bergmensch, nachdem er die Beobachtung dieser Artikel feierlichst beschworen hat, soll eine tägliche Ration von Speise und Trank, die zur Ernährung von 1824 unserer Untertanen genügt, sowie freien Zutritt zu unserer Person und andere Beweise unserer Gunst erhalten.

Ich beschwor und unterzeichnete alle diese Artikel mit großer Freude und Zufriedenheit, obgleich einige davon nicht so ehrenvoll waren, wie ich hätte wünschen können; dies war aber ausschließlich durch die Bosheit des Großadmirals Skyresh Bolgolam bewirkt. Meine Ketten wurden mir sogleich abgenommen, und ich erhielt die vollkommenste Freiheit. Der Kaiser selbst erwies mir die Ehre, bei der Zeremonie gegenwärtig zu sein. Ich gab ihm meine Dankbarkeit dadurch zu erkennen, daß ich mich ihm zu Füßen warf, allein er befahl mir aufzustehen und fügte nach manchem gnädigen Ausdruck, den ich, aus Furcht, eitel zu erscheinen, hier nicht wiederholen will, noch ferner hinzu: Er hoffe, ich würde mich als ein nützlicher Diener erweisen und all die Gunstbezeigungen verdienen, die er mir schon gegeben habe oder in Zukunft noch erweisen werde.

Der Leser habe die Güte zu bemerken, daß der Kaiser in dem letzten Artikel der Urkunde, nach der ich meine Freiheit erlangte, mir so viel Speise und Trank bewilligte, wie für 1824 Lilliputaner genügen würden. Einige Zeit nachher fragte ich einen meiner Freunde bei Hof, wie man gerade auf diese bestimmte Zahl gekommen sei, und erhielt zur Antwort: Die Mathematiker hätten die Größe meines Körpers mit einem Quadranten aufgenommen, und da sie nun berechneten, daß diese die ihrige im Verhältnis von

12 zu 1 übertraf, zogen sie aus der Ähnlichkeit unserer Körper den Schluß, daß der meinige wenigstens 1824 der ihrigen enthalten müsse und deshalb ebensoviel Nahrung erfordere wie jene Zahl Lilliputaner. Hierdurch kann sich der Leser einen Begriff von der Klugheit dieses Volkes und von der verständigen und genauen Ökonomie eines so großen Fürsten verschaffen.

Viertes Kapitel

Mildendo, die Hauptstadt von Lilliput, wird zugleich mit dem Palast des Kaisers beschrieben. Eine Unterhaltung des Verfassers mit dem Staatssekretär über die Angelegenheit des Reiches. Des Verfassers Anerbieten, dem Kaiser in seinen Kriegen zu dienen.

Als ich meine Freiheit erlangt hatte, wünschte ich sogleich die Hauptstadt in Augenschein zu nehmen und reichte eine Bittschrift ein, Mildendo ansehen zu dürfen. Der Kaiser gewährte mir mein Gesuch ohne weitere Umstände, jedoch nur unter der besonderen Bedingung, weder den Einwohnern noch den Häusern Schaden zuzufügen. Das Volk wurde durch eine Proklamation von meiner Absicht, die Stadt zu besuchen, benachrichtigt. Die Mauer, die sie umgibt, ist 2½ Fuß hoch und wenigstens 11 Zoll breit, so daß eine Kutsche mit Pferden sehr bequem darauf fahren kann; in einer Entfernung von zehn Fuß sind überall starke Türme angebracht. Ich schritt über das große Tor hinweg und ging durch zwei der Hauptstraßen, nur seitwärts, sehr vorsichtig und langsam, allein mit meinem Wams bekleidet, denn ich befürchtete, die Dächer und Traufen der Häuser mit den Schößen meines Überrocks zu beschädigen. Ich ließ größte Vorsicht walten, um einige Nachzügler, die vielleicht noch in den Straßen sein könnten, nicht zu zertreten, obgleich der Befehl sehr streng war, alle Leute sollten auf ihre eigene Gefahr nicht wagen auszugehen. Die Dachfenster und Giebel der Häuser waren so sehr mit Zuschauern angefüllt, daß ich bei mir dachte, niemals auf meinen Reisen einen so stark bevölkerten Ort gesehen zu haben. Die Stadt ist ein regelmäßiges Viereck und jede Seite der Mauer fünfhundert Fuß lang. Die zwei großen Straßen, die sie durchkreuzen und in vier Quartiere teilen, sind fünf Fuß breit. Die Gassen und Durchgänge, in die ich nicht hineinkonnte, sondern die ich nur von weitem im Vorübergehen sah, sind zwölf bis achtzehn Zoll breit. Die Stadt ist groß genug, um fünfhunderttausend Seelen zu fassen. Die Häuser sind drei bis fünf Stockwerke hoch, die Läden und Märkte reichlich mit Waren versehen.

Der Kaiserpalast liegt im Mittelpunkt der Stadt, wo die beiden Hauptstraßen sich kreuzen; er wird von einer zwei Fuß hohen Mauer umgeben, die zwanzig Fuß von den übrigen Gebäuden entfernt liegt. Ich hatte die Erlaubnis Seiner Majestät, über diese Mauer zu schreiten. Da der Raum zwischen ihr und dem Palast breit genug war, konnte ich mir diesen von jeder Seite leicht ansehen. Der äußere Hof ist ein Viereck von vierzig Fuß und schließt zwei andere ein. Im Innern befinden sich die königlichen Zimmer, die ich zu sehen wünschte; dies war aber sehr schwierig, denn die großen Tore, die von einem Viertel zum anderen führten, waren nur achtzehn Zoll hoch und sieben breit. Da nun auch die Gebäude des äußeren Hofes wenigstens fünf Fuß hoch waren, vermochte ich nicht über sie wegzuschreiten, ohne die Zinnen des Palastes zu beschädigen, obgleich die Mauern von gehauenen Steinen erbaut und auch sehr dick waren. Zugleich aber wünschte auch der Kaiser, ich möchte die Pracht seines Palastes sehen. Dies konnte ich erst nach drei Tagen, die ich damit zubrachte, mit meinem Messer die größten Bäume des kaiserlichen Parks abzuhauen, der ungefähr hundert Ellen von der Stadt entfernt lag. Aus diesen Bäumen machte ich zwei Schemel von drei Fuß Höhe, die stark genug waren, mein Gewicht zu tragen. Nachdem das Volk zum zweiten Mal gewarnt war, ging ich durch die Stadt zum Palast mit meinen zwei Schemeln in der Hand. Als ich an den äußeren Hof gelangte, stellte ich mich auf den einen Schemel, hob den anderen über das Dach und setzte ihn behutsam in den Raum zwischen dem ersten und zweiten Hof nieder. Dann schritt ich sehr bequem über das Gebäude von einem Schemel auf den anderen und zog den ersten zu mir herauf mit Hilfe eines Stocks, der mit einem Haken versehen war. Durch dieses Mittel gelangte ich in den inneren Hof, legte mich dort auf die Seite und hielt mein Gesicht an die Fenster des mittleren Stockwerks, die deshalb offengelassen waren. Durch diese erblickte ich die prächtigsten Gemächer, die man sich nur denken kann. Auch sah ich die Kaiserin mit den jungen Prinzen in ihren verschiedenen Wohnungen, umringt von ihren Begleitern. Ihre Kaiserliche Majestät hatte die Gnade, mir zuzulächeln, und reichte mir aus dem Fenster die Hand zum Kuß.

Hier jedoch werde ich die weiteren Beschreibungen nicht mitteilen, weil ich diese für ein größeres Werk aufspare, das bereits fertig zum Druck ist. Dies soll eine allgemeine Beschreibung des Reiches Lilliput, von seiner ersten Entstehung an, und die Geschichte einer langen Reihe von Fürsten enthalten; ferner Berichte über Kriege, Gesetze, Politik, Gelehrsamkeit, Religion, Pflanzen und Tiere des Landes; auch über die besonderen Sitten und Gewohnheiten des Volkes und über anderen, sehr wissenswerten und nützlichen Stoff. Meine Hauptabsicht jetzt ist allein die Darstellung der Vorfälle und Handlungen, die sich in bezug auf das Volk und auf mich selbst während meines neunmonatigen Aufenthalts in jenem Reich ereigneten.

Eines Morgens, ungefähr vierzehn Tage, nachdem ich meine Freiheit erlangt hatte, kam Redresal, Erster Sekretär für Privatangelegenheiten des Kaisers (so war sein Titel), zu meiner Wohnung, und zwar nur in Begleitung eines einzigen Dieners. Seinen Wagen ließ er in einiger Entfernung halten und bat mich, ihm eine Stunde Audienz zu erteilen. Bereitwillig gab ich meine Zustimmung, sowohl wegen Redresals persönlicher Eigenschaften und seines Standes als auch wegen der vielen guten Dienste, die er mir bei meinen Gesuchen am Hof des Kaisers erwiesen hatte. Ich machte ihm das Anerbieten, mich niederzulegen, damit er bequemer an mein Ohr reichen könne, allein er zog es vor, daß ich ihn während des Gesprächs auf der Hand hielt. Er begann mit Glückwünschen zu meiner Freilassung und bemerkte auch, er könne auf einiges Verdienst dabei Anspruch erheben. Ohne seine jetzige Stellung bei Hof würde ich sie schwerlich so bald erlangt haben. »Denn«, fügte er hinzu, »wie blühend unser Zustand Fremden auch erscheinen mag, so leiden wir an zwei großen Übeln, an einer heftigen Parteiung im Innern und an der Gefahr eines äußeren Angriffs von seiten eines mächtigen Feindes. Was die erstere betrifft, so müssen Sie wissen, daß seit ungefähr siebzig Monaten zwei Parteien, Tramecksan und Slamecksan, von den hohen Absätzen ihrer Schuhe so benannt, miteinander im Streit liegen.

Diese Absätze sind nämlich unsere Abzeichen, und man glaubt, daß hohe Absätze sich am besten für unsere alte Verfassung eignen. Seine Majestät hat jedoch beschlossen, in der Verwaltung und Regierung allein die niedrigen Absätze zu benutzen und ihnen alle Ämter zu erteilen, worüber die Krone zu verfügen hat. Dies werden Sie bald bemerken sowie auch, daß die Hacken Seiner Kaiserlichen Majestät wenigstens um einen Drurr niedriger sind als die seines Hofes. (Drurr ist nämlich der vierzehnte Teil eines Zolls.)

Die Erbitterung zwischen beiden Parteien ist so groß, daß sie weder miteinander essen noch trinken noch auch reden. Wir glauben, daß die Tramecksan oder hohen Absätze uns an Zahl übertreffen, allein die Staatsgewalt liegt dennoch in unserer Hand. Wir besorgen jedoch, Seine Kaiserliche Hoheit, der Thronerbe, habe Neigung zu den hohen Absätzen. Wenigstens können wir bemerken, daß einer seiner Absätze höher ist als der andere, wodurch Höchstderselbe beim Gehen hinkt.

Mitten unter diesen inneren Unruhen werden wir mit einer Invasion von der Insel Blefuscu bedroht, dem zweiten großen Reich der Welt, beinahe ebenso groß und mächtig wie das Seiner Majestät. Denn was Ihre Bemerkung betrifft, es gäbe in der Welt noch andere Königreiche und Staaten, die von menschlichen Geschöpfen Ihrer Größe bewohnt werden, so sind unsere Philosophen darüber in Zweifel und wollen vielmehr die Behauptung aufstellen, Sie seien vom Mond oder von einem Stern herabgefallen. Denn es ist gewiß, daß hundert Sterbliche von Ihrer Größe alle Früchte und alles Vieh im Gebiet Seiner Majestät aufzehren müßten. Außerdem erwähnt unsere Geschichte seit sechstausend Monaten keine andere Weltgegend als Lilliput und Blefuscu. Diese beiden großen Mächte führten, wie ich Ihnen berichten will, seit sechsunddreißig Monaten den heftigsten Krieg miteinander. Letzterer begann auf folgende Weise: Überall wird zugestanden, daß die ursprüngliche Weise, Eier zu öffnen, darin besteht, daß man das breitere Ende der Schale zerbricht oder abschneidet. Allein der Großvater Seiner gegenwärtigen Majestät schnitt sich, da er als Knabe einst ein Ei essen wollte, bei dieser Gelegenheit in den Finger. Darauf publizierte der Vater ein Edikt, das allen Untertanen bei schwerer Strafe verbot, das breitere Ende des Eis zu öffnen. Das Volk geriet über dieses Gesetz in solche Wut, daß daraufhin sechs Rebellionen entstanden. Ein Kaiser verlor darin sein Leben, ein anderer seine Krone. Diese bürgerlichen Zwiste wurden dauernd durch die Könige von Blefuscu genährt, und wenn sie unterdrückt wurden, flüchteten die Verbannten gewöhnlich in dieses Reich. Man rechnet, daß an elftausend Personen zu verschiedenen Zeiten lieber den Tod erleiden, als die Eier an den spitzen Enden öffnen wollten. Viele Hunderte von dicken Bänden sind über diesen Streit geschrieben worden, allein die Bücher der Breitendigen sind schon lange verboten, und ein Gesetz hat die ganze Partei für unfähig erklärt, fernerhin öffentliche Ämter zu verwalten. Während dieser Unruhen machten uns die Kaiser von Blefuscu häufig Vorstellungen durch ihre Gesandten und zugleich den Vorwurf, eine Spaltung in der Religion zu bewirken, da wir gegen die Grundlehren unseres großen Propheten Lustrog im fünfundvierzigsten Kapitel des Brundrecal (dieses ist der Koran von Lilliput) verstießen. Dies scheint jedoch eine bloße Verdrehung des Textes zu sein, denn die Worte lauten: »Alle wahren Gläubigen öffnen die Eier am passenden Ende.« Was nun das passende Ende ist, muß nach meiner demütigen Meinung dem Gewissen eines jeden überlassen bleiben, oder die erste Magistratsperson besitzt das Recht, es zu bestimmen. Jetzt aber haben die verbannten Breitendigen so viel Einfluß am Hof des Kaisers von Blefuscu und so viel Unterstützung und Ermutigung für ihre Partei hier in unserem Vaterland erlangt, daß ein blutiger Krieg zwischen beiden Reichen schon sechsunddreißig Monate lang geführt worden ist, und zwar mit wechselndem Erfolg. Während dieser Zeit haben wir vierzig große und noch viel mehr kleinere Schiffe sowie dreißigtausend unserer besten Soldaten und Matrosen verloren. Der Verlust des Feindes ist jedoch noch etwas größer als der unsrige. Dennoch hat er jetzt eine zahlreiche Flotte ausgerüstet und trifft Vorbereitungen zu einer Landung an unserer Küste. Seine Kaiserliche Majestät setzt nun großes Vertrauen in Ihre Tapferkeit und Kraft und hat mir deshalb befohlen, Ihnen diesen Bericht über unsere Angelegenheiten vorzulegen.«

Ich bat den Sekretär, dem Kaiser die Versicherung meines untertänigsten Gehorsams zu überbringen und ihm zugleich zu unterbreiten, mir als Fremdem gezieme es nach meiner Meinung nicht, mich in Parteistreitigkeiten einzulassen, ich sei jedoch bereit, mein Leben zu wagen, um seine Person und sein Reich gegen fremden Angriff zu verteidigen.

Fünftes Kapitel

Der Verfasser verhindert durch eine außerordentliche Kriegstat den fremden Angriff. Ein hoher Ehrentitel wird ihm verliehen. Es erscheinen Gesandte des Kaisers von Blefuscu und bitten um Frieden. In den Zimmern der Kaiserin bricht eine Feuersbrunst aus. Der Verfasser rettet den übrigen Teil des Palastes.

Lilliput ist durch einen 800 Ellen breiten Kanal vom Reich Blefuscu getrennt, einer Insel, die in nordöstlicher Richtung liegt. Ich hatte diese noch nicht gesehen und vermied es, nach dem mir gegebenen Bericht von einer beabsichtigten Invasion, auf jener Seite der Küste zu erscheinen, aus Furcht, von feindlichen Schiffen bemerkt zu werden, die bis dahin noch keine Kunde von mir erhalten hatten. Es war nämlich während des Krieges jede Verbindung der zwei Reiche bei Todesstrafe verboten und vom Kaiser ein Embargo auf alle Schiffe gelegt worden. Ich teilte Seiner Majestät einen von mir entworfenen Plan mit, die ganze feindliche Flotte zu erobern, die, wie unsere Schnellsegler uns berichteten, im Hafen vor Anker lag und bereit war, beim ersten günstigen Wind abzusegeln. Ich erkundigte mich bei den erfahrensten Seeleuten nach der Tiefe des Kanals, den sie oft gelotet hatten, und erfuhr, daß er bei der Flut in der Mitte siebzig Glumgluffs betrug, das heißt sechs Fuß englischen Maßes, und sonst nur höchstens fünfzig Glumgluffs. Hierauf ging ich zur Nordostküste, Blefuscu gegenüber, legte mich hinter einen Hügel, zog mein kleines Taschenperspektiv hervor und nahm die vor Anker liegende Flotte des Feindes in Augenschein. Dann kehrte ich in mein Haus zurück und gab Befehl, mir eine große Menge von starken Tauen und eisernen Stangen herbeizuschaffen. Dazu war ich nämlich durch einen Befehl des Kaisers ermächtigt. Die Taue waren ungefähr von der Dicke eines Bindfadens und die eisernen Stangen von der Länge und Form einer Stricknadel. Ich verdreifachte die Taue, um sie stärker zu machen, und drehte aus demselben Grund drei eiserne Stangen zusammen, indem ich die Spitzen zu Haken bog. Nachdem ich fünfzig solcher Haken an ebenso vielen Tauen befestigt hatte, kehrte ich zur Nordostküste zurück, zog Rock, Schuhe und Strümpfe aus und ging ungefähr eine Stunde vor der Flut mit meinem ledernen Wams in die See hinein. Ich watete, so schnell ich konnte, und schwamm in der Mitte ungefähr dreißig Ellen, bis ich Boden fühlte. In weniger als einer halben Stunde war ich bei der Flotte angelangt. Der Feind war so erschreckt, als er mich erblickte, daß die ganze Mannschaft aus den Schiffen sprang und ans Ufer schwamm, wo gewiß nicht weniger als dreißigtausend Menschen standen; dann nahm ich mein Takelwerk, befestigte an dem Vorderteil jedes Schiffes einen Haken und band alle Stricke am Ende zusammen. Während ich dies vollbrachte, gab mir der Feind eine Salve von mehr als tausend Pfeilen, von denen mehrere in meinem Gesicht und meinen Händen steckenblieben und, den Schmerz abgerechnet, mir bei meiner Arbeit nicht wenig hinderlich waren. Am meisten war ich um meine Augen besorgt und würde diese auch unfehlbar verloren haben, wäre mir nicht plötzlich ein Hilfsmittel eingefallen. Unter anderen kleinen Gegenständen, die mir notwendig waren, befand sich meine Brille in einer besonderen kleinen Tasche, die von den Zollbeamten des Kaisers, wie ich erwähnte, nicht bemerkt worden war. Diese nahm ich heraus, setzte sie auf meine Nase und führte, so bewaffnet, mit Kühnheit mein Unternehmen trotz der feindlichen Pfeile aus, von denen mehrere das Glas meiner Brille trafen, jedoch keine andere Wirkung hervorbrachten, als diese mir ein wenig zu verrücken. Als ich nun alle Haken befestigt hatte, nahm ich den Knoten in meine Hand und begann zu ziehen, allein kein Schiff wollte sich von der Stelle rühren, denn sie waren sämtlich an den Ankern festgemacht. Somit war der gefährlichste

Teil meines Unternehmens noch zu vollbringen. Ich ließ den Strick fahren, da die Haken ja ohnedies an den Schiffen befestigt blieben, und schnitt voll Kühnheit mit meinem Messer die Ankertaue der Schiffe durch, wobei ich ungefähr zweihundert Schüsse in Gesicht und Hände erhielt. Dann ergriff ich wieder das zusammengebundene Ende der Taue und zog mit der größten Leichtigkeit fünfzig der feindlichen Kriegsschiffe hinter mir her.

Die Blefuscudier, die nicht den geringsten Begriff von meinem Vorhaben hatten, waren zuerst erstaunt und verwirrt. Sie hatten mich die Taue durchschneiden sehen und glaubten zuerst, ich wollte die Schiffe flottmachen, damit sie aufeinanderstießen und dadurch Schaden litten. Als sie aber sahen, wie die ganze Flotte sich in bester Ordnung bewegte und wie ich die Taue zog, ließen sie einen solchen Schrei des Schmerzes und der Verzweiflung erschallen, daß es mir unmöglich ist, dies zu beschreiben. Als ich außer Gefahr war, hielt ich eine Weile an, um die Pfeile aus Hand und Gesicht herauszuziehen; dann rieb ich mich mit der Salbe ein, die mir bei meiner ersten Ankunft gegeben worden war und die ich schon erwähnte. Hierauf nahm ich meine Brille ab, wartete, bis die Flut ein wenig gefallen war, watete mit meiner Beute durch die Mitte des Kanals und langte wohlbehalten im Hafen von Lilliput an.

Der Kaiser und sein ganzer Hof standen am Ufer und erwarteten den Ausgang des großen Abenteuers. Sie sahen, wie sich die Schiffe in einem weiten Halbkreis bewegten, konnten mich aber nicht erkennen, da das Wasser mir bis an die Brust reichte. Als ich in die Mitte des Kanals kam, gerieten sie in große Furcht, denn nun kam mir das Wasser bis an den Hals. Der Kaiser glaubte, ich sei ertrunken, und die feindliche Flotte nahe sich, zum Angriff gerüstet; allein seine Besorgnis verschwand bald, denn da der Kanal mit jedem Schritte flacher wurde, kam ich bald so nahe, daß man mich hören konnte; ich hielt das Ende der Taue, woran die Schiffe befestigt waren, in die Höhe und rief mit lauter Stimme: »Lang lebe der großmächtigste Kaiser von Lilliput!« Dieser große Fürst erteilte mir bei meiner Landung das höchste Lob und ernannte mich auf der Stelle zum Nardac, der höchsten Würde seines Kaisertums.

Seine Majestät wünschte, ich möchte eine andere Gelegenheit benutzen, um alle übrigen feindlichen Schiffe in seine Häfen zu bringen. So unmäßig ist der Ehrgeiz des Fürsten, daß er an nichts Geringeres dachte als an die Eroberung des ganzen Reiches von Blefuscu, das er dann durch einen Vizekönig regieren lassen wollte. Er hoffte ferner, alle breitendigen Verbannten zu vernichten und auch jenem Volk den Zwang aufzuerlegen, ihre Eier an den spitzeren Enden zu öffnen, wodurch er der Monarch der ganzen Erde geworden wäre. Allein ich suchte ihm diesen Plan auszureden, berief mich hierbei sowohl auf Politik wie auf Gerechtigkeit und erklärte zuletzt in deutlichen Worten, ich würde mich nie zum Werkzeug hergeben, um ein freies und tapferes Volk in Sklaverei zu bringen. Als diese Angelegenheit im Staatsrat verhandelt wurde, war auch der klügste Teil des Ministeriums auf meiner Seite. Diese offene und kühne Erklärung widerstrebte aber so sehr der Politik des Kaisers, daß er mir diese nie vergab. Er erwähnte sie auf sehr listige Weise im Staatsrat, und wie ich erfuhr, schienen die Klügsten mit ihrem Stillschweigen meine Meinung zu billigen. Andere aber, die geheime Feinde von mir waren, konnten einige Worte nicht unterdrücken, womit ein versteckter Tadel gegen mich ausgesprochen wurde. Von dieser Zeit an begann eine gegen mich gerichtete Intrige zwischen dem Kaiser und einem Verein mehrerer gegen mich boshaft eingenommener Minister, die nach ungefähr zwei Monaten ausbrach und beinahe mit meiner gänzlichen Vernichtung geendet hätte. Von so wenig Gewicht sind bei den Fürsten die größten Dienste, wenn sie durch eine Weigerung, ihren Leidenschaften zu dienen, aufgewogen werden.

Drei Wochen nach meiner Tat langte eine feierliche Gesandtschaft von Blefuscu mit dem demütigen Anerbieten eines Friedens an. Dieser wurde auch in kurzem unter sehr günstigen Bedingungen für Lilliput abgeschlossen, womit ich aber hier den Leser nicht langweilen will. Die Gesandtschaft bestand aus sechs Gesandten mit einem Gefolge von ungefähr fünfhundert Personen. Ihr Einzug war prächtig und der Größe ihres Herrn sowie der Wichtigkeit ihres Geschäftes angemessen. Als der Traktat abgeschlossen war, wobei ich ihnen mehrere bedeutende Dienste durch das Ansehen erwies, das ich mir jetzt bei Hof erworben hatte oder wenigstens erworben zu haben schien, machten mir Ihre Exzellenzen, die durch eine private Mitteilung erfuhren, wie sehr ich ihr Freund sei, in aller Form und Etikette einen Besuch. Sie begannen mit vielen Komplimenten über meine Kraft und Großmut, luden mich in ihres Herrn Namen ein, sein Königreich zu besuchen, und wünschten, ich möchte ihnen einen Beweis meiner wunderbaren Stärke geben, von der sie bereits so viel gehört hätten. Hierin stand ich ihnen bereitwilligst zu Diensten, werde aber den Leser mit den Einzelheiten nicht langweilen.

Als ich Ihre Exzellenzen einige Zeit zu ihrer außerordentlichen Befriedigung und Überraschung unterhalten hatte, bat ich sie, sie möchten mir die Ehre erweisen, meine untertänigste Achtung dem Kaiser, ihrem Herrn, zu verkünden, vor dessen königlicher Person zu erscheinen ich beschlossen hatte, bevor ich nach meinem Vaterland zurückkehrte. Sobald ich deshalb wieder die Ehre einer Audienz bei unserem Kaiser hatte, ersuchte ich ihn beiläufig um die Erlaubnis, dem blefuscuschen Monarchen aufwarten zu dürfen. Er hatte die Gnade, sie mir zu erteilen, jedoch, wie ich bemerkte, in kühler Weise; den Grund konnte ich nicht erraten, bis eine gewisse Person mir zuflüsterte, Flimnap und Bolgolam hätten meine Unterredung mit den Gesandten als ein Zeichen der Abneigung gegen den Kaiser dargestellt, von der, wie ich beschwören kann, mein Herz durchaus frei war. Dies war das erste Mal, daß ich einen gewissen Begriff von Höfen und Ministern erlangte.

Es ist zu bemerken, daß die Gesandten sich durch einen Dolmetscher mit mir unterhielten, denn die Sprachen beider Reiche sind so sehr voneinander verschieden, wie dies bei mehreren der europäischen der Fall ist. Jede Nation ist auf das Alter, die Schönheit, die Kraft ihrer eigenen Sprache stolz und verachtet die ihrer Nachbarn. Unser Kaiser jedoch benutzte den Vorteil, den ihm die Wegnahme der Flotte gewährte, zwang die Gesandten, ihre Beglaubigungsschreiben abzugeben und ihre Rede auf lilliputanisch zu halten. Auch muß ich bemerken, daß die meisten Personen von Stand, daß Kaufleute und Matrosen, kurz alle, die an den Küsten wohnen, sich in beiden Sprachen ausdrücken können. Der Grund liegt in der bedeutenden Handelsverbindung beider Staaten, in der fortwährenden Aufnahme der Verbannten beider Reiche, die gegenseitig ist, und in der herrschenden Gewohnheit, junge Männer von Adel und Vermögen in das andere Reich hinüberzusenden, damit sie durch Kenntnis der Welt, der Menschen und Sitten ihre äußeren Formen ausbilden. Die erwähnte gegenseitige Sprachkenntnis bemerkte ich einige Wochen später, als ich dem Kaiser von Blefuscu meine Aufwartung machte, ein Umstand, der sich inmitten meines Unglücks, das durch die Bosheit meiner Feinde bewirkt wurde, als ein höchst glückliches Ereignis erwies, wovon ich an geeigneter Stelle Bericht erstatten werde.

Der Leser wird sich erinnern, daß ich mit einigen Bedingungen unzufrieden war, unter denen ich meine Freiheit wiedererlangte. Mir mißfiel daran, daß sie zu sklavisch waren, allein ich war durch Not gezwungen, mich zu fügen. Da ich nun jetzt ein Nardac des Reiches von höchstem Rang war, so wurden sie als meiner jetzigen Würde widerstrebend betrachtet, und der Kaiser (diese Gerechtigkeit muß ich ihm widerfahren lassen) erwähnte sie nie in meiner Gegenwart. Bald darauf hatte ich auch noch Gelegenheit, Seiner Majestät einen meiner Meinung nach sehr bedeutenden Dienst zu erweisen. Ich wurde einmal plötzlich um Mitternacht durch das Geschrei mehrerer Hunderte von Menschen vor meiner Tür aufgeweckt und geriet wirklich in Schrekken. Ich hörte das Wort Burglum, unaufhörlich wiederholt; einige Hofleute des Kaisers drängten sich durch den Menschenhaufen und baten mich, sogleich zum Palast zu kommen, wo in den Zimmern Ihrer Majestät der Kaiserin durch die Sorglosigkeit einer Ehrendame eine Feuersbrunst ausgebrochen war. (Diese hatte nämlich einen Roman im Bett gelesen und war dabei eingeschlafen.) Sogleich sprang ich auf; Befehle wurden erteilt, mir aus dem Weg zu gehen. Da nun auch gerade der Mond schien, bemühte ich mich, zum Palast zu gelangen, ohne die Menschen zu zertreten. Wie ich fand, hatte man schon Leitern an die Gemächer angelegt und sich mit Feuereimern zur Genüge versehen, aber das Wasser war von dem Ort der Feuersbrunst zu weit entfernt. Die Feuereimer waren von der Größe eines starken Fingerhuts, und die armen Leute lieferten mir so viel und so schnell, wie es ihnen nur möglich war; allein die Flamme war so heftig, daß dies nicht viel half. Ich würde das Feuer mit meinem Rock leicht erstickt haben, doch unglücklicherweise trug ich nur ein ledernes Wams. Der Fall schien verzweifelt und beklagenswert, und der prächtige Palast würde unfehlbar niedergebrannt sein, hätte ich nicht plötzlich eine Geistesgegenwart gezeigt, wie sie mir sonst nicht eigentümlich ist. Am Abend zuvor hatte ich sehr viel von einem köstlichen Wein mit Namen Glimigrim getrunken (die Blefuscer nennen ihn Flunec, aber man hält unsere Sorte für die bessere), die sehr harntreibend wirkt. Höchst glücklicherweise nun hatte ich mich noch gar nicht entleert. Die Hitze, der ich mich aussetzte, indem ich nahe an die Flamme trat und sie zu löschen suchte, bewirkte, daß der Wein auf die Harnorgane wirkte; ich erleichterte diese in einer

solchen Menge, die ich geschickt auf die passendsten Orte hin richtete, daß die Feuersbrunst in drei Minuten gelöscht und jener schöne Palast, dessen Bau so viele Menschenalter erfordert hatte, vor gänzlicher Zerstörung bewahrt wurde.

Der Tag war angebrochen, und ich kehrte in meine Wohnung zurück, ohne dem Kaiser meinen Glückwunsch abzustatten, weil ich nicht wissen konnte, wie Seine Majestät den erwiesenen Dienst aufnehmen würde, obgleich er von der ausgezeichnetsten Art war. Durch die Grundgesetze des Reiches wird nämlich jedem, ohne Rücksicht des Standes, die Todesstrafe bestimmt, der innerhalb der Palastmauern sich auf die erwähnte Art entleert. Zwar beruhigte mich wieder eine Botschaft Seiner Majestät, er werde seinem Justizminister Befehl erteilen, mir eine Verzeihungsurkunde in aller Form ausfertigen zu lassen. Diese konnte ich jedoch nicht erhalten; man machte mir die vertrauliche Mitteilung, die Kaiserin habe den furchtbarsten Schauder über meine Tat empfunden, habe sich in die entferntesten Gemächer des Palastes zurückgezogen und den festen Entschluß gefaßt, nie sollten ihre früheren Zimmer wieder zu ihrem Gebrauch hergerichtet werden. Sie konnte es nicht unterlassen, in Gegenwart ihrer vertrauten Hofdamen mir furchtbare Rache zu schwören.

Sechstes Kapitel

Über die Einwohner von Lilliput. Ihre Wissenschaften, Gesetze und Gewohnheiten. Ihre Erziehungsmethode. Des Verfassers Lebensart in diesem Land. Seine Rechtfertigung einer hohen Dame.

Zänkereien und Intrigen sind an Höfen so gang und gäbe, daß ich nicht länger bei den Verleumdungen zu verweilen brauche, die von meinen Neidern ausgedacht wurden, um die Kaiserin noch weiter gegen mich aufzubringen. Ich werde mich daher einem anderen Gegenstand zuwenden. Obgleich ich mir die Beschreibung des Reiches Lilliput in einer besonderen Abhandlung vorbehalte, will ich indessen der Neugier des Lesers insoweit nachgeben, daß ich ihm einige allgemeine Bemerkungen darüber hier mitteile. So wie die durchschnittliche Größe der Einwohner etwas weniger als sechs Zoll beträgt, ebenso herrscht dasselbe Verhältnis auch bei den Tieren, Pflanzen und Bäumen. Die größten Pferde und Ochsen sind zum Beispiel vier bis fünf Zoll hoch, die Schafe ungefähr anderthalb Zoll, die Gänse so groß wie ein Sperling, und in solcher Reihenfolge geht es abwärts, bis ich die Tiere nicht mehr erkennen konnte. Die Natur hat jedoch die Augen der Lilliputaner so geschaffen, daß sie alles dies genau, wenn auch nur in geringer Entfernung, erblicken können. Um die Schärfe ihres Gesichtssinnes in der Nähe zu zeigen, führe ich nur an, daß ich einen Koch gesehen habe, der eine Lerche, die nicht größer als eine Fliege war, rupfte, und ein junges Mädchen, das einen unsichtbaren Seidenfaden in eine unsichtbare Nadel einfädelte. Ihre größten Bäume sind ungefähr sieben Fuß hoch; ich meine einige im königlichen Park, deren Gipfel ich mit der Hand ergreifen und die ich dann mit meinen Fingern umbiegen konnte. Die anderen Pflanzen zeigen dasselbe Verhältnis. Dieses überlasse ich jedoch der Einbildungskraft des Lesers.

Von ihrer Gelehrsamkeit, die viele Menschenalter bei ihnen geblüht hat, will ich hier nichts sagen. Ihre Art der Schrift ist aber sehr sonderbar; sie schreiben weder wie die Europäer von der Linken zur Rechten, noch von der Rechten zur Linken wie die Araber, noch von oben nach unten wie die Chinesen, sondern quer über das Papier, von einer Ecke des Bogens zur anderen, wie die englischen Damen.

Die Toten begraben sie in der Art, daß sie diese mit dem Kopf zuerst ins Grab senken. Sie sind nämlich der Meinung, nach elftausend Monaten würden sie sämtlich wieder auferstehen; zu diesem Zweck werde sich die Erde, die sie sich als flach vorstellen, kopfüber, kopfunter kehren, und somit würden sie bei ihrer Auferstehung wieder auf den Füßen zu stehen kommen. Die Gelehrten unter ihnen haben schon längst die Abgeschmacktheit dieser Meinung dargetan, allein die Sitte bleibt, um der Volksmeinung Rechnung zu tragen.

Einige Gewohnheiten und Gesetze dieses Reiches sind von sehr besonderer Art, wären sie nicht denen meines eigenen teuersten Vaterlandes durchaus entgegengesetzt, so würde ich es versuchen, etwas zu ihrer Rechtfertigung zu sagen. Nur wäre zu wünschen, daß sie auch zur Anwendung kämen. Das erste, das ich anführen will, betrifft Denunzianten und Spione. Alle Verbrechen gegen den Staat werden hier mit der größten Strenge bestraft. Ergibt sich aber die Unschuld des Beklagten aus dem Prozeß, so wird der Denunziant sogleich auf schmachvolle Weise hingerichtet. Der Unschuldige erhält aber Entschädigung aus den Gütern und Ländereien seines Angebers für den Verlust seiner Zeit, für die Gefahr, in der er schwebte, für die Leiden seiner Gefangenschaft, für alle Kosten, die ihm durch seine Verteidigung veranlaßt wurden. Ist das Vermögen des Denunzianten nicht hinreichend, so zahlt die Krone genügende Entschädigung. Der Kaiser erweist ihm auch eine öffentliche Gnadenbezeigung, und in der ganzen Hauptstadt wird seine Unschuld durch Proklamation verkündet.

Betrug wird als ein größeres Verbrechen als Diebstahl behandelt und deshalb in der Regel mit dem Tode bestraft. Die Lilliputaner sind nämlich der Meinung, gehörige Sorgfalt und sehr gewöhnlicher Menschenverstand könne das Eigentum vor Dieben bewahren, dagegen besäßen ehrliche Leute keinen Schutz gegen die überlegene List der Betrüger; da ein fortwährender Verkehr des Kaufens und Verkaufens sowie des Handels auf Kredit einmal notwendig sei, werde der ehrliche Mann betrogen, und der Schurke sei im Vorteil, sobald Betrügerei erlaubt oder befördert werde oder wo sich keine Gesetze zu ihrer Bestrafung vorfinden. Wie ich mich erinnere, legte ich einst bei dem Kaiser Fürbitte für einen Verbrecher ein, der seinen Herrn um eine große Geldsumme betrogen hatte, die er in dessen Auftrag erhalten hatte, aber für sich behielt und damit entfloh. Als ich nun dem Kaiser zufällig sagte, dies sei nur ein Mißbrauch des Vertrauens, erwiderte er tadelnd, es sei schändlich, den höchsten Grad des Verbrechens verteidigen zu wollen. Hierauf konnte ich auch wirklich keine andere Antwort geben als das allgemeine Sprichwort: Andere Länder, andere Sitten. Ich muß gestehen, daß ich mich herzlich schämte.

Obgleich wir Belohnung und Strafe die zwei Angeln zu nennen pflegen, auf denen sich jede Regierung bewegt, so habe ich doch diesen Grundsatz bei keiner Nation, mit Ausnahme der lilliputanischen, ausüben sehen. Jeder, der den Beweis erbringen kann, daß er die Landesgesetze dreiundsiebzig Monate lang mit größter Gewissenhaftigkeit befolgt hat, erhält einen Anspruch auf gewisse Privilegien, je nach seinem Stand und Lebensverhältnis, zugleich eine besondere Geldsumme, die aus einem besonderen Fonds genommen wird. Ferner erhält er den Titel »Snilpall« oder »der Gesetzliche«, der seinem Namen vorgesetzt, jedoch auf seine Nachkommen nicht vererbt wird. Die Lilliputaner hielten es auch für einen außerordentlichen Mangel unserer Staatsverfassung, als ich ihnen sagte, die Befolgung unserer Gesetze werde allein durch Strafen erzwungen, ohne daß von irgendeiner Belohnung die Rede sei. Mit Rücksicht auf die erwähnte Sitte wird die Gerechtigkeit in ihren Gerichtshöfen mit sechs Augen abgebildet, zwei vorne und hinten und einem an jeder Seite, um die Vorsicht anzudeuten; sie hält ferner einen Beutel voll Gold mit der rechten und ein Schwert in der Scheide mit der linken Hand, um anzudeuten, sie sei mehr zur Belohnung als zur Strafe geneigt.

Bei der Besetzung der Ämter nehmen sie mehr Rücksicht auf gute Sitten als auf Fähigkeiten. Sie glauben, da eine Regierung für die Menschen nun einmal notwendig sei, eigne sich auch das gewöhnliche Maß von Verstand für die eine oder die andere Stellung im Leben; die Vorsehung habe die Behandlung der Staatsangelegenheiten zu keinem Geheimnis gemacht, das nur von wenigen Personen mit höheren Geistesgaben verstanden werden könne; von solchen Menschen würden außerdem immer nur wenige in jedem Menschenalter geboren. Dagegen hegen sie die Meinung, Wahrhaftigkeit, Gerechtigkeit, Mäßigung und andere Tugenden könnten von jedem Menschen ausgeübt werden. Sei Erfahrung und gute Absicht damit verbunden, so eigne sich ein jeder für den Dienst seines Vaterlandes, mit Ausnahme derjenigen Geschäfte, bei denen eine gewisse Übung erforderlich ist. Dagegen könne der Mangel moralischer Tugenden durch überlegene Geistesgaben so wenig ersetzt werden, daß kein Amt so gefährlichen Händen anvertraut werden dürfe; die durch Unwissenheit bewirkten Versehen würden bei tugendhaftem Charakter im allgemeinen nie so gefährlich sein wie die Schliche derjenigen, die durch böse Neigungen zur Verderbnis geführt werden und Geisteskräfte besitzen, diese zu vervielfachen, zu benutzen und zu beschönigen.

In gleicher Weise wird durch den Unglauben an eine göttliche Vorsehung Unfähigkeit bewirkt, ein öffentliches Amt zu verwalten. Die Lilliputaner glauben nämlich, nichts könne abgeschmackter sein, als daß Fürsten, die sich für die Repräsentanten der Gottheit halten, Leute zu ihrem Dienst verwenden, welche die Macht in Zweifel ziehen, worauf ihre eigene beruht.

Indem ich diese und die folgenden Gesetze anführe, habe ich nur die ursprünglichen Einrichtungen im Auge, nicht aber die schmählichste Verdorbenheit, in welche dieses Volk wegen der so leicht entartenden Natur der Menschen versunken ist. Denn was jene schmachvolle Sitte betrifft, die höchsten Staatsämter durch Seiltanzen oder Gunstbezeigungen und Auszeichnungen, durch das Springen über den Stock und durch Untendurchkriechen zu erwerben, so muß der Leser im Auge haben, daß sie zuerst von dem Großvater des jetzt regierenden Kaisers eingeführt wurde und durch das allmähliche Steigen des Parteigeistes zur jetzigen Höhe gediehen ist.

Undankbarkeit wird für ein Verbrechen gehalten, das den Tod verdient. Die Lilliputaner begründen dieses Verfahren durch diese Schlußfolge: Wer sich gegen seine Wohltäter undankbar erweist, muß ein allgemeiner Feind der übrigen Menschen sein, von denen er keine Wohltaten erlangt hat; deshalb ist es nicht zweckmäßig, ihn am Leben zu lassen.

Die Begriffe von den gegenseitigen Pflichten der Eltern und Kinder sind gänzlich von den unsrigen verschieden. Da nämlich die Verbindung der Männer und Frauen, wie bei allen Tierarten, auf Naturgesetzen beruht, behaupten sie durchaus, daß Männer und Frauen sich nur deshalb vereinigen; die Zärtlichkeit gegen die Jungen folge aus demselben Grundsatz; deshalb wollen sie nicht zugestehen, ein Kind sei den Eltern für sein Dasein verpflichtet, das ohnedies wegen des menschlichen Elends keine Wohltat sei; auch bezweckten die Eltern keine Wohltat, sondern dächten bei ihren verliebten Zusammenkünften an ganz andere Dinge. Wegen dieser und anderer Schlußfolgerungen sind sie der Meinung, Eltern dürfe man am wenigsten unter allen Menschen die Erziehung der Kinder anvertrauen. Deshalb befinden sich in jeder Stadt öffentliche Erziehungsanstalten, wohin alle Eltern, mit Ausnahme der ärmeren Bauern und Tagelöhner, ihre Kinder senden müssen, damit diese dort von dem Alter von zwanzig Monaten an erzogen werden; denn es wird angenommen, daß sie um diese Zeit bereits Anlagen zum Lernen besitzen. Die Schulen sind verschiedener Art und nach den Eigenschaften und Geschlechtern der Zöglinge geschieden. Geschickte Lehrer erziehen die Kinder zu dem Lebensverhältnis, zu dem sie sich durch den Stand ihrer Eltern, durch ihre Fähigkeiten und Neigungen eignen. Zuerst werde ich hier einiges über die männlichen und dann über die weiblichen Erziehungsanstalten berichten.

Die Unterrichtsanstalten für Knaben von hoher und ausgezeichneter Geburt sind mit berühmten und gelehrten Professoren und Unterlehrern ausgestattet. Kleidung sowie Nahrung der Kinder sind höchst einfach. Sie werden in den Grundsätzen der Ehre und Gerechtigkeit, des Mutes, der Keuschheit, Milde, Religion und Vaterlandsliebe erzogen. Sie sind stets beschäftigt, nur nicht während des Essens und Schlafens, wofür jedoch nur eine knappe Zeit bestimmt ist, und während zweier Erholungsstunden, die zu körperlichen Übungen verwendet werden. Bis sie das vierte Jahr erreicht haben, werden sie von Männern angekleidet, müssen aber nach dieser Zeit ihre Kleider selbst anlegen, wie hohen Standes sie auch sein mögen. Das weibliche Gesinde, das in einem Alter ist, das dem unsrigen von fünfzig Jahren entspricht, verrichtet allein die niedersten Dienste. Die Knaben dürfen sich mit den Dienern nicht unterhalten; sie dürfen ferner nur in kleinerer oder größerer Anzahl unter der Aufsicht eines Lehrers zu ihren Vergnügungen ausgehen, die in körperlichen Übungen bestehen. Deshalb erhalten sie nie so früh die schlimmen Eindrücke der Torheit und des Lasters, denen unsere Kinder ausgesetzt sind. Die Eltern dürfen ihre Söhne nur zweimal im Jahr sehen; der Besuch dauert dann nur eine Stunde; es ist ihnen erlaubt, ihre Kinder bei der Begrüßung und beim Abschiednehmen zu küssen; allein ein Lehrer, der immer bei diesen Gelegenheiten gegenwärtig ist, leidet nicht, daß sie flüstern oder zärtliche Ausdrücke gebrauchen und Geschenke in Gestalt von Spielzeug, Zuckerwerk und dergleichen überbringen.

Die für die Erziehung und Ernährung eines Kindes schuldige Summe wird, sobald die Zahlung ausbleibt, von den Beamten des Kaisers bei den Eltern erhoben.

Die Erziehungsanstalten für Kinder aus mittleren Ständen, von Kaufleuten, Kleinhändlern, Handwerkern, sind ungefähr in derselben Art eingerichtet. Nur werden diejenigen, die sich solchen Berufen widmen wollen, schon mit elf Jahren in die Lehre gegeben, während die Kinder aus höheren Ständen ihre Studien bis zum fünfzehnten Jahr fortsetzen, was nach unseren Verhältnissen dem einundzwanzigsten entspricht. In den letzten drei Jahren wird jedoch die Abgeschlossenheit allmählich vermindert.

In den weiblichen Erziehungsanstalten werden die jungen Mädchen von Stand in ähnlicher Weise wie die Knaben erzogen; nur haben sie zum Ankleiden weibliche Dienerschaft, die jedoch stets im Beisein eines Lehrers ihre Tätigkeit ausübt. Mit dem fünften Jahr müssen die Mädchen sich selbst ankleiden. Bemerkt man, daß die Mägde jemals wagen, die Mädchen mit furchterregenden oder albernen Geschichten oder mit den bei uns gewöhnlichen Torheiten der Kammermädchen zu unterhalten, so werden sie dreimal öffentlich durch die Stadt gepeitscht, ein Jahr ins Gefängnis gesperrt und dann in den entferntesten und ödesten Teil des Landes verbannt. Aus diesem Grund verachten es die jungen Damen, ebenso wie die Männer, feig und albern zu erscheinen; sie verschmähen persönlichen Schmuck, der über Anstand und Reinlichkeit hinausgeht. Auch habe ich keinen großen Unterschied der Erziehung bei den verschiedenen Geschlechtern bemerkt, nur daß bei den körperlichen Übungen der Mädchen nicht auf dieselbe Körperkraft gerechnet wird wie bei den Knaben, daß ihnen besondere Lehren für das häusliche Leben erteilt werden und daß man an sie gewisse Ansprüche in betreff der Gelehrsamkeit macht. Die Lilliputaner verfahren nämlich nach dem Grundsatz, bei Leuten von Stand müsse die Gemahlin eine vernünftige und angenehme Gesellschafterin sein, weil sie nicht immer jung bleiben könne. Haben die Mädchen das zwölfte Jahr erreicht, das in Lilliput als das heiratsfähige Alter gilt, so werden sie von den Eltern oder Vormündern nach Hause geholt, wobei die größte Dankbarkeit gegen die Lehrer ausgesprochen wird. Diese Trennung geschieht selten ohne die Tränen der jungen Dame oder ihrer Gefährtinnen.

In den weiblichen Erziehungsanstalten für geringere Stände werden die Kinder in jeder Arbeit, die sich für ihr Geschlecht und für ihre verschiedene Lage eignet, unterrichtet; die, welche in die Lehre gehen werden, entläßt man mit dem siebenten Jahr, die anderen im elften.

Die ärmeren Familien, deren Kinder sich in diesen Erziehungsanstalten befinden, müssen außer dem Kostgeld, das sehr unbedeutend ist, einen kleinen Teil ihrer monatlichen Einkünfte, der zur späteren Ausstattung bestimmt ist, dem Verwalter einhändigen. Deshalb sind auch die Ausgaben aller Eltern durch das Gesetz beschränkt. Die Lilliputaner glauben nämlich, keine Handlung sei ungerechter als die Erzeugung von Kindern, wenn die Eltern die Last der Erziehung auf das Gemeinwohl abwälzen wollen. Leute von Stand geben Bürgschaft für eine bestimmte und ihren Verhältnissen angemessene Summe als Eigentum des Kindes, und das Kapital wird stets mit Sparsamkeit und der genauesten Gerechtigkeit verwaltet.

Die ärmeren Bauern und Tagelöhner behalten ihre Kinder zu Hause; da ihr einziges Geschäft im Pflügen und anderen Arbeiten des Landbaus besteht, so ist ihre Erziehung für den Staat von keiner großen Wichtigkeit.

Dem neugierigen Leser werde ich vielleicht Unterhaltung gewähren, wenn ich ihm einen Bericht von meinen häuslichen Angelegenheiten und von der Lebensart gebe, die ich während meines Aufenthalts von neun Monaten und dreizehn Tagen in diesem Land führte. Da ich Anlagen zu mechanischen Arbeiten besitze und auch zugleich durch Not dazu gezwungen wurde, machte ich mir aus den größten Bäumen des Parks einen ziemlich bequemen Stuhl und einen Tisch. Zweihundert Näherinnen waren damit beschäftigt, mir Hemden sowie Bett- und Taschentücher zu verfertigen, und zwar von der rauhesten und stärksten Leinwand, die sie sich verschaffen konnten. Dennoch waren sie genötigt, diese in mehreren Lagen zu nähen, denn die dickste Leinwand war bedeutend feiner als Gaze. Die lilliputanische Leinwand ist gewöhnlich drei Zoll breit, und drei Fuß bilden ein Stück.

Die Näherinnen nahmen mir das Maß, als ich auf dem Boden lag; die eine stand an meinem Hals, die andere an meinen Knien, beide hielten eine lange Schnur straff gespannt, während eine dritte mit einem Maßstab von einem Zoll die Länge des Stricks ausmaß, dann nahmen sie das Maß meines rechten Daumens und verlangten dann nichts weiter; denn durch eine mathematische Berechnung war erwiesen, das doppelte Maß des Daumens sei das der Faust, und dasselbe Verhältnis gelte zwischen Hals und Bauch; ferner nahmen sie auch durch den Vergleich ihrer Berechnung mit meinem alten Hemd, das ich als Muster auf dem Boden ausbreitete, mir selbst ganz genau das Maß. Dreihundert Schneider wurden in derselben Art beschäftigt. Diese verfuhren aber auf andere Art, als sie mir das Maß nahmen. Ich kniete nieder, und sie setzten eine Leiter vom Boden an meinen Hals. Einer stieg hinauf und ließ von meinem Halskragen eine mit Blei beschwerte Schnur auf den Boden hängen, die gerade der Länge meines Rocks entsprach; dann nahm ich selbst das Maß der Arme und meiner Breite. Als meine Kleider in meiner Wohnung verfertigt waren (denn das größte Haus der Lilliputaner hätte sie nicht fassen können), glichen sie den aus Flicken zusammengesetzten Teppichen, welche die Damen in England anfertigen.

Dreihundert Köche bereiteten meine Nahrung in kleinen, bei meinem Hause erbauten und bequemen Hütten, wo sie mit ihren Familien wohnten. Jeder Koch lieferte mir zwei Gerichte. Zwanzig Bediente hob ich mit meiner Hand auf den Tisch; hundert andere standen auf dem Boden, einige mit Fleischgerichten, andere mit Fässern voll Wein und Likören. Alles dies wanden die Bedienten nach meinem Bedürfnis auf sehr sinnreiche Weise mit Stricken hinauf, wie wir in Europa die Wassereimer. Jedes Fleischgericht gab einen Mundvoll und ein Weinfaß einen guten Schluck. Das Lilliputanische Hammelfleisch ist nicht so gut wie das unsrige, allein ihr Rindfleisch ist ausgezeichnet. Ich habe einmal eine so große Rindskeule gegessen, daß ich sie nur in drei Bissen verzehren konnte. Meine Bedienten erschraken, als sie sahen, wie ich sie mit Knochen und allem, etwa wie man bei uns einen Lerchenflügel ißt, mit einem Mal zerkaute. Gänse und Truthähne steckte ich auf einmal in den Mund, und ich muß gestehen, sie sind vorzüglicher als die unsrigen. Von ihrem kleinen Geflügel konnte ich zwanzig bis dreißig auf einmal mit meinem Messer aufspießen.

Seine Kaiserliche Majestät, die von meiner Art zu essen gehört hatte, erwies mir eines Tages mit Seiner Königlichen Gemahlin und den Kindern von Geblüt beider Geschlechter die hohe Gnade, daß Höchstdieselbe ihren Wunsch mir verkünden ließ, wie sie sich herablassend ausdrückte, mit mir zu Mittag zu speisen. Sie erschienen, und ich setzte sie in den Staatsstühlen mit ihren Garden auf den Tisch, und zwar mir gerade gegenüber. Flimnap, der Finanzminister, war auch mit seinem weisen Stab gegenwärtig, und ich bemerkte, daß er mich oft mit einem verdrießlichen Gesicht ansah; ich stellte mich jedoch, als ob ich dies nicht bemerkte, sondern aß nun, um meinem teuren Vaterland Ehre zu machen, zugleich auch um den Hof in Erstaunen zu versetzen, sogar noch mehr als gewöhnlich. Ich habe besondere Gründe zu der Vermutung, daß dieser Besuch Ihrer Majestät Flimnap Gelegenheit gab, mir bei seinem Herrn schlimme Dienste zu erweisen. Dieser Minister war stets mein Feind gewesen, obgleich er mir äußerlich mehr Gunstbezeigungen erwies, als bei seiner mürrischen Gemütsart sonst gewöhnlich war. Er machte dem Kaiser Vorstellungen über den schlimmen Zustand seiner Finanzen; er werde gezwungen sein, Geld mit bedeutendem Diskont aufzunehmen; Staatsschuldscheine würden nur zu neun Prozent unter dem Nominalwert zirkulieren können; ich habe Seine Majestät bereits anderthalb Millionen Sprugs gekostet (dieses ist die größte lilliputanische Geldmünze, ungefähr von der Dicke einer Goldflitter), kurz, es sei anzuraten, daß Seine Majestät die erste passende Gelegenheit benutze, sich meiner zu entledigen.

Hier muß ich den Ruf einer ausgezeichneten Dame rechtfertigen, die meinetwegen viel Leid hat erdulden müssen. Der Finanzminister kam auf den Einfall, eifersüchtig zu werden, und zwar wegen der Bosheit giftiger Zungen, die ihm hinterbrachten, Ihre Gnaden leide an heftiger Liebe zu meiner geringfügigen Person. Bei Hof zirkulierte ferner eine Klatscherei, sie sei allein in meine Wohnung gekommen. Dieses erklärte ich für eine schändliche, gänzlich unbegründete Lüge; Ihre Gnaden hatten nur die Güte, mir unschuldige Beweise der Freundschaft zu zeigen. Ich muß eingestehen, daß sie öfter in mein Haus kam, allein stets öffentlich und mit der Gesellschaft von drei anderen Damen in ihrer Kutsche, nämlich mit ihrer Schwester, ihrer Tochter und einer besonderen Freundin.

Dies Verfahren war auch ganz gewöhnlich bei anderen Damen des Hofes. Auch berufe ich mich auf alle meine Diener, die sämtlich bestätigen können, daß sie nie eine Kutsche vor meiner Tür sahen, ohne zugleich die Namen der Personen zu erfahren, die sich darin befanden.

Bei diesen Gelegenheiten pflegte ich mich sogleich zur Tür zu begeben, sobald mein Bediensteter mich benachrichtigt hatte. Nach einer höflichen Begrüßung nahm ich darauf die Kutsche mit den zwei Pferden auf meine Hand (war nämlich die Kutsche sechsspännig vorgefahren, so wurden sechs Pferde vom Kutscher ausgespannt) und stellte diese auf den Tisch, den ich mit einem fünf Zoll hohen Rahmen umgeben hatte, um Unglücke zu verhüten. So standen oftmals vier Kutschen auf einmal mit ihren Pferden auf dem Tisch. Ich saß auf meinem Stuhl und neigte mein Gesicht zu den Kutschen hin. Während ich mich mit meiner Gesellschaft unterhielt, pflegten die Kutscher die anderen Karossen auf meinem Tisch umherzufahren. Manchen Nachmittag habe ich sehr angenehm in solchen Gesprächen zugebracht. Allein ich fordere den Finanzminister oder seine zwei Spione (ich will sie zu ihrer Schande nur nennen), Clustril und Drunlo, zu dem Beweis auf, ob irgend jemand inkognito zu mir gekommen ist, mit Ausnahme des Sekretärs Redresal, der durch besonderen Befehl Seiner Kaiserlichen Majestät abgesandt wurde, wie ich schon erzählt habe. Ich würde bei diesem Umstand nicht so lange verweilen, wäre der gute Ruf einer hohen Dame, von meinem eigenen abgesehen, nicht dadurch in Frage gestellt worden. Ferner hatte ich die Ehre, im Rang höher als der Finanzminister zu stehen, denn ich war ein Nardac, und die Welt weiß, daß er nur ein Clumglum ist, ein Titel, der, um einen Grad niedriger, sich zu ersterem so verhält wie in England der Marquis zum Herzog. Doch muß ich eingestehen, daß er vermöge seines Amtes über mir stand; jene falschen Angebereien, die ich nachher durch einen Umstand erfuhr, den ich schicklicherweise nicht erwähnen darf, hatten zur Folge, daß der Finanzminister seiner Gemahlin einige Zeitlang verdrießliche und mir dagegen grimmige Gesichter schnitt. Obgleich es nun der erlauchten Dame auch gelang, ihm seinen Verdacht zu nehmen und sich mit ihm auszusöhnen, so verlor ich doch all sein Zutrauen und fand auch bald, daß mein Einfluß beim Kaiser sich verminderte, der sich von diesem Günstling wirklich zu sehr leiten ließ.

Siebentes Kapitel

Der Verfasser erfährt den Plan, ihn wegen Hochverrats in Anklagezustand zu versetzen, und flieht nach Blefuscu. Seine dortige Aufnahme.

Hier halte ich es für nicht unpassend, bevor ich dem Leser über meine Abreise berichte, einer besonderen Kabale zu erwähnen, womit man schon seit zwei Monaten umging. Diese war gegen mein Leben gerichtet.

Bis dahin war ich wegen der Niedrigkeit meines Standes dem Hofleben gänzlich ferngeblieben. Zwar hatte ich von den Charakteren großer Fürsten und Minister genug gelesen und gehört, ich erwartete jedoch nie, so furchtbare Erfahrungen von ihren Wirkungen zu machen, besonders nicht in einem so fernen Land, das nach Grundsätzen regiert wird, die von denen der europäischen Staaten gänzlich abweichen.

Als ich gerade Vorbereitungen traf, dem Kaiser von Blefuscu meine Aufwartung zu machen, kam ein bei Hof einflußreicher Herr (dem ich früher zu einem Zeitpunkt Dienste erwiesen hatte, als er sich in höchster Ungnade des Kaisers befand) auf verstecktem Weg, zur Nachtzeit und in einer Sänfte, in meine Wohnung und bat um eine augenblickliche Unterredung, ohne mir seinen Namen ankündigen zu lassen. Die Sänftenträger wurden entlassen, ich steckte die Sänfte, worin sich Seine Lordschaft befand, in meine Rocktasche, befahl einem vertrauten Diener, den übrigen zu sagen, ich sei krank und hätte mich schlafen gelegt, verschloß meine Haustür, stellte die Sänfte nach meiner Gewohnheit auf den Tisch und setzte mich vor sie hin. Nach den gewöhnlichen Begrüßungen bemerkte ich in dem Antlitz Seiner Herrlichkeit eine heftige Unruhe.

Als ich nach der Ursache fragte, sprach der Herr den Wunsch aus, ich möchte ihn in einer Angelegenheit, die mein Leben und meine Ehre im höchsten Grad bedrohe, geduldig anhören. Seine Rede kann ich ziemlich genau wiederholen, denn sobald er fort war, schrieb ich die Hauptpunkte davon nieder. Er begann:

»Erfahren Sie von mir, daß seit kurzem der Ausschuß des Geheimen Rats Ihrethalben zu besonderen Sitzungen berufen wurde; schon seit zwei Tagen hat Seine Majestät einen bestimmten Entschluß gefaßt.

Es ist Ihnen nicht unbekannt, daß Skyresh Bolgolam (Galbet oder Großadmiral) seit Ihrer Ankunft Ihr tödlichster Feind gewesen ist. Die ursprünglichen Gründe kann ich Ihnen nicht berichten, sein Haß hat sich aber durch Ihr Glück im Krieg gegen Blefuscu vermehrt, wodurch sein eigener Ruhm als Admiral sehr geschmälert wurde. Dieser Würdenträger des Reichs sowie auch Flimnap, der Finanzminister und Großschatzmeister, dessen Feindschaft gegen Sie, wegen seiner Gemahlin, bekannt ist, der General Limtoc, der Kammerherr Lalcon und Balmuff, der Großkanzler und Justizminister, haben die Artikel einer Anklage wegen Hochverrats und anderer Kapitalverbrechen gegen Sie aufgesetzt.«

Diese Vorrede machte mich so ungehalten, daß ich den Redner unterbrechen wollte, denn ich war mir meiner Verdienste und meiner Unschuld ganz bewußt. Er bat mich jedoch zu schweigen und setzte seine Rede in folgender Weise fort: »Aus Dankbarkeit für die Gefälligkeiten, die Sie mir erwiesen, habe ich mir genaue Nachricht vom ganzen Verfahren und eine Abschrift der Artikel verschafft; um Ihnen zu dienen, wage ich jetzt meinen Kopf.

Artikel der Anklage gegen Quinbus Flestrin, den Bergmenschen

Art. 1. Obgleich es durch ein Reichsgesetz aus der Regierung Seiner Kaiserlichen Majestät Calin Deffar Plune bestimmt und beschlossen ist, daß jeglicher, welcher seine Blase innerhalb der Ringmauern des kaiserlichen Palastes erleichtert, den Strafen und Folgen des Hochverrats anheimfällt, so hat besagter Quinbus Flestrin nichtsdestoweniger besagtes Gesetz öfter gebrochen und unter dem Vorwand, eine Feuersbrunst in den Gemächern der teuersten, geliebtesten Gemahlin Seiner Majestät zu löschen, höchst boshaft, teuflisch und verräterisch durch das Entleeren seines Urins besagte Feuersbrunst in besagten Gemächern, welche in den Ringmauern des kaiserlichen Palastes liegen und sich befinden, wirklich gelöscht, gegen das in besagtem Statut erlassene Verbot usw., gegen die Pflichten usw.

Art. 2. Als besagter Quinbus Flestrin die Kaiserliche Flotte von Blefuscu in den kaiserlichen Hafen von Lilliput gebracht hatte und ihm von Seiner Kaiserlichen Majestät geboten wurde, alle übrigen Schiffe des besagten Kaisers von Blefuscu mit Segeln, Mastbäumen usw. zu erobern, genanntes Reich in eine unterworfene Provinz zu verwandeln, welche in Zukunft durch einen Vizekönig unserer Nation regiert werden solle; ferner, nicht allein die breitendigen Verbannten, sondern gleicherweise alle Einwohner jenes Reiches, welche die breitendige Ketzerei nicht sogleich aufgeben, zu vernichten, zu zerstören und zu töten; hat er, besagter Quinbus Flestrin, wie ein falscher Verräter gegen Seine Allergnädigste, Durchlauchtigste, Kaiserliche Majestät eine Bittschrift eingereicht, jenes Dienstes entbunden zu werden unter dem Vorwand, die Ausübung des Gewissenszwanges zu vermeiden sowie die Freiheit und das Leben eines friedlichen Volkes nicht zu vernichten.

Art. 3. Als ferner gewisse Gesandte des Hofes von Blefuscu am Hof Seiner Majestät, um Frieden bittend, anlangten, hat er, besagter Quinbus Flestrin, als Ungetreuer und Verräter, denselben Hilfe angeboten, sie aufgereizt und ihnen in jeder Weise Vorschub geleistet, obgleich er wußte, der Fürst, ihr Herr, sei kürzlich offener Feind Seiner Majestät gewesen und habe offenen Krieg gegen Seine Majestät geführt.

Art. 4. Besagter Quinbus Flestrin trifft ferner gegenwärtig Vorbereitungen zu einer Reise nach Blefuscu und dem Hof dieses Reiches und verletzt dadurch die Pflichten eines treuen Untertanen, da er nur eine mündliche Erlaubnis von Seiner Majestät dazu erhalten hat. Unter Vorwand besagter Erlaubnis will er auf falsche und verräterische Weise jene Reise unternehmen und dadurch den Kaiser von Blefuscu, mit dem sich Seine Kaiserliche Majestät noch vor kurzem als Feind in offenem Krieg befand, unterstützen, ermutigen und aufreizen.

Es folgen noch einige andere Artikel, allein die, welche ich Ihnen im Auszug vorlas, sind die wichtigsten.

Ich muß jedoch zugeben, daß Seine Kaiserliche Majestät bei den Debatten über diese Anklage viele Beweise großer Milde gab, sich auf die bedeutendsten Dienste berief, die Sie dem Staat erwiesen haben, und zugleich auch Ihre Schuld zu mildern suchte. Der Finanzminister und der Admiral bestanden aber darauf, man sollte Sie eines schmerzhaften und schmachvollen Todes sterben lassen, indem man Ihr Haus anzünde; der General sollte mit zwanzigtausend Mann, die mit vergifteten Pfeilen bewaffnet sein würden, in der Nähe bereitstehen, um Ihre Hände und Ihr Gesicht zu beschießen. Ihre Diener sollten besonderen Befehl erhalten, Ihre Bettücher und Hemden mit Gift zu bestreuen, das Ihr Fleisch zerfressen und Sie selbst unter den schmerzvollsten Martern getötet haben würde. Der General trat zu derselben Meinung über; da aber Seine Majestät beschloß, womöglich Ihr Leben zu retten, gab der Kammerherr seine Stimme in diesem Sinn.

Hierauf befahl der Kaiser dem Ersten Sekretär für seine Privatangelegenheiten, Ihrem Freunde, Redresal, seine Meinung ebenfalls auszusprechen. Dieser gehorchte und zeigte dabei den trefflichen Charakter, den ich immer an ihm kannte. Er gestand, Ihre Verbrechen seien zwar groß, Gnade sei jedoch möglich, jene bei einem Fürsten so erhabene Tugend, die bei Seiner Majestät mit so großem Recht gepriesen werde. Die Freundschaft zwischen ihm und Ihnen sei der Welt bekannt, so daß vielleicht der höchst ehrenwerte Rat ihn für parteiisch halte; jedoch infolge des Befehls, den er erhalten, wolle er seine Gedanken frei aussprechen. Wenn der Kaiser, in Betracht Ihrer Dienste und infolge seiner eigenen Neigung zur Gnade, Ihr Leben verschone und Sie nur wolle blenden lassen, so hege er die demütige Meinung, daß der Gerechtigkeit hierdurch genügt werde, daß ferner die ganze Welt sowohl die Milde des Kaisers als auch das treffliche und edelmütige Verfahren der Männer, welche die Ehre hätten, seine Ratgeber zu sein, loben und billigen müsse. Der Verlust Ihrer

Augen werde Ihre körperliche Stärke nicht vermindern, so daß Sie dem Thron dadurch noch bedeutende Dienste würden erweisen können; Blindheit sei ein Haupterfordernis des Mutes, denn es verhehle uns die Gefahren; die Furcht, Ihre Augen zu verlieren, habe Ihnen die größte Schwierigkeit bei der Wegnahme der feindlichen Flotte geboten; für Sie sei es genügend, mit den Augen des Ministers zu sehen, da doch die größten Fürsten in keiner anderen Weise zu sehen pflegen.

Dieser Vorschlag wurde von dem ganzen Rat mit der größten Mißbilligung vernommen. Bolgolam, der Großadmiral, konnte seinen Zorn nicht unterdrücken; er erhob sich voller Wut und äußerte: Er könne nicht begreifen, wie der Sekretär es wage, seine Stimme dahin abzugeben, daß eines Verräters Leben erhalten würde. Eben die von Ihnen erwiesenen Dienste seien aus Staatsgründen eine Erschwerung Ihrer Verbrechen; ein Mann, der, wie Sie, imstande gewesen sei, das Feuer in den Gemächern der Kaiserin durch Urin zu löschen (eine Missetat, die er nur mit Schaudern erwähne), könne zu einer anderen Zeit, auf dieselbe Weise, eine Überschwemmung bewirken und den ganzen Palast durch eine Flut zerstören; dieselbe Körperkraft, die Sie instand gesetzt habe, des Feindes Flotte zu nehmen, könne Sie befähigen, im Fall der Unzufriedenheit diese wieder zurückzubringen; er habe guten Grund zu glauben, Sie seien im ganzen ein Breitendiger, und der Verrat beginne stets im Herzen, bevor er sich in offenen Taten äußere, und somit klage er Sie deshalb als Verräter an und bestehe auf Ihrer Hinrichtung.

Der Finanzminister war derselben Meinung; er erwies, in welche Verlegenheit die Verwaltung des Staatsschatzes durch die Kosten Ihrer Ernährung gekommen sei, die in kurzem unerträglich werden müßte; der Vorschlag des Sekretärs, Sie zu blenden, könne unmöglich diesem Übel abhelfen. Dieses werde im Gegenteil sich noch vermehren, ein Schluß, den man aus dem Umstand ziehen könne, daß gewisse Arten von Geflügel nach der Operation des Blendens desto schneller gemästet und fett würden. Seine Majestät und der Rat, gegenwärtig Ihre Richter, seien im Gewissen vollkommen von Ihrer Schuld überzeugt; dies sei ein ausreichender Grund, Sie zum Tod zu verurteilen, obgleich es an Beweisen fehle, die der strenge Buchstabe des Gesetzes erfordere.

Der Kaiser jedoch war bereits entschlossen, die Todesstrafe nicht vollziehen zu lassen, und hatte die Gnade, zu bemerken: Da der Rat den Verlust der Augen für eine zu leichte Strafe halte, so könne man ja später auf andere Weise verfahren. Darauf bat der Sekretär, Ihr Freund, noch einmal demütig um Gehör, um auf die Behauptung des Finanzministers hinsichtlich der unerträglichen Kosten Ihrer Ernährung zu antworten. Er bemerkte: Seine Exzellenz, die über das Einkommen Seiner Majestät ausschließlich zu verfügen habe, könne ja allmählich Ihre Nahrung vermindern; aus Mangel an genügend Speisen würden Sie dadurch nach und nach schwach und hinfällig werden, Ihren Appetit verlieren und in wenigen Monaten sterben können; alsdann werde auch der Gestank Ihres Leichnams nicht mehr so gefährlich sein, denn dieser müsse sich in dem Fall um die Hälfte vermindert haben. Sogleich nach Ihrem Tod könnten dann fünf- bis sechstausend Untertanen Ihrer Majestät das Fleisch von den Knochen schneiden, dieses auf Karren wegführen und in entfernteren Gegenden begraben lassen, um ansteckende Krankheiten zu verhüten. Das Skelett würde aber der Nachwelt ein Denkmal der Bewunderung bleiben.

So wurde die ganze Sache durch die Freundschaft des Sekretärs ausgeglichen. Es wurde beschlossen, der Plan, Sie verhungern zu lassen, solle geheim bleiben, indes das Urteil, Sie zu blenden, wurde in das Gesetzbuch eingetragen, wobei niemand widersprach als Bolgolam, der Admiral; dieser ist nämlich eine Kreatur der Kaiserin und wurde fortwährend von dieser aufgereizt, Ihren Tod zu bewirken, weil sie wegen des ungesetzlichen und schändlichen Verfahrens, womit Sie das Feuer in den Gemächern löschten, einen immerwährenden Groll gegen Sie zu hegen beschlossen hat.

Nach drei Tagen wird Ihr Freund, der Sekretär, in Ihre Wohnung kommen und Ihnen die Artikel der Anklage vorlesen. Hierauf wird er Ihnen die große Milde und Gnade Seiner Majestät und des Rates auseinandersetzen, wodurch Sie nur zum Verlust Ihrer Augen verurteilt werden. Auch hegt Seine Majestät keinen Zweifel, daß Sie sich demütig und dankbar dieser Strafe unterziehen werden; zwanzig Wundärzte Seiner Majestät werden gegenwärtig sein, um darauf zu achten, daß die Operation nach den Regeln der Kunst geschieht. Man wird nämlich sehr scharfe Pfeile in ihre Augäpfel abschießen, während Sie selbst auf dem Boden liegen müssen.

Ich überlasse es Ihrer Klugheit, welche Maßregeln Sie treffen werden. Um Verdacht zu vermeiden, muß ich sogleich ebenso heimlich zurückkehren, wie ich gekommen bin.«

Seine Lordschaft entfernte sich, und ich blieb in höchst unruhiger Stimmung allein.

Der jetzt regierende Kaiser und sein Minister hatten eine Sitte eingeführt, die von den Gewohnheiten früherer Zeiten, wie ich gehört habe, sehr verschieden war. Sobald der Hof eine grausame Hinrichtung beschlossen hatte, entweder um der Rache des Kaisers oder der Bosheit einiger Günstlinge zu frönen, hielt der Kaiser jedesmal eine Rede im versammelten Rat, worin er von seiner großen Sanftmut und Zartheit als von Eigenschaften sprach, die bereits aller Welt bekannt seien. Diese Rede wurde sogleich im ganzen Königreich bekannt gemacht, das Volk wurde aber durch diese Lobpreisung der Gnade des Kaisers immer sehr erschreckt; denn man hatte jedesmal bemerkt, je nachdrücklicher die Lobsprüche gegeben wurden, desto unmenschlicher sei die Strafe und desto unschuldiger der Verurteilte. Was mich betrifft, so muß ich eingestehen, daß ich in diesem Punkt ein schlechter Richter bin, denn weder durch Geburt noch durch Erziehung bin ich zum

Höfling bestimmt. Somit konnte ich die Milde und Gnade dieses Urteils nicht recht begreifen, sondern ich hielt es (vielleicht aus Irrtum) für streng und nicht für gnädig. Einigemal faßte ich den Entschluß, mich vor Gericht zu stellen; da ich aber während meines früheren Lebens mehrere Hochverratsprozesse gelesen und immer bemerkt hatte, das Urteil falle nur nach Gutdünken der Richter aus, wagte ich nicht, mich unter so kritischen Umständen und bei so mächtigen Feinden einer so gefährlichen Entscheidung zu unterziehen. Einmal war ich auch entschlossen, Widerstand zu leisten; solange ich nämlich in Freiheit war, konnte mich die ganze Kriegsmacht jenes Reiches nicht unterwerfen, und ich hätte durch Schleudern von Steinen die ganze Hauptstadt in einen Trümmerhaufen verwandeln können; allein diesen Gedanken ließ ich mit Abscheu fallen, denn ich dachte an meinen Eid, den ich dem Kaiser geleistet, an die Gunstbezeigungen, die ich von ihm empfangen, und an den hohen Titel, Nardac, den er mir verliehen hatte. Auch hatte ich noch nicht die Dankbarkeit der Höflinge gelernt, um meinem Gewissen einreden zu können, die jetzige Strenge des Kaisers entbinde mich aller früheren Verpflichtungen.

Zuletzt faßte ich einen Entschluß, durch den ich mir mancherlei Tadel, und auch nicht ganz mit Unrecht, zuziehen werde; denn ich gestehe, daß ich die Erhaltung meiner Augen, und also auch meiner Freiheit, meiner Raschheit im Handeln und meinem Mangel an Erfahrung verdanke; hätte ich nämlich den Charakter der Fürsten und Minister, den ich nachher an vielen anderen Höfen beobachtete, und ihre Behandlungsweise von Verbrechern, die noch geringere Missetaten als ich begangen hatten, zur Genüge gekannt, so würde ich mich bereitwillig einer so leichten Strafe unterzogen haben. Allein voll Jugendfeuer und ohnedies im Besitz einer Erlaubnis Seiner Majestät, dem Kaiser von Blefuscu meine Aufwartung zu machen, benutzte ich diese Gelegenheit, bevor drei Tage vergingen, um meinem Freund, dem Sekretär, einen Brief zu übersenden, worin ich ihm den Entschluß erklärte, zufolge der erhaltenen Erlaubnis noch heute morgen nach Blefuscu abzureisen. Ich erwartete keine Antwort und ging auf den Punkt des Ufers zu, wo unsere Flotte lag. Ich ergriff ein großes Kriegsschiff, band ein Tau an das Vorderteil, lichtete die Anker, zog meine Kleider aus und legte diese zugleich mit meiner Bettdecke, die ich unter dem Arm getragen hatte, auf das Schiff, zog es hinter mir her und kam watend und schwimmend an den Königlichen Hafen von Blefuscu, wo das Volk mich schon lange erwartet hatte. Man gab mir zwei Führer, die mich zur gleichnamigen Hauptstadt brachten. Ich hielt sie in meiner Hand, bis ich 200 Ellen vom Tor entfernt war, und bat sie dann, meine Ankunft einem der Minister anzuzeigen und zugleich zu bemerken, ich würde dort die Befehle Seiner Majestät erwarten. Nach ungefähr einer Stunde erhielt ich die Nachricht: Seine Majestät, von der Kaiserlichen Familie und den Großbeamten begleitet, habe die Stadt verlassen, um mich zu empfangen. Hierauf ging ich hundert Ellen vorwärts; der Kaiser mit seinem Gefolge stieg vom Pferd, die Kaiserin verließ mit ihren Damen die Kutschen, und ich bemerkte nirgends Besorgnis oder Schrecken; dann legte ich mich auf den Boden nieder, um die Hände des Kaiserlichen Paares zu küssen. Ich sagte Seiner Majestät, ich sei meinem Versprechen gemäß und mit Erlaubnis meines Herrn, des Kaisers, gekommen, um einen so mächtigen Monarchen zu sehen und ihm alle mir möglichen Dienste für den Fall anzubieten, daß sie der Pflicht gegen meinen eigenen Fürsten nicht widersprächen. Von meiner Ungnade erwähnte ich kein Wort, weil ich bis dahin noch nicht auf offiziellem Weg davon in Kenntnis gesetzt worden war und ich mich deshalb stellen konnte, als wisse ich durchaus nichts von dem ganzen Vorfall. Auch konnte ich vernünftigerweise nicht annehmen, der Kaiser werde das Geheimnis entdecken, nachdem ich aus dem Bereich seiner Macht war. Es ergab sich jedoch bald, daß ich mich in diesem Punkt getäuscht hatte.

Ich will die Leser nicht mit einer besonderen Beschreibung meiner Aufnahme an diesem Hof belästigen, die dem Edelmut eines so großen Fürsten vollkommen angemessen war, auch nicht die Unbequemlichkeiten schildern, die sich mir dadurch boten, daß ich weder Haus noch Bett besaß, so daß ich, in meine Decke gehüllt, auf dem Erdboden schlafen mußte.

Achtes Kapitel

Der Verfasser findet durch glücklichen Zufall ein Mittel, Blefuscu zu verlassen, und kehrt nach einigen Schwierigkeiten gesund in sein Vaterland zurück.

Teils aus Neugier, teils aus Langeweile ging ich drei Tage darauf an der Ostküste der Insel spazieren und sah in der Entfernung von ungefähr einer Viertelstunde etwas auf dem Meer schwimmen, was das Aussehen eines umgeschlagenen Bootes hatte. Ich zog Schuhe und Strümpfe aus, watete zwei- bis dreihundert Ellen ins Meer hinaus und beobachtete, daß der Gegenstand durch die Gewalt der Flut näher getrieben wurde. Dann sah ich deutlich, daß es wirklich ein Boot war, das durch Sturm von einem Schiff losgerissen sein mußte. Da kehrte ich schleunigst zur Stadt zurück und bat den Kaiser, mir zwanzig der größten Schiffe zur Verfügung zu stellen, die ihm nach dem Verlust seiner Flotte noch übriggeblieben waren, sowie auch dreihundert Seeleute, unter dem Befehl eines Vizeadmirals. Diese Flotte segelte über die Höhe des Hafens, während ich auf dem kürzesten Wege zu dem Ort zurückkehrte, wo ich das Boot zuerst entdeckt hatte. Wie ich fand, hatte es die Flut noch näher an die Küste herangetrieben. Die Matrosen waren sämtlich mit Tauwerk versehen, das ich bis zu ausreichender Stärke zusammengedreht hatte.

Als die Schiffe herankamen, zog ich mich aus und watete, bis ich hundert Ellen an das Boot herankam. Dann war ich genötigt zu schwimmen, bis ich es erreichte; die Matrosen warfen mir das Ende eines Stricks zu, das ich in dem Loch am Vorderteil des Bootes befestigte, worauf ich das andere Ende an ein Kriegsschiff band. Allein alle meine Mühe war umsonst, denn da ich keinen Grund fühlte, konnte ich auch nicht arbeiten. In dieser Not war ich gezwungen, hinter dem Boot zu schwimmen und es mit einer Hand, sooft ich konnte, vorwärts zu stoßen; da mir die Flut hierbei behilflich war, konnte ich es so weit vorwärtsbringen, bis ich Grund fühlte, wobei mir das Wasser aber noch bis an das Kinn reichte. Ich verschnaufte zwei bis drei Minuten und fing dann wieder an zu schieben, bis die See mir nur noch an die Schultern reichte, und damit war der schwierigste Teil der Arbeit vollendet. Hierauf nahm ich die anderen Taue, die in einem Kriegsschiff aufgehäuft waren, befestigte sie zuerst an dem Boot und dann an neun Schiffen, die zu meiner Verfügung standen. Der Wind war günstig, das Boot wurde ins Schlepptau genommen, und ich schob, bis wir vierzig Ellen vom Ufer entfernt waren. Dann wartete ich, bis die Flut vorüber war. Als nun das Boot auf dem Trockenen lag, kehrte ich es mit großer Mühe um, wobei mir zweitausend Menschen mit Tauen und Maschinen halfen, und ich fand, daß es nur wenig Schaden gelitten hatte.

Den Leser will ich nicht mit den Schwierigkeiten langweilen, die sich mir durch den Umstand boten, daß ich, woran ich zehn Tage lang mit Winden zu arbeiten hatte, mein Boot in den Kaiserlichen Hafen von Blefuscu bringen mußte. Dort fand bei meiner Ankunft ein ungeheurer Zulauf des Volkes statt, das ein so wunderbares Schiff im höchsten Grad anstaunte. Ich sagte dem Kaiser, mein gutes Glück habe mir dies Boot verschafft, um mich an irgendeinen Ort zu bringen, von wo ich mit Sicherheit in mein Vaterland zurückkehren könne. Dann bat ich den Kaiser um einen Befehl, die zur Einrichtung notwendigen Materialien herbeischaffen und dann abreisen zu dürfen; eine Gnade, die er mir nach einigem Hin- und Herreden gewährte.

Während dieser Zeit wunderte ich mich sehr, nichts von einer Botschaft zu vernehmen, die unser Kaiser meinethalben an den Hof von Blefuscu hätte senden können. Nachher hat man mich aber im geheimen benachrichtigt, Seine Kaiserliche Majestät habe geglaubt, mir sei durchaus keine Kunde von ihren Absichten zugekommen; ich sei nur wegen des von mir gegebenen Versprechens und der erteilten Erlaubnis, die bei Hof allgemein bekannt war, nach Blefuscu abgereist; auch würde ich in wenigen Tagen nach Beendigung der Hofzeremonien wieder zurückkehren. Zuletzt aber geriet der Kaiser wegen meiner längeren Abwesenheit doch in Unruhe; er hielt eine Beratung mit seinem Schatzmeister und den übrigen gegen mich kabalierenden Ministern; endlich wurde ein Mann von hohem Stand mit einer Abschrift meiner Anklage nach Blefuscu gesandt. Dieser Gesandte hatte Instruktionen, dem Monarchen von Blefuscu Vorstellungen über die große Milde seines Herrn zu machen, der sich begnüge, mich nur mit dem Verlust meiner Augen zu bestrafen; ich habe mich seiner Gerechtigkeit entzogen; wenn ich nicht innerhalb zwei Stunden zurückkehrte, würde ich meinen Titel als Nardac verlieren und für einen Verräter erklärt werden. Der Gesandte fügte ferner hinzu: Sein Herr erwarte, daß sein kaiserlicher Bruder in Blefuscu, um den Frieden und die Freundschaft beider Reiche zu erhalten, Befehl erteilen würde, mich an Händen und Füßen gefesselt nach Lilliput zurückzusenden, damit ich dort die Strafe der Verräter erleide.

Der Kaiser von Blefuscu beriet drei Tage lang über diesen Antrag und gab dann eine aus vielen Höflichkeiten und Entschuldigungen bestehende Antwort. Er erwiderte: In betreff des Verlangens, mich gefesselt nach Lilliput hinüberzusenden, so wisse sein kaiserlicher Bruder sehr wohl, dies Verfahren sei unmöglich; ferner sei er mir in mannigfacher Hinsicht wegen der Dienste verpflichtet, die ich ihm beim Friedensschluß erwiesen, obgleich

ich ihn seiner Flotte beraubt hätte. Beide Majestäten würden indes bald zufriedengestellt werden. Ich hätte am Ufer ein wunderbares Schiff gefunden, das mich auf dem Meer tragen könne; er habe Befehl gegeben, es mit meiner Hilfe und unter meiner Leitung auszubessern, und hoffe, in wenigen Wochen würden beide Reiche von einer so unerträglichen Last befreit sein.

Mit dieser Antwort kehrte der Gesandte nach Lilliput zurück; der Kaiser von Blefuscu aber erzählte mir den ganzen Vorgang und bot mir, unter dem Siegel der strengsten Verschwiegenheit, seinen gnädigsten Schutz an, falls ich in seinen Diensten bleiben wolle. Ich hielt sein Anerbieten für aufrichtig, beschloß aber dennoch, gegen Fürsten und Minister kein Vertrauen mehr zu hegen, solange ich es irgendwie vermeiden könne. Deshalb bat ich ihn demütig, mit aller schuldigen Anerkennung seiner günstigen Absichten, mich gnädigst zu entschuldigen. Ich fügte hinzu: Da ein gutes oder böses Schicksal mir einmal ein Schiff verschafft habe, wolle ich mich lieber dem Ozean anvertrauen, als Veranlassung zu einem Streit von zwei so mächtigen Monarchen geben. Auch bemerkte ich wohl, daß der Kaiser über meine Antwort gar nicht unzufrieden war; bald darauf habe ich sogar zufällig entdeckt, daß er und seine Minister viel Freude über meinen Entschluß empfanden.

Diese Umstände bewogen mich, meine Abreise noch mehr zu beschleunigen, als ich anfangs beabsichtigte. Der Hof trug auch dazu bei, denn er wünschte, ich möchte mich so schnell wie möglich entfernen. Fünfhundert Arbeiter wurden angewiesen, nach meiner Anleitung zwei Segel für mein Boot zu verfertigen, indem sie dreizehn Lagen ihrer stärksten Leinwand übereinandersteppten. Ein großer Stein, den ich nach langem Suchen am Strand fand, diente mir als Anker. Das Fett von dreihundert Kühen wurde mir angeboten, um mein Boot zu dichten oder um es zu anderen Zwecken zu benutzen. Es kostete mich unendliche Mühe, einige der größten zu Bauholz geeigneten Bäume abzuschneiden, wobei mir jedoch die Zimmermeister der kaiserlichen Flotte halfen, welche diese glätteten, nachdem ich die gröbere Arbeit selbst verrichtet hatte.

Nach ungefähr einem Monat, als alles vollendet war, ließ ich dem Kaiser sagen, ich sei zur Abreise bereit und erwarte seine Befehle. Der Kaiser und die kaiserliche Familie verließen hierauf den Palast, ich legte mich nieder, um seine Hand zu küssen, die er mir sehr gnädig reichte; die Kaiserin und die jungen Prinzen von Geblüt erwiesen mir dieselbe Ehre. Seine Majestät schenkte mir fünfzig Börsen, jede mit zweihundert Sprugs, sowie auch sein Bild in Lebensgröße, das ich sogleich in meinen Handschuh steckte, um es vor Schaden zu bewahren. Die Zeremonien bei meiner Abreise waren zu umfangreich, um den Leser hier damit zu langweilen.

Ich versah das Boot mit dem Fleisch von hundert Ochsen, dreihundert Schafen, mit einer entsprechenden Menge Brot und Wasser und mit so viel zubereiteten Speisen, wie vierhundert Köche zurichten konnten; ferner mit sechs Kühen und zwei Stieren, ebenso vielen Mutterschafen und Böcken, die ich in mein Vaterland zu verpflanzen beabsichtigte, um diese Rasse auch dort einheimisch zu machen. Um diese Tiere an Bord zu füttern, hatte ich eine ziemliche Masse Heu und einen Sack voll Korn ebenfalls mitgenommen. Ich hätte auch sehr gern ein Dutzend Eingeborener mit hinübergebracht, allein der Kaiser wollte dies in keiner Weise zulassen; meine Taschen wurden deshalb genau durchsucht, und der Kaiser nahm mir außerdem mein Ehrenwort ab, keinen seiner Untertanen, ohne dessen ausdrückliche Zustimmung und besonderen Wunsch, mit mir fortzuführen.

Nachdem ich alle Vorbereitungen, so gut es ging, getroffen hatte, ging ich am 24. September 1701, sechs Uhr morgens, unter Segel. Als ich ungefähr vier Meilen nordwärts gesteuert war, bemerkte ich, während der Wind um sechs Uhr abends aus Südost blies, in der Entfernung einer halben Meile, nordwestlich eine kleine Insel. Ich steuerte darauf zu und warf bei ihr unter dem

Wind Anker. Die Insel schien unbewohnt. Hierauf aß ich etwas, legte mich zur Ruhe und schlief ungefähr sechs Stunden, denn ich erwachte noch zwei Stunden vor Sonnenaufgang. Die Nacht war hell; ich frühstückte, bevor die Sonne am Himmel erschien, lichtete den Anker und steuerte in derselben Richtung wie am gestrigen Tag, wie mir mein Taschenkompaß angab. Es war meine Absicht, eine jener Inseln zu erreichen, die, wie ich Grund hatte zu glauben, nordöstlich von Vandiemensland liegen. An diesem Tag entdeckte ich nichts, am nächsten jedoch bemerkte ich gegen drei Uhr nachmittags, als ich nach meiner Berechnung vierundzwanzig Meilen von Blefuscu entfernt war, ein südöstlich fahrendes Segel, während meine Richtung östlich war. Ich gab Zeichen, wurde aber nicht bemerkt; da jedoch der Wind nachließ, gewann ich ihm Raum ab. Ich segelte so schnell als möglich und wurde nach einer halben Stunde auf dem Schiff bemerkt, das die große Flagge hißte und eine Kanone abfeuerte. Ich kann meine Freude nicht ausdrücken, die ich bei dem Gedanken empfing, mein teures Vaterland und die dort zurückgelassenen Lieben noch einmal wiedersehen zu können. Das Schiff zog die Segel ein, und ich erreichte es am 26. September. Mein Herz schlug vor Freude, als ich die englische Flagge erblickte. Ich steckte mein Rindvieh und meine Schafe in die Rocktaschen und stieg mit meiner ganzen kleinen Ladung von Vorräten an Bord. Das Schiff war ein englischer Kauffahrer, der von Japan durch den nördlichen Teil der Südsee nach England zurückkehrte. Der Kapitän, Herr Biddel aus Deptford, war ein höflicher Herr und ein ausgezeichneter Seemann. Wir befanden uns am dreißigsten Grad südlicher Breite; im Schiff waren ungefähr fünfzig Mann, und unter diesen fand ich einen alten Freund, Peter Williams, der den Kapitän durch günstige Auskünfte vollkommen für mich einnahm. Dieser Herr erwies mir viele Freundlichkeiten und bat mich, ihm zu sagen, woher ich gekommen sei und wohin ich wollte. Als ich ihm nun dies in wenig Worten berichtete, hielt er mich für verrückt und glaubte, die von mir bestandenen Gefahren hätten mir das Gehirn verwirrt. Ich aber zog mein schwarzes Rindvieh und meine Schafe aus der Tasche und gab ihm so die vollkommenste Überzeugung von meiner Wahrhaftigkeit. Dann zeigte ich ihm das Gold, das mir der Kaiser von Blefuscu gegeben, sowie das Bildnis Seiner Majestät in Lebensgröße und einige andere Seltenheiten des Landes. Auch gab ich ihm zwei Börsen, jede mit zweihundert Sprugs, und versprach, nach unserer Ankunft in England ihm eine trächtige Kuh und ein trächtiges Mutterschaf zu schenken.

Ich will den Leser mit einer besonderen Beschreibung dieser Reise nicht langweilen, die im ganzen sehr glücklich war. Wir langten am 2. April 1702 an den Downs an. Ich erlitt nur ein einziges Unglück. Die Ratten des Schiffes fraßen mir nämlich einen meiner Schafböcke. Seine Knochen fand ich in einem Rattenloch, und zwar gänzlich von allem Fleisch entblößt. Das übrige Vieh brachte ich wohlbehalten an Land und setzte es in einem Rasenplatz bei Greenwich auf die Weide, wo es die Trefflichkeit des Grases sehr gut mästete, obgleich ich das Gegenteil befürchtet hatte. Auf einer so langen Reise würde ich meine Tiere nicht am Leben erhalten haben, wenn der Kapitän nicht einen Teil seines besten Zwiebacks zu meiner Verfügung gestellt hätte, der, zu Staub gerieben und mit Wasser vermischt, als Futter benutzt wurde. Solange ich in England blieb, erwarb ich mir viel Geld, indem ich das Vieh vielen Personen von Stand und anderen zeigte, und bevor ich meine zweite Reise begann, verkaufte ich es zu sechshundert Pfund. Wie ich bemerkte, hat sich die Rasse seit meiner letzten Rückkehr nach England beträchtlich vermehrt, vorzüglich aber die Schafe, die, wie ich hoffe, zur Förderung unserer Wollfabrikation wegen der Feinheit ihrer Vliese sich auch in Zukunft immer mehr vervielfachen werden.

Ich blieb nur zwei Monate bei meiner Frau und meiner Familie, denn mein unersättliches Verlangen, fremde Länder zu sehen, trieb mich wieder in die Fremde. Ich ließ meiner Frau fünfzehnhundert Pfund zurück und verschaffte ihr eine schöne Wohnung in Redriff. Meine übrigen Kapitalien nahm ich mit mir, teils in Handelsgütern, teils in barem Geld, denn ich hoffte, mein Vermögen zu vermehren. Mein ältester Onkel John hatte mir ein Landgut bei Epping von ungefähr dreißig Pfund jährlichem Ertrag hinterlassen; ferner hatte ich den »Schwarzen Ochsen« in der Fetter Lane gepachtet, der mir ebensoviel eintrug, so daß mir durchaus keine Gefahr drohte, das Kirchspiel werde meine Familie als Arme unterhalten müssen. Mein Sohn John, ein begabter Junge, besuchte die Elementarschule. Meine Tochter Betty, die gegenwärtig vorteilhaft verheiratet ist und Kinder hat, lernte Nähen und Stricken. Ich nahm Abschied von Frau und Kindern, wobei Tränen auf beiden Seiten vergossen wurden, und ging an Bord der »Abenteuer«, eines Kauffahrers von dreihundert Tonnen, der nach Surat bestimmt war, unter dem Befehl des Kapitäns John Nicholas aus Liverpool. Den Bericht dieser Fahrt muß ich jedoch auf den zweiten Teil meiner Reisebeschreibung verschieben.

ZWEITER TEIL

Eine Reise nach Brobdingnag

Erstes Kapitel

Beschreibung eines großen Sturms; das lange Boot wird ausgesetzt, um Wasser einzunehmen. Der Verfasser besteigt es, um das Land zu untersuchen. Er wird am Ufer zurückgelassen, von einem Eingeborenen ergriffen und in das Haus eines Pächters gebracht. Seine Aufnahme, mit anderen Vorfällen, die sich daselbst zutrugen.

Natur und Schicksal haben mich zu tätigem und ruhelosem Leben verurteilt. Zwei Monate nach meiner Rückkehr verließ ich wieder mein Vaterland und bestieg die »Abenteuer«, ein Schiff aus Cornwall, Kapitän John Nicholas, das nach Surat in Ostindien bestimmt war. Wir hatten bis zum Kap der Guten Hoffnung günstigen Wind, wo wir landeten, um Wasser aufzunehmen. Da wir aber ein Leck entdeckten, schifften wir unsere Güter aus und blieben den Winter dort. Dann gingen wir unter Segel und hatten bis zur Meerenge von Madagaskar günstigen Wind. Als wir uns nördlich von dieser Insel, auf dem fünften Grad südlicher Breite, befanden, wo der Wind von Dezember bis Mai stets die Richtung von Nordwest zu haben pflegt, wurde er am 19. April stärker und westlicher als gewöhnlich. In diesem Wetter segelten wir zwanzig Tage und wurden dadurch ein wenig östlich über die Molukken hinausgetrieben, um drei Grad nordwärts vom Äquator, wie der Kapitän am 2. Mai durch Beobachtungen feststellte, als der Wind aufgehört hatte. Eine vollkommene Windstille war eingetreten, worüber ich mich nicht wenig freute. Der Kapitän jedoch, der in der Schiffahrt dieser Meere wohlerfahren war, befahl Vorbereitungen gegen einen Sturm zu treffen, und dieser begann auch wirklich am folgenden Tag, denn der Südwind, südlicher Monsun genannt, begann zu wehen.

Da der Sturm heftig zu werden drohte, zogen wir das Bugsprietsegel ein und standen bereit, das Focksegel zu bedienen; da das Wetter immer schlechter wurde, sahen wir nach, ob die Kanonen gehörig befestigt waren, und setzten die Segel am Besan. Das Schiff aber legte sich auf die Seite, deshalb hielten wir es für besser, mit den Wogen zu treiben, als eine Richtung behaupten zu wollen. Das Focksegel wurde gerefft und nur zum Teil ausgespannt; das Steuer hatte hartes Wetter zu bekämpfen: Das Schiff aber hielt trefflich aus. Wir spannten das vordere Zugseil aus, allein das Segel platzte. Wir zogen deshalb die Rahen an, nahmen das Segel ins Schiff und lösten sein ganzes Zubehör. Der Sturm war heftig, die Wogen brachen sich mit Macht und drohten Gefahr. Wir nahmen das Taljereep vom Wippstab und halfen dem Steuermann. Unsern Toppmast kappten wir jedoch nicht und ließen an ihm alles, wie es war, weil er trefflich lenzte und weil wir wußten, das Schiff sei durch ihn gesünder und werde die See besser aushalten. Wir befanden uns nämlich auf hohem Meer und hatten von Klippen nichts zu befürchten. Als der Sturm vorüber war, spannten wir Fock- und Boomsegel wieder auf und gaben dem Schiff eine Richtung; alsdann zogen wir das Marsboomsegel und das Fockmarssegel auf. Unsere Richtung war Ostnordost und der Wind Südwest. Hierauf hefteten wir die Steuerbordstiften wieder ein und nahmen die Hebeseile fort, kurz, wir setzten das Schiff in den früheren Stand.

Während dieses Sturmes, dem ein starker Wind aus Westsüdwest folgte, wurden wir, nach meiner Berechnung, ungefähr zweihundertundfünfzig Stunden nach Osten verschlagen, so daß der älteste Matrose an Bord nicht sagen konnte, in welchem Teil der Welt wir uns befanden. Unsere Vorräte hielten aus; das Schiff war trefflich und fest und unsere Mannschaft vollkommen gesund; wir litten aber bedeutenden Mangel an Trinkwasser. Somit hielten wir es für zweckmäßiger, dieselbe Richtung beizubehalten, als uns nach Norden zu wenden, da wir in dieser Richtung nordwestlich der chinesischen Tartarei in das Eismeer hätten gelangen können.

Am 16. Juni 1703 beobachtete ein Schiffsjunge vom Hauptmast aus Land. Am 17. sahen wir deutlich ein große Insel oder ein Festland (wir waren hierüber in Ungewißheit); an der südlichen Seite des Landes entdeckten wir eine kleine, in die See hervorspringende Landzunge und eine Bucht, die aber zu flach war, um ein Schiff von mehr als hundert Tonnen aufzunehmen. Wir warfen deshalb in einiger Entfernung der Landzunge Anker, und unser Kapitän ließ ungefähr ein Dutzend seiner Leute, bewaffnet und mit Wassergeschirren versehen, im langen Boot aussetzen, um Wasser einzunehmen, wenn welches gefunden werden könne. Ich erwirkte mir die Erlaubnis, an dieser Landung teilzunehmen, damit ich das Land untersuchte und Entdeckungen machte. Als wir das Ufer betraten, erblickten wir weder Flüsse noch Quellen, noch auch irgendeine Spur von Einwohnern. Unsere Leute gingen deshalb am Ufer entlang, um frisches Wasser in der Nähe des Meeres aufzusuchen, ich aber schlug ungefähr eine halbe Stunde lang die entgegengesetzte Richtung ein; da ich aber nur felsiges und unfruchtbares Land erblickte, wurde ich des Nachforschens müde und kehrte zur Landzunge zurück. Als sich nun die See vor meinen Augen ausdehnte, sah ich, wie unsere Leute bereits im Boot saßen und so schnell, als müßten sie ihr Leben retten, zum Schiff ruderten. Ich wollte ihnen zurufen, obgleich dies mir wenig helfen konnte, als ich ein riesenhaftes Geschöpf hinter ihnen herlaufen sah; die See reichte ihm nur bis an die Knie, und es machte ungeheure Schritte. Allein unsere Leute hatten eine Viertelstunde Vorsprung; die See war dort voll scharfer Klippen, und somit konnte das Ungeheuer unser Boot nicht erreichen. Dies wurde mir nachher gesagt, denn ich legte im schnellsten Lauf den Weg, den ich bereits gemacht hatte, wieder zurück und erstieg dann einen steilen Hügel, der mir eine Aussicht in das Land gewährte. Es war vollkommen bebaut. Zuerst erstaunte ich über die Länge des Grases, das dort zum Heu bestimmt war, denn seine Höhe betrug an die zwanzig Fuß.

Dann geriet ich auf einen Weg, den ich für eine Heerstraße hielt, der jedoch den Einwohnern nur als Fußpfad durch ein Gerstenfeld diente. Hier ging ich einige Zeit weiter, konnte aber an beiden Seiten nichts erblicken, denn die Ernte war nah und das Korn wenigstens vierzig Fuß hoch. Nach einer Stunde hatte ich das Ende des Feldes erreicht, das durch eine Hecke von wenigstens hundertzwanzig Fuß Höhe umzäunt war, und die Bäume dazwischen waren so groß, daß ich sie nicht schätzen konnte. Dort befand sich eine Treppe, die in das nächste Feld führte. Sie bestand aus vier Stufen, und auf der obersten war ein Stein zu überschreiten. Es war mir unmöglich, diese Treppe zu ersteigen, denn jede Stufe betrug sechs Fuß Höhe und der Stein wenigstens zwanzig. Ich suchte deshalb eine Öffnung in der Hecke zu erspähen, als ich auf dem nächsten Feld einen Eingeborenen auf die Treppe zugehen sah, und zwar von der Größe eines Mannes, der unser Boot verfolgt hatte. Er hatte die Höhe eines gewöhnlichen Kirchturms und legte, soweit ich es beurteilen konnte, mit jedem Schritte wenigstens zehn Ellen zurück. Ich geriet in Furcht und Erstaunen und lief fort, um mich im Korn zu verbergen. Von dort sah ich, wie er von der Höhe jener Treppe in das Feld zurückschaute, und hörte, wie er mit einer Stimme rief, die um mehrere Grade lauter als der Schall eines Sprachrohrs war; der Ton hallte jedoch so hoch in der Luft, daß ich ihn zuerst für Donner hielt. Hierauf kamen sechs Ungeheuer herbei, an Gestalt ihm ähnlich, mit Sicheln in den Händen, die ungefähr so groß wie sechs Sensen waren. Diese Leute waren nicht so gut gekleidet wie der erstere, dessen Knechte sie zu sein schienen, denn nach einigen von ihm ausgesprochenen Worten begannen sie, das Korn des Feldes, wo ich mich verborgen hatte, abzuschneiden. Ich hielt mich in so großer Entfernung von ihnen, wie es mir möglich war, allein ich konnte mich nur mit Schwierigkeit fortbewegen, denn die Halme des Korns waren oft nur einen Fuß voneinander entfernt, so daß ich meinen Leib nur mit Mühe hindurchquetschen konnte. Meinen Anstrengungen gelang es dennoch, vorwärtszukommen, bis ich an einen Teil des Feldes kam, wo das Korn durch Regen und Wind zu Boden gelegt war. Hier war es mir unmöglich weiterzugehen; die Halme lagen so dicht übereinander, daß ich nicht hindurchkriechen konnte, und die Grannen der liegenden Ähren waren so hart und scharf, daß sie durch meine Kleider ins Fleisch drangen. Zugleich hörte ich, daß die Schnitter nur noch hundert Ellen von mir entfernt waren. Da ich gänzlich erschöpft und von Gram und Verzweiflung überwältigt war, legte ich mich zwischen zwei Furchen auf den Boden nieder und wünschte von ganzem Herzen, dort zu sterben. Ich beklagte meine einsame Witwe und meine verwaisten Kinder, meine eigene Torheit und Bereitwilligkeit, noch weitere Reisen zu unternehmen, und daß ich den Rat aller meiner Freunde und Verwandten in dieser Hinsicht verschmäht hatte. In dieser furchtbaren Gemütsstimmung konnte ich es nicht unterlassen, an Lilliput zu denken, wo die Einwohner mich als das größte Naturwunder anstaunten, das damals in der Welt erschienen sei; wo ich es vermochte, eine kaiserliche Flotte mit meinen Händen fortzuführen und viele andere Taten zu vollbringen, die in den Annalen jenes Reiches auf ewig prangen werden, während die Nachwelt kaum imstande sein wird, ihre Größe zu begreifen, obgleich in der Gegenwart Millionen sie bezeugen können. Ich dachte, wie drückend es für mich sein müsse, diesem Volk so unbedeutend zu erscheinen wie ein Lilliputaner den Engländern. Doch dies hielt ich noch für das geringste Unglück; man hat nämlich beobachtet, daß Menschen, im Verhältnis zu ihrer Körpergröße, stets wilder und grausamer werden; somit konnte ich nur erwarten, dem Mund des ersten jener riesenhaften Barbaren, der mich ergreifen würde, als ein guter Bissen zu dienen. Sicherlich ist die Behauptung der Philosophen, groß und klein seien nur Begriffe, die sich durch Vergleichung ergeben, vollkommen wahr. Das Schicksal kann vielleicht die Lilliputaner irgendein Land auffinden lassen, wo die Menschen im Verhältnis zu ihnen ebenso winzig sind wie sie im Vergleich mit mir. Wer weiß, ob sogar dies wunderbare Geschlecht der Sterblichen in irgendeinem entfernten Teil der Welt, der bis jetzt unentdeckt geblieben ist, nicht noch irgendwie übertroffen wird.

Erschreckt und verwirrt konnte ich solche Gedanken nicht unterdrücken, als ein Schnitter sich auf zehn Ellen der Furche, wo ich lag, näherte und in mir die Besorgnis erweckte, durch seinen nächsten Schritt würde ich zerquetscht oder von seiner Sichel durchschnitten werden. Als er sich wieder bewegen wollte, schrie ich deshalb so laut wie möglich, worauf das Geschöpf stillstand, einige Zeit den Boden ansah und mich zuletzt erblickte. Er betrachtete mich mit der Vorsicht, die man anzuwenden pflegt, wenn man ein kleines gefährliches Tier ergreifen will und befürchtet, gebissen oder gekratzt zu werden, wie ich dies in England, wenn ich Wiesel fing, ebenfalls gewohnt war. Zuletzt war der Riese so kühn, mich mit seinem Daumen und Mittelfinger von hinten zu ergreifen. So hielt er mich drei Ellen von seinen Augen entfernt, damit er mich genau betrachten konnte. Ich ahnte seine Absicht, und mein gutes Glück gewährte mir so viel Geistesgegenwart, daß ich den Entschluß faßte, mich durchaus nicht zu bewegen, solange er mich ungefähr in der Höhe von sechzig Fuß über dem Boden hielt, obgleich er mir, aus Besorgnis, ich möchte seinen Fingern entschlüpfen, die Seiten furchtbar zerquetschte. Ich wagte jedoch, die Augen zur Sonne zu erheben und meine Hände wie beim Gebet zu falten; darauf sprach ich einige Worte in so wehmütigem Ton, wie er meiner damaligen Lage angemessen war, denn ich befürchtete jeden Augenblick, er werde mich auf den Boden schleudern, wie wir es mit einem kleinen und verhaßten Tier, das wir töten wollen, zu tun pflegen. Allein mein guter Stern wollte diesmal, daß der Riese an meiner Stimme und meiner Bewegung Gefallen fand; er betrachtete mich mit Aufmerksamkeit und schien erstaunt, daß ich in artikulierten Tönen sprach, obgleich er kein Wort von dem, was ich sagte, verstehen konnte. Mittlerweile konnte ich es nicht unterlassen, zu seufzen und zu weinen und meinen Kopf, so weit wie möglich, nach beiden Seiten zu drehen. Dadurch wollte ich ihm nämlich andeuten, der Druck seiner Finger mache mir furchtbare Schmerzen. Er schien meine Andeutung zu verstehen und steckte mich sanft in seine Tasche. Hierauf lief er sogleich zu seinem Herrn, einem wohlgenährten Pächter, derselben Person, die ich zuerst auf dem Feld gesehen hatte.

Der Pächter schien sich von seinem Knecht einen Bericht über mich geben zu lassen. Dann nahm er das Ende eines Strohhalms, von der Größe eines Spazierstocks, und hob damit meine Rockschöße in die Höhe; er schien nämlich zu glauben, mein Rock sei eine Art Haut, die mir die Natur verliehen habe. Hierauf blies er meine Haare seitwärts, um mein Gesicht besser betrachten zu können. Darauf rief er seine übrigen Leute herbei und fragte sie, wie ich nachher erfuhr, ob sie sonst noch so ein kleines Geschöpf, wie ich sei, auf dem Boden hätten laufen sehen. Hierauf legte er mich auf den Boden, und zwar auf alle viere; ich stand jedoch sogleich auf und ging langsam vorwärts und rückwärts, um diesen Riesen anzudeuten, ich wolle durchaus nicht davonlaufen. Alle setzten sich nieder, indem sie mich in einem Kreis umringten, um meine Bewegungen besser beobachten zu können; ich nahm meinen Hut ab und machte dem Pächter eine sehr tiefe Verbeugung. Ich fiel auf die Knie, erhob meine Hände und Augen und sprach mehrere Wort so laut wie möglich; dann nahm ich eine Geldbörse aus der Tasche und reichte sie ihm demütig. Er nahm sie auf die Handfläche, hielt sie dicht vor die Augen, um zu sehen, was es sei, und drehte sie dann mehrmals mit der Spitze einer Nadel um, die er aus seinem Ärmel nahm; er konnte aber die Bedeutung meiner Börse nicht begreifen. Darauf gab ich ihm durch ein Zeichen zu verstehen, er möge seine Hand auf den Boden legen; dann nahm ich meine Börse und schüttete mein Geld auf seine Hand. Es bestand aus vier spanischen Quadrupeln und zwanzig bis dreißig kleineren Münzen. Ich sah, wie er die Spitze seines kleinen Fingers auf der Zunge naß machte, um eines meiner größten Geldstücke aufzunehmen; er schien jedoch nicht zu wissen, was dies sein könnte. Dann gab ich ihm ein Zeichen, ich wolle das Geld wieder in meine Börse und die Börse in meine Tasche stecken; ich hielt es nämlich für das beste, mein Geld zu behalten, nachdem ich es ihm mehrmals angeboten hatte.

Mittlerweile hatte der Pächter sich davon überzeugt, daß ich ein vernünftiges Geschöpf sein müsse. Er redete mich mehrmals an, allein der Schall seiner Stimme durchdrang meine Ohren wie das Klappern einer Wassermühle, obgleich die Töne artikuliert waren. Ich antwortete so laut wie möglich in mehreren Sprachen, und er hielt sein Ohr oft nur zwei Ellen von meinem Mund entfernt; alles war jedoch vergeblich; wir konnten einander in keiner Weise verstehen. Hierauf sandte er seine Knechte an die Arbeit, zog sein Schnupftuch aus der Tasche, breitete es doppelt auf seiner linken Hand aus, legte diese auf den Boden, die innere Fläche nach oben gekehrt, und gab mir ein Zeichen, hinaufzusteigen. Dies war mir nicht schwer, denn die Dicke der Hand betrug nicht mehr als einen Fuß. Ich hielt es für meine Pflicht zu gehorchen und legte mich, um nicht zu fallen, der Länge nach auf sein Schnupftuch hin, dessen Zipfel er der größeren Sicherheit wegen über meinem Haupt zusammenband, worauf er mich so nach Hause trug. Dort rief er seine Frau herbei und zeigte mich; sie aber schrie auf und lief in derselben Art fort, wie es die Weiber in England beim Anblick einer Spinne oder Kröte zu tun pflegen. Als sie jedoch mein Benehmen eini-

ge Zeit beobachtet hatte und wie genau ich die Zeichen ihres Gatten beobachtete, wurde sie bald wieder ausgesöhnt und sogar außerordentlich zärtlich gegen mich.

Es war ungefähr zwölf Uhr mittags, und ein Diener trug das Essen auf. Es bestand ausschließlich aus einem nahrhaften Fleischgericht, wie es sich für den einfachen Stand und die Beschäftigung eines Bauern ziemt; die Schüssel aber hatte vierundzwanzig Fuß im Durchmesser. Die Gesellschaft bestand aus dem Pächter, seiner Frau, drei Kindern und einer alten Großmutter. Als diese sich sämtlich um den Tisch gesetzt hatten, der ungefähr dreißig Fuß hoch war, stellte mich der Pächter in einiger Entfernung von sich selbst darauf. Ich zitterte vor Furcht und hielt mich, aus Besorgnis herabzufallen, so weit wie möglich vom Rand des Tisches entfernt. Die Frau des Pächters zerschnitt ein kleines Stück Fleisch, zerkrümelte etwas Brot auf einem hölzernen Teller und stellte diesen vor mich hin. Ich machte ihr eine tiefe Verbeugung, zog Messer und Gabel aus der Tasche und begann zu essen, worüber sich alle außerordentlich freuten. Die Herrin ließ ein kleines Likörglas, das ungefähr vier Maß enthalten konnte, durch eine Magd holen und füllte es mit Getränk. Mit einiger Schwierigkeit hob ich das Glas mit beiden Händen, trank auf die Gesundheit Ihrer Gnaden mit der höflichsten Verbeugung, indem ich, so laut es mir möglich war, die Worte auf englisch ausrief: Hierüber aber lachte die Gesellschaft so herzlich, daß ich durch den Lärm beinahe taub geworden wäre. Das Getränk schmeckte wie dünner Apfelwein, aber durchaus nicht unangenehm. Hierauf gab mir der Herr ein Zeichen, ich möchte an seinen Teller hintreten; als ich nun auf dem Tisch umherging (und die ganze Zeit hindurch war ich, wie der nachsichtige Leser wohl vermuten und entschuldigen wird, in höchster Aufregung), stolperte ich zufällig über eine Brotkruste und fiel flach auf mein Gesicht, jedoch ohne mich zu verletzen. Sogleich stand ich wieder auf; da ich nun bemerkte, daß die guten Leute meinetwegen sehr besorgt waren, schwenkte ich meinen Hut, den ich der Höflichkeit gemäß unter dem Arm hielt, mehrmals über meinen Kopf und rief ein dreimaliges »Hurra«, um zu zeigen, daß ich durch meinen Fall keinen Schaden erlitten hatte. Als ich jedoch auf meinen Herrn zuging (so werde ich ihn in Zukunft immer nennen), ergriff sein jüngster Sohn, ein mutwilliger Knabe von ungefähr zehn Jahren, mich bei den Beinen und hielt mich so hoch in die Luft empor, daß ich an allen Gliedern zitterte; sein Vater aber riß mich aus seiner Hand und gab ihm zugleich einen so heftigen Schlag auf das linke Ohr, wie er eine Schwadron europäischer Kavallerie zu Boden geworfen haben würde. Dann befahl er dem Knaben, vom Tisch aufzustehen. Ich aber besorgte, der Knabe werde Groll gegen mich hegen, und erinnerte mich, wie ungezogene Kinder bei uns sich gegen Sperlinge, Kaninchen, junge Hunde und Katzen benehmen. Deshalb fiel ich auf die Knie, zeigte auf den Knaben und gab meinem Herrn so gut wie möglich zu verstehen, ich wünschte, er möge seinem Sohn verzeihen. Der Vater erfüllte meinen Wunsch, der Knabe setzte sich wieder an den Tisch, worauf ich auf ihn zuging und ihm die Hand küßte, die mein Herr ergriff und mich sanft damit streichelte.

Während des Essens sprang die Lieblingskatze meiner Herrin ihr auf den Schoß. Ich hörte hinter mir ein Geräusch, wie es bei uns einige Dutzend Strumpfwirker zu erregen pflegen, und bemerkte bald, daß dieses vom Schnurren jenes Tieres entstand, das dreimal größer als ein Ochse zu sein schien, wie ich nach dem Aussehen seines Kopfes und seiner Pfote berechnete, während die Herrin es fütterte und streichelte. Die Wildheit, die im Gesicht der Katze lag, brachte mich außer Fassung, obgleich ich am anderen Ende des Tisches, fünfzig Fuß von ihr entfernt, stand, und obgleich meine Herrin sie in Besorgnis festhielt, das Tier könnte plötzlich vorspringen und mich mit seinen Pfoten erschlagen. Es war jedoch durchaus keine Gefahr vorhanden; denn die Katze nahm von mir nicht die geringste Notiz, als mich mein Herr in der Entfernung von drei Ellen vor ihr niedersetzte. Da ich nun immer gehört und auf meinen Reisen auch bemerkt hatte, daß Flucht oder Furcht vor einem wilden Tier dieses stets zur Verfolgung oder zum Angriff reizt, so beschloß ich, in dieser Gefahr vollkommene Gleichgültigkeit zu zeigen. Unerschrocken ging ich fünf- bis sechsmal vor dem Kopf der Katze auf und nieder und kam bis auf eine halbe Elle in ihre Nähe, worauf sie sich zurückzog, als sei sie vor mir erschrocken. Vor den Hunden fürchtete ich mich weniger, als drei oder vier in das Zimmer kamen, wie dies in Pächtershäusern gewöhnlich ist; einer davon war eine Dogge, so groß wie vier Elefanten, und ein anderer war ein Windhund, etwas größer als die Dogge, allein nicht von derselben Stärke.

Als das Mittagessen beinahe vorüber war, trat eine Amme mit einem einjährigen Kind herein, das mich sogleich bemerkte und dann so stark zu schreien begann, daß man dies von der Londonbrücke bis nach Chelsea, also mehr als eine halbe Stunde weit, hätte hören können. Es wollte mich nämlich nach gewöhnlicher Kinderart als Spielzeug haben. Die Mutter war zu nachgiebig, ergriff mich und reichte mich dem Kind, das mich sogleich in den Mund steckte. Ich aber brüllte so laut, daß der kleine Kobold erschrak und mich fallenließ, so daß ich mir zweifellos den Hals gebrochen hätte, wenn mich die Mutter nicht mit ihrer Schürze aufgefangen hätte. Die Amme lärmte, um das Kind zu beruhigen, mit einer Klapper, die aus einem hohlen, mit großen Steinen gefüllten Gefäß bestand und durch ein Tau um den Leib des Kindes festgebunden war; da dies jedoch vergeblich blieb, mußte sie das äußerste Mittel anwenden und das Kind an die Brust legen. Ich gestehe, nie hat mir ein Gegenstand solchen Ekel erregt wie der Anblick dieser ungeheuren Brüste, die ich mit nichts vergleichen kann, um dem neugierigen Leser einen Begriff von ihrer Größe, Form und Farbe zu geben. Sie ragten sechs Fuß hervor und mußten wenigstens sechzehn an Umfang haben. Die Warze war halb so dick wie mein Kopf, und ihre Farbe, so wie die der Brust, so sehr mit Flecken, Finnen und Sommersprossen besät, daß kein Gegenstand ekelhafter aussehen kann; ich sah sie nämlich ganz in der Nähe, da sie sich gesetzt hatte, um das Kind bequemer säugen zu können, während ich auf dem Tisch stand. Ich dachte dabei an die schöne Haut der englischen Damen, die uns nur deshalb als so schön erscheinen, weil sie von unserer Größe sind und weil ihre Mängel durch kein Vergrößerungsglas betrachtet werden; gebrauchen wir ein solches, so erscheint die zarteste und schönste Haut rauh und von häßlicher Farbe.

Wie ich mich erinnere, schien es mir, als ich in Lilliput war, die Züge jener winzigen Menschen seien die schönsten der Welt. Als ich mich einst mit einem dortigen Gelehrten, einem vertrauten Freund, darüber unterhielt, sagte mir dieser, mein Gesicht erscheine ihm bei weitem schöner und sanfter, wenn er mich vom Boden aus betrachte, als wenn er mich in größerer Nähe, sobald ich ihn auf meine Hand genommen habe, erblicke; er müsse gestehen, im Anfang sei dies ein sehr unangenehmer Anblick gewesen. In meiner Haut könne er große Löcher sehen, die Stoppeln meiner Barthaare seien zehnmal dicker als die Borsten eines Ebers; meine Haut im Gesicht spiele auf unangenehme Weise in mancherlei Farbe hinüber. Dennoch erlaube ich mir über mich die Bemerkung, daß ich zu den schönsten Männern meines Vaterlandes gehöre und daß mich die Sonne auf allen meinen Reisen nur wenig verbrannt hat. Anderseits, als ich mich über die Damen am Hof des Kaisers mit ihm unterhielt, sagte er mir gewöhnlich, die eine habe Finnen, die andere einen zu breiten Mund, die dritte eine zu große Nase. Ich aber konnte nichts von allem bemerken. Die Erinnerung an diese Dinge liegt, wie ich gestehen muß, auf der Hand; ich konnte es nicht unterlassen, die Bemerkung hier einzuflechten, sonst würde der Leser glauben, jene Riesen seien wirklich häßlich; ich muß hierauf erwidern, daß sie durchaus keinen häßlichen Menschenschlag darstellen; auch schienen mir die Züge meines Herrn, der doch nur ein Pächter war, ebenmäßig und schön gebildet, sobald ich ihn in der Höhe von sechzig Fuß betrachtete.

Nach dem Essen ging mein Herr wieder zu seinen Arbeitern hinaus, und ich konnte aus seiner Stimme sowie aus seinen Bewegungen schließen, daß er seiner Frau strengen Befehl gab, mich mit Sorgfalt zu behandeln. Ich aber war sehr müde und zum Schlaf geneigt; da nun meine Herrin dies bemerkte, legte sie mich auf ihr eigenes Bett und bedeckte mich mit einem reinen weißen Schnupftuch, das aber größer und dicker war als das Hauptsegel eines Kriegsschiffes.

Ich schlief ungefähr zwei Stunden und träumte, ich sei zu Hause bei Frau und Kindern. Dies vermehrte natürlich meinen Kummer, als ich erwachte und mich allein in einem ungeheuren Zimmer befand, das an zwei- bis dreihundert Fuß breit, aber noch bei weitem höher war. Das Bett aber, worin ich lag, war an die fünf Ellen breit. Meine Herrin war mit ihren häuslichen Angelegenheiten beschäftigt und hatte mich eingeschlossen. Das Bett war acht Ellen über dem Boden erhöht. Natürliche Bedürfnisse drängten mich nun, herunterzuspringen; auch wagte ich nicht, laut zu rufen. Hätte ich jedoch dies auch getan, so würde es mir bei meiner Stimme zu nichts geholfen haben, denn die Entfernung zwischen dem Zimmer, wo ich lag, und der Küche, wo sich die Familie befand, war zu bedeutend. Währenddessen kletterten zwei Ratten die Bettvorhänge hinauf und liefen schnuppernd auf dem Bett umher. Eine davon kam beinahe dicht an mein Gesicht, worauf ich voll Schrecken aufstand und zu meiner Verteidigung den Degen zog. Diese furchtbaren Tiere hatten die Kühnheit, mich auf beiden Seiten anzugreifen, und eines derselben legte die Vordertatzen auf meinen Rockkragen. Glücklicherweise schlitzte ich ihm den Bauch auf, bevor es mir

Schaden zufügen konnte; es stürzte zu meinen Füßen nieder. Das andere entfloh, als es das Schicksal seines Gefährten sah, erhielt aber noch im Fliehen von mir eine starke Wunde auf dem Rükken, so daß sein Blut auf den Fußboden tröpfelte. Nach dieser Heldentat ging ich auf dem Bett langsam auf und nieder, um mich von dem Schrecken zu erholen. Diese Tiere waren von der Größe einer starken Dogge, aber bei weitem behender und wilder; hätte ich meinen Degen, bevor ich schlafen ging, abgeschnallt, so wäre ich ohne Zweifel von ihnen zerrissen und verschlungen worden. Ich maß hierauf den Schwanz der toten Ratte und fand, daß er zwei Ellen weniger einen Zoll lang war. Es war mir widerwärtig, den Körper aus dem Bett zu ziehen, wo er noch blutend lag; auch bemerkte ich an ihm noch einiges Leben, deshalb tötete ich das Tier vollends durch einen Stich in den Hals.

Bald darauf kam meine Herrin ins Zimmer; als sie mich voll Blut sah, lief sie herbei und nahm mich auf die Hand. Ich zeigte lächelnd auf die tote Ratte und gab durch andere Zeichen zu verstehen, ich sei nicht verwundet, worüber sie sich außerordentlich freute. Darauf rief sie die Magd herbei, damit diese die tote Ratte mit einer Zange aufnehme und aus dem Fenster werfe. Nachdem sie mich auf den Tisch gesetzt hatte, zeigte ich ihr meinen blutigen Degen, wischte ihn ab und steckte ihn wieder in die Scheide. In dem Augenblick fühlte ich einen heftigen Drang, etwas zu verrichten, was ein anderer statt meiner nicht tun konnte; deshalb gab ich meiner Herrin zu verstehen, ich wünschte auf den Fußboden gesetzt zu werden. Nachdem sie dies getan, erlaubte mir meine Schamhaftigkeit nicht, mich weiter auszudrücken, als daß ich auf die Tür zeigte und mich mehrmals verbeugte. Die gute Frau verstand endlich mit vieler Mühe meinen Wunsch; sie nahm mich auf ihre Hand und brachte mich in den Garten, wo sie mich auf den Boden setzte. Ich ging ungefähr zweihundert Ellen seitwärts, winkte ihr, mir nicht zu folgen oder auf mich hinzusehen, versteckte mich zwischen zwei Sauerampferblättern und entledigte mich dort des natürlichen Bedürfnisses.

Ich hoffe, der gütige Leser wird entschuldigen, daß ich bei diesen und ähnlichen Umständen so lange verweile; diese mögen niedrigen und kleinlichen Seelen als unbedeutend erscheinen, werden aber gewiß manchem Philosophen zur Erweiterung seiner Gedanken und seiner Einbildungskraft verhelfen, damit er sie zum Frommen des öffentlichen und Privatlebens benutze. Dies war nämlich mein einziger Zweck bei der Herausgabe dieser und anderer Reisebeschreibungen, worin ich hauptsächlich die Wahrheit als Ziel vor Augen hatte, ohne irgendeine Ausschmükkung durch Gelehrsamkeit oder Stil zu erstreben. Der ganze Eindruck dieser Reise wirkte aber so tief auf meine Seele und ist mir genauso im Gedächtnis geblieben, daß ich keinen einzigen wesentlichen Umstand übergangen habe, als ich die Beschreibung entwarf. Nach einer genaueren Durchsicht habe ich jedoch einige Stellen von geringerer Wichtigkeit gestrichen, die sich in meinem Manuskript befanden, weil ich den Tadel befürchtete, ich sei ein langweiliger Kleinkrämer, ein Vorwurf, der Reisenden, und vielleicht nicht mit Unrecht, oft gemacht wird.

Zweites Kapitel

Die Beschreibung der Tochter des Pächters. Der Verfasser wird auf einen Jahrmarkt und von dort in die Hauptstadt gebracht. Die Begebenheiten auf dieser Reise.

Meine Herrin hatte eine neunjährige Tochter, ein Kind mit ziemlichen Fähigkeiten für ihr Alter, denn sie wußte bereits sehr geschickt mit der Nadel umzugehen und ihre Puppe zierlich anzukleiden. Die Mutter aber und die Tochter bereiteten mir sehr bequem ein Nachtlager in der Puppenwiege; diese wurde in eine kleine Schublade und die Schublade auf ein freihängendes Brett gestellt, um mich so gegen die Ratten zu schützen. Jene Puppenwiege war mein Bett, solange ich bei dem Pächter blieb, wo mir der Aufenthalt allmählich angenehmer wurde, als ich die Sprache zu lernen begann und somit imstande war, meine Wünsche auszusprechen. Das kleine Mädchen war so geschickt, daß sie mich an- und auskleiden konnte, nachdem ich ein- oder zweimal vor ihren Augen meine Kleider abgelegt hatte, ob ich ihr gleich nie diese Mühe machte, wenn sie zugab, daß ich dies selbst tat. Sie verfertigte mir sieben Hemden und einige andere Wäsche von so feiner Leinwand, wie man bekommen konnte, die aber doch noch rauher als Sacktuch war; diese Wäsche hat sie mir immer mit eigener Hand gewaschen. Ebenfalls war sie meine Lehrerin in der Sprache; wenn ich auf etwas zeigte, nannte sie mir den Namen, so daß ich in wenigen Tagen zu fordern vermochte, was ich wünschte. Sie war sehr gutmütig und nicht größer als vierzig Fuß, denn für ihr Alter war sie noch sehr klein. Sie gab mir den Namen Grildrig, den die Familie und später sogar das ganze Königreich annahm. Das Wort hat ungefähr die Bedeutung des lateinischen »nanunculus« und des italienischen »homunceletino«, das wir mit »Zwergmenschlein« übersetzen können; ihr verdanke ich hauptsächlich meine Lebensrettung in diesem Land. Wir trennten uns nie, solange ich dort war. Ich nannte sie meine Glumdalclitch oder kleine Wärterin und würde der größten Undankbarkeit schuldig sein, wenn ich diese ehrenvolle Erwähnung ihrer Sorgfalt und Liebe überginge. Auch wünsche ich von Herzen, es möge in meiner Macht liegen, ihre Wohltaten so zu vergelten, wie sie es verdient, statt daß ich die unschuldige, aber unglückliche Ursache ihres Unglücks geworden bin, wie ich leider allen Grund zu fürchten habe.

Um diese Zeit begann man auch in der Nachbarschaft davon zu sprechen, mein Herr habe auf dem Feld ein sonderbares Geschöpf, von der Größe eines Splacknuck, gefunden, das jedoch in jeder Hinsicht die Gestalt des Menschen besitze, dessen Handlungen nachahme, seine besondere kleine Sprache zu sprechen scheine, bereits mehrere Worte der Landessprache erlernt habe, aufrecht umherginge, zahm und artig sei, auf den Ruf herbeikomme, alle Befehle vollführe, mit den schönsten Gliedern und einem Gesicht begabt sei, wie es kaum bei dreijährigen Mädchen vom höchsten Adel angetroffen werde. Ein anderer Pächter, der in der Nähe wohnte und ein enger Freund meines Herrn war, stattete ihm deshalb einen Besuch ab, um sich nach der Wahrheit der erwähnten Geschichte zu erkundigen. Ich wurde sogleich herbeigeholt und auf den Tisch gestellt, wo ich nach Wunsch umherging, meinen Degen zog, ihn wieder einsteckte, dem Gast meines Herrn eine Verbeugung machte, mich nach seinem Befinden erkundigte und ihm sagte: Er sei willkommen – eine Phrase, die meine kleine Wärterin mich gelehrt hatte. Dieser Mann, der alt und kurzsichtig war, setzte seine Brille auf, um mich besser betrachten zu können, worüber ich herzlich lachen mußte, denn seine Augen erschienen mir wie der Vollmond, der durch zwei Fenster in ein Zimmer scheint. Unsere Leute, welche die Ursachen meiner lustigen Stimmung bald erkannten, leisteten mir im Lachen Gesellschaft; der alte Mann war aber töricht genug, sich hierüber zu ärgern und außer Fassung zu kommen. Er war als großer Geizhals berüchtigt und verdiente, zu meinem Unglück, vollkommen seinen schlechten Ruf. Er gab nämlich meinem Herrn den fluchwürdigen Rat, mich als Kuriosität auf dem Jahrmarkt der nächsten Stadt zu zeigen, der ungefähr zweiundzwanzig Meilen, das heißt eine halbe Stunde zu Pferd, von unserm Haus entfernt lag. Ich erriet, daß mein Herr irgendein Unheil im Sinn hatte, denn er flüsterte lange Zeit mit seinem Freund und wies dabei auf mich hin; meine Furcht hatte zur Folge, daß ich mir einbildete, einige ihrer Worte verstanden und gehört zu haben. Am nächsten Morgen erzählte mir Glumdalclitch, meine kleine Wärterin, die ganze Sache, die sie durch List ihrer Mutter abgefragt hatte; das arme Mädchen drückte mich an ihre Brust und weinte aus Besorgnis und Mitleid. Sie befürchtete irgendein Unheil von seiten der rohen und gemeinen Leute, die mich vielleicht zu Tode drücken oder die mir ein Glied zerquetschen könnten, wenn sie mich auf die Hand nähmen. Sie hatte auch meine Schamhaftigkeit und mein Ehrgefühl bereits bemerkt und konnte somit auch meinen Unwillen begreifen, dem niedrigsten Pöbel für Geld öffentlich zur Schau gestellt zu werden. Sie sagte, Vater und Mutter hätten ihr versprochen, Grildrig solle ihr gehören; wie sie jedoch sehe, werde sie jetzt ebenso behandelt wie vergangenes Jahr, als die Eltern ihr ein Lamm versprochen, aber sobald dasselbe fett geworden sei, an den Schlachter verkauft hätten. Was mich betrifft, so kann ich ehrlich behaupten, daß ich weniger Kummer als meine Wärterin empfand. Die Hoffnung, ich würde eines Tages meine Freiheit wiedererlangen, verließ mich nie, und wegen der Schmach, als eine Art Wundertier behandelt zu werden, überlegte ich mir, in diesem Land sei ich ja vollkommen fremd; auch könne mir dies Unglück nie zum Vorwurf gemacht werden, sollte ich jemals nach England zurückkehren; denn der König von Großbritannien müßte sich ja selbst dieser Unannehmlichkeit unterziehen.

Mein Herr brachte mich nun, dem Rat seines Freundes gemäß, in einer Schachtel zum Jahrmarkt der nächsten Stadt und nahm seine Tochter, meine kleine Wärterin, hinter sich aufs Pferd; die Schachtel war an allen Seiten geschlossen; in der Wand befand sich nur eine kleine Tür, damit ich hinein- und herausgehen könne, nebst einigen gebohrten Löchern, um Luft hereinzulassen. Das Mädchen war so sorgsam gewesen, die Matratze aus ihrem Puppenbett hineinzulegen, damit ich weich liegen könne; dennoch wurde ich auf dieser Reise furchtbar geschüttelt und zugerichtet, obgleich diese nur eine halbe Stunde dauerte; denn das Pferd legte mit jedem Schritte wenigstens vierzig Fuß zurück und trabte so hoch, daß die dadurch bewirkte Erschütterung dem Steigen und Fallen eines Schiffes bei großem Sturm glich, aber bei weitem häufiger war. Unsere Reise dauerte etwas länger als ein Ausflug von London nach Sankt Albans. Mein Herr stieg in einem Wirtshaus ab, das er gewöhnlich besuchte; nachdem er sich einige Zeit mit dem Wirt beraten und die nötigen Vorbereitungen getroffen hatte, mietete er den Grultrud oder Ausrufer, damit dieser der Stadt bekanntmache: Es sei im »Grünen Adler« ein sonderbares Geschöpf in der Größe eines Splacknuck zu sehen (das ist ein sehr fein gebautes sechs Fuß langes Tier des Landes); dieses gleiche in jedem Teil des Körpers der Menschengestalt, könne mehrere Worte aussprechen und an hundert ergötzliche Possen vollbringen.

Ich wurde im größten Zimmer des Gasthofes, das an dreihundert Quadratfuß im Umfang betragen mochte, auf einen Tisch gestellt. Meine kleine Wärterin stand auf einem Schemel dicht am Tisch, um auf mich achtzugeben und zu befehlen, was ich tun solle.

Mein Herr litt, um ein Gedränge zu vermeiden, nicht, daß mich mehr als dreißig Personen auf einmal sahen. Ich ging nach dem Befehl des Mädchens auf dem Tisch umher; sie legte mir, soweit es mein Verständnis erlaubte, mehrere Fragen vor, und ich beantwortete diese so gut wie möglich. Dann wandte ich mich einigemal zur Gesellschaft, verbeugte mich demütig, sagte, sie sei willkommen, und sprach einige andere Phrasen aus, die ich erlernt hatte; ferner nahm ich einen mit Getränk gefüllten Fingerhut, den mir Glumdalclitch als Becher gegeben, und trank auf die Gesundheit der Anwesenden. Ich zog den Degen und schwang ihn nach Art der Fechter in England. Meine Wärterin gab mir ein Stück von einem Strohhalm, womit ich, wie mit einer Pike, exerzierte, denn diese Kunst hatte ich in meiner Jugend gelernt. An dem Tag wurde ich zwölf verschiedenen Gesellschaften gezeigt und mußte stets dieselben Albernheiten wiederholen, bis ich durch Müdigkeit und

Überdruß halbtot war, denn alle, die mich gesehen hatten, gaben von mir und von den Verhältnissen meines Wuchses zu dem ihrigen so wunderbare Berichte, daß die Leute bereitstanden, die Tür zu durchbrechen, um nur hineinzugelangen. Mein Herr litt aus eigenem Interesse in keiner Weise, daß mich andere als meine Wärterin berührten; um jede Gefahr zu vermeiden, wurde der Tisch in solcher Entfernung mit Bänken umgeben, daß mich niemand erreichen konnte. Ein boshafter Schulknabe schleuderte aber eine Haselnuß nach meinem Kopf, die mich beinahe getroffen hätte; sie flog mit solcher Heftigkeit vorbei, daß sie sicherlich meinen Schädel hätte zerschmettern müssen, denn sie war beinahe so groß wie ein kleiner Kürbis; ich hatte jedoch die Genugtuung, daß der junge Schelm gehörig geprügelt und dann aus dem Zimmer geworfen wurde.

Mein Herr ließ bekanntmachen, er werde mich am nächsten Markttag wieder öffentlich zeigen; indessen ließ er für mich ein bequemeres Transportmittel verfertigen, und dazu hatte er genügenden Grund, denn meine erste Reise und der Umstand, daß ich verschiedene Gesellschaften acht Stunden lang unterhalten mußte, hatten mich so sehr angegriffen, daß ich kaum auf den Beinen stehen und kaum ein Wort sprechen konnte. Erst nach drei Tagen kam ich wieder etwas zu Kräften, aber damit ich auch zu Hause keine Ruhe hätte, begaben sich alle Herren von Stand auf dreihundert Meilen in der Runde, nachdem sie von meinem Ruhm gehört hatten, in die Wohnung meines Herrn, um mich zu sehen. Wenigstens dreißig Männer kamen mit Frau und Kindern (das Land ist sehr bevölkert). Mein Herr verlangte dann die Zahlung eines gefüllten Zimmers, selbst wenn nur ein Mann mit seiner Frau kam. Einige Zeitlang hatte ich keinen Tag Ruhe (nur am Mittwoch, der in Brobdingnag als Sonntag gilt), wenn ich auch nicht in die Stadt gebracht wurde.

Als nun mein Herr sah, ich würde ihm wahrscheinlich viel Geld einbringen, beschloß er, mich in allen bedeutenden Städten des Königreichs zu zeigen. Er versah sich deshalb mit allen Dingen, die zu einer größeren Reise notwendig sind, ordnete seine Angelegenheiten zu Hause, nahm Abschied von seiner Frau, und am 17. August 1703, ungefähr zwei Monate nach meiner Ankunft, reisten wir zur Hauptstadt, die ungefähr in der Mitte des Landes und dreitausend Meilen von unserem Haus entfernt liegt. Mein Herr nahm seine Tochter Glumdalclitch hinter sich aufs Pferd. Sie trug mich auf dem Schoß in einer um ihren Leib befestigten Schachtel. Das Mädchen hatte die Wände der Schachtel mit dem weichstem Tuch, das sie bekommen konnte, ausgeschlagen, dieses außerdem noch gepolstert, das Bett ihrer Puppenwiege in die Schachtel gelegt und letztere mit Wäsche und anderen Bedürfnissen gehörig versehen; kurz, sie hatte alles so bequem wie möglich eingerichtet. Wir reisten allein, nur mit einem Burschen vom Haus, der mit dem Gepäck hinter uns herritt.

Mein Herr beabsichtigte, mich in allen Städten am Weg zu zeigen und in der Entfernung von fünfzig bis hundert Meilen vom Weg in jedes Dorf oder nach jedem Landsitz hinzureiten, wo er auf Einnahme hoffen könnte. Wir machten kurze und bequeme Tagesreisen, nur von ungefähr zwölf bis fünfundzwanzig Dutzend Meilen; Glumdalclitch, um mich nicht zu sehr anzugreifen, beklagte sich nämlich häufig, sie könne das Traben des Pferdes nicht vertragen. Sie nahm mich auch oft, sobald ich es wünschte, aus der Schachtel, damit ich frische Luft schöpfen und mir das Land ansehen konnte; dabei wurde ich aber stets an einer Schnur gehalten. Wir setzten über fünf bis sechs Flüsse, die sämtlich tiefer und breiter als der Nil und Ganges waren; auch war kein Bach so klein wie die Themse bei der Londonbrücke. Zehn Wochen dauerte die Reise, und ich wurde in achtzehn großen Städten gezeigt, der Dörfer und Privatbesitzungen nicht zu gedenken.

Am 26. Oktober langten wir in der Hauptstadt an, die in der Sprache von Brobdingnag Lorbrulgrud oder Stolz des Weltalls genannt wird. Mein Herr mietete sich eine Wohnung in der Hauptstraße, nahe beim königlichen Palast; dann ließ er Ankündigungen in der gewöhnlichen Form anschlagen, welche die genaue Beschreibung meiner Person und meiner Eigenschaften enthielten. Das Zimmer, das er mietete, war gegen drei- bis vierhundert Fuß breit. Er sorgte für einen Tisch von sechzig Fuß im Durchmesser, worauf ich meine Künste zeigen sollte, und umgab ihn mit einem Geländer von drei Fuß Höhe und in gleicher Entfernung vom Rand, damit ich nicht hinunterfiele. Zehnmal des Tages wurde ich zum Erstaunen aller Leute öffentlich gezeigt. Ich kannte jetzt die Sprache so ziemlich und verstand alles, was man mir sagte. Außerdem hatte ich lesen gelernt und konnte mitunter schon einen ganzen Satz notdürftig erklären, denn Glumdalclitch war sowohl zu Hause als auch in den Mußestunden auf unserer Reise meine Lehrerin gewesen. Sie hatte ein kleines Buch in ihrer Tasche mitgenommen, das nicht viel größer war als bei uns ein Atlas; dies war ein kurzer Katechismus für junge Mädchen, um ihnen die Religionsbegriffe beizubringen. Aus diesem Buch lehrte sie mich das Lesen und erklärte mir die Worte.

Drittes Kapitel

Der Verfasser kommt an den Hof. Die Königin kauft ihn von seinem bisherigen Herrn. Er disputiert mit den größten Gelehrten Seiner Majestät. Bei Hof wird ein Zimmer für den Verfasser eingerichtet. Er erwirbt sich die Gunst der Königin. Er vertritt die Ehre seines Vaterlandes. Er zankt sich mit dem Zwerg der Königin.

Leid und Mühseligkeiten, die ich jeden Tag ertragen mußte, bewirkten eine beträchtliche Verschlechterung meiner Gesundheit. Je mehr Geld mein Herr durch mich erlangte, desto größer wurde seine Habgier. Ich hatte bereits die Rundung meines Bauches verloren und war beinahe zum Skelett geworden. Der Pächter bemerkte dies und vermutete, ich würde in kurzem sterben; er beschloß deshalb, noch so viel Geld wie möglich durch mich zu erwerben. Während er dies überlegte, kam ein Slardral oder Kammerherr auf Befehl des Hofes und befahl, mich sogleich zur Unterhaltung der Königin und ihrer Hofdamen in den Palast zu bringen. Einige von ihnen hatten mich schon gesehen und merkwürdige Dinge von meiner Schönheit, meinem feinen Betragen und meinem gesunden Verstand erzählt. Ihre Majestät war nebst ihrer Umgebung über mein Benehmen entzückt. Ich fiel auf die Knie und wollte den erhabenen Fuß küssen, allein die gnädige Fürstin reichte mir nur ihren kleinen Finger, als ich auf dem Tisch stand. Ich umarmte diesen Finger nun mit beiden Armen und legte in höchster Demut seine Spitzen an meine Lippen. Sie richtete an mich mehrere allgemeine Fragen über mein Vaterland und meine Reisen, die ich sehr deutlich und so kurz wie möglich beantwortete. Sie fragte, ob es zu meiner Zufriedenheit geschehe, wenn ich am Hof bliebe; ich verbeugte mich bis auf das Brett des Tisches und erwiderte demütig: Ich sei der Sklave meines Herrn. Stände ich jedoch zu meiner eigenen Verfügung, so würde es mir zum Stolz gereichen, wenn ich mein Leben dem Dienst Ihrer Majestät widmete. Sie fragte dann meinen Herrn, ob er willens sei, mich zu einem guten Preise zu verkaufen. Da er nun besorgte, ich würde keinen Monat mehr leben, so verlangte er tausend Goldstücke, die sogleich auf Befehl der Königin herbeigeschafft wurden und wovon jedes Stück ungefähr die Dicke von achthundert portugiesischen Dukaten betrug. Vergleicht man die Verhältnisse dieses Weltteils mit dem europäischen und den damit zusammenhängenden Wert des Goldes, so betrug die Summe kaum soviel wie tausend Guineen in England. Hierauf sagte ich der Königin: Da ich jetzt Ihrer Majestät demütiger Sklave und Vasall sei, müsse ich um die Gnade bitten, daß Glumdalclitch, die mich stets mit so viel Sorgfalt und Güte gepflegt habe und dies auch so trefflich verstünde, ebenfalls in den königlichen Dienst treten und auch ferner meine Wärterin und Lehrerin bleiben dürfe.

Ihre Majestät gewährte meine Bitte und erlangte ohne Mühe die Zustimmung des Pächters, der sich nicht wenig freute, seiner Tochter eine Stelle bei Hof verschaffen zu können. Das gute Mädchen aber konnte ihr Entzücken nicht verbergen. Mein Herr entfernte sich hierauf, indem er von mir Abschied nahm, und sagte, er habe mir einen sehr guten Dienst verschafft, worauf ich kein Wort erwiderte, sondern nur eine leichte Verbeugung machte.

Die Königin bemerkte diese Kälte und fragte nach dem Grund, sobald der Pächter das Zimmer verlassen hatte. Ich war so kühn, Ihrer Majestät zu sagen, meinem bisherigen Herrn sei ich Dank nur deshalb schuldig, weil er einem armen, durch Zufall auf dem Feld gefundenen Geschöpf das Hirn nicht eingeschlagen habe; dieses Verdienst werde aber durch den Gewinn, den er durch mich im halben Königreich erlangt habe, und durch den hohen Verkaufspreis genugsam aufgewogen. Das Leben, das ich seither geführt, sei so mühselig gewesen, daß sogar ein Tier von zehnfacher Kraft hätte unterliegen müssen. Meine Gesundheit sei durch die ewige Plackerei zur Unterhaltung der Leute geschwächt worden; hätte mein Herr nicht geglaubt, mein Leben sei in Gefahr, so würde Ihre Majestät mich nicht zu so wohlfeilem Preis erhalten haben. Da ich aber gegenwärtig unter dem Schutze einer so großen und guten Monarchin, dem Schmuck der Natur, dem Liebling der Welt, dem Entzücken ihrer Untertanen, dem Phönix der Schöpfung, keine schlechte Behandlung mehr befürchtete, so hoffte ich auch, die Besorgnis meines vorigen Herrn werde sich als grundlos erweisen; ich fände bereits, wie meine Lebenskraft durch den Einfluß Ihrer hocherhabenen Gegenwart wieder erwache.

Dies war der Hauptinhalt meiner Rede, die ich nur mit Schwierigkeit und öfterem Stocken hersagte. Der letzte Teil war in dem Stil abgefaßt, der diesem Volk eigentümlich ist. Ich hatte nämlich von Glumdalclitch, als sie mich an den Hof brachte, mehrere Phrasen gelernt.

Die Königin war sehr nachsichtig mit meinen Mängeln im Ausdruck, erstaunte jedoch über so vielen Witz und gesunden Verstand in einem solch kleinen Lebewesen. Sie nahm mich auf ihre Hand und trug mich zum König, der sich gerade in seinem Kabinett befand. Seine Majestät, ein Fürst von ernstem Charakter, mit strengen Gesichtszügen, konnte beim ersten Anblick meine Gestalt nicht richtig erkennen und fragte die Königin in kühler Weise, seit wie lange sie an einem Splacknuck so viel Vergnügen finde. Wie es schien, hielt er mich nämlich für ein solches kleines Tier, als ich in der rechten Hand Ihrer Majestät auf meiner Brust lag. Allein diese Fürstin, die außerordentlich viel Verstand und guten Humor besaß, stellte mich sanft auf den Schreibtisch und befahl mir, ich solle selbst dem König über mich Bericht erstatten, was ich denn auch in wenigen Worten tat. Hierauf erhielt auch Glumdalclitch, die vor der Tür des Kabinetts wartete und die Trennung von mir nicht ertragen konnte, sogleich Zutritt und bestätigte alles, was sich seit meiner Ankunft in ihres Vaters Haus mit mir zugetragen hatte.

Der König, obgleich er ebenso gelehrt ist wie irgendeiner seiner Untertanen, war besonders in Philosophie und Mathematik unterrichtet worden; als er jedoch meine Gestalt genau bemerkte und sah, wie ich aufrecht einherging, hielt er mich, bevor ich zu sprechen begann, für eine Art Automaten (in Verfertigung dieser Maschinen ist nämlich das Volk von Brobdingnag zur größten Vollkommenheit gelangt), der von irgendeinem großen Künstler erfunden worden sei. Als er aber meine Stimme vernahm und bemerkte, was ich sagte, bestehe aus regelmäßig gebauten Sätzen mit vernünftigem Sinn, da konnte er sein Erstaunen nicht verhehlen. Er war keineswegs mit dem Bericht zufrieden, den ich ihm über meine Ankunft im Königreich gab, und glaubte, diese Geschichte sei nur zwischen Glumdalclitch und ihrem Vater verabredet, die mir eine Anzahl Wörter beigebracht hätten, um mich zu desto höherem Preis verkaufen zu können. In dieser vorgefaßten Meinung legte er mir mehrere Fragen vor und erhielt stets vernünftige Antworten, die in keiner anderen Hinsicht mangelhaft waren, als daß ich in fremdem Akzent sprach, bis jetzt noch eine unvollkommene Kenntnis der Sprache besaß und mehrere bäurische Ausdrücke gebrauchte, die ich im Haus des Pächters gelernt hatte, die sich aber für den zierlichen Stil des Hofes nicht eigneten.

Seine Majestät ließ drei große Gelehrte kommen, die gerade nach Landessitte den Wochendienst hatten. Diese Herren untersuchten eine Zeitlang meine Gestalt mit großer Genauigkeit und waren in bezug auf mich verschiedener Meinung. Alle drei stimmten darin überein, daß ich nicht nach den regelmäßigen Naturgesetzen geschaffen sein könne, weil ich nicht zur Erhaltung meines Lebens durch Erklettern der Bäume oder durch Eingraben in die Erde eingerichtet sei. Sie sahen ferner aus meinen Zähnen; die sie sehr genau in Augenschein nahmen, ich sei ein fleischfressendes Tier; da jedoch die meisten Vierfüßler mich an Kraft bei weitem überträfen und Feldmäuse sowie einige andere viel zu behende seien, konnten sie sich nicht vorstellen, wovon ich lebte, wenn ich mich nicht von Schnecken oder Insekten ernähre; zugleich aber erboten sich alle drei, durch sehr gelehrte Gründe zu beweisen, auch dies sei nicht wohl möglich. Einer dieser hochgelehrten Herren behauptete, ich könne ein Embryo oder eine Frühgeburt sein. Diese Meinung wurde aber von den beiden anderen verworfen, die meine Glieder als vollkommen ausgebildet erkannten. Sie bemerkten ferner, ich hätte schon mehrere Jahre gelebt, wie man aus meinen Bartstoppeln schließen könne, die ganz deutlich durch ein Vergrößerungsglas erkennbar seien. Die drei Herren wollten mir auch nicht zugestehen, ich sei ein Zwerg, denn meine Kleinheit lasse sich mit

nichts vergleichen. Der Königin Lieblingszwerg, der kleinste, den es jemals im ganzen Reich gegeben habe, sei doch wenigstens dreißig Fuß hoch. Nach langen Verhandlungen erklärten sie einmütig, ich sei nur ein »Relplum Scalcath«, ein Wort, das der Ausdruck »lusus naturae« (Naturspiel) wiedergeben kann. Dieser Beschluß war auch gewiß der neueren europäischen Philosophie vollkommen angemessen, deren Professoren diese wunderbare Lösung aller Schwierigkeiten zum sicheren Fortschritt der menschlichen Kenntnisse erfunden haben, indem sie den alten Kniff der verborgenen Ursachen vermeiden, womit die Anhänger des Aristoteles vergeblich ihre Unwissenheit zu verdecken suchten.

Nach diesem entscheidenden Schluß wagte ich die Bitte, man möge zwei bis drei Worte von mir anhören. Ich wandte mich an den König und gab Seiner Majestät die Versicherung, ich käme aus einem Land, in dem mehrere Millionen beider Geschlechter von meiner Gestalt und Größe lebten, wo Tiere, Bäume, Häuser in demselben Verhältnis gestaltet seien und wo ich mich deshalb ebensogut verteidigen und ernähren könne wie irgendein Untertan Seiner Majestät in ihren Staaten, und dieses halte ich für eine hinlängliche Antwort auf die Beweisführung der gelehrten Herren. Diese aber antworteten mir allein mit einem verächtlichen Lächeln und fügten dann noch hinzu, der Pächter habe mir in meiner Geschichte gehörigen Unterricht gegeben. Der König jedoch, ein verständiger Mann, entließ die Gelehrten und befahl, den Pächter herbeizurufen, der glücklicherweise die Stadt noch nicht verlassen hatte. Als dieser nun zuerst im geheimen befragt und dann mit seiner Tochter konfrontiert worden war, begann Seine Majestät unserem Bericht Glauben zu schenken. Er bat die Königin, Befehle zu geben, daß man mich mit besonderer Sorgfalt behandele, und war der Meinung, Glumdalclitch solle ihr Amt, mich zu warten, auch noch ferner behalten, weil er bemerkt habe, daß wir beide große Zuneigung zueinander hegten.

Ein passendes Zimmer wurde dann für sie bei Hof eingerichtet, sie erhielt eine Art Gouvernante, ein Kammermädchen zum Ankleiden und zwei Mägde zu geringeren Diensten; die Sorge um mich wurde aber ausschließlich ihr übertragen. Die Königin befahl ferner ihrem Hoftischler, eine Schachtel zu verfertigen, die mir zum Schlafzimmer dienen solle und über deren Modell ich mit Glumdalclitch übereinkommen müsse. Dieser Tischler war ein trefflicher Handwerksmann und vollendete unter meiner Anleitung in drei Wochen eine hölzerne Schachtel von sechzehn Quadratfuß Umfang und zwölf Fuß Höhe, Ziehfenstern, einer Tür und zwei kleineren Nebengemächern, wie dies bei den Schlafzimmern in London der Fall zu sein pflegt. Das Brett, das die Decke bildete, konnte mittels zweier Haspen befestigt und abgenommen werden, um ein fertiges und von den Tapezierern Ihrer Majestät mit Matratzen und Kissen versehenes Bett hineinzustellen, das Glumdalclitch, um es zu lüften, täglich herausnahm und, nachdem sie es mir mit eigener Hand gemacht hatte, wieder hineinstellte, worauf sie dann das Dach über meinem Haupt schloß. Ein geschickter Tischler, der wegen seiner kleinen Kuriositäten berühmt war, unternahm die Verfertigung zweier Stühle mit Seiten- und Rückenlehnen aus einem dem Elfenbein ähnlichen Stoff sowie auch von zwei Tischen und einem Schrank, in den ich meine Sachen hineinlegen konnte. Das Zimmer war an allen Seiten sowie auf dem Fußboden und an der Decke gepolstert, um irgendein Unglück zu verhüten, das durch die Sorglosigkeit derer entstehen könnte, die mit meinem Transport beauftragt waren, sowie auch, um die Stärke der Erschütterung zu mildern, wenn ich in einer Kutsche fuhr. Auch bat ich um ein Schloß für meine Tür, um zu verhindern, daß Ratten und Mäuse hineinkämen. Der Schmied verfertigte nach mehreren Versuchen das kleinste Schloß, das jemals in Brobdingnag gesehen wurde, und ich selbst habe in England kein größeres an einem Haustor gesehen. Ich versuchte, den Schlüssel in meiner eigenen

Tasche zu verwahren, denn ich befürchtete, Glumdalclitch könne ihn verlieren. Die Königin befahl, auch das dünnste Seidenzeug herbeizuschaffen, um mir Kleider verfertigen zu lassen, die viel dicker als eine englische Bettdecke und mir im Anfang lästig waren, bis ich mich daran gewöhnt hatte. Die Kleider waren nach der Mode des Königreichs zugeschnitten und ähnelten teilweise der chinesischen und teilweise der persischen, waren aber ein sehr ernstes und würdevolles Kostüm.

Die Königin fand so viel Behagen an meiner Gesellschaft, daß sie ihr Mittagsmahl nicht ohne mich halten konnte. Ein Tisch für mich nebst einem Stuhl wurde auf die Tafel gesetzt, wo Ihre Majestät speiste, und Glumdalclitch stand auf einem Schemel nahe bei meinem Tisch, um mir zu helfen und aufzuwarten. Ich hatte ein vollständiges Silberservice von Schüsseln und Tellern sowie anderen Gerätschaften, das im Verhältnis zum Service der Königin nicht größer war als Spielzeug der Art, wie ich es in London bei einem Kaufmann zur Möblierung eines Puppenhauses gesehen habe. Meine liebe Wärterin verwahrte diese Geräte in ihrer Tasche, und zwar in einer kleinen silbernen Schachtel, und reichte sie mir beim Essen, sobald ich ihrer bedurfte, nachdem sie zuvor von ihr selbst gereinigt worden waren. Niemand speiste mit der Königin als die zwei königlichen Prinzessinnen, wovon die eine sechzehn und die andere dreizehn Jahre und einen Monat alt war. Ihre Majestät legte gewöhnlich ein Stück Fleisch auf meine Schüssel, das ich mir selbst zerschnitt, und sie fand Vergnügen daran, mich so in Miniatur essen zu sehen; sie selbst (und sie hatte wirklich nur einen schwachen Magen) nahm auf einen Bissen so viel in den Mund, wie zwölf englische Pächter in einer Mahlzeit nicht essen können, ein Umstand, der mir anfangs sehr abstoßend vorkam. Sie pflegte den Flügel einer Lerche, Knochen und Fleisch, mit den Zähnen zu zerreißen, obgleich er neunmal größer war als der eines gemästeten welschen Hahnes; ihre Bissen Brot waren sogar so groß wie ein Dreigroschenlaib. Sie trank aus einem goldenen Becher, und bei jedem Schluck eine Menge, die dem Umfang eines Bierfasses gleichkam. Ihr Messer war so lang wie eine auf dem Stiel geradegebogene Sense. Löffel, Gabel und anderes Gerät zeigten dasselbe Verhältnis. Wie ich mich erinnere, war ich einst neugierig, eine Tafel bei Hof zu sehen, und Glumdalclitch trug mich deshalb zu einer hin, bei der ein Dutzend dieser ungeheuren Messer und Gabeln in Bewegung gesetzt wurden. Ich muß aber gestehen, daß ich zuvor nie einen so furchtbaren Anblick gesehen habe.

Es ist Hofsitte, daß der König, die Königin und die königlichen Prinzen beider Geschlechter an jedem Mittwoch, der, wie gesagt, in Brobdingnag als Sonntag gilt, in den Zimmern des Königs, dessen Gunst ich in hohem Maß erlangt hatte, zusammen speisen; dann wurden mein kleiner Stuhl und Tisch ihm zur Linken neben einem Salzfaß hingestellt. Dieser Fürst fand viel Vergnügen an meiner Unterhaltung und erkundigte sich nach den Sitten, der Religion, den Gesetzen, der Regierung und der Gelehrsamkeit in Europa, worüber ich ihm dann einen so vollständigen Bericht abstattete, wie es mir möglich war. Sein Verstand war so klar und seine Urteilskraft so ausgezeichnet, daß er sehr verständige Bemerkungen über alles, was ich sagte, äußerte. Ich bemerke jedoch, daß ich einmal über mein geliebtes Vaterland, unsere See- und Landkriege, unsere Religionsspaltungen und politischen Parteien sehr weitläufig sprach; da aber wirkten die Vorurteile seiner Erziehung so stark, daß er mich auf seine rechte Hand nahm, herzlich auflachte, mir mit der anderen Hand einen sanften Schlag gab und mir die Frage vorlegte, ob ich ein Whig oder Tory sei. Dann wandte er sich zu seinem Premierminister, der mit einem weißen Stab ehrerbietig hinter seinem Stuhl stand (dieser Stab war so lang wie der Hauptmast des englischen Linienschiffes »Souverän«), und sagte, wie verächtlich doch die Menschengröße sein müsse, da solch winzige Insekten wie ich sie nachahmen könnten. »Ja, ja«, sagte er, »diese Geschöpfe haben gewiß ihre besonderen Titel und Rangunterschiede; sie bringen kleine Nester und Kaninchenbaue zustande, die sie Häuser und Städte nennen; sie paradieren mit Kleidern und Equipagen; sie lieben, kämpfen, zanken, betrügen und verraten.« In dieser Weise sprach er längere Zeit, während ich voll Unwillen die Farbe wechselte, als ich mein edles Vaterland, so ausgezeichnet durch Künste und Waffen, die Geißel Frankreichs und die Gebieterin Europas, den Sitz der Tugend, Frömmigkeit, Ehre, Wahrheit, den Stolz und den Neid der Welt, so verächtlich behandeln und verlästern hörte. Da ich mich nun aber nicht in der Lage befand, Beleidigungen zu rächen, so begann ich nach reiflicher Überlegung zu begreifen, daß ich überhaupt nicht beleidigt sei. Weil ich nämlich schon mehrere Monate an den Anblick und das Gespräch mit diesen Leuten gewöhnt war und jeden Gegenstand, worauf mein Blick fiel, nach seiner verhältnismäßigen Größe betrachtete, so war der Schauder, den ich zuerst wegen ihrer Größe empfand, so weit verschwunden, daß ich eine Gesellschaft von englischen Lords und Damen in vollem Putz zu sehen glaubte, die auf die feinste Weise ihre Rollen im Sichbrüsten, Verbeugen und Schwatzen spielten. Um die Wahrheit zu reden, ich kam mehrmals in Versuchung, über sie ebenso zu lachen, wie der König nebst seinen Großen über mich spottete. Auch konnte ich es nicht unterlassen, über mich selbst zu lächeln, wenn die Königin mich auf ihrer Hand vor einen Spiegel hielt, so daß unsere beiden Gestalten in voller Größe von diesem wiedergegeben wurden; nichts hätte dann so albern sein können wie ein Vergleich zwischen uns, und es schien mir wirklich, meine Gestalt sei um mehrere Grade zusammengeschrumpft.

Niemand ärgerte und kränkte mich jemals so sehr wie der Zwerg der Königin. Da dieser nämlich so klein war, wie man bisher noch niemand im Land gesehen hatte (ich glaube wirklich, daß er nicht höher als dreißig Fuß war), wurde er so unverschämt, als er ein noch unter ihm stehendes Geschöpf erblickte, daß er sich stets zu blähen und großzutun pflegte, sooft er im Vorzimmer an mir vorüberging, während ich auf dem Tisch stand und mich mit den Herren und Damen unterhielt. Dann unterdrückte er selten einige spitze Worte über meine Kleinheit. Ich rächte mich an ihm dadurch, daß ich ihn Bruder nannte, ihn zum Ringen herausforderte und ihm Erwiderungen gab, wie sie im Mund der Hofpagen üblich sind. Eines Tages war diese boshafte kleine Flegel über etwas, das ich ihm sagte, so verdrießlich, daß er auf die Seitenlehne des Armstuhls Seiner Majestät kletterte, mich um die Mitte meines Leibes packte, als ich, ohne an Arges zu denken, ruhig dasaß, in eine silberne Schale voll Sahne hineinwarf und dann so schnell wie möglich fortlief. Ich kam mit dem Kopf unter die Oberfläche der Sahne, und wäre ich kein guter Schwimmer gewesen, so hätte es mir schlimm ergehen können. Glumdalclitch befand sich damals gerade am anderen Ende des Zimmers, und die Königin war so erschrocken, daß es ihr an Geistesgegenwart fehlte, mir zu helfen. Allein meine kleine Wärterin lief herbei, um mich zu retten, und zog mich heraus, nachdem ich ungefähr ein Quart Sahne verschluckt hatte. Ich wurde zu Bett gebracht, erlitt jedoch keinen anderen Schaden, als daß mein Anzug vollkommen verdorben war. Der Zwerg wurde tüchtig gepeitscht und mußte außerdem zur Strafe die Sahne, in die er mich geworfen hatte, austrinken; auch erhielt er nie wieder die Gunst der Königin, und Ihre Majestät verschenkte ihn bald darauf zu meiner großen Freude an eine Frau von hohem Stand, sonst würde der boshafte Kobold seine Rache sicherlich bis zum Äußersten getrieben haben.

Schon früher spielte er mir einen Streich, über den die Königin lachen mußte, obgleich sie sich zugleich herzlich darüber ärgerte und ihn auf der Stelle kassiert haben würde, wenn ich nicht so großmütig gewesen wäre, Fürsprache für ihn einzulegen. Ihre Majestät hatte einen Markknochen auf ihren Teller genommen und stellte diesen, nachdem sie ihn vom Mark geleert, wieder aufrecht in die Schüssel, wie er zuerst gestanden hatte. Der Zwerg nun benutzte einen Augenblick, wo Glumdalclitch an den Kredenztisch gegangen war, stieg auf den Schemel, auf dem meine Wärterin, um beim Essen zu bedienen, vorher gestanden hatte, packte mich mit beiden Händen, drückte meine Beine zusammen und quetschte sie in den Markknochen bis über meinen Leib hinein, wo ich dann einige Zeit steckenblieb und eine sehr lächerliche Figur machte. Ich glaubte, man wußte eine ganze Minute lang überhaupt nicht, was aus mir geworden war, denn ich glaubte, es sei unter meiner Würde, laut aufzuschreien. Da aber alle Gerichte nur selten warm auf eine fürstliche Tafel gebracht werden, wurde die Haut meiner Schenkel nicht verbrannt, und nur die Strümpfe und die Beinkleider gerieten in einen schlimmen Zustand. Der Zwerg erhielt auf meine Bitte keine andere Strafe als eine genügende Anzahl derber Peitschenhiebe.

Die Königin spottete häufig über meine Furchtsamkeit und fragte mich gewöhnlich, ob alle Leute in meinem Vaterland dieselbe Feigheit wie ich besäßen. Die Veranlassung war folgende: Das Königreich wird im Sommer sehr durch Fliegen überschwemmt, und die verhaßten Insekten, von der Größe einer Lerche, gönnten mir durch ihr ewiges Summen an meinen Ohren keinen Augenblick Ruhe; oft setzten sie sich auf meine Nahrung und ließen dort ihren ekelhaften Unrat und ihre Eier zurück, die mir, aber nicht den Eingeborenen des Landes, sichtbar waren, weil diese für kleinere Gegenstände keinen scharfen Gesichtssinn besitzen. Bisweilen setzten sie sich mir auf Nase und Stirn und beängstigten mich dadurch bis zum äußersten, denn zugleich stanken sie auch auf höchst ekelhafte Weise; ich konnte sogar jene klebrige Materie genau sehen, die diese Geschöpfe, nach Behauptung unserer Naturforscher, instand setzt, an den Zimmerdecken einherzuspazieren. Die Abwehr dieser verabscheuungswürdigen Tiere kostete mich viel Mühe, und es war mir unmöglich, nicht zurückzufahren, sobald sie auf mein Gesicht zuflogen. Der Zwerg spielte mir gewöhnlich den Streich, daß er eine Anzahl Insekten, wie Schulknaben bei uns, mit der Hand fing und sie dann plötzlich unter meine Nase fliegen ließ, um mich zu erschrecken und die Königin zu amüsieren. Mein Gegenmittel bestand aber darin, daß ich sie, während sie in der Luft flogen, mit meinem Messer zerschnitt, und da ich mir viel Gewandtheit in diesem Verfahren erwarb, habe ich auch zugleich viele Bewunderung damit erregt.

Wie ich mich erinnere, hatte Glumdalclitch mich einst in der Schachtel vor ein offenes Fenster hingesetzt, was sie an schönen Tagen, damit ich frische Luft schöpfte, zu tun pflegte. Ich wagte es nämlich nie, meine Schachtel an einen Nagel außerhalb des Fensters hinhängen zu lassen, wie dies bei uns in England mit Käfigen gemacht wird. Ich schob eines meiner Fenster in die Höhe und setzte mich an einen Tisch, um ein Stück süßen Kuchen zum Frühstück zu verzehren. Da aber drangen zwanzig Wespen, durch den Geruch herbeigelockt, in das Zimmer und brummten dabei lauter als ebenso viele Maultrommeln oder Dudelsäcke. Einige von ihnen ergriffen meinen Kuchen und trugen ihn stückweise fort, andere flogen mir um Kopf und Gesicht, betäubten mich mit ihrem Geräusch und versetzten mich in die äußerste Furcht vor ihren Stacheln. Ich hatte jedoch den Mut aufzustehen, mich mit dem Messer zu verteidigen und sie in der Luft anzugreifen. Vier wurden von mir getötet, die übrigen flogen fort, und ich schloß mein Zimmer. Diese Insekten waren so groß wie Rebhühner; ich zog die Stacheln aus den Leichen und fand, daß sie anderthalb Zoll lang und so scharf wie Nadeln waren. Ich habe sie sämtlich mit Sorgfalt aufbewahrt, zeigte sie nach meiner Rückkehr mit anderen Merkwürdigkeiten in mehreren Teilen Europas, schenkte drei Stacheln dem Gresham-College und behielt den vierten für mich selbst.

Viertes Kapitel

Beschreibung des Landes. Ein Vorschlag, neuere Landkarten zu verbessern. Der Palast des Königs und einige Berichte über die Hauptstadt. Des Verfassers Art zu reisen. Beschreibung des Haupttempels.

Jetzt will ich dem Leser auch eine kurze Beschreibung von Brobdingnag liefern, soweit ich das Land bereist habe, das heißt nur im Umkreise von zweitausend Meilen im Bereich der Hauptstadt Lorbrulgrud. Die Königin, die ich stets begleitete, ging nämlich niemals weiter, wenn sie mit dem König reiste, und wartete dort, bis Seine Majestät von der Besichtigung der Grenzen zurückgekehrt war. Die Ausdehnung der Besitzungen dieses Fürsten beträgt sechstausend Meilen in der Länge und drei- bis fünftausend Meilen in der Breite. Hieraus zog ich den Schluß, daß unsere Geographen in Europa vollkommen im Irrtum sind, wenn sie vermuten, nur das Meer liege zwischen Kalifornien und Japan. Es war stets meine Meinung, ein großer Landstrich müsse dazwischenliegen, um das Gleichgewicht gegen das Festland der großen Tartarei herzustellen. Deshalb sollten die Geographen ihre Karten verbessern und diesen großen Landstrich an den Nordwesten von Amerika anhängen, wobei ich gern bereit wäre, ihnen zu helfen.

Das Königreich besteht aus einer Halbinsel, die nordöstlich durch eine Bergkette von dreißig Meilen Höhe begrenzt wird. Diese ist aber, wegen der Vulkane auf den Berggipfeln, nicht zu überschreiten. Auch sind die gelehrtesten Männer mit der Menschenrasse gänzlich unbekannt, die vielleicht jenseits der Berge wohnt, wenn jenes Land überhaupt bewohnt ist. An den drei anderen Himmelsrichtungen wird das Königreich vom Ozean begrenzt; die Mündungen der Flüsse sind von so spitzen Felsen angefüllt, und die See ist dort außerdem so rauh, daß auch nicht das kleinste Boot der Einwohner von Brobdingnag hindurchkommen kann. Somit bleibt die Nation von der übrigen Welt ganz abgeschlossen. Allein die großen Flüsse sind stets mit Schiffen angefüllt und haben Überfluß an ausgezeichneten Fischen. Nur selten werden Seefische von den Eingeborenen verspeist, weil sie nur dieselbe Größe wie in Europa haben und deshalb die Mühe des Fangens nicht lohnen. Daraus aber ist klar zu ersehen, die Natur habe bei der Hervorbringung von Pflanzen und Tieren in so außerordentlicher Größe sich ausschließlich auf dieses Festland beschränkt. Den Grund dieser Erscheinung mögen die Philosophen ausfindig machen. Bisweilen auch erbeuten die Bewohner einen Walfisch, der an den Felsen zerschellt war; das gemeine Volk pflegt ihn dann mit dem größten Appetit zu verzehren. Ich habe dergleichen Walfische von so ungeheurer Größe erblickt, daß ein einzelner Mensch ein einzelnes Tier kaum auf den Schultern tragen konnte; bisweilen werden sie als Merkwürdigkeit nach Lorbrulgrud gebracht. Einen Walfisch sah ich auf der Tafel des Königs als Seltenheit, jedoch ich bemerkte nicht, daß Seine Majestät die Speise liebte. Ich glaubte beinahe, die Größe war dem König zuwider, obgleich ich in Grönland bei weitem größere Walfische gesehen habe.

Das Land ist sehr bevölkert, denn es enthält einundfünfzig Hauptstädte, hundert befestigte Städte und eine große Anzahl Dörfer. Um die Neugier des Lesers zu befriedigen, wird eine Beschreibung von Lorbrulgrud genügen. Diese Hauptstadt besteht aus zwei ganz gleichen Stadtteilen, in die sie der Fluß scheidet. Sie enthält ungefähr achttausend Häuser und hunderttausend Einwohner. Die Länge beträgt drei Glonglungs (ungefähr vierundfünfzig englische Meilen), die Breite zweieinhalb Glonglungs. Ich habe den Umfang nämlich selbst nach einer auf Befehl des Königs verfertigten Karte gemessen, die ich zu diesem Zweck auf dem Boden ausbreitete und die beinahe hundert Fuß darauf einnahm. Ich durchschritt den Durchmesser und Umfang mehrmals mit bloßen Füßen, rechnete nach diesem Maßstab, und habe somit das Resultat ziemlich genau herausgebracht.

Der Palast des Königs ist kein regelmäßiges Gebäude, sondern eine Anhäufung von mehreren. Er beträgt etwa sieben Meilen in der Runde, die Hauptsäle sind ungefähr zweihundertundvierzig Fuß hoch und in demselben Verhältnis lang und breit. Mir und meiner Wärterin stand dauernd eine Kutsche zur Verfügung. Die Gouvernante der Glumdalclitch fuhr darin häufig mit mir aus, um die Stadt zu besichtigen oder die verschiedenen Kaufläden zu besuchen. Dann war ich jedesmal in meiner Schachtel zugegen, wenn das Mädchen mich auf meinen Wunsch auch oft herausnahm und auf der Hand hielt, damit ich die Gebäude und das Volk, während wir durch die Straßen fuhren, um so bequemer sehen könnte. Unsere Kutsche war in der Fläche ungefähr so groß die Westminster Hall, aber nicht so hoch; hierüber aber kann ich keine ganz genauen Angaben machen. Eines Tages befahl die Erzieherin dem Kutscher, an mehreren Läden anzuhalten, worauf die Bettler die Gelegenheit nutzten, sich auf beiden Seiten an die Kutsche zu drängen, um mir den scheußlichsten Anblick zu gewähren, den jemals ein europäisches Auge geschaut hat. Unter diesen Menschen befand sich ein Weib mit einem Krebs in der Brust, die furchtbar geschwollen und voll von Löchern war. In zwei oder drei davon hätte ich vollkommen hineinkriechen und meinen ganzen Körper verstecken können. Ein Mann war ferner darunter, mit einem Kopf so dick wie fünf Wollsäcke; ein anderer hatte ein Paar hölzerne Beine von ungefähr zwanzig Fuß Höhe. Der ekelhafteste Anblick von allen bestand aber in den auf den Kleidern herumkriechenden Läusen. Ich konnte die Glieder dieses Ungeziefers mit unbewaffneten Augen viel besser sehen als die der europäischen Läuse durch ein Mikroskop, sowie ihre dem Schweinsrüssel ähnlichen Schnauzen. Es waren die ersten, die ich erblickte, und ich hätte eine davon gern seziert, wenn ich die dazu notwendigen Instrumente nicht unglücklicherweise im Schiff zurückgelassen hätte; der Anblick war jedoch so ekelhaft, daß mich tatsächlich Übelkeit befiel.

Außer der großen Schachtel, worin ich gewöhnlich getragen wurde, ließ die Königin für mich auch eine kleinere anfertigen von ungefähr zwölf Quadratfuß im Umfang und zehn Fuß Höhe, die auf Reisen bequemer war. Die andere war nämlich zu groß für den Schoß der Glumdalclitch und außerdem in der Kutsche etwas lästig. Sie wurde von demselben Handwerker gebaut, dem ich die Herstellung der ersteren angegeben hatte. Dieses Reisegemach war ein regelmäßiges Viereck, mit Fenstern an drei Wänden. Jedes Fenster aber war gehörig mit eisernen Gittern versehen, um ein Unglück auf langen Reisen zu verhüten. An der vierten fensterlosen Wand befanden sich zwei starke Krampen, durch welche die Person, die mich trug, wenn sie gehen wollte, einen ledernen Riemen zog, den sie sich dann um den Leib schnallte. Dies war immer das Amt eines ernsten und treuen Dieners, auf den ich vertrauen konnte, wenn ich den König oder die Königin begleiten mußte oder wenn ich die Gärten besehen oder eine vornehme Dame oder einen Staatsminister bei Hof besuchen wollte, falls Glumdalclitch sich nicht wohl befand; denn bald wurde ich bekannt und von den höchsten Beamten sehr geschätzt, wahrscheinlich aber mehr wegen der Gunst Seiner Majestät als wegen meiner Verdienste. Wenn ich auf Reisen das Fahren nicht mehr ertragen konnte, schnallte ein Bedienter zu Pferd meine Schachtel an und stellte sie auf ein Kissen vor sich hin. Von dort genoß ich durch meine drei Fenster die Ansicht der Gegend. In dieser Schachtel hatte ich ein Federbett und eine von der Decke herabhängende Hängematte, ferner zwei Stühle und einen Tisch, die sehr geschickt an den Boden geschraubt waren, damit sie durch die Bewegung des Pferdes oder der Kutsche nicht umhergeworfen würden; da ich auch schon lange an Seereisen gewöhnt war, so zog mir diese Bewegung durchaus keine Unannehmlichkeiten zu.

Sobald ich Lust hatte, die Stadt zu sehen, geschah dies immer in meiner Reiseschachtel, die Glumdalclitch auf dem Schoß hielt, während sie selbst in einer nach der Sitte des Landes offenen Sänfte saß, die von vier Männern getragen und von zwei anderen mit der Livree der Königin begleitet wurde. Das Volk, das oft von mir gehört hatte, pflegte sich um die Sänfte zu drängen, und das Mädchen war dann so artig, die Sänftenträger halten zu lassen und mich auf ihre Hand zu nehmen, damit ich besser gesehen werden könne.

Ich war sehr neugierig, den Haupttempel und den dazugehörigen Turm zu sehen, der zu den schönsten des Königreichs gehört. Deshalb trug mich meine Wärterin dorthin, allein ich kann mit Recht sagen, daß ich mich in meiner Erwartung getäuscht sah, denn die Höhe des Turms beträgt vom Boden bis zur Turmspitze nur dreitausend Fuß. Vergleicht man nämlich die Größe dieser Leute mit unsrer, so steht der Kirchturm in durchaus keinem Verhältnis zu dem von Salisbury. Da ich aber eine Nation nicht heruntersetzen will, der ich mein ganzes Leben hindurch außerordentliche Dankbarkeit schuldig sein werde, so muß ich gestehen, daß der Mangel an Höhe bei diesem berühmten Turm vollkommen durch dessen Schönheit und Stärke ausgeglichen wird. Die Mauern sind nämlich hundert Fuß dick, aus gehauenen Steinen erbaut, von denen ein jeder vierzig Quadratfuß beträgt, und von allen Seiten mit Statuen der Götter und Kaiser ausgeschmückt, die, aus Marmor verfertigt, als Kolosse in den Nischen stehen. Ich maß einen kleinen Finger, der von einer dieser Statuen abgefallen war und unter einem Schutthaufen unbemerkt dalag, und fand, daß er genau vier Fuß und einen Zoll lang war. Glumdalclitch wickelte ihn in ihr Schnupftuch, brachte ihn in ihrer Tasche mit nach Hause und verwahrte ihn unter anderem Spielzeug, woran sie so viel Vergnügen fand, wie dies bei Mädchen ihres Alters der Fall zu sein pflegt.

Die Küche des Königs ist wirklich ein prächtiges Gebäude, an der Decke gewölbt und ungefähr sechshundert Fuß hoch. Der größte Kachelofen enthält zehn Schritt weniger als die Kuppel der St.-Pauls-Kirche zu London im Umfang. Ich habe nämlich die letztere nach meiner Rückkehr, bloß zum Zweck eines Vergleichs, gemessen. Sollte ich aber das Küchenrost, die ungeheuren Töpfe und Kessel, die Fleischstücke, die an den Spießen gedreht wurden, und viele andere Einzelheiten beschreiben, so würde man mir schwerlich Glauben schenken. Ein strenger Kritiker würde wenigstens zu der Meinung geneigt sein, ich pflegte ebenso zu vergrößern, wie man dies bei Reisenden oft zu bemerken gewohnt sei. Ich fürchte nur, daß ich aus Furcht vor diesem Tadel in das Extrem verfallen bin; daß ferner dem König von Brobdingnag und seinem Volk, im Fall dieses Buch in die Landessprache übersetzt und dorthin versandt werden sollte, genügender Grund zu der Beschwerde geboten werde, ich habe hier und da der Nation durch falsche und verkleinerte Darstellung unrecht getan.

Der König hält selten mehr als sechshundert Pferde in seinen Ställen; diese Pferde sind gewöhnlich fünfzig bis sechzig Fuß hoch; reist er aber an Feiertagen außerhalb der Stadt, so wird er des fürstlichen Glanzes wegen von fünfhundert Mann Kavallerie aus der Milizgarde begleitet. Ich glaube, diese Truppe gewährt den prächtigsten Anblick, den ich jemals gehabt hatte, bis ich einen Teil der Armee in Schlachtordnung aufgestellt erblickte, wovon ich später sprechen werde.

Fünftes Kapitel

Mehrere Abenteuer, die der Verfasser besteht. Die Hinrichtung eines Verbrechers. Der Verfasser zeigt seine Geschicklichkeit in der Schiffahrt.

Ich würde in diesem Land sehr glücklich gelebt haben, wenn meine Kleinheit mich nicht mehreren lächerlichen und verdrießlichen Situationen ausgesetzt hätte. Einige davon bin ich hier so frei zu erzählen. Glumdalclitch trug mich oft in meiner kleinen Schachtel zum Hofgarten und pflegte mich herauszunehmen, mich in der Hand zu halten oder mich auf den Boden zu setzen, damit ich umhergehen konnte. Wie ich mich erinnere, folgte uns der Zwerg, ehe er die Königin verließ, eines Tages in den Garten. Meine Wärterin hatte mich auf den Boden gesetzt; ich kam mit ihm neben einem Zwergapfelbaum zusammen, ein Wort, das sich ebenso in unserer Sprache wie in der von Brobdingnag findet. Somit mußte ich notwendigerweise meinen Witz in einer albernen Anspielung auf ihn und den Baum zeigen. Hierauf nahm der boshafte Schelm den Augenblick wahr, als ich gerade unter dem Baum herging, und schüttelte ihn über meinem Kopf so, daß ein Dutzend Äpfel, jeder so groß wie ein Faß, in der Nähe meiner Ohren herabfiel. Als ich mich nun deshalb bückte, fiel mir ein Apfel auf den Rücken und warf mich auf alle viere zu Boden, allein ich wurde nicht verletzt, und der Zwerg erhielt auf meine Bitte Verzeihung, weil ich die Veranlassung zu jener Handlung gegeben hatte.

An einem anderen Tag ließ mich Glumdalclitch auf einem weichen Rasenplatz, damit ich dort umherwandelte, während sie in einiger Entfernung mit ihrer Erzieherin spazierenging. Inzwischen fiel ein so furchtbarer Hagelschauer, daß ich durch dessen Gewalt sogleich zu Boden geschlagen wurde. Als ich nun dalag, erhielt ich so furchtbare Puffe auf den ganzen Leib, als ob ich mit Bällen beworfen würde. Es gelang jedoch meinen Anstrengungen, auf allen vieren fortzukriechen und mich unter einer Thymianstaude zu bergen; ich war aber von Kopf bis Fuß so mit Beulen bedeckt, daß ich zehn Tage lang nicht ausgehen konnte. Der Leser braucht sich übrigens hierüber nicht zu wundern, denn die Natur beobachtet dort in allen ihren Wirkungen dasselbe Verhältnis, und somit ist ein Hagelkorn in Brobdingnag zehnmal größer als ein europäisches. Diese Behauptung kann ich nach eigener Erfahrung aufstellen, denn ich habe aus Neugier die Körner gewogen und gemessen.

Ein gefährliches Abenteuer bestand ich in demselben Garten, als meine kleine Wärterin mich niedergesetzt hatte, und zwar, wie sie glaubte, an einem sicheren Ort (ich bat sie nämlich öfter, dies zu tun, damit ich mich meinen Gedanken ungestört überlassen könne). Sie hatte die Schachtel, um der Last des Tragens überhoben zu sein, nicht mitgenommen und ging mit ihrer Erzieherin und einigen Damen ihrer Bekanntschaft in einem anderen Teil des Gartens spazieren. Während ihrer Abwesenheit kam ein Wachtelhund, der einem Gärtner gehörte, durch Zufall in den Garten, strich in der Gegend umher, wo ich lag, folgte seiner Nase, kam auf mich zu, nahm mich in sein Maul, lief mit mir geradewegs zu seinem Herrn und legte mich, indem er mit dem Schwanz wedelte, sanft auf den Boden nieder. Glücklicherweise war er so gut abgerichtet, daß er mich zwischen den Zähnen trug, ohne mir den geringsten Schaden zuzufügen oder auch nur meine Kleider zu zerreißen. Der arme Gärtner, der mich recht gut kannte und immer sehr artig gegen mich war, bekam einen furchtbaren Schreck, nahm mich mit beiden Händen auf und fragte, wie ich mich befinde; ich war aber noch voll Angst und außer Atem, daß ich kein Wort sprechen konnte. Als ich nach wenigen Minuten wieder zu mir kam, brachte er mich zu meiner kleinen Wärterin, die unterdessen an den Ort zurückgekehrt war, wo sie mich gelassen hatte, und in furchtbare Angst geriet, als ich nicht dort war und auf ihren Ruf keine Antwort gab. Sie gab dem Gärtner wegen seines Hundes einen strengen Verweis. Allein die Sache wurde unterdrückt und nie bei Hof erzählt, denn das Mädchen fürchtete den Zorn der Königin, und was mich selbst betraf, so war ich der Meinung, jene Geschichte könne, wenn sie verbreitet würde, meinem Ruf nicht zum Vorteil gereichen.

Dies Abenteuer veranlaßte bei Glumdalclitch den entschiedenen Entschluß, mich für die Zukunft außerhalb des Hauses nie aus den Augen zu lassen. Ich hatte diesen Entschluß schon lange befürchtet und deshalb mehrere kleine unglückliche Ereignisse verschwiegen, die mir, wenn ich allein war, zugestoßen waren. Ein Weih, der über dem Garten schwebte, stieß einmal auf mich nieder, und hätte ich nicht entschlossen den Degen gezogen und mich unter ein dichtes Spalier geflüchtet, so würde er mich sicherlich in seinen Fängen fortgetragen haben. Ein andermal stieg ich auf den Gipfel eines frischen Maulwurfhügels und fiel bis an den Hals in das Loch, woraus das Tier die Erde herausgeworfen hatte. Damals ersann ich eine Lüge, die des Erwähnens nicht wert ist, um mich wegen des Beschmutzens der Kleider zu entschuldigen. Einmal auch verletzte ich mein rechtes Schienbein; ich stolperte über ein Schneckenhaus, als ich allein spazierenging und an das arme England dachte.

Ich weiß nicht mehr, ob es mir Vergnügen oder Kränkung verursachte, wenn die kleineren Vögel bei ihren Spaziergängen sich nicht vor mir zu fürchten schienen, sondern bis auf die Länge einer Elle vor mir herumhüpften und Würmer sowie andere Nahrung mit so viel Gleichgültigkeit und Sicherheit suchten, als befände sich kein Lebewesen in ihrer Nähe. Eine Drossel hatte sogar, wie ich mich erinnere, die Frechheit, ein Stück Kuchen, das Glumdalclitch mir zum Frühstück gegeben hatte, mit dem Schnabel aus meiner Hand zu schnappen. Wenn ich solche Vögel fangen wollte, liefen sie keck auf mich zu und suchten nach meinen Fingern zu picken, die ich klüglicherweise aus ihrem Bereich entfernt hielt, und dann hüpften sie ganz unbekümmert wieder zurück, um Würmer und Schnecken wie zuvor zu suchen. Eines Tages nahm ich aber einen dicken Stock und schleuderte ihn so geschickt nach einem Hänfling, daß ich ihn zu Boden schlug, worauf ich ihn mit beiden Händen anpackte, um ihn meiner kleinen Wärterin zu bringen. Der Vogel war aber nur betäubt gewesen, kam bald wieder zu sich und gab mir auf beiden Seiten des Kopfes und Leibes mit den Flügeln so heftige Schläge, obgleich ich ihn mit dem Arm so weit wie möglich von mir entfernt hielt und er seine Krallen nicht gebrauchen konnte, so daß ich zwanzigmal willens war, ihn wieder fliegen zu lassen. Bald aber befreite mich ein Bedienter, der dem Vogel den Hals umdrehte, und am nächsten Tag erhielt ich ihn auf Befehl der Königin zum Mittagessen. Der Hänfling war, soviel ich mich erinnere, beinahe noch etwas größer als ein englischer Schwan.

Die Ehrendamen luden Glumdalclitch oft zu sich ein und baten sie, mich mitzubringen, damit sie das Vergnügen haben könnten, mich zu sehen und zu berühren. Sie entkleideten sich oft von Kopf bis Fuß und legten mich in voller Länge an ihren Busen, ein Verfahren, das mir den höchsten Widerwillen erregte, weil (um die Wahrheit zu sagen) ein sehr fataler Geruch aus ihrer Haut drang. Ich erwähne dies nicht in der Absicht, diesen ausgezeichneten Damen, für die ich jede Art der Achtung hege, etwas Unangenehmes nachzusagen, allein ich kann mir denken, daß mein Geruchssinn, im Verhältnis zu meiner Kleinheit, um so schärfer war und daß diese verehrten Personen ihren Liebhabern oder einander selbst nicht unangenehmer waren als Leute desselben Standes in England. Auch fand ich ihren natürlichen Geruch bei weitem erträglicher als den Duft der Parfüms, die sie mitunter gebrauchten. War dies der Fall, dann fiel ich sogleich in Ohnmacht. So erinnere ich mich auch, daß ein gewisser Freund von mir in Lilliput sich an einem heißen Tag, nachdem ich mir viele körperliche Anstrengung gemacht hatte, über einen starken Geruch meines Körpers beklagte, obgleich ich in dieser Hinsicht reinlicher bin als die meisten meines Geschlechts. Ich vermute jedoch, das Geruchsorgan meines Freundes war im Vergleich zu mir ebenso empfindlich wie das meinige im Verhältnis zu den Einwohnern von Brobdingnag. In diesem Punkt muß ich jedoch der Königin, meiner Gebieterin, und meiner Wärterin Glumdalclitch Gerechtigkeit erweisen; sie dufteten so süß wie nur irgendeine Dame in England.

Den meisten Widerwillen erregten mir aber die Ehrendamen (wenn meine Wärterin mich zu ihnen brachte), wenn sie alle

Rücksichten mir gegenüber beiseite setzten, als sei ich ein geschlechtsloses Geschöpf; denn sie pflegten sich nackt auszuziehen und ihre Hemden anzuziehen, während ich auf ihrem Putztisch gerade vor ihren entblößten Gliedern stand, ein Anblick, der bei mir den Eindruck des Schauders und Widerwillens hervorbrachte; ihre Haut erschien nämlich, wenn ich sie in der Nähe sah, rauh und uneben, verschieden gefärbt, mit Flecken, so groß wie Teller, und mit Haaren versehen, die so dick wie Bindfäden herabhingen, um die übrige Beschreibung ihres Körpers zu übergehen. Auch trugen sie keine Bedenken, in meiner Gegenwart sich dessen, was sie getrunken hatten, in der Quantität von zwei Eimern in ein Gefäß, das an die drei Tonnen hielt, zu entledigen. Die schönste dieser Ehrendamen, ein hübsches und munteres Mädchen von sechzehn Jahren, setzte mich mitunter mit gespreizten Beinen auf eine ihrer Brüste und spielte mir mehrere Streiche, deren Übergehung der Leser hier entschuldigen wird, da ich nicht langweilig werden will. Ich war darüber aber so ärgerlich, daß ich Glumdalclitch bat, irgendeine Entschuldigung zu machen, damit ich diese junge Dame nicht mehr zu besuchen brauchte.

Einst kam ein junger Herr, der Neffe der Gouvernante, zu dieser hin und bat sie dringend, eine Hinrichtung mit anzusehen. Es war die Hinrichtung eines Menschen, der einen guten Freund dieses Herrn ermordet hatte. Auch Glumdalclitch wurde überredet, an der Unternehmung teilzunehmen, obgleich wider ihre Neigung, denn sie war von Charakter zart und sanftmütig; was mich selbst betrifft, so fühlte ich Neugier und Versuchung, etwas zu sehen, was notwendig ein außerordentliches Schauspiel darbieten mußte, obgleich ich Abscheu vor dergleichen blutigen Szenen hege. Der Verbrecher wurde auf einem Stuhl festgebunden, der auf einem zur Hinrichtung errichteten Schafott stand; dann wurde ihm der Kopf mit einem vierzig Fuß langen Schwert auf einen Schlag abgehauen. Die Arterien und Venen

spritzten hierauf eine ungeheure Masse Blut zu solcher Höhe in die Luft, daß der Strahl des großen Springbrunnens zu Versailles diesem Blutstrahl nicht gleichkommt; der Kopf fiel mit solchem Krachen zu Boden, daß ich erschrocken auffuhr, obgleich ich eine halbe englische Meile entfernt war.

Die Königin, die den Erzählungen meiner Seereisen zuzuhören pflegte und die jede Gelegenheit mich aufzuheitern benutzte, sobald ich trübsinnig war, fragte mich einst, ob ich Segel und Ruder handhaben könne und ob diese Körperbewegung meiner Gesundheit auch zuträglich sei. Ich erwiderte, mit beiden sei ich sehr gut vertraut, denn obgleich meine eigentliche Beschäftigung die eines Schiffsarztes sei, so hätte ich doch in der Not sehr oft wie ein gemeiner Matrose arbeiten müssen. Ich könne aber nicht begreifen, wie ich das in Brobdingnag würde ausführen können, wo der kleinste Nachen einem unserer Kriegsschiffe ersten Ranges an Größe gleichkäme. Auch könne ein Boot, wie ich es bräuchte, unmöglich auf einem der dortigen Flüsse fahren. Ihre Majestät erwiderte, wenn ich den Plan eines Bootes angeben wolle, werde ihr eigener Tischler es verfertigen und sie mir dann einen Platz verschaffen, wo ich segeln könne. Der Mann war ein geschickter Handwerker und vollendete unter meiner Anleitung in der Zeit von elf Tagen ein Vergnügungsboot mit Segel und Takelwerk, das ungefähr acht Europäer bequem fassen konnte. Als es fertig war, empfand die Königin darüber solches Entzücken, daß sie es in ihren Schoß nahm und zum König lief, der es zur Probe in eine mit Wasser gefüllte Wanne setzen ließ, während ich darin saß; dort konnte ich aber wegen Mangel an Tiefe meine beiden kleinen Ruder nicht handhaben. Die Königin hatte jedoch schon zuvor einen anderen Plan entworfen. Sie ließ von ihrem Tischler einen hölzernen Trog von dreihundert Fuß Länge, fünfzig Fuß Breite und einundachtzig Fuß Tiefe verfertigen. Dieser ward sorgfältig verpicht, damit er kein Leck bekomme, und auf dem Fußboden an die Wand eines äußeren

Zimmers im Palast gesetzt. Unten am Trog befand sich ein Hahn, um das Wasser, wenn es schmutzig geworden war, herauszulassen; zwei Diener konnten den Trog in einer halben Stunde mit Leichtigkeit wieder füllen. Hier pflegte ich zu meinem Vergnügen wie auch zu dem der Königin und ihrer Hofdamen mitunter zu rudern. Diese waren der Meinung, ich unterhalte sie recht gut mit meiner Geschicklichkeit und Behendigkeit. Bisweilen spannte ich auch mein Segel auf, und dann brauchte ich nur zu steuern, während die Damen mir mit ihren Fächern die Luft zuwehten; wenn sie müde waren, pflegten einige Dienerinnen mein Segel vorwärts zu blasen, während ich, rechtshin und linkshin nach Belieben kreuzend, meine Geschicklichkeit zeigte. Wenn ich fertig war, trug Glumdalclitch mein Boot immer in ihr Zimmer zurück und hängte es, damit es trockne, an einem Nagel auf.

Bei dieser Übung bestand ich einst ein Abenteuer, das mich beinahe das Leben gekostet hätte. Als nämlich ein Page mein Boot in den Trog gesetzt hatte, hob die Erzieherin, die Glumdalclitch begleitete, mich mit vieler Güte in die Höhe, um mich in das Boot zu setzen, allein ich schlüpfte ihr durch die Finger und würde unvermeidlich aus der Höhe von vierzig Fuß auf den Boden gefallen sein, wäre ich nicht durch einen glücklichen Zufall von einer Stecknadel aufgehalten worden, die im Leibchen der guten Frau steckte; die Spitze der Nadel drang nämlich durch mein Hemd und den Leibgurt meiner Beinkleider, und so blieb ich mitten in der Luft hängen, bis Glumdalclitch zu meiner Rettung herbeieilte.

Ein andermal war einer der Diener, die alle drei Tage den Trog mit frischem Wasser füllen mußten, so sorglos, einen großen Frosch, den ich nicht gesehen hatte, aus dem Eimer schlüpfen zu lassen. Der Frosch lag verborgen, bis ich in mein Boot gesetzt war; da er aber dieses als einen Ruheplatz erkannte, klomm er hinauf und legte es dadurch so sehr auf eine Seite, daß ich mit meinem ganzen Körper das Gleichgewicht nach der anderen halten mußte, um nicht umzuschlagen. Als der Frosch hinaufgestiegen war, hüpfte er der Länge nach bis in die Mitte des Bootes, dann mit zwei Sätzen vorwärts und rückwärts über meinen Kopf, indem er mir Gesicht und Hände mit einem abscheulichen Schlamm beschmutzte. Die Größe seines Kopfes ließ ihn als das häßlichste Tier, das man sich denken kann, erscheinen. Ich bat jedoch Glumdalclitch, mir nicht zu helfen, ich wollte schon allein mit ihm fertig werden. Eine Zeitlang schlug ich das Tier mit einem Ruder und zwang es zuletzt, aus dem Boot hinauszuspringen.

Die größte Gefahr jedoch, die ich in Brobdingnag bestand, wurde durch einen Affen, der einem Beamten der Küche gehörte, veranlaßt. Glumdalclitch hatte mich in ihrem Zimmer verschlossen, als sie zu irgendeinem Zweck oder um einen Besuch zu machen hinausging. Das Wetter war sehr heiß; deshalb war das Fenster des Zimmers sowie auch eines in meiner größeren Schachtel, worin ich wegen seiner Größe und Bequemlichkeit wohnte, offengelassen worden. Als ich nun ruhig und sinnend an meinem Tisch saß, hörte ich, wie irgend etwas krachend in das Zimmerfenster hereinsprang und von der einen Wand zur anderen herumhüpfte. Obgleich ich dadurch sehr erschreckt wurde, wagte ich es trotzdem, hinauszusehen, rührte mich aber nicht vom Stuhl, und da ich sah, wie ein possenhaftes Tier herumsprang und Kapriolen schnitt, bis es an meine Schachtel kam, die es mit großem Vergnügen neugierig zu betrachten schien, indem es zugleich ängstlich auf Tür und Fenster des Zimmers blickte. Ich zog mich in den entferntesten Winkel der Schachtel zurück; als nun aber der Affe sie von allen Seiten beschnüffelte, geriet ich in solche Angst, daß mir die Geistesgegenwart verlorenging. Ich hätte mich nämlich sehr leicht unter meinem Bett verstecken können. Nachdem er einige Zeit mit Schnüffeln, Grinsen und Schnattern verbracht hatte, entdeckte er mich endlich, steckte eine seiner Pfoten auf dieselbe Weise hinein wie eine Katze, wenn sie mit der Maus spielt, und packte mich endlich, obgleich ich

ihm immer auszuweichen suchte, bei meinem Rockschoß, der sehr dick und stark aus der Seide des Landes genäht war. So zog er mich heraus, dann nahm er mich auf seine rechte Vorderhand und hielt mich, wie Ammen, wenn sie Kinder säugen wollen, oder wie die Affen in Europa junge Katzen auf den Arm zu nehmen pflegen. Wollte ich mich widersetzen, so drückte er mich so stark, daß ich es für klüger hielt, mich in seine Liebkosungen zu fügen; da er nun mein Gesicht mit der anderen Hand sehr sanft streichelte, so habe ich guten Grund zu glauben, daß er mich für einen jungen Affen hielt. In dieser Unterhaltung wurde er durch ein Geräusch an der Zimmertür unterbrochen, als wolle diese jemand öffnen; hierauf sprang er plötzlich zum Fenster hinaus, durch das er gekommen war, kletterte dann die Dachrinnen und Bleischienen mit drei Händen hinauf, indem er mich mit der vierten hielt, bis er auf das dem unsrigen nächste Dach hinaufklomm. Ich hörte, wie Glumdalclitch laut aufkreischte, als sie sah, wie er mich forttrug. Das arme Mädchen verlor beinahe den Verstand; das ganze Quartier des Palastes geriet in Aufruhr; Diener kamen mit Leitern; der Affe wurde von Hunderten vom Hof aus betrachtet, wie er auf dem Dachstuhl eines Gebäudes dasaß, mich wie ein Kind in der Vorderhand hielt und mich mit der anderen fütterte; er nahm nämlich einige Nahrungsmittel aus einer Backentasche seines Maules heraus und stopfte mir diese in den Mund, wenn ich nicht essen wollte. Viele aus dem Volk konnten es nicht unterlassen, hierüber zu lachen; auch darf man sie, wie ich glaube, deshalb nicht tadeln, denn der Anblick mußte für jeden, nur nicht für mich, lächerlich sein. Einige aus dem Volk warfen Steine auf das Dach, um den Affen herunterzutreiben. Dies wurde aber streng verboten, wahrscheinlich, weil mir der Kopf dadurch zerschmettert werden konnte.

Endlich wurden Leitern angelegt, und Menschen stiegen hinauf. Als der Affe dies bemerkte und zugleich sah, wie er umringt wurde, ließ er mich auf einen Dachziegel fallen, da er mit drei

Händen nicht schnell genug laufen konnte, und entwischte. Dort saß ich einige Zeit, fünfhundert Ellen über dem Erdboden, und erwartete jeden Augenblick, vom Wind herabgeweht zu werden oder infolge von Schwindel hinunterzustürzen und über die Dachrinne kopfüber zu purzeln; allein ein braver Bursche, ein Diener meiner Wärterin, kletterte hinauf, steckte mich in seine Hosentasche und brachte mich wohlbehalten hinunter.

Ich war an dem ekelhaften Stoff, den der Affe in meinen Schlund gesteckt hatte, beinahe erstickt; allein meine liebe Wärterin leerte meinen Mund mit einer kleinen Nadel; dann begann ich mich zu erbrechen, und dies gab mir große Erleichterung. Dennoch war ich so schwach und durch den Druck des verhaßten Tieres an den Seiten so voller Beulen, daß ich vierzehn Tage lang im Bett bleiben mußte. Der König, die Königin und der ganze Hof ließen sich täglich nach meinem Befinden erkundigen; die Königin selbst besuchte mich mehrere Tage während meiner Krankheit. Der Affe wurde getötet und Befehl erlassen, man dürfe kein Tier dieser Art in der Nähe des Palastes halten.

Als ich dem König nach meiner Wiederherstellung einen Besuch machte, um mich für seine Güte zu bedanken, war er so gnädig, über mein Abenteuer zu spotten. Er fragte mich, von welcher Art meine Gedanken und Betrachtungen gewesen seien, als ich in der Hand des Affen lag; wie die Nahrung, die er mir gegeben, geschmeckt; wie er mich gefüttert habe und ob mein Appetit durch die frische Luft auf dem Dach nicht gereizt worden sei. Er wünsche zu wissen, was ich bei dieser Gelegenheit in meinem Vaterland getan hätte. Ich sagte Seiner Majestät: In Europa hätten wir nur Affen, die als Merkwürdigkeit von anderen Weltgegenden hergebracht würden; sie seien so klein, daß ich mit einem Dutzend fertig werden könne, wenn sie die Frechheit besäßen, mich anzugreifen. Was nun das furchtbare Tier betreffe, mit dem ich kürzlich in Berührung gekommen (es war so groß wie ein Elefant), so habe meine Furcht mir leider nicht den Gedanken erlaubt, ich könne von meinem Degen Gebrauch machen (während ich dies sprach, nahm ich eine trotzige Haltung an und schlug mit der Hand auf den Degengriff), sonst würde ich ihm an der Hand eine solche Wunde beigebracht haben, daß er sie mit größerer Eile wieder zurückgezogen hätte, als er sie hereingesteckt. Dies sprach ich in so festem Ton, wie ein Mann, der besorgt ist, sein Mut möge in Zweifel gezogen werden. Meine Rede brachte aber nichts zustande als lautes Gelächter, soweit es die Achtung vor der Majestät bei denen, die ihre Munterkeit nicht unterdrücken konnten, erlaubte. Da kam ich auf den Gedanken, daß der Versuch eines Menschen, bei denen auf seiner Ehre zu beharren, die in jedem Grad der Vergleichung hoch über ihm stehen, doch ein vergebliches Unterfangen sei. Und dennoch habe ich diese Moral meiner Erzählung seit meiner Rückkehr nach England häufig anzuwenden Gelegenheit gehabt, wo ein geringer und verächtlicher Schuft, ohne den geringsten Anspruch durch Geburt, Gestalt, Witz und Menschenverstand, so frech ist, sich ein wichtiges Ansehen zu geben und sich mit der höchsten Person des Königreichs auf gleichen Fuß zu stellen.

Täglich war bei Hof irgendeine Posse von mir im Umlauf, und Glumdalclitch, obgleich sie mich außerordentlich liebte, war so mutwillig, jede Torheit, die ich beging, der Königin zu hinterbringen, so oft dergleichen Ihrer Majestät Vergnügen machen konnte. Das Mädchen war einst unpäßlich und fuhr deshalb mit ihrer Erzieherin bis auf eine Stunde oder dreißig Meilen von der Stadt, um frische Luft zu schöpfen. Sie stiegen an einem Fußpfad auf dem Feld aus dem Wagen; Glumdalclitch setzte meine Reiseschachtel auf den Boden, und ich ging heraus, um ein wenig umherzuspazieren. Auf dem Fußwege lag ein Haufen Kuhdünger, und ich konnte es nicht unterlassen, durch einen Versuch, darüber wegzuspringen, den Damen meine Behendigkeit zu zeigen. Ich nahm einen Anlauf, sprang aber unglücklicherweise zu kurz und fiel gerade in die Mitte bis über meine Knie hinein.

Mit einer Schwierigkeit watete ich wieder heraus, und ein Bedienter mußte mich mit einem Handtuch abwischen, denn ich war furchtbar mit Kot beschmiert. Meine Wärterin schloß mich in meine Schachtel, bis wir wieder nach Hause kamen; die Königin aber erfuhr den Vorgang in kurzem, und der Bediente verbreitete ihn am ganzen Hof, so daß die heitere Laune dort mehrere Tage lang ausschließlich auf meine Kosten andauerte.

Sechstes Kapitel

Mehrere Erfindungen des Verfassers, um dem König und der Königin Vergnügen zu machen. Er zeigt seine Geschicklichkeit in der Musik. Der König erkundigt sich nach dem Zustand Englands, worüber ihm der Verfasser berichtet. Des Königs Bemerkungen hierüber.

Ich pflegte mich einmal oder zweimal wöchentlich beim Lever des Königs einzufinden und hatte ihn schon öfter unter den Händen des Barbiers gesehen, ein Anblick, der mir zuerst wirklich in höchstem Grade furchtbar war, denn das Rasiermesser war noch zweimal so lang wie eine gewöhnliche Sense. Einmal erreichte ich von dem Barbier, daß er mir etwas von dem abrasierten Seifenschaum gab, woraus ich vierzig oder fünfzig der stärksten Haarstoppeln hervorsuchte. Dann nahm ich ein Stück feinen Holzes und schnitt dies für den Rücken eines Kammes zu und machte, so gut es ging, kleine Löcher mit einer Nadel, die mir Glumdalclitch gegeben, hinein. In diese nun steckte ich die Bartstoppeln mit solcher Kunst, indem ich sie mit meinem Messer an der Spitze abschabte und schräg zuspitzte, daß ich einen ziemlich erträglichen Kamm zustande brachte. Dieses Werkzeug kam mir sehr zustatten, denn der meinige war an den Spitzen bereits so zerbrochen, daß ich ihn beinahe nicht mehr gebrauchen konnte; auch kannte ich keinen so feinen und geschickten Künstler im ganzen Land, der imstande gewesen wäre, mir einen neuen anzufertigen.

Dies erinnert mich an ein Vergnügen, womit ich manche Mußestunde verbracht habe. Ich bat die Kammerfrau der Königin, mir die ausgekämmten Haare Ihrer Majestät aufzubewahren, und bekam so allmählich eine ziemliche Menge davon; dann hielt ich eine Beratung mit meinem Freund, dem Schreiner, der eine allgemeine Bestellung für alle meine kleinen Möbel erhalten hatte, und gab ihm den Auftrag, zwei Armstühle, nicht größer als diejenigen, die in meiner Schachtel standen, zu verfertigen und kleine Löcher mit einer feinen Ahle in die Stellen hineinzubohren, die ich ihm für Lehne und Sitz bezeichnete. In diesen Löchern befestigte ich die stärksten Haare, die ich heraussuchen konnte, und flocht sie dann nach Art der Armstühle in England. Als sie fertig waren, schenkte ich sie Ihrer Majestät, die sie im Kabinett aufbewahrte und als Merkwürdigkeiten zeigte; sie erregten auch wirklich das Erstaunen aller, die sie erblickten. Die Königin wünschte, ich solle mich auf einen dieser Stühle setzen, allein ich weigerte mich bestimmt, ihr zu gehorchen, und schwor, ich würde lieber tausendmal sterben, als einen nicht ehrenwerten Teil meines Körpers auf jenen kostbaren Haaren ruhen zu lassen, die einst das Haupt Ihrer Majestät geschmückt hätten. Da ich nun viel Genie zu mechanischen Arbeiten besitze, verfertigte ich gleicherweise aus solchen Haaren eine niedliche kleine Börse von fünf Fuß Länge mit dem Namen Ihrer Majestät in goldenen Buchstaben und schenkte diese mit Einwilligung der Königin meiner Wärterin. Um die Wahrheit zu gestehen, so diente diese mehr zur Schau als zum Gebrauch, denn sie war nicht stark genug, das Gewicht der größeren Münzen zu tragen, und deshalb verwahrte Glumdalclitch hierin nichts als kleines Spielwerk, wie es Kinder gern zu haben pflegen.

Der König war ein Freund der Musik und ließ bei Hof häufig Konzerte aufführen. Man brachte mich bisweilen auch dorthin und setzte meine Schachtel auf einen Tisch des Konzertsaals; allein der Lärm war so furchtbar, daß ich kaum die Melodien unterscheiden konnte. Ich habe die feste Überzeugung, daß alle Trommeln und Trompeten einer königlichen Armee, die dicht vor unseren Ohren geschlagen und geblasen werden, keinen Lärm hervorbringen können, der jenem gleichkäme. Ich ließ deshalb meine Schachtel gewöhnlich so weit als möglich von dem Ort entfernen, wo die Musikanten saßen, schloß Fenster und Türen und zog die Fenstervorhänge zu. Dann fand ich, daß die Musik durchaus nicht unangenehm war.

In meiner Jugend hatte ich ein wenig das Spielen des Spinetts gelernt. Glumdalclitch hatte ein solches Instrument in ihrem Zimmer, und zweimal wöchentlich kam ein Musiklehrer zu ihr. Ich nenne das Instrument ein Spinett, weil es einige Ähnlichkeit damit hatte und weil es in derselben Art gespielt wird. Da hatte ich nun den Einfall, den König und die Königin mit einem englischen Lied auf diesem Instrument zu unterhalten. Dies war aber außerordentlich schwierig, denn das Klavier war beinahe sechzig Fuß lang und jede Taste einen Fuß breit, so daß ich mit ausgestreckten Armen nicht über fünf Tasten greifen konnte. Auch das Herunterdrücken der Tasten erforderte einen starken Schlag meiner Faust, was zu anstrengend und auch unzweckmäßig gewesen wäre. So erfand ich eine neue Spielmethode. Ich verfertigte zwei runde Stäbe von der Dicke gewöhnlicher Knüttel, die an einem Ende dicker als am anderen waren. Das dickere Ende überzog ich mit Mäusefell, damit ich durch das Klopfen die Tasten nicht beschädigte und den Ton nicht beeinträchtigte. Vor dem Spinett wurde ungefähr vier Fuß unter den Tasten eine Bank hingestellt, und ich wurde auf die Bank gestellt. Ich lief nun auf dieser mit meinen zwei Stäben die Reihe der Tasten so schnell als möglich entlang, schlug die passenden Tasten und spielte so zum großen Vergnügen beider Majestäten eine Gigue. Dies war aber die heftigste Körperbewegung, der ich mich jemals unterzogen habe; dennoch konnte ich nicht über sechs Tasten schlagen und deshalb Baß und Diskant nicht zugleich spielen, wie dies sonst bei Musikern üblich ist. Dieser Umstand aber gereichte meiner Leistung sehr zum Nachteil.

Der König – ein Fürst von ausgezeichnetem Verstand, wie ich schon früher bemerkte – ließ mich häufig in meiner Schachtel herbeibringen und auf den Tisch seines Kabinetts setzen. Dann befahl er mir, einen Stuhl aus der Schachtel zu bringen und mich in einer Entfernung von drei Ellen auf die Höhe seines Schreibpultes hinzusetzen, so daß ich mich beinahe seinem Gesicht gegenüber befand. So habe ich mehrere Unterhaltungen mit ihm gehabt. Eines Tages nahm ich mir die Freiheit, Seiner Majestät zu sagen, die Verachtung, die er gegen Europa und die übrige Welt hege, entspreche nicht den ausgezeichneten Geisteseigenschaften, die er besitze. Vernunft vermehre sich nicht durch die Größe des Körpers; wir bemerkten im Gegenteil, daß Personen von hohem Wuchs am wenigsten Verstand besitzen; unter allen Tieren ständen die Bienen und Ameisen im Ruf eines größeren Fleißes und Scharfsinns als manche der größeren Geschlechter. Seine Majestät scheine mich für unbedeutend zu halten, allein so klein ich sei, hoffte ich, ihr einst noch einen bedeutenden Dienst zu erweisen. Der König hörte mich mit Aufmerksamkeit an und bekam von mir eine bessere Meinung als zuvor. Er bat mich, ich möge ihm einen genauen Bericht von der Regierung Englands geben; Fürsten seien zwar für ihre eigene Verfassung immer am meisten eingenommen (er müsse dies aus meinen Mitteilungen schließen); es werde ihm jedoch angenehm sein, etwas zu vernehmen, was Nachahmung verdiene.

Jetzt stelle sich der gütige Leser vor, wie oft ich die Zunge des Demosthenes oder Cicero zu besitzen wünschte, um in den Stand gesetzt zu sein, den Ruhm meines teuren Vaterlandes in einem Stil zu feiern, der seinem Glück und seinem Verdienst vollkommen angemessen wäre.

Ich begann meine Rede mit dem Bericht, unser Reich bestehe, die Kolonien abgerechnet, aus drei mächtigen Staaten unter einem Fürsten. Ich sprach lange Zeit von der Fruchtbarkeit unseres Landes und von der Art unseres Klimas. Dann sprach ich lange von der Verfassung und dem britischen Parlament, das zum Teil aus einem erlauchten, durch Personen von edelstem Blut gebildeten Staatskörper bestehe, die sich im Besitz der reichsten und ältesten Landgüter befinden. Ich beschrieb die außerordentliche Sorgfalt, womit man stets ihre Erziehung in Wissenschaften und Waffenkünsten betreibe, damit sie dereinst Ratgeber des Königs und des Königreichs würden, Anteil an der Gesetzgebung erhielten, einen höchsten Gerichtshof, gegen dessen Entscheidungen es keine Berufung gibt, bildeten, und damit sie endlich durch Tapferkeit, Haltung und Treue stets als Kämpfer zur Verteidigung des Vaterlandes und der Fürsten bereitständen. Diese Männer seien die Zierde und der Schutz des Königreichs, würdige Nachfolger berühmter Ahnen, denen ihre Ehren nur zur Belohnung ihrer Tugenden erteilt worden seien; davon wären auch ihre Enkel noch niemals abgewichen. Mit dieser Versammlung seien mehrere heilige Personen unter dem Titel Bischöfe vereinigt, deren besonderes Amt die Religionspflichten und den Unterricht des Volkes betreffe; diese würden aus der ganzen Nation, vom Fürsten und seinen weisesten Ratgebern, und zwar aus demjenigen Teil der Geistlichkeit erwählt, der sich durch heiligen Lebenswandel und durch Tiefe der Gelehrsamkeit am meisten auszeichne; sie seien die geistlichen Hirten der Kirche und der Nation.

Der andere Teil des Parlaments bestehe aus einer Versammlung mit Namen »Haus der Gemeinen« und werde nur aus Männern von Bildung zusammengesetzt, die das Volk wegen ihrer Fähigkeiten und ihrer Vaterlandsliebe durch freie Wahl aussuche und abordne, damit sie die Weisheit der ganzen Nation repräsentierten. Diese beiden Häuser bildeten nun die erhabenste Versammlung in ganz Europa, der, nebst dem König, die ganze Gesetzgebung anvertraut sei. Dann sprach ich von unseren Gerichtshöfen, bei denen die zwölf Richter von England, diese ehrwürdigen Weisen, als Erklärer des Gesetzes präsidierten, um über die bestrittenen Eigentums- und Menschenrechte sowie über die Bestrafung des Lasters und den Schutz der Unschuld ihr Urteil abzugeben. Ich erwähnte die verständige Verwaltung unserer Finanzen, die Tapferkeit und die vortreffliche Disziplin unserer See- und Landmacht. Ich berechnete die Anzahl unserer Bevölkerung, gab an, wie viele Millionen jede Religionssekte und jede politische Partei umfasse. Ich überging nicht einmal unsere sportlichen Veranstaltungen, ebensowenig wie irgendeinen Umstand, der meinem Vaterland zur Ehre gereichen konnte. Ich schloß meinen ganzen Vortrag mit einem kurzen historischen Bericht über alle Begebenheiten und Ereignisse, die in England seit ungefähr hundert Jahren stattgefunden hatten.

Zu dem vollständigen Bericht waren fünf Audienzen erforderlich, von denen eine jede mehrere Stunden dauerte. Der König hörte mir mit großer Aufmerksamkeit zu, schrieb häufig Bemerkungen über meine Angaben nieder und entwarf zugleich die Fragen, die er mir vorzulegen beabsichtigte.

Als ich meine lange Rede beendet hatte, übersah der König bei der sechsten Audienz die von ihm notierten Bemerkungen und sprach zu jedem Punkt manche Zweifel, Einwürfe und Fragen aus. Er erkundigte sich nach der Methode der Erziehung unseres jungen Adels für Seele und Leib und unter welchen Beschäftigungen dieser den ersten bildungsfähigsten Teil seines Lebens zubringe. Wie man das Oberhaus wieder zur vollen Zahl ergänze, sobald eine alte Familie ausgestorben sei. Welche Eigenschaften zur Ernennung eines Lords erforderlich wären. Ob die Laune des Fürsten oder die Bestechung einer Hofdame oder die

Absicht, eine dem Staatswohl feindliche Partei zu verstärken, jemals bei diesen Beförderungen mitwirke. Welche Kenntnis diese Lords von den Gesetzen des Vaterlandes besäßen. Wie sie zu dieser Kenntnis gelangten, so daß sie über das Eigentum ihrer Mituntertanen in letzter Instanz entscheiden könnten. Ob sie stets so frei von Habsucht, Parteilichkeit oder Mangel seien, daß Bestechung oder schlimmere Absicht unter ihnen nicht vorkommen könne. Ob jene heiligen Lords, von denen ich gesprochen, stets wegen ihrer Kenntnis in religiösen Angelegenheiten oder wegen eines heiligen Lebenswandels befördert würden; ob sie sich nie den Umständen anbequemt, als sie sich noch im niederen Priesterstand befanden. Ob sie niemals irgendeinem Lord sklavisch geschmeichelt, dessen Befehlen sie vielleicht ebenso sklavisch folgten, nachdem sie in jene Versammlung berufen seien. Dann wünschte er zu wissen, welche Schliche man bei der Wahl derjenigen anwende, die ich Gemeine nenne. Ob ein Fremder mit vollem Beutel die Stimmberechtigten aus dem niederen Volk nicht dahin bringen könne, daß sie ihn anstatt des Grundbesitzers oder eines angesehenen Herrn in der Nachbarschaft wählten? Wie manche Männer solche Begierde haben könnten, in diese Versammlung zu kommen, obwohl sie dadurch viele Mühen und Kosten, oft bis zum Ruin ihrer Familien, übernähmen, da sie kein Gehalt und keine Pension bezögen. Dies erscheine ihm ein solches Übermaß an Tugend und Vaterlandsliebe zu sein, daß er daran zweifle, ob beides immer aufrichtig wäre: deshalb wünsche er zu wissen, ob solche für ihr Vaterland begeisterte Herren nicht die Absicht hegten, sich für den Zeitverlust und die Kosten zu entschädigen, die durch den Dienst eines lasterhaften Fürsten bei einem verderbten Ministerium notwendig seien. Kurz, der König vervielfältigte seine Fragen und suchte mich durchaus in jedem Punkt auszuforschen, indem er mir zahllose Bemerkungen und Einwürfe machte, deren Wiederholung ich weder für klug noch für passend halte.

Seine Majestät wünschte auch nähere Aufklärung darüber, was ich ihm über unsere Gerichtshöfe berichtet hatte; diese aber konnte ich um so ausführlicher geben, als ich früher durch einen langen Prozeß im Kanzleihof beinahe ruiniert wurde, den ich zwar gewann, dessen Kosten ich aber zahlen mußte. Der König erkundigte sich, wieviel Zeit erforderlich sei, um einen genauen Unterschied zwischen Recht und Unrecht festzustellen, und welche Kosten dadurch entstünden. Ob die Advokaten und Redner Fälle verteidigen dürften, die offenbar boshaft und ungerecht angelegt seien oder Unterdrückung bezweckten. Ob Parteileidenschaft in Religion und Politik auf die Wege der Gerechtigkeit Einfluß ausübten. Ob diese plädierenden Redner nach allgemeinen Begriffen des Rechts oder nach nationalen, provinziellen und örtlichen Gebräuchen gebildet würden. Ob sie und die Richter an der Abfassung der Gesetze teilnähmen, die sie so frei wären, nach eigenem Belieben auszulegen. Ob sie zu verschiedenen Zeiten für und wider die Sache gesprochen und Vorgänge zitiert hätten, um das Gegenteil zu beweisen. Ob sie einen reichen oder armen Stand bildeten. Ob sie Geldbelohnung für ihre Verteidigung oder auch nur für das Aussprechen ihrer Meinung annähmen. Besonderen Nachdruck aber legte der König auf die Frage, ob sie als Mitglieder des Unterhauses zugelassen würden.

Dann sprach er von der Verwaltung unserer Finanzen. Er sagte: Mein Gedächtnis sei wahrscheinlich mangelhaft. Ich habe nämlich unsere Abgaben auf fünf bis sechs Millionen jährlich geschätzt, und aus Berechnung unserer Ausgaben müsse er schließen, daß diese bisweilen mehr als das Doppelte betrügen; die Bemerkungen, die er niedergeschrieben, erwiesen, daß die Ausgaben bisweilen über das Doppelte unserer Einnahmen stiegen; er habe gehofft, wie er mir bereits gesagt, die Kenntnis unseres Verfahrens werde ihm nützlich sein; er könne sich aber in der Berechnung nicht getäuscht haben. Hätte ich ihm jedoch die Wahrheit gesagt, so könne er seinerseits nicht begreifen, daß ein

Königreich, wie mancher Privatmann, über sein Vermögen hinaus verschwende. Er fragte mich, aus welchen Personen unsere Gläubiger bestünden und woher wir Geld nähmen, sie zu bezahlen. Er wunderte sich, daß ich von so kostbaren Kriegen spräche. Wir müßten sicherlich ein zänkisches Volk sein oder sehr schlechte Nachbarn haben; unsere Generäle aber müßten reicher als Könige sein. Er fragte: Was uns die Angelegenheiten des Auslandes angingen, wenn diese nicht unseren Handel oder einen Vertrag oder die Verteidigung unserer Inseln beträfen. Vorzüglich aber sei er erstaunt, daß ich von einem besoldeten und stehenden Heer spreche, das mitten im Frieden und in einem freien Land gehalten werde. Er fügte hinzu: Wenn wir nur mit unserer eigenen Zustimmung durch die Personen unserer Abgeordneten regiert würden, so könne er nicht begreifen, vor wem wir uns fürchteten oder wen wir bekämpfen wollten. Er wolle meine Meinung hören, ob das Haus eines Privatmannes von ihm selbst, seiner Familie und seinen Kindern nicht besser verteidigt würde als von einem halben Dutzend Schurken, die man auf gut Glück und für wenig Geld in den Straßen aufgreife und die sich hundertmal mehr Gold erwerben könnten, wenn sie uns die Kehle abschnitten.

Er lachte über meine sonderbare Berechnung, wie er zu sagen beliebte, mit der ich die Einwohnerzahl nach religiösen und politischen Parteien bestimmte. Er wisse keinen Grund, weshalb diejenigen, die eine staatsfeindliche Gesinnung hätten, gezwungen würden, diese zu ändern, oder nicht gezwungen, sie zu verhehlen. Es sei Tyrannei, verlange eine Regierung das erstere; es zeuge dagegen von Schwäche, wenn das letztere nicht erzwungen würde. Man dürfe den Menschen wohl erlauben, Gifte in ihren Zimmern zu verschließen, jedoch nie, sie öffentlich als Sirup zu verkaufen.

Er bemerkte ferner: Da ich unter den Vergnügungen der höheren Stände auch das Spiel erwähnt habe, so wünsche er zu wissen, in welchem Alter man gewöhnlich mit dieser Unterhaltung anfinge und wann man diese wieder aufgäbe; ob so hoch gespielt werde, daß der Vermögensstand in Gefahr gerate, ob gemeine und lasterhafte Leute sich durch diese Kunst nicht große Reichtümer erwürben und bisweilen sogar unsere Adligen in Abhängigkeit hielten, sie an niedrige Gesellschaft gewöhnten, die Ausbildung ihrer Geistesanlagen verhinderten und durch erlittene Verluste diese zwängen, eine schmähliche Fertigkeit auch gegen andere auszuüben.

Er erstaunte ungemein über den geschichtlichen Bericht, den ich ihm über unsere inneren Angelegenheiten während des vergangenen Jahrhunderts gab. Er behauptete, diese Geschichte sei nur eine Anhäufung von Verschwörungen, Rebellionen, Ermordungen, Revolutionen, Verbannungen, den schlimmsten Wirkungen, die Geiz, Parteisucht, Heuchelei, Treulosigkeit, Grausamkeit, Wut, Tollheit, Haß, Neid, Wollust, Bosheit und Ehrgeiz jemals hervorrufen könnten.

In einer anderen Audienz geruhte der Kaiser, die Summe alles dessen, was ich gesagt, kurz zusammenzufassen und meine Antworten mit seinen Fragen zu vergleichen; dann nahm er mich auf die Hand, streichelte mich sanft und sprach dann folgende Worte, die ich aber so wenig vergessen werde wie den Ton, womit sie gesagt wurden: »Mein kleiner Freund Grildrig, Sie haben Ihrem Vaterland eine bewundernswerte Lobrede gehalten; Sie haben deutlich bewiesen, daß Unwissenheit, Faulheit und Laster die passendsten Eigenschaften sind, einen Gesetzgeber zu bilden; daß Gesetze am besten von denen erklärt und angewandt werden, deren ganzes Interesse und Bestreben darauf hinausgeht, sie zu verdrehen, zu verwirren und sich ihnen zu entziehen. Ich bemerke bei Ihrem Volk einige Grundsätze und Einrichtungen, die anfangs erträglich gewesen sein mögen; aber diese sind schon zur Hälfte beseitigt, und alles, was übrigblieb, ist durch Verderbnis befleckt. Aus allem, was Sie mir gesagt haben, geht hervor, daß keine Vollkommenheit erfordert wird, um den Bewerbern höhere Stellen zu verschaffen; noch viel weniger, daß die Menschen wegen ihrer Tugend den Adelsrang erhalten; ferner daß keineswegs Priester wegen ihrer Frömmigkeit und Gelehrsamkeit, Soldaten wegen ihrer Führung oder Tapferkeit, Richter wegen ihrer Rechtschaffenheit, Senatoren wegen ihrer Vaterlandsliebe und Räte wegen ihrer Weisheit befördert werden. Was Sie selbst betrifft«, fuhr der König fort, »so haben Sie Ihre meiste Lebenszeit auf Reisen verbracht, und ich hoffe deshalb, daß Sie manche Laster Ihres Vaterlandes gar nicht kennen. Aus dem, was ich aus Ihrer Erzählung schließen muß, und aus den Antworten, die ich Ihnen mit vieler Mühe abpreßte, kann ich nur den Schluß ziehen, daß die Masse Ihrer Landsleute das verderblichste Geschlecht von kleinem Gewürm bildet, dem die Natur jemals erlaubt hat, auf der Oberfläche der Erde umherzukriechen.«

Siebentes Kapitel

Des Verfassers Vaterlandsliebe. Er macht dem König einen Vorschlag, der verworfen wird. Des Königs Unwissenheit in Sachen Politik. Die Gelehrsamkeit von Brobdingnag ist sehr unvollkommen und beschränkt. Gesetze, Militärangelegenheiten und Staatsparteien.

Liebe zur Wahrheit allein hat mich daran gehindert, den eben erzählten Teil meiner Geschichte zu unterdrücken. Vergeblich zeigte ich mich böse; mein Zorn wurde lächerlich gemacht, und ich mußte geduldig anhören, wie mein geliebtes und edles Vaterland so schmählich mißhandelt wurde. Es tut mir von Herzen leid, und bei meinen Lesern wird dies möglicherweise auch der Fall sein, daß sich dazu Gelegenheit darbot, allein der König war in jedem Punkt so neugierig und legte mir so viele Fragen vor, daß es sowohl der Dankbarkeit wie der guten Sitte widerstrebt hätte, wenn ich ihm nicht alle mir mögliche Aufklärung gegeben hätte. Jedoch kann ich zu meiner eigenen Rechtfertigung sagen, daß ich mehreren seiner Fragen auswich und jedem Punkt allmählich eine günstigere Wendung gab, die bei strengster Wahrheitsliebe schwerlich bestehen könnte. Ich habe nämlich stets die lobenswerte Parteilichkeit für mein Vaterland gehegt, die Dionysius von Halikarnassos den Historikern mit so viel Gerechtigkeit anempfiehlt. Ich möchte gern die Schwächen und Häßlichkeiten meiner politischen Mutter verhüllen und ihre Tugenden und Schönheiten im besten Licht darstellen. Das war mein aufrichtiges Bestreben in den vielen Unterredungen mit dem König von Brobdingnag, obgleich der Erfolg unglücklicherweise nicht günstig war.

Man muß jedoch einem König manches nachsehen, der von der übrigen Welt gänzlich abgeschlossen lebt und der deshalb mit den Sitten und Gewohnheiten anderer Nationen durchaus unbekannt geblieben ist. Mangel an solcher Kenntnis wird aber stets mancherlei Vorurteile und ein engherziges Urteil zur Folge haben, was aber auf uns in den zivilisierten Teilen Europas durchaus nicht zutrifft. Es wäre allerdings ein schlimmer Umstand, sollten die Begriffe eines von der Welt so abgesonderten Fürsten über moralische Dinge für das ganze Menschengeschlecht als allgemeine Richtschnur gelten.

Um alles, was ich soeben sagte, zu bestätigen und um die traurigen Folgen einer beschränkten Erziehung zu zeigen, werde ich hier eine Stelle einschieben, der man schwerlich Glauben schenken wird. In der Hoffnung, Seine Majestät auch ferner für mich günstig zu stimmen, erzählte ich ihr von einer vor drei- bis vierhundert Jahren gemachten Erfindung. Man verfertige nämlich seitdem ein gewisses Pulver; der kleinste Feuerfunke, der in einen Haufen davon falle, entzünde es augenblicklich und bewirke, daß es mit einem Geräusch und einer Gewalt in die Luft auffliege, die größer als die des Donners seien, wenn der Haufen so groß wie ein Berg wäre. Werde eine passende Menge dieses Pulvers in eine Röhre von Erz oder Eisen, im Verhältnis zu ihrer Dicke, eingestopft, so werfe es eine eiserne oder bleierne Kugel mit solcher Gewalt und Schnelligkeit vorwärts, daß nichts Ihrer Kraft widerstehen könne. Die größten so geschossenen Kugeln könnten nicht allein ganze Reihen eines Heeres auf einmal vernichten, sondern sie rissen auch die stärksten Mauern bis auf den Grund nieder und versenkten Schiffe mit tausend Mann Besatzung auf den Boden der See. Würden zwei solcher Kugeln durch eine Kette verbunden, so zerschnitten sie Masten und Tauwerk, zerrissen die Menschen in der Mitte und würfen alles vor sich nieder. Wir füllten oft mit diesem Pulver große und hohle eiserne Kugeln, die in eine belagerte Stadt geworfen würden. Dann werde das Pflaster von ihnen aufgerissen und die Wohnungen zertrümmert; sie platzten, schleuderten Splitter nach allen Seiten hin und schlügen so allen Menschen in der Nähe das Hirn ein. Ich kenne die Bestandteile, die gemein und häufig seien, ganz genau sowie auch die Arbeit der Bereitung; auch könne ich den Arbeitern Anleitung geben, wie jene Röhren im richtigen Verhältnisse zu anderen Dingen im Land Seiner Majestät zu verfertigen wären. Die größten dieser Röhren brauchten nicht über hundert Fuß lang zu sein; zwanzig oder dreißig davon, mit einer gehörigen Masse von Pulver und Kugeln geladen, würden die Mauern der stärksten Städte des Königreichs in wenigen Stunden niederschmettern oder die ganze Hauptstadt zerstören, wenn diese sich jemals erfrechen würde, sich den unumschränkten Befehlen des Königs zu widersetzen. Dies böte ich Seiner Majestät als einen kleinen Tribut der Dankbarkeit für so viele Beweise seiner königlichen Gunst und seines Schutzes, die ich bereits empfangen.

Der König wurde bei der Beschreibung dieser furchtbaren Maschinen und bei dem gemachten Vorschlag von Schauder ergriffen. Er erstaune, waren seine Worte, wie ein so schwaches und kriechendes Insekt wie ich so unmenschliche Gedanken hegen könne, mit denen ich so vertraut zu sein scheine, daß ich bei jenen Szenen des Blutvergießens und der Zerstörung, die ich als die gewöhnlichen Wirkungen der verheerenden Maschinen ausmalte, gänzlich unbewegt erscheine. Diese Maschinen könne nur ein böser Geist, ein Feind der Menschheit erfunden haben. Was ihn selbst betreffe, so müsse er eingestehen, daß er eher sein Königreich verlieren als jenes Geheimnis wissen möge, obgleich ihn selten etwas so sehr erfreue wie neue Entdeckungen in Künsten und Wissenschaften; er verbot mir ferner, je wieder davon zu sprechen, wenn mir mein Leben lieb sei. Welch sonderbare Folge engherziger Grundsätze und Ansichten! Ein Fürst, begabt mit jeder Eigenschaft, die Verehrung, Liebe und Achtung erweckt; ein Mann von großen Geistesgaben, großer Weisheit, tiefer Gelehrsamkeit, mit bewundernswerten Talenten, ein Fürst, der von seinen Untertanen beinahe angebetet wird, ließ wegen unnötiger Gewissensskrupel, von denen man in Europa keinen Begriff hat, eine Gelegenheit vorbeigehen, die ihn zum unumschränkten Herrn über Leben, Freiheit und Vermögen seiner Untertanen gemacht hätte! Übrigens sage ich dies nicht in der entferntesten Absicht, die vielen Tugenden dieses ausgezeichneten Königs irgendwie herabzusetzen, über dessen Charakter der europäische Leser, wegen der angeführten Ursachen, eine geringe Meinung fassen könnte. Ich glaube jedoch, dieser Mangel entspringt aus der Unwissenheit des Volkes von Brobdingnag, da es die Politik noch nicht zur Wissenschaft ausgebildet hat, wie dies in Europa von den scharfsinnigsten Männern geschehen ist. Ich erinnere mich noch sehr wohl, wie ich einst dem König in einer Unterredung sagte: Mehrere tausend Bücher seien bei uns über die Regierungskunst geschrieben. Dies bewirkte bei ihm aber einen ganz entgegengesetzten Eindruck, als ich ihn beabsichtigt hatte, denn er faßte eine sehr geringe Meinung von unserem Vaterland. Er gestand, wie er alle Geheimniskrämerei, Pfiffigkeit und Intrigen bei einem Fürsten oder Minister verachte. Er könne nicht begreifen, was ich unter Staatsgeheimnissen verstehe, wenn kein äußerer Feind oder keine feindlich gesinnte Nation diese nötig mache. Er schloß die Kenntnis des Regierens in sehr enge Grenzen ein, in die des gesunden Menschenverstandes, der Vernunft, Gerechtigkeit, Milde, der schnellen Erledigung aller Zivil- und Kriminalprozesse und einiger anderer Gemeinplätze, deren Wiederholung nicht der Mühe wert ist. Dann sprach er als seine Meinung aus, wer es fertigbringe, daß zwei Kornähren oder zwei Grashalme mehr als früher auf irgendeinem Boden wüchsen, erwerbe sich ein größeres Verdienst um die Menschheit und erweise seinem Vaterland einen bedeutenderen Dienst als das ganze Geschlecht der Politiker zusammen.

Die Gelehrsamkeit dieses Volkes ist sehr mangelhaft, denn sie besteht allein aus Moral, Geschichte, Poesie und Mathematik, worin man ihren hohen Stand nicht verkennen darf. Da aber die letzte dieser Wissenschaften ausschließlich auf das angewandt wird, was im Leben nützlich sein kann, nämlich auf die Verbesserung des Ackerbaus und der mechanischen Künste, so würde diese ihre Kenntnis bei uns nur in geringem Ansehen stehen. Was aber Vorstellungen, Wesenheiten, Abstraktionen und Transzendentalbegriffe betrifft, so konnte ich nicht das geringste hierüber ihren Köpfen eintrichtern.

Kein Gesetz des Landes darf in Worten die Zahl der Buchstaben im Alphabet übersteigen, und dieses besteht nur aus zweiundzwanzig. Wenige Gesetze jedoch haben diese Länge. Sie sind in den deutlichsten und einfachsten Worten geschrieben, und die Einwohner von Brobdingnag besitzen nicht genug Scharfsinn, um mehr als eine Auslegung ausfindig zu machen; ferner gilt es auch als Hauptvergehen, einen Kommentar über Gesetze zu schreiben. Was die Entscheidung der Zivil- und Kriminalprozesse betrifft, so sind die Präzedenzfälle von so geringer Anzahl, daß die Nation sich ihrer Fertigkeit in beiden Prozeßarten nicht rühmen darf.

Die Einwohner von Brobdingnag befinden sich, so wie die Chinesen, seit undenklichen Zeiten im Besitz der Buchdruckerkunst. Ihre Bibliotheken sind jedoch nicht sehr groß. Die des Königs, die für die größte gehalten wird, beträgt nicht mehr als tausend Bände, die in einer Galerie von eintausendzweihundert Fuß Länge aufgestellt sind. Ich hatte die Erlaubnis erhalten, mir dort Bücher nach Belieben zu leihen. Der Tischler der Königin erfand eine hölzerne Maschine von fünfundzwanzig Fuß Höhe, die wie eine Doppelleiter verfertigt war und in einem Zimmer der Glumdalclitch aufgestellt wurde; diese Maschine bestand aus einem beweglichen Treppenpaar. Ihr niedrigster Teil wurde zehn Fuß von der Wand entfernt aufgestellt. Das Buch, das ich lesen wollte, wurde an die Wand gelehnt. Ich stieg auf die Höhe der Treppe, richtete mein Gesicht dem Buch zu und begann dann acht bis zehn Schritte, je nach Verhältnis der Zeilen, fortzuschreiten, damit diese ungefähr in gleicher Linie mit meinen Augen stünden. Dann stieg ich immer tiefer, bis ich an das Ende der Seite gelangte. In derselben Art verfuhr ich auch mit der Rückseite, nachdem ich das Blatt umgeschlagen hatte, was ich leicht mit beiden Händen ausführen konnte, denn die Blätter waren so dick und steif wie ein Pappdeckel und in den größten Foliobänden nicht über achtzehn bis zwanzig Fuß hoch.

Der Stil der Schriftsteller ist deutlich, kräftig und fließend, aber durchaus nicht blumenreich. Sie vermeiden nämlich nichts so sehr wie die Anhäufung unnötiger Worte oder den Gebrauch von Synonymen. Ich habe mehrere Bücher gelesen, besonders über Geschichte und Moral. Unter anderen machte mir eine kleine und alte Abhandlung viel Vergnügen, die stets im Schlafzimmer der Glumdalclitch lag und ihrer Gouvernante gehörte, einer ernsten alten Dame, die viel Erbauungsschriften las. Das Buch handelte von der Schwäche des Menschengeschlechts und steht nur bei Frauen und bei dem geringeren Volk in Ansehen. Ich war jedoch neugierig, was ein Schriftsteller in diesem Land über einen solchen Gegenstand sagen könne. Der Autor behandelte all die gewöhnlichen Gemeinplätze europäischer Moralisten und zeigte, welch ein kleines, hilfloses und verächtliches Tier der Mensch, seiner eigenen Natur überlassen, sei, wie er sich nicht in einem rauhen Klima schützen und gegen die Wut wilder Tiere verteidigen könne; wie sehr ihn das eine Geschöpf an Kraft, das andere an Schnelligkeit, das dritte an Vorsicht, das vierte im Fleiß übertreffe. Er fügte hinzu: Die Natur sei in diesem letzten Zeitalter ganz entartet und könne jetzt, in Vergleich mit alten Zeiten, nur kleine Mißgeburten hervorbringen. Man müsse vernünftigerweise annehmen, das Menschengeschlecht sei nicht allein ursprünglich weit größer gewesen, sondern es habe in alten Zeiten auch Riesen gegeben; so wie dies durch Geschichte und Tradition behauptet werde, so sei es durch die ungeheuren Knochen und Schädel erwiesen, die man durch Zufall in den verschiedenen Teilen des Königreichs ausgrabe und deren Größe das gewöhnliche zusammengeschrumpfte Menschengeschlecht unserer Tage bei weitem übersteige. Der Verfasser glaubte, sogar die Naturgesetze erforderten, daß wir im Anfang größer und stärker gebaut und dem Untergang bei jedem Zufall nicht so ausgesetzt gewesen wären, zum Beispiel durch einen vom Dach herunterfallenden Ziegel, durch kleine, von bösen Buben geworfene Steine oder durch Hineinfallen in ein Loch. Durch diese Beweisführung kam der Verfasser auf die moralische Anwendung, die im gewöhnlichen Leben nützlich sein könne, deren Wiederholung hier jedoch unnütz ist. Was mich betrifft, so konnte ich den Gedanken nicht unterdrücken, das Talent, moralische Vorlesungen zu halten oder vielmehr Unzufriedenheit und Ärger gleichsam im Zank mit der Natur zu äußern, sei doch allgemein verbreitet. Ich glaube, man wird auch bei uns diese Zänkereien ebenso unbegründet finden wie bei jenem Volk.

Was die Militärangelegenheiten von Brobdingnag betrifft, so besteht die königliche Armee aus 176000 Mann Infanterie und

32000 Mann Kavallerie, wenn nämlich ein Heer den Namen einer Armee verdient, das aus Geschäftsleuten verschiedener Städte und aus den Bauern des Landes zusammengesetzt und von den höheren Ständen ohne Sold oder Belohnung befehligt wird. Die Truppen sind zwar gut exerziert und stehen unter guter Disziplin, allein darin sah ich kein großes Verdienst. Dies ist nämlich eine ganz natürliche Folge, da jeder Pächter von seinem Gutsherrn und jeder Bürger von den angesehensten Leuten seiner Stadt befehligt wird, die nach Art der Republik Venedig durch eine geheime Abstimmung gewählt werden.

Ich habe häufig die Miliz von Lorbrulgrud zum Exerzieren ausrücken sehen, und diese Waffenübungen wurden bei der Stadt auf einem großen Feld von zwanzig Quadratmeilen Umfang abgehalten. Die Miliz betrug nicht mehr als 25000 Mann Infanterie und 6000 Mann Kavallerie. Es war mir aber unmöglich, ihre Zahl nach dem Boden, den sie einnahm, zu bestimmen. Ein Reiter auf einem großen Pferd mochte ungefähr neunzig Fuß hoch sein. Ich habe gesehen, wie diese ganze Masse Kavallerie auf Kommando ihre Säbel zog und in der Luft schwang. Die Einbildungskraft kann nichts so Großartiges, Überraschendes und Erstaunliches ersinnen. Es schien, als ob zehntausend Blitze auf einmal von jedem Teil des Himmels herabführen.

Ich wurde neugierig, weshalb dieser Fürst, dessen Gebiet von jedem anderen abgeschlossen ist, eine Armee halte und sein Volk an militärische Disziplin gewöhne; bald aber erfuhr ich den Grund sowohl durch Gespräch wie durch Lesen der Geschichtsschreiber von Brobdingnag. Viele Menschenalter hindurch litt das Volk an derselben Krankheit, der das Menschengeschlecht überall unterworfen ist; der Adel strebte oft nach Gewalt, das Volk nach Freiheit und der König nach unumschränkter Macht. Alle diese Umstände, die freilich glücklicherweise durch die Gesetze des Königreichs gemildert wurden, bewirkten mitunter, daß eine der drei Parteien das Recht verletzte und daß Bürgerkriege entstanden. Der letzte wurde vom Großvater des regierenden Königs glücklicherweise durch einen allgemeinen Vergleich beendet, und die Miliz, die damals durch Übereinkommen aller errichtet wurde, ist seitdem fortwährend im strengsten Dienst erhalten worden.

Achtes Kapitel

Der König und die Königin reisen an die Grenzen. Der Verfasser begleitet sie; ein genauer Bericht von der Weise, wie er das Land verläßt. Er kehrt nach England zurück.

Ich hegte stets die feste Überzeugung, daß ich dereinst meine Freiheit wiedererlangen würde, obgleich es mir unmöglich war, die Mittel auszusinnen oder einen Plan, der gelingen könnte, zu dem Zweck zu entwerfen. Das Schiff, worin ich anlangte, war das erste, das an die Küste verschlagen wurde, und der König hatte strengen Befehl gegeben, ein zweites, das wieder ankommen möchte, ans Ufer zu bringen und mit aller Mannschaft in Körben nach Lorbrulgrud zu transportieren. Er wünschte sehr, mir ein Weib meiner Größe verschaffen zu können, damit ich die Rasse fortpflanzte; ich glaubte aber, ich wäre lieber gestorben, als daß ich schmählicherweise eine Nachkommenschaft hinterlassen hätte, die man wie zahme Kanarienvögel in Käfigen verwahrt und mit der Zeit als Merkwürdigkeiten an Personen von Stand verkauft haben würde. Ich wurde allerdings sehr gütig behandelt; ich war der Günstling eines großen Herrscherpaares und das Entzücken eines ganzen Hofes, allein ich stand mit allen Personen auf einem Fuß, welcher der Würde des Menschengeschlechts nicht geziemte. Auch konnte ich nie meine teure Familie in England vergessen. Und dann wünschte ich auch, unter

Leuten zu leben, mit denen ich als meinesgleichen umgehen, und daß ich in den Straßen und Feldern ohne Furcht, wie ein Frosch oder junger Hund zertreten zu werden, umherspazieren könnte. Meine Befreiung kam jedoch schneller, als ich erwartet hatte, und in sehr ungewöhnlicher Weise. Die ganze Geschichte, mit allen Einzelheiten, will ich hier getreulich berichten. Ich befand mich jetzt zwei Jahre in Brobdingnag, und im Anfang des dritten begleitete ich mit Glumdalclitch den König und die Königin auf einer Reise nach der Südküste des Königreichs. Wie gewöhnlich wurde ich in meiner Reiseschachtel mitgenommen, die, wie ich bereits erwähnt habe, ein sehr bequemes Zimmer von zwölf Fuß im Umfang war. Ich ließ darin eine Hängematte mit seidenen Fäden an den vier Ecken der Decke befestigen, um dadurch die Heftigkeit der Erschütterung zu mildern, wenn mich ein Diener nach meinem Wunsch zu Pferd trug. In dieser Hängematte pflegte ich auf der Reise oft zu schlafen. In der Decke meines Zimmers, jedoch nicht gerade über meiner Hängematte, ließ ich von dem Tischler ein Loch von einem Quadratfuß Breite einschneiden, damit ich während des Schlafes bei heißem Wetter frische Luft genießen könne; dieses Loch konnte ich nach Belieben mit einem in einer Rinne vorwärts und rückwärts verschiebbaren Brett schließen.

Als wir die Reise beendet hatten, war es dem König angenehm, einige Tage in einem Palast in Flanflasnic, einer neun Stunden vom Meeresufer liegenden Stadt, zuzubringen. Glumdalclitch und ich waren sehr ermüdet; ich hatte mich leicht erkältet, das arme Mädchen aber war so krank, daß sie das Zimmer hüten mußte. Ich wünschte das Meer zu sehen, durch das ich allein zur Freiheit gelangen konnte, wenn diese mir jemals beschieden sein sollte. Deshalb behauptete ich, mich schlimmer zu befinden, als es wirklich der Fall war, und bat um die Erlaubnis, mit einem Pagen, den ich sehr liebte und dem ich schon mehrere Male anvertraut worden war, die frische Seeluft genießen zu dürfen. Nie werde ich vergessen, mit welchem Widerstreben Glumdalclitch ihre Einwilligung gab. Sie schärfte dem Pagen die äußerste Sorgfalt ein und brach in eine Tränenflut aus, als ob sie die baldigen Ereignisse geahnt hätte; der Knabe trug mich in der Schachtel ungefähr eine halbe Stunde weit vom Palast ans Meerufer. Dort befahl ich ihm, mich niederzusetzen, zog ein Schiebefenster auf und warf manchen sehnsuchtsvollen, melancholischen Blick auf die Fluten. Ich befand mich ja nicht wohl und sagte deshalb dem Pagen, ich wünschte in meiner Hängematte ein wenig zu schlafen, was mir, wie ich hoffte, gut bekommen werde. Ich ging hinein, und der Knabe ließ das Schiebefenster herunter, um die Kälte abzuhalten. Gleich darauf schlief ich ein. Wahrscheinlich dachte der Page, ein Unfall könne sich nicht ereignen, und ging fort, um unter den Felsen Vogeleier zu suchen. Ich sah nämlich aus meinem Fenster, wie er unter den Klippen suchte und ein- oder zweimal etwas aufnahm. Genug, ich wurde plötzlich durch ein heftiges Ziehen an dem Ring erweckt, der am Deckel meiner Schachtel befestigt war, um sie bequemer transportieren zu können. Ich fühlte, wie meine Schachtel sehr hoch in die Luft emporgehoben und dann mit wunderbarer Schnelligkeit in horizontaler Richtung weiter fortgetragen wurde. Die erste Erschütterung hätte mich beinahe aus meiner Hängematte geschleudert, allein die spätere Bewegung war ziemlich sanft. Ich schrie mehrmals so laut wie möglich, doch dies half mir nichts; ich sah durch meine Fenster, aber erblickte nichts als Himmel und Wolken. Über mir vernahm ich ein Geräusch, wie wenn Flügel geschwungen würden, und so begann ich meinen furchtbaren Zustand zu erkennen. Ein Adler hatte den Strick im Ring meiner Schachtel mit dem Schnabel ergriffen, um sie, wie eine Schildkröte in der Schale, auf einen Felsen fallen zu lassen und dann meinen Leichnam herauszunehmen und zu verschlingen. Die Spürkraft und der Geruchssinn befähigt ihn nämlich, auf große Entfernung seine Beute zu wittern, wäre diese auch noch besser verborgen, als es bei mir in einem zwei Zoll dicken Bretterhaus der Fall war.

Bald darauf bemerkte ich, wie das Geräusch und das Flügelschlagen sich vermehrte; zugleich wurde meine Schachtel hin und her geschüttelt, wie eine Wetterfahne an einem stürmischen Tag. Auch hörte ich, wie der Adler mehrere Puffe und Stöße erhielt (ich glaube nämlich, mit Sicherheit behaupten zu können, daß ein solches Tier meine Schachtel im Schnabel fortschleppte), und dann fühlte ich plötzlich, wie ich in senkrechter Richtung eine Minute lang so schnell herabfiel, daß mir der Atem beinahe verging. Mein Fall wurde durch ein furchtbares Rauschen beendet, das lauter in meinen Ohren schallte als der Wasserfall des Niagara; darauf befand ich mich eine weitere Minute lang in vollkommener Finsternis, und endlich stieg meine Schachtel so hoch, daß ich das Licht am oberen Teil der Fenster erblicken konnte. Jetzt erkannte ich, daß ich ins Meer gefallen sein müsse. Meine Schachtel schwamm wegen meines Körpergewichts, wegen der Gegenstände, die sie enthielt, und wegen der breiten eisernen Platten, die zur Verstärkung an den vier Ecken des Bodens und der Seite angebracht waren, fünf Fuß tief im Wasser. Ich vermutete damals und glaube noch jetzt, der Adler, der mit meiner Schachtel davonflog, wurde von zwei oder drei anderen verfolgt und gezwungen, mich fallen zu lassen, während er sich gegen die anderen verteidigte, die seine Beute zu teilen hofften. Die am Boden der Schachtel befestigten eisernen Platten, die von der stärksten Art waren, hielten sie während des Fallens im Gleichgewicht und verhinderten, daß sie auf dem Wasser zerschellte. Jede Fuge war sehr fest eingelassen, und die Tür bewegte sich nicht auf Angeln, sondern wurde wie ein Schiebefenster auf und nieder gezogen. Hierdurch war mein Zimmer so dicht verschlossen, daß nur wenig Wasser eindringen konnte. Ich gelangte nur mit Mühe aus meiner Hängematte, nachdem ich gewagt hatte, den früher erwähnten Schieber an der Decke zu-

rückzuziehen, um ein wenig frische Luft einzulassen, durch deren Mangel ich beinahe erstickte.

Wie oft wünschte ich damals, wieder mit meiner teuren Glumdalclitch zusammen zu sein, von der ich in einer einzigen Stunde so weit getrennt worden war! Auch muß ich aufrichtig gestehen, daß ich inmitten meines Unglücks nicht unterlassen konnte, meine arme Wärterin und den Schmerz zu beklagen, den sie wegen meines Verlustes, wegen des Mißfallens der Königin und wegen der Vereitlung günstiger Aussichten erleiden mußte. Vielleicht sind wenige Reisende in solcher Not wie ich gewesen. Ich erwartete jeden Augenblick, meine Schachtel werde zertrümmert oder wenigstens von dem ersten heftigen Windstoß oder der ersten Woge umgeworfen werden. Würde eine einzige Fensterscheibe zerbrochen, so wäre mein augenblicklicher Tod unvermeidlich gewesen. Nur die starken äußeren Metallstäbe, die, um Unglücksfälle auf Reisen zu verhindern, vor den Fenstern befestigt waren, konnten sie schützen. Einige Male bemerkte ich, wie das Wasser durch mehrere Ritzen, die jedoch nicht beträchtlich waren, eindrang, und ich versuchte diese so gut wie möglich zu verstopfen. Es war mir nicht möglich, die Decke meines Zimmers in die Höhe zu heben; ich versuchte dies, um mich oben darauf zu setzen; denn dort hätte ich mein Leben noch einige Stunden länger erhalten können, als wenn ich unten gleichsam in Haft geblieben wäre. Entging ich auch zwei oder drei Tage lang allen Gefahren, so konnte ich doch nichts erwarten als einen elenden Tod durch Kälte und Hunger. Vier Stunden lang befand ich mich in diesen Umständen und dachte, ein jeder Augenblick werde mein letzter sein; ich hegte sogar diesen Wunsch.

Ich habe dem Leser schon berichtet, daß zwei starke Krampen an jener Seite meiner Schachtel, wo sich keine Fenster befanden, befestigt waren, durch die der Bediente, der mich zu Pferde trug, einen ledernen Riemen zog, den er dann um seinen Leib schnallte. Als ich mich nun in diesem trostlosen Zustand befand, hörte ich oder glaubte zu hören, wie etwas an der Seite meiner Schachtel, wo die Krampen befestigt waren, schabte. Ich kam auf den Gedanken, die Schachtel sei ins Schlepptau genommen und werde so durch das Meer gezogen. Bisweilen fühlte ich nämlich einen Ruck, durch den die Wogen bis an die Höhe meiner Fenster schlugen, so daß ich beinahe im Dunkeln blieb. Dieser Umstand weckte bei mir einige schwache Hoffnung, ich würde errettet werden, obgleich ich mir nicht einbilden konnte, wie die Sache vor sich ging. Ich wagte einen meiner Stühle loszuschrauben, die immer auf dem Fußboden befestigt waren; dann brachte ich es mit vieler Mühe dahin, daß ich ihn unter dem Schieber wieder festschraubte, den ich stets selbst geöffnet hatte, stieg auf den Stuhl, brachte meinen Mund so nahe wie möglich an das Loch und rief endlich in allen Sprachen, die ich verstand, laut um Hilfe. Dann befestigte ich mein Schnupftuch an den Stock, den ich zu tragen pflegte, steckte ihn durch das Loch und schwenkte ihn mehrmals in der Luft, um, falls ein Schiff oder Boot in der Nähe wäre, den Matrosen ein Zeichen zu geben, daß ein unglücklicher Mensch in der Schachtel eingeschlossen sei.

Alles, was ich tat, blieb erfolglos; ich fühlte jedoch, wie meine Schachtel sich weiterbewegte. Nach einer Stunde stieß die Seite, wo die Klammern waren, gegen etwas Hartes. Ich besorgte, dies sei ein Felsen, denn ich wurde heftiger als jemals erschüttert. Dann hörte ich auf dem Deckel meines Zimmers ein deutliches, wie von einem Tau herrührendes Geräusch und vernahm das Schaben, als es durch den Ring gezogen wurde. Darauf wurde ich allmählich um vier Fuß höher emporgehoben. Ich steckte daher noch einmal meinen Stock mit dem Schnupftuch heraus und rief um Hilfe, bis ich beinahe heiser war. Als Antwort vernahm ich ein dreimaliges lautes Hurrarufen, das mich in solches Entzücken versetzte, wie es nur jemand begreifen kann, der ähnliches gefühlt hat. Jetzt hörte ich auch ein Getrampel über meinem Haupt, und jemand rief auf englisch mit lauter Stimme durch das Loch: Wenn jemand unten ist, so mag er's sagen. Ich antwortete: Ich sei ein Engländer, der durch Mißgeschick in das größte Unglück geriet, das jemals ein Mensch ertragen habe; ich bäte bei allem, was heilig sei, mich aus dem Loch, worin ich mich befinde, zu befreien. Die Stimme erwiderte: Ich sei in Sicherheit, denn meine Schachtel sei an einem Schiff befestigt, der Zimmermann werde sogleich kommen und ein Loch in den Deckel sägen, das groß genug sein werde, mich herauszuziehen. Da sagte ich, dieses sei nutzlos und werde zu viel Zeit kosten; man brauche nichts weiter zu tun, als daß einer der Schiffsmannschaft seinen Finger in den Ring stecke, die Schachtel so in das Schiff bringe und in der Kajüte des Kapitäns niedersetze. – Als nun die Matrosen von mir diese sonderbaren Worte hörten, glaubten einige, ich sei verrückt, und andere lachten laut auf. Es war mir auch wirklich nicht eingefallen, daß ich mich unter Leuten meines Wuchses und meiner Stärke befinde. Der Zimmermann kam, sägte in wenigen Minuten einen ungefähr vier Quadratfuß breiten Durchgang in den Deckel und ließ eine kleine Leiter hinunter, die ich bestieg; von dort wurde ich in elendem Zustand auf das Schiff gebracht.

Die Matrosen staunten sämtlich und legten mir eine Menge Fragen vor, die ich jedoch keine Lust hatte zu beantworten. Ich staunte gleichfalls über den Anblick so vieler Zwerge, denn dafür hielt ich sie, weil meine Augen an die ungeheuren Dinge, die ich verlassen, so lange gewöhnt gewesen waren. Allein der Kapitän, Herr Thomas Wilcocks, ein rechtschaffener und braver Mann aus Shropshire, führte mich in die Kajüte. Als er bemerkte, daß ich einer Ohnmacht nahe sei, gab er mir einen Stärkungstrank und ließ mich auf sein eigenes Bett legen, damit ich Ruhe hätte, derer ich sehr bedurfte. Bevor ich einschlief, erklärte ich, in meiner Schachtel befänden sich mehrere Möbel von Wert, deren Verlust zu bedauern sein würde; eine schöne Hängematte, ein treffliches Feldbett, zwei Stühle, ein Tisch und ein Schrank; mein Zimmer sei an allen Seiten mit Kattun und Seide bespannt oder vielmehr gepolstert; wenn er die Möbel von einem Matrosen in die Kajüte bringen lasse, so würde ich sie vor seinen Augen öffnen und ihm meine Seltenheiten zeigen. Der Kapitän glaubte, als er von mir diese Albernheiten hörte, ich sei toll; er versprach jedoch, wahrscheinlich um mich zu beruhigen, er würde meinen Wünschen gemäß Befehle erteilen. Dann ging er aufs Verdeck und schickte einige seiner Leute in mein Zimmer, die dann, wie ich nachher fand, alle meine Besitztümer herausnahmen und die Polster abrissen. Da Stühle, Schrank und Bettstelle am Fußboden festgeschraubt waren, erlitten sie durch die Unwissenheit der Matrosen, die sie mit Gewalt losrissen, viel Schaden. Dann hieben sie einige Bretter zu Zwecken ihres Schiffes ab, und als sie alles, was sie wollten, genommen hatten, versenkten sie den Rumpf in die See, der dann auch wegen der vielen auf dem Boden und den Seiten eingerissenen Löcher sogleich unterging. Es war mir auch wirklich lieb, daß ich kein Zuschauer der von ihnen angerichteten Verwüstung war; ich würde darüber sicherlich sehr betrübt gewesen sein, weil ich mich an Dinge hätte erinnern müssen, die ich gern vergessen hätte.

Ich schlief einige Stunden und träumte fortwährend von dem Land, das ich verlassen, und von den Gefahren, die ich kürzlich bestanden hatte. Als ich erwachte, fühlte ich mich jedoch sehr gestärkt. Es war acht Uhr abends, und der Kapitän ließ sogleich das Abendessen auftragen, denn er glaubte, ich hätte schon zu lange gefastet. Er bewirtete mich mit vieler Artigkeit und sah, daß ich weder wilde Blicke umherwarf, noch daß ich unzusammenhängend redete. Als wir nun allein waren, bat er mich, ihm einen Bericht von meinen Reisen zu geben und zu erzählen, wie es gekommen sei, daß ich in jener ungeheuren Kiste ins Meer gesetzt worden wäre. Er sagte: Ungefähr um zwölf Uhr mittags habe er sein Fernrohr zur Hand genommen und etwas in der Ferne bemerkt, das ihm wie ein Segel erschienen sei; er habe darauf zusteuern wollen, da die Richtung nicht sehr weit von seinem Kurs lag, um Zwieback zu kaufen, weil der seinige zu mangeln anfange. Als er nun näher gekommen sei, habe er seinen Irrtum erkannt und sein langes Boot ausgesetzt, um zu sehen, was es sei; seine Leute aber wären erschreckt zurückgekehrt und hätten geschworen, es sei ein schwimmendes Haus. Er habe über ihre Dummheit gelacht und selbst das Boot bestiegen, nachdem er seinen Leuten befohlen, ein starkes Tau mitzunehmen. Da das Wetter ruhig war, sei er mehrmals um das Gebäude herumgerudert und habe so meine Fenster mit den Eisenstäben entdeckt und dann die zwei starken Krampen auf der Seite ohne Fenster. Er habe darauf seinen Leuten befohlen, an diese Seite hinzurudern, ein Tau an eine Krampe zu befestigen und so meine Kiste, wie sie die Schachtel nannten, zum Schiff hinzuziehen. Als sie dort angekommen seien, habe er ein anderes Tau im Ring auf dem Deckel befestigen und die Kiste mit Rollen in die Höhe heben lassen, allein seine ganze Mannschaft habe nicht vermocht, diese höher als drei Fuß aufzuwinden. »Wir sahen«, sagte der Kapitän, »Ihren Stock mit dem Schnupftuch aus dem Loch hervorragen und schlossen daraus, irgendein Unglücklicher müsse in der Höhlung eingeschlossen sein.« Ich fragte, ob er oder seine Leute das erstemal, als sie mich entdeckten, wunderbar große Vögel in der Luft gesehen hätten. Er antwortete: Während ich schlief, habe er die Angelegenheit mit den Matrosen besprochen, und einer von ihnen habe drei Adler nach Norden fliegen sehen, zu derselben Zeit, als man meine Schachtel entdeckte; der Matrose hatte jedoch über die außerordentliche Größe dieser Vögel nichts bemerkt. Der Grund, weshalb der Matrose sich getäuscht hatte, mußte in der ungeheuren Entfernung liegen, in der die Vögel flogen, und der Kapitän konnte natürlich die Bedeutung der Frage nicht verstehen. Dann fragte ich ihn, wie weit wir nach seiner Berechnung vom Land entfernt seien. Er antwortete, nach der genauesten Berechnung wenigstens fünfzig Stunden. Ich gab ihm die Versicherung, er müsse sich wenigstens um die Hälfte irren, denn ich hätte das Land, woher ich gekommen sei, höchstens zwei Stunden vor meinem Niederfallen in das Meer verlassen. Hierauf glaubte der Kapitän wiederum, daß mein Kopf verwirrt sei; er gab mir hierüber einen Wink und zugleich den Rat, ich möge in die für mich bereitete Kajüte gehen. Allein ich versicherte ihm, seine gute Bewirtung und Unterhaltung habe mich vollkommen erfrischt, und ich sei so gut bei Verstand wie jemals in meinem Leben. Dann wurde er ernst und fragte mich offen, ob mir der Verstand durch das Bewußtsein eines ungeheuren Verbrechens, wofür ich auf Befehl eines Fürsten durch Aussetzung in einer Kiste bestraft worden, nicht verwirrt worden sei; man zwinge ja in anderen Ländern schwere Verbrecher, mit einem beschädigten Fahrzeug, ohne Lebensmittel, in See zu stechen. Es werde in dem Fall ihm zwar leid tun, einen so bösen Mann in sein Schiff aufgenommen zu haben, er gebe mir jedoch sein Wort, im ersten Hafen, wo wir anlangten, mich sicher ans Ufer zu setzen. Er fügte hinzu, sein Verdacht sei durch mehrere alberne Dinge, die ich den Matrosen und dann ihm selbst in bezug auf die Kiste gesagt hätte, sowie durch meine sonderbaren Blicke und mein Benehmen während des Abendessens gestiegen.

Ich bat ihn, er möge meine Geschichte geduldig anhören, die ich ihm auch der Wahrheit getreu von dem Augenblick an, wo ich England zum letztenmal verließ, bis auf den Zeitpunkt erzählte, wo er mich zuerst bemerkte. Da nun die Wahrheit sich stets dem Verstand vernünftiger Männer aufdrängt, so wurde auch dieser würdige Herr, der einen Anstrich von Gelehrsamkeit besaß, sogleich von meiner Aufrichtigkeit und Wahrhaftigkeit überzeugt. Um nun alles, was ich gesagt hatte, weiter zu bestätigen, bat ich ihn, er möge meinen Schrank herbeibringen lassen, dessen Schlüssel ich in der Tasche trug; er hatte mir nämlich schon gesagt, wie die Matrosen mein Zimmer zugerichtet hatten. Ich öffnete den Schrank in seiner Gegenwart und zeigte ihm die kleine Sammlung von Seltenheiten, die ich mir in dem Land, woraus ich auf so sonderbare Weise befreit worden war, angelegt hatte, darunter befand sich der Kamm, den ich aus des Königs Bartstoppeln verfertigte, und ein zweiter von demselben Material, der jedoch in einem Abschnitzel von Seiner Majestät Daumennagel befestigt war, der als Rücken diente. Ferner befanden sich darunter eine Anzahl Nadeln, von der Länge eines Fußes bis zu einer Elle, vier Wespenstacheln, so groß wie Tischlerstifte, ein goldener Ring, den mir die Königin auf höchst artige Weise zum Geschenk machte, indem sie ihn von ihrem kleinen Finger zog und ihn mir wie ein Hundehalsband über den Kopf warf. Ich bat den Kapitän, er möge diesen Ring als Dankesbeweis für seine Freundlichkeit annehmen, allein er gab mir eine entschieden abschlägige Antwort. Dann zeigte ich ihm ein Hühnerauge, das ich mit eigener Hand von der Zehe einer Hofdame abgeschnitten hatte. Es war von der Dicke eines ziemlich großen Apfels und so hart geworden, daß ich es nach meiner Ankunft in England als Becher aushöhlen und mit Silber einfassen ließ. Zuletzt bat ich ihn, die Beinkleider, die ich trug, sich anzusehen; diese waren von Mäusefellen verfertigt.

Ich konnte ihm durch meine Bitten nur den Zahn eines Bedienten aufdrängen, den er, wie ich bemerkte, mit großer Neugier untersuchte und der ihm außerordentlich gefiel. Er empfing ihn mit solchem Dank, wie ihn diese Kleinigkeit nicht verdiente. Der Zahn war aus Versehen von einem ungeschickten Wundarzt einem Diener der Glumdalclitch ausgezogen worden, der an Zahnweh litt; der Zahn war aber so gesund wie die anderen in seinem Mund. Ich ließ ihn abputzen und verwahrte ihn dann in meinem Schrank. Seine Länge betrug ungefähr einen Fuß und sein Durchmesser vier Zoll.

Der Kapitän war mit meinem einfachen Bericht sehr zufrieden und sprach seine Meinung dahin aus, ich würde mir die Welt verpflichten, wenn ich ihn, nach meiner Rückkehr, in England niederschriebe und drucken ließe. Ich erwiderte: Nach meiner Meinung sei der Büchermarkt bereits mit Reisebeschreibungen überhäuft; gegenwärtig finde das allein Beifall, was außerordentlich sei; wie es scheine, hätten viele Schriftsteller weniger die Wahrheit als ihre Eitelkeit und ihr Interesse oder die Unterhaltung unwissender Leser im Auge. Meine Geschichte könne nur wenige, gewöhnliche Ereignisse, aber keine zur Ausschmückung dienenden Beschreibungen von sonderbaren Pflanzen, Bäumen, Vögeln und anderen Tieren enthalten; sie könne auch von barbarischer Sitte und von dem Götzendienst wilder Völker durchaus nicht jene Schilderung geben, die man sonst massenweise in Reisebeschreibungen finde. Ich sei ihm jedoch für seine gute Meinung sehr dankbar und werde die Sache überlegen.

Der Kapitän sagte mir ferner, er wundre sich sehr, daß ich so schrie. Dann fragte er mich, ob der König und die Königin von Brobdingnag schwerhörig seien. Ich erwiderte, hieran sei ich schon seit länger als zwei Jahren gewöhnt, und ich müsse mich sehr über seine und seiner Matrosen Stimme wundern, die mir nur zu flüstern schienen, obgleich ich sie sehr wohl verstünde. Als ich aber in Brobdingnag gesprochen hätte, sei ich in der Lage eines Mannes gewesen, der auf der Straße mit einem anderen auf einem Kirchturm sich unterhalte, ausgenommen, wenn man mich auf den Tisch gestellt oder in der Hand gehalten habe. Ferner sagte ich ihm, noch etwas anderes sei von mir beobachtet worden; als ich das Schiff zuerst betrat und als die Matrosen mich umringten, seien sie mir als die kleinsten und winzigsten Geschöpfe, die ich jemals gesehen, erschienen. Auch konnte ich in Brobdingnag, als meine Augen sich an das Anschauen jener ungeheuren Gegenstände gewöhnt hatten, es niemals ertragen, mich in einem Spiegel zu sehen, weil der Vergleich mir eine höchst verächtliche Meinung von mir selbst verschaffte. Der Kapitän sagte ferner, er habe beim Essen bemerkt, wie ich alles voll Erstaunen betrachtete; oft hätte ich kaum das Lachen unterdrükken können, ein Umstand, den er sich nicht erklären konnte und den er einer Krankheit meines Gehirns zuschrieb. Ich erwiderte: Dies sei wahr, ich wundere mich noch, wie ich das Lachen hatte unterlassen können, als ich Schüsseln von der Größe eines Silberdreiers, eine Schweinskeule, die kaum den Mund zu füllen vermöchte, einen Becher, nicht größer als eine Nußschale, erblickte, und so fuhr ich fort, die übrigen Gerätschaften und Nahrungsmittel zu beschreiben. Obgleich mir nämlich die Königin, als ich in ihren Diensten stand, einen vollständigen Hausrat hatte anfertigen lassen, so hatten sich meine Ideen nach dem Verhältnis meiner Umgebung gebildet, und ich betrachtete meine eigene Kleinheit in derselben Weise, wie andere Leute ihre Fehler zu erkennen pflegen. Der Kapitän ging auf meinen Spaß ein und erwiderte ernsthaft mit der alten englischen Redensart: Er glaube, meine Augen seien größer als mein Magen; denn er bemerke, daß mein Magen nicht besonders gut sei, obgleich ich den ganzen Tag gefastet hätte. Dann fuhr er fort, mich zu nekken, und behauptete: Er würde sehr gern hundert Pfund gegeben haben, hätte er meine Kiste in dem Schnabel des Adlers oder von solcher Höhe in das Meer herabstürzen gesehen. Dies müsse wirklich ein höchst staunenswertes Ereignis gewesen sein, dessen Beschreibung der Nachwelt überliefert zu werden verdiene. Der Vergleich mit Phaeton lag so nahe, daß der Kapitän es nicht unterlassen konnte, ihn anzubringen, obgleich ich diesen Einfall nicht sehr bewunderte.

Der Kapitän kam von Tongking und war auf seiner Rückkehr nach England auf den vierundvierzigsten Grad nördlicher Breite und den hundertundvierzigsten Längengrad nordöstlich verschlagen worden. Zwei Tage nach meiner Ankunft an Bord begann ein Passatwind; wir segelten zuerst südlich, dann der Küste von Neuholland entlang, hierauf Südsüdwest, bis wir das Kap der Guten Hoffnung umfuhren. Unsere Reise war günstig; ich will den Leser aber mit deren Beschreibung nicht langweilen. Der Kapitän lief ein paar Häfen an und setzte das lange Boot aus, um frisches Wasser und Lebensmittel einzunehmen. Allein ich verließ das Schiff nicht mehr, als bis wir am 3. Juli 1706, ungefähr neun Monate nach meiner Befreiung, an den Downs anlangten.

Ich trug dem Kapitän meine Besitztümer als Bürgschaft für die Bezahlung der Überfahrt an, allein er schwor, von mir nicht einen Heller annehmen zu wollen. Wir nahmen sehr freundschaftlich voneinander Abschied, und ich entlockte ihm das Versprechen, mich zu Hause in Redriff zu besuchen. Dann mietete ich ein Pferd und einen Führer um fünf Schillinge, die mir der Kapitän borgte.

Als ich nun unterwegs die Kleinheit der Häuser und Bäume, des Rindviehs und der Menschen bemerkte, begann ich zu glauben, ich sei in Lilliput. Ich befürchtete, jeden mir begegnenden Reisenden zu zertreten, und schrie ihnen oft mit lauter Stimme zu, sie sollten mir aus dem Weg gehen, so daß jene mehrmals nahe daran waren, mich zu erschlagen.

Als ich nun mein Haus betrat, das ich hatte erfragen müssen, und als ein Bedienter die Haustür öffnete, bückte ich mich beim Hineingehen wie eine Gans, die ein Tor passiert, denn ich befürchtete, mir den Kopf einzustoßen. Meine Frau lief mir entgegen, um mich zu umarmen, ich bückte mich aber tiefer als ihre Knie, denn ich glaubte, sonst würde sie meinen Mund nicht erreichen können. Meine Tochter kniete vor mir nieder und bat mich um meinen Segen; ich sah sie aber nicht eher, als bis sie aufstand, da ich so lange gewohnt gewesen war, Kopf und Augen in die Höhe zu heben, um über sechzig Fuß hoch emporzusehen; dann umschlang ich ihren Leib mit meinem Arm, um sie in die Höhe zu heben. Einige meiner Freunde, die gerade im Haus waren, und mein Gesinde behandelte ich in solcher Weise, als sei ich ein Riese und sie nur Zwerge. Ich sagte meiner Frau, sie sei zu knickrig gewesen, denn ich fände sie halb verhungert und meine Tochter fast gänzlich ausgedörrt wieder. Kurz, ich benahm mich so sonderbar, daß alle bei der ersten Unterredung der Meinung des Kapitäns waren, Witz und Verstand seien mir gänzlich verschwunden. Dies führe ich als Beispiel an für die große Macht des Vorurteils und der Gewohnheit.

In kurzem wurde das gute Einverständnis zwischen mir und meiner Familie wiederhergestellt. Meine Frau verbot mir, je wieder in See zu gehen, allein mein Schicksal hat es leider gefügt, daß sie keine Gewalt besaß, mich daran zu hindern, wie der Leser bald erfahren wird. Unterdessen mache ich hier Schluß mit dem zweiten Teil meiner unglücklichen Reise.

Dritter Teil

Eine Reise nach Laputa, Balnibarbi, Luggnagg, Glubbdubdrib und Japan

Erstes Kapitel

Der Verfasser beginnt seine dritte Reise. Wird von Piraten gefangengenommen. Die Bosheit eines Holländers. Die Ankunft auf einer Insel. Er wird in Laputa aufgenommen.

Ich war kaum zehn Tage zu Hause gewesen, als Kapitän William Robinson aus Cornwall, Befehlshaber der »Guten Hoffnung«, eines starkgebauten Schiffes von hundert Tonnen, mich besuchte. Ich war früher Wundarzt auf einem anderen Schiff gewesen, das er als Eigentümer nebst dem vierten Teil der Ladung besaß, und hatte mit ihm eine Reise nach der Levante gemacht. Er hatte mich eher wie mein Bruder als wie mein vorgesetzter Offizier behandelt. Als er nun meine Ankunft erfuhr, machte er mir einen Besuch, wie ich vermutete, ausschließlich um mir seine Freundschaft zu beweisen, denn zwischen uns ereignete sich nichts, als was nach längerer Trennung stattzufinden pflegt. Dann wiederholte er häufig seine Besuche, äußerte seine Freude über meine Gesundheit, fragte mich, ob ich jetzt eine feste Stellung im Leben erlangt hätte, fügte hinzu, in zwei Monaten wolle er nach Ostindien reisen, und machte mir zuletzt, nach einigen Entschuldigungen, den offenen Antrag, Wundarzt auf seinem Schiff zu werden. Ein anderer Wundarzt nebst zwei Gehilfen würde unter meinem Befehl stehen. Mein Gehalt sollte das Doppelte der gewöhnlichen Besoldung betragen; er habe schon lange die Erfahrung gemacht, meine nautischen Kenntnisse kämen den seinigen wenigstens gleich; er gäbe mir deshalb das Versprechen, meinen Rat zu befolgen, als teilte ich mit ihm den Befehl.

Er sagte mir noch außerdem viele Verbindlichkeiten, und da ich ihn als ehrlichen Mann kannte, mochte ich seinen Vorschlag nicht zurückweisen. Meine Begierde, die Welt zu sehen, war, ungeachtet meines früheren Unglücks, so heftig wie jemals. Die einzige Schwierigkeit, die sich mir noch darbot, war die Zustimmung meiner Frau; diese erhielt ich jedoch zuletzt durch die Aussicht, Vorteile für unsere Kinder zu erlangen.

Wir gingen am 5. August 1706 unter Segel und landeten am 11. April 1707 im Fort St. George. Dort blieben wir drei Wochen, um unsere Mannschaft zu erfrischen, von der mehrere Leute krank geworden waren.

Dann segelten wir nach Tongking, wo der Kapitän geraume Zeit zu bleiben beschloß, weil einige Waren, die er einkaufen wollte, noch nicht bereitlagen und ihre Anschaffung mehrere Monate dauern sollte. Um nun die dadurch veranlaßten Kosten einigermaßen wieder auszugleichen, kaufte er eine Schaluppe, belud sie mit den verschiedenen Warenarten, welche die Tongkingesen auf den benachbarten Inseln zu verkaufen pflegen, bemannte das Fahrzeug mit vierzehn Matrosen, worunter sich zwei Eingeborene befanden, ernannte mich zum Befehlshaber und erteilte mir Vollmacht, Handel zu treiben, während er selbst seine Geschäfte in Tongking besorgte.

Wir waren drei Tage unter Segel gewesen, als uns ein heftiger Sturm zuerst nach Nordnordost und dann nach Osten verschlug. Hierauf hatten wir schön Wetter, jedoch einen starken Westwind. Am zehnten Tag machten zwei Piratenschiffe auf uns Jagd und holten uns ein. Meine Schaluppe war nämlich so schwer beladen, daß sie nur langsam segeln konnte. Auch war eine Verteidigung nicht möglich.

Beide Piratenschiffe enterten zugleich, und die Seeräuber, von ihren Befehlshabern geführt, drangen wütend auf uns ein. Da wir uns aber sämtlich aufs Gesicht zu Boden geworfen hatten (Befehl dazu hatte ich zuvor gegeben), knebelten sie uns nur mit starken Stricken, stellten eine Wache auf und durchsuchten die Schaluppe.

Ich bemerkte unter den Seeräubern einen Holländer, der in einigem Ansehen zu stehen schien, obgleich er keines der beiden

Schiffe unter seinem Befehl hatte. Er erkannte uns an unseren Gesichtszügen als Engländer, schwatzte dann in seiner eigenen Sprache und schwor, wir sollten Rücken an Rücken gebunden ins Meer geworfen werden. Das Holländische sprach ich so ziemlich; ich sagte ihm, wer wir seien, und bat ihn, er möchte für uns als Christen, Protestanten und Einwohner eines benachbarten und verbündeten Staates bei dem Kapitän Fürsprache einlegen, damit uns dieser mit einiger Milde behandle. Dies aber entflammte seine Wut. Er wiederholte seine Drohung, wandte sich zu seinen Gefährten, sprach mit großer Heftigkeit, wie es mir schien auf japanisch, und gebrauchte dabei häufig das Wort »Christianos«.

Das größere der Piratenschiffe wurde von einem japanischen Kapitän kommandiert, der ein wenig Holländisch sprach, obgleich unvollkommen. Er kam auf mich zu, legte mir mehrere Fragen vor, die ich demütig beantwortete, und sagte: Wir sollten nicht sterben. Ich machte dem Kapitän eine tiefe Verbeugung, wandte mich zu dem Holländer und sagte: Es sei mir leid, mehr Erbarmen bei einem Heiden als bei einem Christen zu finden. Bald hatte ich jedoch Ursache, diese törichten Worte zu bereuen. Der schändliche Bösewicht suchte vergeblich die beiden Kapitäne zu überreden, mich ins Meer werfen zu lassen (eine Handlung, wozu sich jene wegen des gegebenen Versprechens nicht verstehen wollten), bewirkte jedoch zuletzt, daß mir eine Strafe zuerkannt wurde, die allem Anschein nach noch schlimmer als der Tod war. Meine Leute wurden in gleicher Zahl auf den beiden Piratenschiffen verteilt und meine Schaluppe neu bemannt. Man beschloß sodann, mich in einem kleinen Fahrzeug mit Segel und Rudern und Lebensmittel auf vier Tage auszusetzen. Der japanische Kapitän war aber so gütig, die Lebensmittel aus seinen eigenen Vorräten zu verdoppeln, und erlaubte keinem seiner Leute, mich zu durchsuchen. Ich mußte in den Kahn steigen, während der Holländer, auf dem Verdeck stehend, mich mit allen Flüchen und Schimpfwörtern überlud, die ihm seine Sprache bot.

Eine Stunde, bevor wir die Piraten sahen, hatte ich Beobachtungen angestellt und bestimmt, daß wir uns sechsundvierzig Grad nördlicher Breite und hundertdreiundachtzig Grad Länge befanden. Als ich von den Piraten schon etwas entfernt war, bemerkte ich mit meinem Fernrohr mehrere Inseln im Südosten. Da der Wind günstig war, spannte ich mein Segel aus in der Absicht, die nächste dieser Inseln zu erreichen, und dies gelang mir nach ungefähr drei Stunden. Die Insel war felsig. Ich fand jedoch mehrere Vogeleier, schlug Feuer und entzündete einiges Heidekraut und trockenes Seegras, woran ich die Eier röstete. Ich aß nichts anderes, weil ich entschlossen war, meine Lebensmittel so lange wie möglich aufzusparen. Die Nacht brachte ich unter einem Felsen zu, nachdem ich einiges Heidekraut zum Lager ausgebreitet hatte, und schlief ziemlich ruhig.

Am nächsten Tag fuhr ich nach einer anderen Insel und von dort nach einer dritten und vierten, indem ich abwechselnd mein Segel und meine Ruder brauchte. Den Leser will ich jedoch mit einer genauen Beschreibung meiner Not nicht langweilen; ich begnüge mich mit der Bemerkung, daß ich am fünften Tag die letzte Insel, die ich sehen konnte, erreicht hatte. Sie lag südsüdöstlich von den anderen und in größerer Entfernung, als ich glaubte, denn ich erreichte sie erst nach fünf Stunden. Ich mußte sie beinahe vollständig umfahren, bevor ich einen passenden Landungsplatz finden konnte; dieser bestand aus einer kleinen Bucht, die nur dreimal so weit wie mein Boot war. Die Insel war überall felsig und hatte nur hin und wieder Rasenplätze, auf denen wohlriechende Kräuter wuchsen. Ich nahm meine Lebensmittel aus dem Boot, stärkte mich, brachte das übrige in eine Höhle, deren es mehrere auf der Insel gab, sammelte eine ziemliche Anzahl Eier auf den Felsen sowie auch trockenes Seegras und verdorrte Kräuter, die ich am nächsten Tag anzünden wollte, um die Eier so gut wie möglich zu rösten, denn ich hatte Feuerstein, Stahl, Zunder und Brennglas in der Tasche. Die ganze Nacht lag ich in der Höhle, in der ich meine Vorräte verborgen hatte. Mein Bett bestand aus dem Gras, das ich zur Feuerung bestimmt hatte. Ich schlief nur wenig, denn meine Unruhe überwältigte meine Müdigkeit und verscheuchte den Schlaf. Ich überlegte, wie unmöglich es sei, mein Leben an einem so öden Orte zu erhalten, und welch elender Tod meiner wartete. Ich war so verdrossen und niedergeschlagen, daß ich kaum Mut genug besaß, mich vom Lager zu erheben; als ich mir nun ein Herz faßte, aus der Höhle zu kriechen, war es schon lange heller Tag. Eine Zeitlang ging ich auf den Felsen spazieren; der Himmel war gänzlich heiter, und die Sonne brannte so heiß, daß ich mein Gesicht abwenden mußte; plötzlich aber wurde sie auf solche Weise verdunkelt, daß ich sogleich dachte, dies könne nicht durch Wolken verursacht sein. Ich drehte mich um und erblickte einen großen dunklen Körper zwischen mir und der Sonne, der mir aus einer festen Substanz zu bestehen schien und sich auf die Insel zubewegte; er schien ungefähr zwei Meilen in der Höhe zu betragen und verbarg die Sonne sechs bis sieben Minuten. Ich bemerkte jedoch nicht, daß die Luft kälter oder der Himmel dunkler wurde, als hätte ich unter dem Schatten eines Berges gestanden. Nachdem der Gegenstand dem Ort, wo ich stand, nähergekommen war, erkannte ich ihn als eine feste Substanz mit flachem und glattem Boden, der durch den Reflex der See einen sehr hellen Schein warf. Ich stand auf einer Höhe, ungefähr zweihundert Ellen vom Ufer entfernt, und sah, wie dieser ungeheure Körper beinahe in paralleler Richtung mit meinem Standpunkt dahinfuhr und kaum eine halbe Stunde hoch über mir schwebte. Deshalb nahm ich mein Taschenperspektiv zur Hand und konnte deutlich sehen, wie eine Menge Leute an den Seiten, die schräg abzufallen schienen, sich auf und ab bewegten; was diese Leute machten, konnte ich jedoch nicht erkennen.

Die natürliche Liebe zum Leben erweckte mir innerliche Freude, und ich faßte schon Hoffnung, dieses Abenteuer werde mich auf die eine oder andere Weise aus meiner verzweifelten

Lage retten. Der Leser wird sich jedoch schwerlich mein Erstaunen denken können, als ich eine von Menschen bewohnte Insel erblickte, die, wie es schien, imstande waren, diese sich senken oder steigen oder in gerader Richtung fortbewegen zu lassen. Da ich aber damals in keiner Stimmung war, über dieses Phänomen zu philosophieren, zog ich es vor, die Richtung zu beobachten, welche die Insel einschlagen würde. Einige Zeit schien sie nämlich stillzustehen. Gleich darauf kam sie näher, und ich konnte beobachten, wie an der Seite mehrere Terrassen und Stufen erbaut waren, auf denen man hinauf- und herabsteigen konnte. Auf der untersten Terrasse sah ich, wie Leute mit großen Angelruten fischten und andere zusahen. Ich schwenkte meine Mütze (mein Hut war schon lange abgenutzt) und mein Schnupftuch der Insel zu, rief und kreischte so laut wie möglich, und als ich dann sehr aufmerksam hinsah, bemerkte ich, wie ein Volkshaufen sich an der mir gegenüberliegenden Seite ansammelte. Da sie auf mich zeigten und auch noch andere Zeichen gaben, erkannte ich deutlich, daß sie mich entdeckt hatten, obgleich sie auf meinen Ruf nicht antworteten. Hierauf sah ich, wie vier oder fünf Menschen in größter Eile die Insel hinaufstiegen und dann verschwanden. Ich hegte sogleich die richtige Vermutung, sie seien von irgendeinem angesehenen Mann zu dem Zweck abgesendet, um Befehle auszuführen.

Die Volksmasse vermehrte sich, und nach einer halben Stunde erhielt die Insel eine solche Richtung, daß die niedrigste Terrasse ungefähr nur noch hundert Ellen von dem Ort, wo ich stand, entfernt war. Da nahm ich die Stellung eines Flehenden an und sprach in demütigem Ton, erhielt jedoch keine Antwort. Die, welche mir am nächsten gegenüberstanden, schienen Leute von Stand zu sein. Ich konnte dies aus ihrer Kleidung schließen. Sie hielten miteinander eine ernstliche Beratung und sahen oft auf mich nieder. Zuletzt rief mir einer in deutlicher, höflicher und sanfter Sprache, die im Akzent dem Italienischen nicht unähnlich

war, etwas zu; ich antwortete deshalb italienisch, in der Hoffnung, der Fall der Sätze werde den Ohren des Sprechenden nicht unangenehm sein. Keiner verstand den anderen, doch was ich sagen wollte, wurde leicht erkannt; die Leute oben bemerkten meine Not.

Sie gaben mir durch Zeichen zu verstehen, ich möge den Fels hinabkommen und dem Ufer zugehen, was ich natürlich tat. Dann wurde die fliegende Insel in eine passende Höhe gebracht, so daß ihr Rand gerade über meinem Haupt stand. Eine Kette, woran ein Stuhl befestigt war, wurde von der untersten Galerie herabgelassen; ich setzte mich darauf und wurde durch Winden emporgehoben.

Zweites Kapitel

Beschreibung der Launen und des Charakters der Laputier. Bericht von ihrer Gelehrsamkeit. Der König und sein Hof. Des Verfassers Empfang. Die Einwohner sind furchtsam und unruhig. Ein Bericht über die Frauen.

Als ich angelangt war, wurde ich sogleich von einem Menschenhaufen umringt, wovon die Nächststehenden von höherem Stand zu sein schienen. Alle besahen mich mit Zeichen des Staunens, und hierin blieb ich ihnen nichts schuldig, denn nie sah ich Leute mit so sonderbaren Kleidern und Gewohnheiten. Ihre Köpfe waren sämtlich entweder zur Rechten oder Linken geneigt; das eine Auge war nach unten, das andere gerade auf den Zenit gerichtet. Die äußeren Kleider waren mit den Gestalten von Sonnen, Monden und Sternen geschmückt; diese Figuren waren mit denen von Flöten, Harfen, Fiedeln, Trompeten, Gitarren und anderen Instrumenten vermischt, die in Europa gänzlich unbekannt sind.

Hin und wieder bemerkte ich andere Leute in der Kleidung von Dienern, die aufgeblasene Schweinsblasen wie Dreschflegel an einem Stock in der Hand trugen. In jeder Blase befand sich eine Quantität getrockneter Erbsen oder kleiner Kiesel, wie ich nachher erfuhr. Mit diesen Blasen rasselten sie mitunter vor den Ohren der Nahestehenden, ein Verfahren, dessen Sinn ich damals noch nicht verstehen konnte. Wie es scheint, sind diese Leute so sehr zum Nachdenken geneigt, daß sie weder sprechen noch auf die Rede anderer hören können, wenn ihre Sprech- und Hörorgane nicht durch irgendeine äußerliche Berührung aufgeweckt werden; deshalb halten alle, die nur einiges Vermögen besitzen, Klatscher (das Originalwort ist »Climenole«) in ihrem Haushalt sowie auch einen Bedienten; sie verlassen ohne beide niemals ihre Wohnungen. Das Geschäft dieses Beamten besteht darin, daß er, wenn zwei, drei oder mehrere Personen sich in Gesellschaft befinden, mit der Blase den Mund desjenigen, der sprechen, und das rechte Ohr des anderen, der hören soll, berührt. Dieser Klatscher begleitet ferner seinen Herrn auf Spaziergängen, um ihm bei Gelegenheit einen sanften Klaps auf die Augen zu geben. Der Herr ist nämlich stets in so tiefes Nachdenken versunken, daß er in fortwährender Gefahr schwebt, in einen Abgrund zu stürzen oder an jeden Balken mit dem Kopf zu rennen oder in den Straßen die Umherstehenden zu stoßen oder selbst in den Rinnstein gestoßen zu werden.

Ich mußte dem Leser zuvor diese Bemerkung mitteilen, damit es ihm nicht ebenso geht wie mir, der ich das Verfahren dieses Volkes nicht begreifen konnte, als man mich über die Treppen zur Höhe der Insel und zum königlichen Palast geführt hatte. Als wir hinaufstiegen, vergaßen meine Führer mehrmals, was sie vorhatten, und überließen mich meinen eigenen Gedanken. Als ihr Gedächtnis, wie es schien, von den Klapperern wieder aufgefrischt war, blieben sie bei dem Anblick meines fremden Kleides und Gesichtes durchaus gleichgültig, ebenso wie bei dem Geschrei des Volkes, dessen Gedanken freier und ungebundener zu sein schienen.

Endlich traten wir in den Palast und begaben uns in den Audienzsaal, wo ich den König auf dem Throne sitzen und an beiden Seiten von Personen des höchsten Standes umgeben sah. Vor dem Thron stand ein großer, mit Erdkugeln, Himmelssphären und mathematischen Instrumenten jeder Art bedeckter Tisch. Seine Majestät bekümmerte sich nicht im geringsten um uns, obgleich ein bedeutendes Geräusch durch den Umstand bewirkt wurde, daß eine Menge der zum Hof gehörigen Personen zugleich mit eintrat. Der König sann damals über ein tiefes Problem, und wir warteten wenigstens eine Stunde, bis er es lösen konnte. An jeder Seite von ihm stand ein Page mit einer Klapper; sobald diese sahen, daß er Zeit hatte, schlug ihn der eine sanft auf den Mund und der andere auf das rechte Ohr; da fuhr er auf, als sei er plötzlich aus dem Schlaf erwacht, betrachtete mich und die Gesellschaft, mit der ich gekommen war, und erinnerte sich an meine Ankunft, von der er schon vorher gehört hatte. Er sprach einige Worte, worauf ein junger Mann sogleich zu mir trat und mich sanft auf das rechte Ohr klopfte; ich gab ihm so gut wie möglich durch Zeichen zu verstehen, daß ich seines Instruments nicht bedürfe, eine Bemerkung, wegen welcher der König und seine ganze Umgebung eine nur sehr geringe Meinung von meinem Verstand empfing. Soweit ich vermuten konnte, legte mir der König mehrere Fragen vor, und ich redete ihn in allen Sprachen an, derer ich mächtig war. Als man nun sah, daß ich nichts verstehen konnte und daß man mich ebenfalls nicht verstand, wurde ich auf Befehl des Königs in ein Zimmer des Palastes geführt, wo zwei Bediente mir aufwarten sollten (der König zeichnete sich nämlich vor allen seinen Vorgängern durch Gastlichkeit gegen Fremde aus). Mein Mittagessen wurde aufgetragen, und vier Personen von Stand, die ich mich erinnerte dicht bei der Person des Königs erblickt zu ha-

ben, erwiesen mir die Ehre, mit mir zu speisen. Wir hatten zwei Gänge, jeden von drei Gerichten. Beim ersten befand sich eine Hammelkeule, die in ein gleichseitiges Dreieck zugeschnitten war, ein Rinderbraten in der Form eines Rhomboides, ein Pudding in der Gestalt einer Zykloide. Der zweite Gang bestand aus zwei Enten, die man als Violinen zusammengeschnürt hatte, Würsten und Puddings, die Flöten und Oboen glichen, und einer Kalbsbrust in Gestalt einer Harfe; die Diener zerschnitten das Brot in der Form von Kegeln, Zylindern, Parallelogrammen und anderen mathematischen Figuren.

Als wir bei Tisch saßen, nahm ich mir die Freiheit, mich nach dem Namen der verschiedenen Gerichte in der Landessprache zu erkundigen, und die Edelleute hatten mit Hilfe ihrer Klatscher die Güte, mir Antworten zu erteilen. Sie hofften nämlich, ich würde ihre großen Fähigkeiten bewundern müssen, falls ich mich mit ihnen unterhalten könnte. Bald war es mir möglich, Brot und Getränk oder was ich sonst noch wünschte zu erbitten.

Nach Tisch entfernte sich die Gesellschaft, und ein Mann mit einem Klatscher wurde mir auf Befehl des Königs zugesandt. Er hatte Feder, Tinte, Papier und drei oder vier Bücher bei sich und erklärte mir durch Zeichen, er sei abgesandt, mich in der Sprache zu unterrichten. Wir saßen vier Stunden zusammen, und in dieser Zeit schrieb ich eine Menge Worte nebst der Übersetzung in Kolonnen nieder. Ferner bemühte ich mich, kurze Sätze auswendig zu lernen. Mein Lehrer gab nämlich einem Diener den Befehl, etwas zu holen, sich umzuwenden, sich zu drehen, zu laufen, sich zu setzen oder zu stehen, zu gehen usw. Dann schrieb ich mir jeden Satz auf. Er zeigte mir auch in einem Buch die Gestalten der Sonne, des Mondes und der Sterne, des Tierkreises, der Wende- und Polarkreise nebst den Benennungen vieler Pflanzen und fester Körper. Er nannte und beschrieb mir die verschiedenen musikalischen Instrumente und zeigte mir die Spielart auf jedem einzelnen. Nachdem er mich verlassen, brachte ich alle Worte mit den Auslegungen in alphabetische Ordnung. So erlangte ich bei meinem nicht unbedeutenden Gedächtnis in wenigen Tagen eine ziemliche Kenntnis der Landessprache.

Das Wort, das ich durch »fliegende« oder »schwebende« Insel übersetzte, heißt im Original Laputa. Die richtige Ableitung habe ich aber nie erfahren können. »Lap« bedeutet in der veralteten Sprache ›hoch‹ und »untuh« ›Gouverneur‹. So ist durch verderbte Aussprache »Laputa« aus »Lapuntuh« entstanden. Mir aber gefällt diese Ableitung nicht, denn sie scheint mir gezwungen. Ich war so kühn, den Gelehrten des Landes eine von mir gemachte Konjektur anzubieten, Laputa sei quasi »lap utet«; »lap« bedeutet nämlich das Flimmern der Sonnenstrahlen im Meer und »utet« ein Hügel; mit dieser Auslegung will ich mich jedoch nicht aufdrängen, sondern sie dem Urteil des verständigen Lesers überlassen.

Die Herren, denen mich der König anvertraut hatte, bemerkten, wie schlecht ich gekleidet sei, und ließen deshalb am nächsten Morgen einen Schneider kommen, damit mir dieser das Maß zu einem neuen Anzug nehme. Dieser Handwerker verfuhr nach einer von der europäischen durchaus verschiedenen Weise. Er nahm zuerst meine Höhe mit einem Quadranten auf und dann mit Lineal und Zirkel die Dimensionen und Umrisse meines ganzen Körpers. Die Notizen warf er aufs Papier. Nach sechs Tagen brachte er meine Kleider, die durchaus nicht paßten, da sich ein Fehler in die algebraische Berechnung eingeschlichen hatte. Ich hatte jedoch Ursache, mich zu trösten, denn dergleichen Vorfälle waren sehr häufig und wurden durchaus nicht beachtet.

Als ich nun aus Mangel an Kleidern und dann durch eine Unpäßlichkeit noch einige Tage das Zimmer hüten mußte, vermehrte sich mein Wörterbuch um ein bedeutendes. Als ich darauf das nächste Mal wieder an den Hof ging, verstand ich vieles, was der König sagte, und konnte ihm in gewisser Art auch Antworten geben. Seine Majestät hatte Befehl gegeben, die Insel solle sich in Richtung Nordostost nach Lagado, der Hauptstadt des ganzen Königreichs, unten auf dem Festland, hinbewegen. Diese Stadt war ungefähr neunzig Stunden weit entfernt, und wir gelangten dorthin ungefähr nach fünfeinhalb Tagen. Ich bemerkte durchaus nichts von der fortschreitenden Bewegung, worin sich die Insel doch befand. Am zweiten Morgen gegen elf Uhr begann der König mit dem Adel, dem Hof und den Offizieren, nachdem alle musikalischen Instrumente bereitgelegt waren, ein Konzert, das ununterbrochen drei Stunden lang dauerte, so daß mich der Lärm beinahe betäubte; auch konnte ich den Zweck des Konzerts nicht eher erraten, als bis mich mein Lehrer davon in Kenntnis setzte. Er sagte: Die Einwohner dieser Insel seien an die Sphärenmusik gewöhnt, die immer in bestimmten Perioden spiele; der Hof übernehme jetzt die Rolle, und zwar jeder mit dem Instrument, worin er Virtuosität erlangt habe.

Auf unserer Reise nach Lagado, der Hauptstadt, befahl der König, die Insel solle über mehreren Städten und Dörfern angehalten werden, damit er von dort die Bittschriften seiner Untertanen empfangen könne. Zu dem Zweck wurden Bindfäden mit kleinen Gewichten an den Enden herabgelassen. An diese Bindfäden hängte das Volk die Bittschriften, die sogleich wie Papierschnitzel an einem Kinderdrachenschwanz in die Höhe stiegen. Bisweilen auch erhielten wir von unten her Wein und Lebensmittel, die durch Winden emporgezogen wurden.

Meine Kenntnis der Mathematik half mir viel im Erlernen der Phrasen, die aus dieser Wissenschaft hervorgeholt werden sowie auch aus der Musik, worin ich nicht ganz unerfahren war. Die Ideen jener Leute bilden sich stets nach philosophischen Begriffen, mathematischen Linien und Figuren. Wollen sie zum Beispiel die Schönheit einer Frau oder eines anderen Geschöpfes rühmen, so beginnen sie mit der Idee des absolut Schönen und bestimmen jene dann näher durch Rhomboide, Kreise, Parallelogramme, Ellipsen und andere geometrische Begriffe und endlich durch die Terminologie der bildenden Künste und der Musik, die ich hier wohl nicht zu wiederholen brauche. In der Küche des Königs bemerkte ich alle Arten mathematischer und musikalischer Instrumente, und nach deren Figuren wurde alles Fleisch zugeschnitten, das man auf die Tafel brachte.

Die Häuser sind schlecht gebaut, die Mauern schräg, und in den Zimmern bemerkt man kaum einen rechten Winkel. Dieser Mangel ergibt sich aus der Verachtung, welche die Laputier gegen angewandte Geometrie hegen, die sie als gemein und handwerksmäßig betrachten. Ihr Volksunterricht ist nämlich für den Verstand gewöhnlicher Arbeitsleute zu sehr verfeinert. Somit sind Versehen an der Tagesordnung. Obgleich nun alle auf dem Papier in der Anwendung des Lineals, des Bleistifts und des Kreisteilers sehr gewandt sind, habe ich dennoch nie ein tolpatschigeres, unbeholfeneres und plumperes Volk bei allen Gelegenheiten gesehen, mit Ausnahme der Musik und Mathematik. Sie sind schlechte Logiker und sehr zum Widerspruch geneigt; auch hegen sie nur selten die richtige Meinung; Einbildungskraft, Phantasie, Erfindungsgabe sind ihnen durchaus unbekannte Eigenschaften; auch gibt es in der Landessprache keine Worte, diese Begriffe auszudrücken. Alle ihre Gedanken sind auf die vorhergenannten Wissenschaften beschränkt.

Die meisten und besonders diejenigen, die sich mit der astronomischen Mathematik beschäftigen, glauben auch an Astrologie, obgleich sie sich schämen, es öffentlich einzugestehen. Am meisten habe ich mich aber über den mir unerklärlichen Umstand gewundert, daß sie eine leidenschaftliche Neigung zur Politik und zu Neuigkeiten hegen, Staatsangelegenheiten fortwährend untersuchen und jeden Punkt einer Parteimeinung streitig machen. Dieselbe Neigung habe ich auch in Europa bei Mathematikern bemerkt, obgleich ich keine Ähnlichkeit von Mathematik und Politik entdecken konnte. Vielleicht sind diese Leute der Meinung, ebenso wie der kleinste Kreis dieselben Grade habe wie der größte, so verlange auch das Ordnen der Welt keine größere Fähigkeit als die Gewandtheit, mit einem Globus umzugehen. Jedoch möchte ich den Grund dieser Eigenschaft vielmehr in einer allgemeinen menschlichen Schwäche suchen, infolge derer wir am meisten für solche Dinge interessiert sind, die uns nichts angehen und für die wir uns nach unserer Vorbildung und unseren Geistesfähigkeiten durchaus nicht eignen.

Die Laputier befinden sich in fortwährender Unruhe, so daß sich ihr Geist kaum eine Minute lang in Behaglichkeit fühlt, und diese Störungen entstehen aus Ursachen, die auf die übrigen Menschen keinen Einfluß ausüben. Ihre Furcht beruht auf Veränderungen, die sie durch Himmelskörper besorgen; die Erde zum Beispiel müsse zuletzt von der Sonne absorbiert und verschlungen werden, da letztere ihr fortwährend näher rücke; die Oberfläche der Sonne werde zuletzt durch ihre Ausdünstungen inkrustiert und könne dann die Welt nicht mehr erleuchten; kürzlich sei die Erde kaum dem Untergang durch den Schwanz eines Kometen entgangen, der sie zweifellos in Asche verwandelt haben würde; der nächste, der nach einunddreißig Jahren, wie sie berechnet haben, erscheinen müsse, werde uns wahrscheinlich sämtlich vernichten. Wenn er nämlich in seinem Perihel sich der Sonne bis auf einen gewissen Grad nähere (und die Berechnung gebe Ursache zu dieser Besorgnis), so müsse er eine Hitze erhalten, deren Intensität die Hitze des glühenden Eisens um zehntausend Grad übertreffe; nach der Entfernung von der Sonne werde er zehn mal hunderttausendundvierzehn Meilen weit seinen Schweif ausstrecken; wenn nun die Erde in der Entfernung von ein mal hunderttausend Meilen vom Kern oder Hauptbestandteil des Kometen passiere, müsse sie en passant entzündet und in Asche verwandelt werden. Die Sonne, die uns täglich ihre Strahlen sende, müsse sich zuletzt erschöpfen und somit untergehen; dann sei auch der Untergang unseres Planeten die notwendige Folge sowie auch der Tod der anderen, die ihr Licht von unserem Fixstern erhalten.

Die Laputier werden so sehr durch die Besorgnis dieser Gefahren und ihrer Folgen geängstigt, daß sie nicht ruhig schlafen und sich auch durch die gewöhnlichen Vergnügungen des Lebens nicht erholen können. Begegnen sie ihren Freunden des Morgens früh, so betrifft die erste Frage die Gesundheit der Sonne, wie sie sich beim Abend- und Morgenrot befand, ferner auch, ob Hoffnung vorhanden ist, den Stoß des nahenden Kometen zu vermeiden. So geht es in dem Gespräch mit demselben Vergnügen fort, das Kinder bei schrecklichen Geschichten von Geistern und Gespenstern empfinden, die sie begierig anhören, um aus Furcht nicht zu Bett gehen zu können.

Die Weiber dieser Insel sind außerordentlich lebhaft. Sie verachten ihre Gatten und lieben die Fremden sehr. Fremde kommen nämlich in bedeutender Anzahl vom Festland herüber und begeben sich an den Hof, entweder wegen der Geschäfte ihrer Städte und Korporationen oder wegen anderer Angelegenheiten, die ihre eigene Person betreffen. Sie werden jedoch verachtet, weil sie keine hohen Geistesgaben besitzen. Unter diesen wählen die Damen ihre Liebhaber. Hierbei ereignet sich jedoch leicht ein Unglück. Die Ehemänner sind so sehr in ihre Spekulationen vertieft, daß ihre Frauen sich vor ihren Augen die größten Vertraulichkeiten mit den Liebhabern erlauben dürfen, wenn die Ehemänner Papier und Instrumente zur Hand und keinen Klatscher zur Seite haben.

Die Gattinnen und Töchter beklagen, daß sie auf die Insel beschränkt sind, obgleich ich diese für den angenehmsten Ort der ganzen Welt halte. Wie sehr sie auch im Überfluß leben, wollen sie die Welt sehen und die Vergnügungen der Hauptstadt genießen, was ihnen aber ohne besondere Erlaubnis des Königs nicht gestattet ist. Diese Erlaubnis wird aber nur nach vielen Schwierigkeiten erlangt, da die Personen von Stand häufig erfahren haben, wie schwer es ist, ihre Frauen zur Rückkehr zu überreden. Mir wurde erzählt, eine vornehme Hofdame, die bereits mehrere Kinder hatte und mit den Premierminister, dem reichsten Untertan des Königreiches, vermählt war, der, schön und in sie verliebt, in der besten Gegend der Insel wohnt, sei unter dem Vorwand, ihre Gesundheit zu verbessern, nach Lagado gereist und habe sich dort mehrere Monate lang verborgen, bis der König einen Befehl absandte, sie aufzusuchen. Hierauf fand man sie in einer elenden Spelunke, und zwar ganz zerlumpt, da sie ihre Kleider verpfändet hatte, um einen alten und häßlichen Bedienten zu ernähren, der sie täglich prügelte und aus dessen Gesellschaft sie widerstrebend fortgeführt wurde. Obgleich ihr Gemahl sie mit aller nur möglichen Güte und ohne den geringsten Vorwurf empfing, verstand sie es dennoch wieder, sich hinabzustehlen. Sie begab sich mit allen ihren Juwelen zu demselben Galan, und man hat seitdem nichts mehr von ihr gehört.

Der Leser glaubt vielleicht, diese Geschichte habe sich in Europa, vielleicht in England, aber nicht in einem so entfernten Land ereignet. Er muß jedoch bedenken, daß die Launen der Weiber nicht auf ein besonderes Klima oder Volk beschränkt und bei Weibern überhaupt allgemeiner sind, als man wohl glauben sollte.

Nach ungefähr einem Monat hatte ich bedeutende Fortschritte im Erlernen der Landessprache gemacht und war imstande, die Fragen des Königs zu beantworten, wenn ich die Ehre einer Audienz erhielt. Seine Majestät zeigte aber nicht die geringste Neugier in betreff der Gesetze, Regierungsform, Geschichte, Religion oder der Sitten jener Länder, die ich bereits gesehen hatte, sondern beschränkte ihre Fragen auf den Zustand der mathematischen Wissenschaften. Der Bericht, den ich gab, wurde mit größter Gleichgültigkeit und Verachtung vom König angehört, obgleich die Klatscher an beiden Seiten ihre Maschinen häufig in Wirksamkeit setzten.

Drittes Kapitel

Ein durch neuere Philosophie und Astronomie aufgelöstes Phänomen. Die Fortschritte der Laputier in letzterer Wissenschaft. Das Verfahren des Königs bei der Unterdrückung von Aufständen.

Ich ersuchte den König um Erlaubnis, die Merkwürdigkeiten der Insel ansehen zu dürfen. Seine Majestät hatte die Gnade, mir diese zu erteilen, und befahl meinem Lehrer, mich zu begleiten. Ich wollte hauptsächlich wissen, welchen künstlichen und natürlichen Ursachen die Insel ihre Bewegungen verdanke, und will hierüber dem Leser einen wissenschaftlichen Bericht erstatten.

Die fliegende oder schwebende Insel ist kreisförmig, sie beträgt siebentausendachthundertsiebenunddreißig Ellen oder vier und eine halbe Meile im Durchmesser und enthält somit zehntausend Morgen Land. Die Dicke beträgt dreihundert Ellen. Der Boden erscheint denen, die sie von unten erblicken, als eine ebene Fläche von Diamant, die zur Höhe von zweihundert Ellen aufsteigt. Über dieser Fläche liegen mehrere Mineralschichten in gewöhnlicher Ordnung und über diesen eine Lage von fetter Ackererde in der Tiefe von zehn oder zwölf Fuß. Die abhängige Lage der Oberfläche, vom Umfang nach dem Mittelpunkt, ist die natürliche Ursache davon, daß Tau und Regen, der auf die Insel fällt, in kleinen Bächen nach der Mitte fließt und sich dort in großen Becken sammelt, die ungefähr eine halbe Meile im Umfang haben und zweihundert Ellen vom Mittelpunkt entfernt sind. Die Sonne verdunstet dieses Wasser dauernd am Tag, so daß es nicht überfließen kann. Da der König außerdem nach Belieben die Insel über die Wolken und die Dunstregion erheben kann, vermag er das Niederfallen des Regens und des Taues, wie er will, zu regulieren. Die höchsten Wolken können ja nach der Behauptung der Naturforscher nicht über eine Stunde steigen; in diesem Land hat man wenigstens diese Beobachtung gemacht.

Im Mittelpunkt der Insel befindet sich eine Spalte von fünfzig Ellen im Durchmesser, durch die die Astronomen in ein großes Gebäude hinabsteigen, das deshalb »Flandona Gagnole« oder die »Astronomenhöhle« heißt und hundert Ellen über der Oberfläche des Diamanten liegt. In dieser Höhle brennen fortwährend zwanzig Lampen, die durch den Reflex des Diamanten nach allen Seiten hin ein starkes Licht ausstrahlen. Der Ort ist mit einer großen Menge von Astrolabien, Sextanten, Quadranten, Teleskopen und anderen astronomischen Instrumenten versehen. Die größte Merkwürdigkeit, wovon das Schicksal abhängt, besteht in einem Magnetstein von ungeheurer Größe, der an Gestalt einem Weberschiff ähnlich ist. Er beträgt sechs Ellen in der Länge und am dicksten Teil wenigstens drei Ellen. Dieser Magnet wird durch eine starke, diamantene Achse gehalten, die durch die Mitte geht; man hat ihn so genau im Gleichgewicht aufgestellt, daß die schwächste Hand ihn drehen kann. Er ist von einem hohlen Zylinder aus Diamant eingefaßt, der vier Fuß in Tiefe und Dicke, zwölf Ellen im Durchmesser beträgt und in horizontaler Lage von acht diamantenen, sechs Fuß hohen Füßen gehalten wird. In der Mitte der konkaven Seite befindet sich eine zwölf Zoll tiefe Rinne, worin die Enden der Achse laufen und nach Bedarf gedreht werden.

Der Stein kann durch keine Kraft fortgebracht werden, weil der Reif und das Fundament mit dem diamantenen Körper zusammenhängen, der den Boden der Insel bildet.

Mittels dieses Magnetsteins wird die Insel gehoben, gesenkt und fortbewegt. In bezug auf das vom König beherrschte Land besitzt der Stein am einen Ende eine anziehende Kraft und am anderen eine abstoßende. Richtet man den Magneten in die Höhe, so daß die anziehende Kraft der Erde zugerichtet ist, so senkt sich die Insel; richtet man das abstoßende Ende nach unten, so steigt die Insel; erhält der Stein eine schräge Richtung, so bewegt sich die Insel in dieser Weise. Der Magnet äußert seine Kräfte stets in paralleler Richtung.

Durch die schräge Bewegung wird die Insel zu den verschiedenen Teilen des Reiches geführt. Um diese Reiseart zu versinnbildlichen, mag AB eine quer durch das Gebiet von Balnibarbi gezogene Linie bedeuten, CD den Magneten darstellen, wovon D das abstoßende, C das anziehende Ende ist; die Insel selbst schwebt über C. Erhält nun der Magnet die Richtung CD mit dem abstoßenden Ende nach unten, so bewegt sich die Insel nach D. Ist sie in D angekommen, mag man den Stein auf seiner Achse drehen, bis das anziehende Ende auf E gerichtet ist, und die Insel wird sich darauf nach E bewegen; wird der Stein nun wieder gedreht, bis er die Stellung EF annimmt, mit dem abstoßenden Ende nach unten, so wird die Insel in schräger Richtung nach F steigen, und richtet man sie durch die Anziehung nach G, so wird er sich nach G erheben und von G nach H kommen, wenn man das abstoßende Ende gerade nach unten stellt. Indem man so die Richtung des Steins verändert, läßt man die Insel in schräger Richtung fallen und steigen (letzteres ist jedoch nicht sehr bedeutend) und transportiert sie von einem Teil des Landes zum anderen.

Man muß jedoch bemerken, daß diese Insel sich nicht über das Königreich hinaus bewegen und auch nicht höher als zwei Stunden steigen kann. Die Astronomen, die dicke Bücher über den Stein geschrieben haben, erklären dies aus folgender Ursache: Die magnetische Kraft wirke sich nicht über vier Meilen weit aus, und das Mineral, das auf den Stein einwirkt und im Innern der Erde und im Meer bis auf die Entfernung von sechs Stunden, vom Ufer an gerechnet, verborgen liegt, sei nicht auf dem ganzen Erdkreis verbreitet, sondern allein auf das Gebiet des Königs beschränkt. Sonst würde es durch den Vorteil der höheren Lage sehr leicht sein, ein jedes Land zu unterwerfen, das im Bereich des Magneten liege.

Liegt der Magnet mit dem Horizont parallel, so steht die Insel still. Da seine Enden sich dann in gleicher Entfernung von der Erde befinden, wirken sie mit gleicher Kraft. Das eine zieht nach oben, das andere nach unten; somit kann auch keine Bewegung stattfinden.

Der Stein steht unter Leitung mehrerer Astronomen, die ihm auf Befehl des Königs die verschiedenen Richtungen geben. Diese verbringen den größten Teil ihres Lebens mit der Beobachtung der Himmelskörper, und zwar durch Hilfe von Gläsern, welche die unsrigen bei weitem übertreffen. Obgleich die Teleskope nur drei Fuß Länge haben, vergrößern sie doch mehr als unsere von hundert Fuß und zeigen auch die Sterne mit größerer Deutlichkeit. Dieser Vorteil hat die Laputier in den Stand gesetzt, Entdeckungen zu machen, die wir in Europa nicht ahnen. In ihrem Katalog befinden sich zehntausend Fixsterne, während doch die größten Verzeichnisse, die wir besitzen, kaum ein Drittel dieser Zahl enthalten. Sie haben auch zwei Trabanten des Mars entdeckt, deren nächster von seinem Hauptplaneten so weit entfernt ist, wie dessen Durchmesser dreimal beträgt, und der entferntere fünfmal; ersterer läuft um den Mars in zehn, letzterer in einundzwanzig und einer halben Stunde. Das Quadrat der periodischen Umdrehung beider steht in demselben Verhältnis wie der Kubus ihrer Entfernung vom Zentrum des Mars, und dies beweist, daß sie nach denselben Gesetzen der Schwere regiert werden wie die übrigen Himmelskörper.

Außerdem haben die Laputier neununddreißig verschiedene Kometen beobachtet und ihre Bahnen mit großer Sicherheit beschrieben. Ist dies wirklich der Fall (und sie behaupten es mit dem größten Selbstvertrauen), so wäre zu wünschen, daß ihre Berechnungen allgemein bekannt würden; die Theorie der Kometen, die bei uns bis jetzt sehr lahm und mangelhaft ist, würde dadurch dieselbe Vollkommenheit erreichen wie andere Teile der Astronomie.

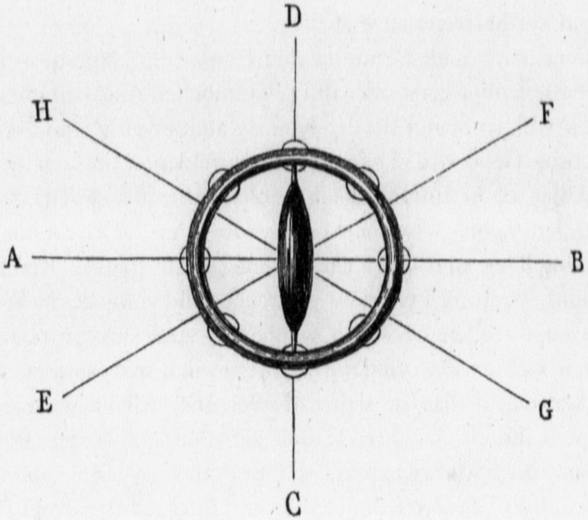
D
H
F
A
B
E
G
C

Der König würde der unumschränkteste Fürst der Erde sein, wenn er seine Minister überreden könnte, ihm hierin behilflich zu sein. Diese aber besitzen Güter auf dem Festland und sagen sich, daß das Amt eines Günstlings ein sehr ungewisser Besitz sei. Deshalb wollen sie nie ihre Einwilligung dazu geben, ihrem Vaterland zur Sklaverei zu verhelfen.

Wenn eine Stadt Meuterei und Empörung beginnt, in heftigen Parteikampf gerät oder die gewöhnlichen Abgaben nicht bezahlen will, so bringt sie der König durch zwei Methoden wieder zum Gehorsam. Das erste und mildere Verfahren besteht darin, daß er die Insel über einer solchen Stadt und dem sie umgebenden Gebiet schweben läßt, wodurch er die Einwohner des Sonnenscheins und des Regens beraubt und folglich Krankheiten und Teuerung bei ihnen entstehen läßt. Verdient ihr Verbrechen eine größere Strafe, so werden sie zugleich von oben mit großen Steinen beworfen, gegen die sie sich nicht anders schützen können, als daß sie sich in Keller und Höhlen verkriechen, während die Dächer ihrer Häuser zertrümmert werden. Bleiben sie dann noch immer hartnäckig und drohen sie sogar mit einem Aufstand, so läßt der König ihnen die Insel auf den Kopf fallen, wodurch sowohl Häuser als auch Menschen vernichtet werden. Dies ist jedoch nur ein außerordentliches Mittel, wozu der König nur selten genötigt wird und was er auch nicht in Anwendung zu bringen wünscht. Ferner wagen auch die Minister nicht, ihm eine Handlung anzuraten, wodurch sie dem Volke verhaßt und ihre eigenen Güter, die unten liegen, zerstört würden. Die Insel ist nämlich eine Domäne der Krone.

Es findet sich jedoch noch ein anderer Grund, weshalb die Könige dieses Landes stets einer so furchtbaren Handlung abgeneigt sind, wenn sie nicht durch die äußerste Not dazu gezwungen werden. Wenn nämlich die zu verwüstende Stadt große und spitze Felsen enthielte, wie dies in größeren Städten nicht ungewöhnlich ist, da die Einwohner eine solche Lage, wahrscheinlich um jene

Katastrophe zu verhindern, häufig gewählt haben, oder eine Stadt viele Kirchtürme und steinerne Pfeiler besitzen sollte, so möchte die untere Fläche der Insel, obgleich sie aus Diamant besteht und zweihundert Ellen dick ist, durch den plötzlichen Stoß zerbrechen, oder wenn sie den Feuern der Häuser zu nahe käme, einen Riß bekommen, wie bei uns ein Schornstein, mag er auch von Stein und Eisen erbaut sein. Das Volk ist mit allen diesen Umständen genau bekannt und weiß sehr wohl, wie weit es seinen Eigensinn treiben darf, bis Freiheit und Eigentum in Gefahr geraten. Der König, wenn er am heftigsten gereizt und entschlossen ist, eine Stadt in einen Schutthaufen zu verwandeln, läßt die Insel nur langsam hinabsinken, wobei er zärtliche Liebe zu seinen Untertanen als Vorwand angibt, jedoch in Wirklichkeit die Besorgnis hegt, einen Riß in dem diamantenen Boden zu verursachen. Alle Naturforscher sind nämlich der Meinung, in diesem Fall würde der Magnet die Insel nicht mehr tragen können und die ganze Masse würde zu Boden fallen müssen.

Durch ein Grundgesetz des Königreichs dürfen weder der Monarch noch seine zwei ältesten Söhne die Insel verlassen, auch nicht die Königin, bis sie ihr Kindbett überstanden hat.

Viertes Kapitel

Der Verfasser verläßt Laputa. Reise nach Balnibarbi; er kommt in der Hauptstadt an. Die Beschreibung der Hauptstadt und des umliegenden Landes. Der Verfasser wird von einem vornehmen Mann gastfreundlich aufgenommen. Seine Unterhaltung mit diesem.

Quälereien habe ich zwar auf dieser Insel nicht erleiden müssen, ich hielt mich jedoch für vernachlässigt und sogar auch teilweise für verachtet. Weder der König noch das Volk zeigten

Interesse für irgendeine andere Kenntnis als Mathematik und Musik, worin die Laputier mir überlegen waren und mich deshalb geringschätzten. Als ich die Merkwürdigkeiten der Insel gesehen hatte, war mein größter Wunsch, sie zu verlassen, denn ich war der Einwohner herzlich müde. Sie waren wirklich in zwei Wissenschaften, für die ich die größte Achtung hege und womit ich auch nicht unvertraut bin, im höchsten Grad ausgezeichnet, allein zugleich so sehr in ihre Grübeleien vertieft, daß ich mich niemals in unangenehmerer Gesellschaft befunden habe. Ich unterhielt mich während meines zweimonatigen Aufenthaltes allein mit Weibern, Klatschern und Pagen, wodurch ich mich zuletzt sehr verächtlich machte. Diese waren jedoch die einzigen Leute, von denen ich vernünftige Antworten erhalten konnte.

Durch angestrengtes Studium hatte ich mir eine bedeutende Kenntnis der Landessprache verschafft. Es war mir aber langweilig, auf einer Insel zu bleiben, wo ich so wenig Ermutigung erhielt, und ich beschloß deshalb, sie mit der ersten Gelegenheit zu verlassen.

Am Hof befand sich ein vornehmer Mann, der mit dem König nahe verwandt war und allein deshalb mit Achtung behandelt wurde. Im übrigen hielt man ihn für die unwissendste und dümmste Person. Er hatte der Krone viele ausgezeichnete Dienste erwiesen, besaß Talente und äußere Bildung, Rechtschaffenheit und Ehrgefühl, allein durchaus kein musikalisches Gehör, so daß seine Feinde behaupten konnten, er habe häufig den Takt falsch angegeben. Auch konnten ihm seine Lehrer nur mit äußerster Schwierigkeit die leichtesten mathematischen Sätze beibringen. Er hatte die Güte, mir häufig Gunstbezeigungen zu erweisen, und wünschte Kenntnis von den Angelegenheiten Europas, von den Gesetzen, Gewohnheiten und Wissenschaften der verschiedenen von mir bereisten Länder zu erhalten. Er lieh mir ein aufmerksames Ohr und machte verschiedene sehr weise Bemerkungen über meinen Bericht. Er hatte zwei Klatscher, jedoch nur, um sich der Sitte zu fü-

gen, denn er brauchte sie nicht, ausgenommen, wenn er bei Hof war oder zeremoniöse Besuche abstattete. Wenn wir allein waren, befahl er ihnen gewöhnlich, sich zu entfernen.

Ich ersuchte diesen vornehmen Herrn, mich in meiner Bitte an den König um Erlaubnis zur Abreise zu unterstützen. Dieser hatte die Güte, mir zu willfahren, wie er jedoch gnädigst bemerkte, nur mit Widerwillen. Er machte mir auch wirklich mehrere vorteilhafte Angebote, die ich jedoch mit Ausdrücken der größten Dankbarkeit ablehnen mußte.

Am 16. Februar nahm ich Abschied vom König und vom Hof. Der König machte mir ein Geschenk, das ungefähr zweihundert Pfund Sterling wert war, und mein Beschützer gab mir dieselbe Summe, zugleich mit einem Empfehlungsschreiben an einen seiner Freunde in der Hauptstadt Lagado. Als die Insel an einem zwei Stunden von Lagado entfernten Berg schwebte, wurde ich von der untersten Terrasse in derselben Weise, wie ich aufgestiegen war, hinabgelassen.

Das Festland, soweit es dem Monarchen der fliegenden Insel gehört, führt den allgemeinen Namen Balnibarbi, und die Hauptstadt, wie ich schon vorhin bemerkte, heißt Lagado. Ich empfand eine große Freude, als ich mich wieder auf festem Boden befand. Ich ging durch die Stadt, ohne Aufsehen zu erregen, denn ich war wie ein Eingeborener gekleidet und mit der Sprache schon bekannt genug, um mich mit den Einwohnern zu unterhalten. Bald fand ich auch das Haus des Herrn, an den ich empfohlen war, überreichte meinen Empfehlungsbrief des Granden der Insel und wurde mit großer Höflichkeit aufgenommen. Dieser vornehme Herr, dessen Name Munodi war, ließ mir ein Zimmer in seinem Haus einrichten, das ich während meines Aufenthalts bewohnte, und bewirtete mich mit der größten Gastfreundschaft.

Am nächsten Tag fuhr er mit mir in seiner Karosse aus, um mir die Stadt zu zeigen, die ungefähr halb so groß wie London ist. Die Häuser waren aber sonderbar gebaut und die meisten dem Einsturz nahe. Die Leute in den Straßen gingen schnell, zeigten wilde Gesichter, starre Blicke und waren größtenteils zerlumpt. Wir fuhren durch ein Haupttor und dann auf das Land im Umkreis von drei Meilen, wo ich mehrere Arbeiter mit verschiedenen Werkzeugen die Erde aufwühlen sah, ohne den Zweck erkennen zu können. Auch bemerkte ich weder Korn noch Gras, obgleich der Boden ausgezeichnet zu sein schien. Ich konnte mein Erstaunen über das sonderbare Aussehen der Stadt und des Landes nicht unterdrücken und wagte an meinen Führer die Frage, was die vielen so geschäftigen Köpfe, Hände und Gesichter zu bedeuten hätten, die ich sowohl in den Straßen als auch in den Feldern erblickte; ich sähe keine gute Wirkung, die von diesen Leuten hervorgebracht werde; im Gegenteil, nie hätte ich ein so schlecht bebautes Land, so schlecht angelegte und erhaltene Häuser oder auch ein Volk erblickt, dessen Antlitz und Äußeres so viel Elend und Mangel ausdrücke.

Dieser Herr Munodi war eine Person ersten Ranges und einige Jahre Statthalter von Lagado gewesen, aber nach einer Ministerkabale wegen Mangels an Kenntnissen abgesetzt worden. Der König behandelte ihn jedoch mit Freundlichkeit als einen wohlgesinnten Mann, der jedoch nur einen geringen und verächtlichen Verstand besitze.

Als ich mit solchem Freimut Land und Einwohner tadelte, gab er mir zur Antwort: Ich hätte noch nicht lange genug im Land gelebt, um mir ein Urteil bilden zu können; die verschiedenen Völker und Länder hätten verschiedene Sitten; und dann fügte er noch einige andere Gemeinplätze zu demselben Zwecke hinzu. Als wir aber nach seinem Palast zurückkehrten, fragte er mich, wie mir das Gebäude gefalle, welche Abgeschmacktheiten ich in demselben bemerkte, was ich an der Kleidung und an dem Aussehen seiner Diener auszusetzen hätte. Dies konnte er mit vollkommener Sicherheit tun, denn alles, was ihn umgab, war prächtig, ordnungsmäßig und fein. Ich erwiderte: Die Klugheit, Bildung und das Vermögen Seiner Exzellenz hätten ihn vor Mängeln bewahrt, die durch Torheit und Bettelei bei anderen bewirkt würden. Hierauf sagte er mir: Wenn ich mit ihm auf sein ungefähr fünfzehn Stunden entferntes Landhaus gehen wolle, würde er mehr Muße für ähnliche Gespräche haben. Ich sagte Seiner Exzellenz, ich stünde vollkommen zu seiner Verfügung, und somit reisten wir am nächsten Morgen ab.

Während unserer Reise machte er mich auf die verschiedenen Methoden aufmerksam, die von den Pächtern bei der Bebauung ihrer Felder angewandt wurden, ein Umstand, den ich durchaus nicht begreifen konnte, denn mit Ausnahme weniger Punkte konnte ich keine Kornähre und keinen Grashalm entdecken. Nach drei Stunden änderte sich jedoch die Szene; wir kamen in die lieblichste Gegend; Pächterhäuser waren in kleinen Entfernungen nett gebaut, die Felder waren umzäunt und enthielten Weingärten, Kornfelder und Wiesen. Ich erinnere mich, nie eine schönere Aussicht gehabt zu haben. Seine Exzellenz bemerkte, daß sich mein Gesicht erheitere. Er sagte mir mit einem Seufzer, hier beginne sein Landgut und werde denselben Anblick darbieten, bis wir an sein Haus kämen; seine Landsleute verspotteten und verachteten ihn, weil er seine Angelegenheiten nicht besser leite und dem Königreich ein so schlimmes Beispiel gebe. Dieses werde aber nur von wenigen befolgt, die, wie er selbst, alt, eigensinnig und geistesschwach seien.

Zuletzt kamen wir zum Haus, das wirklich ein schönes Gebäude und nach den besten Regeln der alten Baukunst errichtet war. Die Fontänen, Gärten, Spaziergänge, Wege und Wäldchen waren mit dem feinsten Geschmack und zum besten Vorteil angelegt. Ich erteilte jeder Einzelheit das gebührende Lob. Seine Exzellenz nahm aber hierauf nicht eher Bezug als bis nach dem Abendessen und sagte mir dann mit trauriger Miene: Er glaube noch gezwungen zu werden, seine Häuser auf dem Land und in der Stadt niederreißen zu lassen, um sie nach der gegenwärtigen Mode aufzubauen; er werde noch alle seine Pflanzungen zerstören müssen, um ihnen die Form zu geben, die der neuere Geschmack verlange; er werde zuletzt allen seinen Pächtern Befehle in diesem Sinn erteilen, wenn er nicht den fortwährenden Tadel des Stolzes, der Affektiertheit, der Unwissenheit und des Eigensinns auf sich laden oder vielleicht noch die Ungnade des Königs vermehren wolle; die Bewunderung, die ich gegen ihn äußerte, werde wahrscheinlich aufhören, wenn er mir mehrere Einzelheiten berichtet haben werde, von denen ich bei Hof nichts hätte hören können. Die Leute dort oben beschäftigten sich zu sehr mit ihren Spekulationen, um auf das, was unten geschehe, irgendwie Rücksicht nehmen zu können.

Folgendes ergab sich als Hauptinhalt seines Vortrags: Vor ungefähr fünf Jahren begaben sich mehrere Personen nach Laputa, entweder des Vergnügens oder ihrer Geschäfte wegen. Nachdem sie dort fünf Monate geblieben waren, kehrten sie mit einiger oberflächlicher Kenntnis der Mathematik, aber mit einer Menge flüchtigen Geistes zurück, den sie in der oberen Region erlangt hatten. Nach ihrer Rückkehr begannen diese Leute, an allem hier unten Mißbehagen zu finden, und kamen auf Entwürfe, alle Künste, Wissenschaften, Sprachen und Handwerke nach neuem Muster umzubilden. Zu diesem Zweck verschafften sie sich ein königliches Patent für die Errichtung einer Akademie von Projektemachern, und ihre Laune verbreitete sich mit solcher Schnelligkeit unter dem Volk, daß es bald keine Stadt von Wichtigkeit im Königreich mehr gab, worin nicht eine solche Akademie errichtet wurde. In diesen Kollegien erfinden die Professoren neue Regeln des Ackerbaus und der Baukunst, neue Instrumente für alle Handwerke und Fabrikationen. Das Unternehmen geht darauf hinaus, daß ein Mann die Arbeiten von zehn verrichtet; ein Palast soll in einer Woche von so dauerhaftem Material erbaut werden, daß er, ohne der Ausbesserung zu bedürfen, für immer fest steht. Alle Früchte der Erde sollen zu jeder beliebigen Jahreszeit reif werden und einen um hundert Prozent größeren Ertrag als gegenwärtig liefern; ähnliche Vorschläge, die genug Glück verheißen, sind in Menge gemacht worden. Das einzige Unglück besteht nur darin, daß bis jetzt keines dieser Projekte zur Vollkommenheit gelangt ist. Mittlerweile liegt das ganze Land elend und wüst, die Häuser verfallen, und die Einwohner sind ohne Kleidung und Nahrung. Anstatt hierdurch entmutigt zu werden, verfolgen diese nur ihre Entwürfe mit desto größerer Heftigkeit, zugleich voll Hoffnung und Verzweiflung. Er selbst (Seine Exzellenz) sei kein Mann mit Unternehmungsgeist; er ziehe es vor, bei den alten Formen zu bleiben, im Haus seiner Ahnen zu wohnen und in jedem Lebensverhältnis den ruhigen Gang ohne Neuerung beizubehalten. Einige wenige Personen von Stand hätten dasselbe getan, würden aber verächtlich und übelwollend als Feinde der Künste, als unwissende und schlechte Staatsbürger betrachtet, die ihre eigene faule Bequemlichkeit der allgemeinen Verbesserung ihres Vaterlandes vorzögen.

Seine Exzellenz fügte hinzu: Er wolle in keiner Weise das Vergnügen hindern, das ich sicherlich beim Besuch der großen Akademie empfinden würde, wohin er mich zu bringen entschlossen sei. Er bat mich, nur ein ruiniertes Gebäude an einem Berg, in der Entfernung von anderthalb Stunden von seinem Haus, zu betrachten, worüber er mir folgenden Bericht gab: Er hatte eine sehr gute Mühle, die, eine halbe Stunde vom Haus entfernt, durch einen Wasserlauf getrieben wurde. Die Mühle genügte ihm, seiner Familie und einem großen Teil seiner Pächter. Vor sieben Jahren aber kam ein Klub von Projektemachern mit dem Vorschlag, er solle die Mühle niederreißen und eine andere an dem Abhang jenes Berges erbauen, an dessen Abhang ein Kanal eingehauen werden müsse nebst einem Behälter für das Wasser, das durch Röhren und Maschinen der Mühle zugeführt werden solle. Wind und Luft wirkten nämlich in der Höhe auf das Wasser aufregend und machten es somit geeigneter zur Bewegung;

wenn nun das Wasser einen Abhang hinabflösse, würde es die Mühle mit halb soviel Strommenge treiben können wie ein Fluß, dessen Lauf flacher ist. Seine Exzellenz sagte: Damals sei er bei Hof nicht gut angeschrieben gewesen; seine Freunde hätten ihn gedrängt, und somit sei er auf den Vorschlag eingegangen. Er habe hundert Menschen zwei Jahre lang arbeiten lassen, das Werk sei mißlungen, die Projektemacher seien davongegangen und hätten ihm allein die Schuld zugeschoben, seitdem fortwährend über ihn gespottet und andere zu demselben Experiment mit derselben Versicherung des glücklichen Erfolgs bewogen, aber auch mit derselben Vereitlung aller Hoffnungen sitzenlassen.

Nach wenigen Tagen kehrten wir zur Stadt zurück. Seine Exzellenz wollte mich, in Anbetracht des schlechten Rufs, den er bei der Akademie besaß, nicht selbst dort einführen, sondern empfahl mich einem seiner Freunde, der mich dort hinbringen sollte. Auch hatte Seine Exzellenz die Güte, mich als einen großen Bewunderer von Projekten und eine sehr neugierige und leichtgläubige Person vorzustellen. Dies war auch wirklich einigermaßen der Fall, denn ich war in meiner Jugend eine Art von Projektemacher gewesen.

Fünftes Kapitel

Der Verfasser erhält die Erlaubnis, die große Akademie von Lagado zu besichtigen; die Akademie wird weitläufig beschrieben. Die Künste, womit sich die Professoren beschäftigen.

Das Gebäude der Akademie besteht nicht aus einem einzelnen Gebäude, sondern aus dem Zusammenhang mehrerer an beiden Seiten der Straße, die zu dem Zweck gekauft und eingerichtet wurden, da sie bereits leerstanden und in Verfall gerieten.

Ich wurde von dem Direktor sehr gut aufgenommen und besuchte darauf mehrere Tage lang die Akademie. Jedes Zimmer hatte einen oder mehrere Projektemacher, und wie ich glaube, bin ich in nicht weniger als fünfhundert Zimmern gewesen.

Der erste, den ich erblickte, war ein magerer Mann mit schmutzigen Händen und Gesicht, langem Bart und Haar, zerlumpt und an mehreren Stellen seines Körpers versengt. Kleider, Hemd und Haut waren bei ihm von derselben Farbe. Er hatte acht Jahre lang das Projekt verfolgt, Sonnenstrahlen aus Gurken zu ziehen, die in hermetisch verschlossenen Gläsern aufgestellt und in rauhen Sommern herausgenommen wurden, weil sie die Luft erwärmen sollten. Er sagte mir, ohne Zweifel werde er in acht Jahren oder vielleicht in noch längerer Zeit imstande sein, die Gärten des Gouverneurs zu mäßigen Preisen mit Sonnenschein zu versehen. Er beklagte sich jedoch über Mangel an Geld und bat mich, ihm zur Ermutigung des Genies etwas zu geben, da die Gurken in jetziger Jahreszeit sehr teuer wären. Ich gab ihm ein kleines Geschenk, denn der adlige Herr hatte mich zu diesem Zweck mit Geld versehen, weil er die Gewohnheit jener Leute kannte, von jedem, der sie besuchte, etwas zu erbetteln.

Ich ging in ein anderes Zimmer, war aber schon im Begriff zurückzueilen, weil mich ein furchtbarer Gestank beinahe überwältigte. Mein Führer aber drängte mich wieder vor, indem er mich mit einem Flüstern beschwor, keinen Anstoß zu erregen, den man mir im höchsten Grad übelnehmen würde, und deshalb wagte ich nicht einmal, mir die Nase zuzuhalten. Der Projektemacher in dieser Zelle war der älteste Gelehrte der Akademie; Gesicht und Bart waren von blassem Gelb, Hände und Kleider mit Kot bedeckt. Als ich ihm vorgestellt wurde, erdrückte er mich beinahe mit einer Umarmung, ein Kompliment, das abzulehnen ich wohl Ursache gehabt hätte. Seine Beschäftigung war seit seiner ersten Anstellung in der Akademie, den Menschenkot durch Scheidung seiner Bestandteile, durch Entfernung der Galle, des Speichels und des Geruchs in den Urzustand zurückzuversetzen. Die Gesellschaft hatte ihm wöchentlich ein gefülltes Gefäß von der Größe einer Schiffstonne bewilligt.

Ich sah einen anderen, der Eis in Schießpulver kalzinieren wollte. Dieser zeigte mir auch eine Abhandlung, die er über die Schmiedbarkeit des Feuers geschrieben hatte und die er herausgeben wollte.

Auch befand sich dort ein wahrhaftes Genie, durch das man die neue Baukunstmethode verbesserte, nach der man mit dem Dach anfangen und so bis zum Ende fortfahren sollte. Er rechtfertigte dieses Verfahren durch die Bauart der klügsten Insekten, der Bienen und Spinnen.

Ein Blinder hatte dort mehrere Lehrlinge, die sich in demselben Zustand befanden. Ihre Beschäftigung bestand darin, daß sie Farben für Maler mischten; ihr Lehrer hatte sie nämlich unterrichtet, diese durch Gefühl und Geruch zu unterscheiden. Zu meinem Unglück hatten sie damals noch keine großen Fortschritte gemacht, und auch der Professor irrte sich jeden Augenblick. Dieser Gelehrte findet bei der ganzen Bruderschaft viel Ermutigung und Achtung.

In einem anderen Zimmer fand ich viel Vergnügen an einem Projektemacher, der einen Entwurf gemacht hatte, das Land mit Schweinen zu pflügen, um die Kosten des Pflugs, des Rindviehs und der Arbeit zu ersparen. Seine Methode ist folgende: Man verbirgt in dem Acker acht Zoll tief und sechs Zoll voneinander entfernt eine Anzahl Eicheln, Datteln, Haselnüsse und andere zur Mast dienende Früchte, die bei diesen Tieren besonders beliebt sind. Hierauf treibt man eine Herde von sechshundert Stück Schweinen auf das Land, die dann, um ihre Nahrung zu suchen, den Boden in der Art aufwühlen, daß er sich zur Saat eignet; und sie versehen ihn gleichzeitig auch mit Dünger. Man hat allerdings den Versuch gemacht, fand aber Kosten wie Mühe sehr groß und die Ernte nur sehr gering; man zweifelt jedoch nicht daran, daß die Erfindung sehr verbessert werden kann.

Ich ging in ein anderes Zimmer, wo Wände und Decke gänzlich mit Spinnweben bedeckt waren; nur ein schmaler Weg war dem Gelehrten zum Ein- und Ausgehen geblieben. Als ich eintrat, rief er mir mit lauter Stimme zu, ich solle seine Spinnweben nicht beschädigen. Er beklagte den unglücklichen Irrtum, den die Welt so lange gehegt habe, indem sie Seidenwürmer benütze, da man doch eine solche Menge häuslicher Insekten habe, welche die Seidenwürmer durch Festigkeit im Weben und Spinnen bei weitem übertreffen. Auch war er der Meinung, durch Benutzung der Spinnen würden die Kosten des Färbens der Seide gänzlich erspart werden; er zeigte mir eine Menge sehr schön gefärbter Fliegen, womit er seine Spinnen fütterte, und behauptete, die Spinnweben würden dadurch eine bestimmte Färbung bekommen. Da er nun Fliegen von allen Farben besitze, so hoffe er den Geschmack eines jeden zu befriedigen, sobald er ein passendes Futter von Gummi, Ölen und gallertartigen Stoffen für die Fliegen auffinden könne, wodurch dann auch die Fäden des Gewebes Stärke und Konsistenz erhalten müßten.

Ein Astronom hatte eine Unternehmung eingeleitet, eine Sonnenuhr auf dem Wetterhahn des Stadtturmes aufzustellen, welche die jährlichen und täglichen Bewegungen der Erde um die Sonne anzeigen und zugleich auch den zufälligen Wechsel des Windes angeben sollte.

Da ich seit einiger Zeit an einer leichten Kolik litt, brachte mich mein Führer in ein Zimmer, wo ein großer Arzt wohnte, der durch die Behandlung dieser Krankheit berühmt geworden war. Dieser kurierte durch die entgegengesetzte Behandlung des Organs. Er hatte nämlich einen großen Blasebalg mit einer langen und schmalen Mündung aus Elfenbein. Diese hielt er acht Zoll vom Anus entfernt und behauptete, er könne die Eingeweide dadurch so eng machen wie eine getrocknete Blase. War aber

die Krankheit zu hartnäckig und heftig, so steckte er die Mündung in den Leib des Patienten hinein, während der Blasebalg voll Wind war, und entlud diesen in die Eingeweide; alsdann zog er sein Instrument zurück, um es wieder zu füllen, hielt aber unterdessen mit seinem Daumen die Öffnung des Leibes zu. Nachdem dies drei- oder viermal wiederholt sei, müsse der hinzugekommene Wind nach seiner Behauptung sich herausdrängen und den schädlichen mit sich fortreißen, wie man Wasser in eine Pumpe schütte, um sie zu reinigen. Alsdann sei der Patient gänzlich wiederhergestellt. Ich sah, wie er beide Experimente bei einem Hund machte, konnte jedoch keine Wirkung des ersteren bemerken. Nach dem zweiten war das Tier dem Bersten nahe und machte eine so furchtbare Entladung, daß diese mir und meinem Führer sehr ekelhaft wurde. Der Hund verendete auf der Stelle, und wir verließen den Doktor, als er ihn durch dieselbe Operation wieder zu erwecken versuchte.

Ich besuchte noch viele andere Zimmer, werde aber den Leser mit allen von mir beobachteten Merkwürdigkeiten nicht langweilen, da ich mich der Kürze befleißige.

Bis dahin hatte ich bloß eine Seite der Akademie gesehen: Die andere ist nämlich für die Förderer spekulativer Wissenschaften bestimmt; ich werde davon reden, wenn ich zuvor noch eine ausgezeichnete Person erwähnt habe, die dort mit dem Namen »Universalgelehrter« bezeichnet wird. Dieser sagte uns, er habe dreißig Jahre lang ausschließlich die Verbesserung des menschlichen Lebens im Auge gehabt. Er hatte zwei Zimmer, die mit wunderbaren Seltenheiten gefüllt, und fünfzig Menschen, die stets bei der Arbeit waren. Einige verdickten die Luft in eine trockene und berührbare Substanz, indem sie den Stickstoff ausschieden und die flüssigen Bestandteile verdunsten ließen; andere erweichten den Marmor zu Kissen; andere versteinerten die Hufe lebender Pferde, um sie vor Sturz zu bewahren. Der Gelehrte selbst beschäftigte sich damals mit zwei großartigen Projekten;

das erste bestand darin, Ackerland mit Spreu zu besäen, wobei er eine außerordentliche Keimkraft nachweisen wollte und worüber er auch Versuche anstellte, die ich jedoch wegen zu geringer Intelligenz nicht verstehen konnte. Das andere Projekt war ein Plan, durch eine gewisse Mischung aus Gummi, Mineral- und Pflanzenstoffen, die äußerlich angewandt werden mußten, das Wachsen der Wolle auf zwei jungen Lämmern zu verhindern; er hoffte nach genügender Zeit die Zucht nackter Schafe im ganzen Königreich verbreiten zu können.

Wir gingen darauf zur anderen Seite der Akademie hinüber, wo die Projektemacher in spekulativen Wissenschaften, wie ich bereits erwähnt habe, residieren.

Der erste Professor, den ich sah, befand sich in einem großen Zimmer und war von vierzig Schülern umgeben. Nach der gewöhnlichen Begrüßung bemerkte er, daß ich interessiert einen Rahmen betrachtete, der den größten Teil des Zimmers in Länge und Breite ausfüllte, und sagte: Ich wunderte mich vielleicht, daß er sich mit einem Projekt beschäftige, die spekulativen Wissenschaften durch praktische und mechanische Operationen zu verbessern. Die Welt werde aber bald die Nützlichkeit dieses Verfahrens bemerken. Er schmeichelte sich mit dem Gedanken, daß eine höhere und edlere Idee noch nie aus dem Gehirn eines Menschen entsprungen sei. Ein jeder wisse, wieviel Mühe das gewöhnliche Erlernen der Künste und Wissenschaften bei den Menschen erfordere; er sei überzeugt, durch seine Erfindung werde die ungebildetste Person bei mäßigen Kosten und bei geringer körperlicher Anstrengung Bücher über Philosophie, Poesie, Mathematik und Theologie ohne die geringste Hilfe des Genies oder von Studien schreiben können. Er führte mich an einen Rahmen, wo alle seine Schüler in Reihen aufgestellt waren. Der Rahmen enthielt zwanzig Quadratfuß und befand sich in der Mitte des Zimmers. Die Oberfläche bestand aus einzelnen Holzstücken von der Form eines Würfels, von denen jedoch einzelne größer als andere waren. Sie waren sämtlich durch leichte Drähte miteinander verbunden. Diese Holzstücke waren an jeder Fläche mit Papier überklebt, auf dem alle Worte der Landessprache in Konjugationen und Deklinationen, jedoch ohne alle Ordnung aufgeschrieben waren. Der Professor bat mich, achtzugeben, da er seine Maschine in Bewegung setzen wolle. Jeder Zögling nahm auf seinen Befehl einen eisernen Griff zur Hand, von denen vierzig am Rand befestigt waren. Durch eine plötzliche Wendung wurde die ganze Anordnung verändert. Dann befahl er sechzehn Knaben, die verschiedenen Zeilen langsam zu lesen, und wenn sie drei oder vier Wörter herausgefunden hatten, die einen Satz bilden konnten, diktierten sie diese vier anderen Knaben, welche sie niederschrieben. Diese Arbeit wurde drei- oder viermal wiederholt. Die Maschine war aber so eingerichtet, daß die Wörter bei der Umdrehung einen anderen Platz einnahmen, sobald das ganze Viereck sich von oben nach unten drehte.

Sechs Stunden mußten die Schüler täglich bei dieser Arbeit zubringen. Der Professor zeigte mir mehrere Folianten, die auf diese Weise aus abgebrochenen Sätzen gebildet waren und die er zusammenstellen wollte. Aus diesem reichen Material werde er einen vollständigen Inbegriff aller Wissenschaften und Künste bilden; ein Verfahren, das er jedoch verbessern und schneller beendigen könne, wenn das Publikum ein Kapital zusammenbringen wollte, um fünfhundert solcher Rahmen in Lagado aufzustellen, und wenn man die Unternehmer zwingen werde, in verschiedenen Sammlungen die nötige Summe beizusteuern.

Er gab mir die Versicherung, diese Erfindung habe schon von Jugend auf alle seine Gedanken in Anspruch genommen; er habe seinen Rahmen so eingerichtet, daß er den ganzen Sprachreichtum umfasse, und sogar das allgemeine Verhältnis berechnet, nach dem in Büchern Partikel, Haupt- und Zeitwörter und andere Redeteile vorkommen.

Ich bezeigte dieser ausgezeichneten Person meinen demütigsten Dank für seine große Güte, mir die ganze Erfindung mitzuteilen, und versprach, falls ich je in mein Vaterland zurückkehrte, würde ich ihm Gerechtigkeit erweisen als dem einzigen Erfinder dieser wunderbaren Maschine, deren Form und Einrichtung ich aufs Papier warf. Ich sagte ihm: Obgleich es in Europa bei Gelehrten Gewohnheit sei, sich einander die Erfindungen zu stehlen, wodurch sie den Vorteil hätten, daß wenigstens ein Streit über das Eigentum stattfinde, so würde ich doch mit allem Eifer darauf hinwirken, daß er, ohne irgendeinen Nebenbuhler, die Ehre an seiner Erfindung ausschließlich erlange.

Hierauf begaben wir uns in die Sprachschule, wo drei Professoren sich über die zweckmäßigste Methode berieten, ihre Landessprache zu verbessern. Das Projekt des ersten bestand darin, die Rede dadurch abzukürzen, daß man vielsilbige Wörter in einsilbige verwandle, daß man Verben und Partizipien auslasse; alle vorstellbaren Dinge seien in Wirklichkeit nur Hauptwörter.

Das Projekt des zweiten bezweckte die Abschaffung aller Wörter, und dies wurde als eine große Verbesserung der Gesundheit wie der Kürze betrachtet. Denn es ist klar, daß jedes von uns gesprochene Wort eine Verminderung unserer Lungen durch Abnutzung bewirkt, folglich auch die Verkürzung unseres Lebens zur Folge hat. Es wurde deshalb folgendes Auskunftsmittel angeboten: Da Worte allein in Zeichen der Dinge bestehen, sei es passender, wenn alle Menschen solche Auskunftsmittel bei sich herumtrügen, die ein besonderes Geschäft bezeichneten, worüber sie sich unterhalten wollten.

Diese Erfindung würde allgemein geworden sein, wenn sich die Weiber nicht mit dem Pöbel und den ungebildeten Menschen verbunden und mit einer Rebellion gedroht hätten, falls ihnen nicht die Freiheit ihrer Zungen nach herkömmlicher Weise verbliebe; der Pöbel ist ja ohnehin der unversöhnliche Feind jeder Wissenschaft.

Die Klügsten und Weisesten jedoch befolgen die neue Methode, sich durch Dinge auszudrücken; die einzige Unbequemlichkeit, die sich daraus ergibt, besteht nur darin, daß ein Mann, dessen Geschäft sehr groß und von verschiedener Art ist, ein Bündel auf seinem Rücken mit sich herumtragen muß, wenn er nicht imstande ist, sich einen oder zwei starke Bediente zu halten.

Zwei dieser Weisen habe ich oft unter ihren Bündeln beinahe zusammenbrechen sehen, wie dies bei Hausierern in England wohl der Fall ist. Wenn sie sich in den Straßen begegneten, legten sie ihre Last nieder, öffneten ihre Säcke und hielten ein stundenlanges Gespräch; alsdann füllten sie ihre Behälter aufs neue, halfen sich einander, wenn sie die Last wieder auf den Rücken nahmen, und empfahlen sich.

Für ein kurzes Gespräch mag jeder seinen Bedarf in der Tasche oder unterm Arm tragen, weil ihm dann weniger genügt. Zu Hause aber kann niemand in Verlegenheit kommen. Deshalb ist ein Zimmer, wo eine in dieser Kunst gewandte Gesellschaft zusammenkommt, mit allen Dingen angefüllt, die Stoff zu diesem künstlichen Gespräch darbieten.

Ein anderer Vorteil, der sich aus dieser Erfindung ergeben muß, besteht darin, daß dadurch eine allgemeine Sprache erfunden würde, die man bei allen zivilisierten Nationen verstünde, bei denen Güter und Geräte sich glichen, so daß man sich leicht in die verschiedenen Gewohnheiten würde finden können. Somit könnten Gesandte mit fremden Fürsten oder Staatsmännern leicht verhandeln, obgleich sie deren Sprache nicht verstünden.

Ich war auch in der mathematischen Schule, wo die Lehrer nach einer Methode unterrichten, von der man in Europa kaum einen Begriff hat. Satz und Beweis werden mit gehirnartiger Tinktur auf einer dünnen Oblate aufgezeichnet und durch den Mund eingegeben. Der Schüler muß diese schnell hinunterschlucken und dann drei Tage lang nichts als Brot und Wasser genießen. Ist die Oblate verdaut, so steigt die Tinktur ins Hirn und führt dort einen mathematischen Satz ein. Bisher hat aber der Erfolg sich noch nicht erwiesen, ein Umstand, der teilweise aus einem Fehler in der Quantität oder Komposition folgen mag, teilweise auch aus der Störrigkeit der Knaben, denen diese Medizin so ekelhaft ist, daß sie sich gewöhnlich fortstahlen und sich der Dosis von oben entledigten, bevor sie wirken konnte; auch hat man sie bis jetzt nicht überreden können, so lange zu hungern, wie es bei dem Rezept notwendig wäre.

Sechstes Kapitel

Fernere Beschreibung der Akademie. Der Verfasser bringt einige Verbesserungen in Vorschlag, die auch mit ehrenvoller Anerkennung angenommen werden.

In der Schule der politischen Projektemacher habe ich mich nur schlecht unterhalten, denn die Professoren schienen verrückt zu sein, und eine solche Szene macht mich immer sehr melancholisch. Diese unglücklichen Leute brachten Entwürfe in Vorschlag, die Monarchen dahin zu überreden, daß sie ihre Günstlinge nur nach Weisheit, Fähigkeit und Tugend wählen; daß Minister belehrt würden, nur das Wohl des Staates in Betracht zu ziehen, Verdienst, Fähigkeit und Dienste zu belohnen; sie suchten die Fürsten über ihr wahres Interesse aufzuklären, so daß sie dieses auf derselben Grundlage wie das Volk beruhen ließen und daß sie für Ämter nur geeignete Personen wählten. Es fanden sich darunter noch mehrere wilde und unausführbare Hirngespinste, die kein Mensch bisher begreifen konnte und die mich von der Wahrheit jener alten Bemerkung überzeugten, es gäbe keine so ausschweifende und unvernünftige Meinung, die nicht von einzelnen Menschen als Wahrheit aufgestellt worden sei.

Hier muß ich jedoch diesem Teil der Akademie insofern Gerechtigkeit erweisen, als ich eingestehe, nicht alle Mitglieder seien so sehr zu Visionen geneigt gewesen. Unter anderen machte ich die Bekanntschaft eines Arztes, der mit der Natur und dem System des Regierens vollkommen bekannt zu sein schien. Diese ausgezeichnete Person richtete ihre Studien auf einen sehr nützlichen Zweck, nämlich auf die Erfindung von Mitteln, die allen Krankheiten und Verderbnissen der Staatsverwaltung abhelfen werden, denen diese durch Laster und Schwächen der Regierenden sowie durch Zügellosigkeit der Gehorchenden unterworfen ist. Zum Beispiel, da alle Schriftsteller und Philosophen einstimmig zugestehen, es finde sich eine Ähnlichkeit zwischen dem natürlichen und dem politischen Körper, so ist es klar, daß die Gesundheit beider erhalten und die Krankheit beider durch dieselben Rezepte kuriert werden muß. Es ist bekannt, daß große Versammlungen häufig durch überflüssige, aufbrausende und andere schädliche Säfte belästigt werden, daß man Krankheiten des Kopfes und noch häufiger des Herzens bei ihnen beobachtet; daß starke Konvulsionen der Nerven und Sehnen in beiden Händen, besonders aber in der rechten Faust, bei ihnen stattfinden; daß sie an Spleen, an Blähungen, Schwindel und Delirien leiden; daß sie skrofulöse Geschwülste mit fauler Materie enthalten; daß sie an saurem und stinkendem Aufstoßen, an Unverdaulichkeit und anderen Übeln krank sind, deren Erwähnung hier unnötig sein würde. Der Doktor machte deshalb den Vorschlag, sobald man im Senat zusammenkomme, sollten Ärzte bei den ersten drei Versammlungen gegenwärtig sein und nach dem Schluß einer jeden Sitzung den Puls der Senatoren fühlen; nachdem sie hierauf die Natur der Krankheit und die Gegenmittel reiflich beraten hätten, sollten sie am vierten Tag, vom Apotheker begleitet, der die passende Medizin mitbringen würde, in den Versammlungssaal zurückkehren. Bevor dann die Sitzung beginne, sollten den Parlamentsmitgliedern Abführmittel, Brechmittel,

Korrosiva, Restringentia, Palliativa, Akustika usw. gereicht werden, wie dies die besonderen Fälle erforderten; nach der Wirkung dieser Medizin sollten diese Mittel dann bei jeder Sitzung vermehrt, verändert oder fortgelassen werden. Dies Projekt würde nicht viel Geld kosten und müßte nach meiner demütigen Meinung einen schnelleren Geschäftsgang in den Ländern bewirken, wo die Parlamente Anteil an der gesetzgebenden Gewalt besitzen. Die Einstimmigkeit würde dadurch befördert, die Debatte abgekürzt. Mancher jetzt geschlossene Mund erhielte dadurch Flüssigkeit der Rede, ein anderer, der sich öffnete, würde dadurch geschlossen werden; der Mutwille der jungen Parlamentsmitglieder würde dadurch wegpurgiert und das Phlegma der älteren vermindert werden; der Dumme würde dadurch aufgeweckt und der Impertinente in seiner Hitze gemäßigt.

Ferner: da die Klage allgemein ist, daß Günstlinge der Fürsten ein schwaches und kurzes Gedächtnis besitzen, sollte jeder, der bei einem Ersten Minister Audienz habe, nachdem er sein Geschäft mit der größten Kürze und Deutlichkeit vorgetragen, wenn er wieder gehe, dem Minister einen Nasenstüber oder einen Schlag auf den Bauch geben oder ihn auf ein Hühnerauge treten oder ihn dreimal am Ohr zwicken oder eine Nadel in seine Beinkleider stecken oder seinen Arm braun und blau kneifen. Um ferner Vergeßlichkeit zu verhindern, müsse die Operation bei jeder Audienz wiederholt werden, bis das Gesuch erfüllt oder gänzlich abgeschlagen wäre.

Der Doktor gab ferner den Rat: Jeder Deputierte einer Nationalversammlung solle, nachdem er seine Meinung ausgesprochen und verteidigt habe, seine Stimme für die entgegengesetzte Behauptung abgeben. Geschehe dies, so würde das Resultat mit Sicherheit zum Vorteil des Staates ausfallen.

Wenn Parteiwut in einem Staat zu heftig würde, so sei ein wunderbares Mittel in Anwendung zu bringen, damit der Frieden wiederhergestellt werde. Die Methode ist folgende: Man nimmt ungefähr hundert Parteiführer und stellt sie paarweise, nach Ähnlichkeit ihrer Schädel, auf. Dann sägt ein geschickter Operateur den Schädel eines jeden zu derselben Zeit und in solcher Weise ab, daß er das Gehirn auf gleiche Weise teilt. Dann werden die abgesägten Teile des Hirnschädels vertauscht, indem der Tory den eines Whigs erhält und umgekehrt. Allerdings scheint dies Verfahren eine große Geschicklichkeit zu erfordern. Der Professor gab uns jedoch die Versicherung, der Erfolg werde unfehlbar sein, wenn die Operation nur auf geschickte Weise ausgeführt würde. Seine Schlußfolgerung war so: Da die beiden Gehirne dann in einem Schädel die Sache unter sich ausmachen, werden sie sich sehr bald gegenseitig verständigen und dadurch jene Mäßigung und regelrechte Denkmethode bei denen bewirken, die einzig zu dem Zweck in die Welt gekommen zu sein glauben, damit sie ihre Bewegung überwachen und leiten. Was nun die Verschiedenheit der Gehirne in Quantität und Qualität betreffe, so versicherte uns der Doktor, dies sei kein sehr wichtiger Umstand.

Ich hörte eine heftige Debatte zweier Professoren über die bequemste und wirksamste Weise, Steuern zu erheben, ohne den Untertanen lästig zu werden. Der erste behauptete: Die gerechteste Methode werde darin bestehen, wenn man Laster und Torheit besteure; die Summe für jeden müsse dann aufrichtig durch eine Jury bestimmt werden, die aus seinen Nachbarn zusammengesetzt würde. Der zweite war durchaus der entgegengesetzten Meinung: Man müsse diejenigen Eigenschaften des Körpers und der Seele besteuern, worauf die Menschen hauptsächlich eitel wären; man müsse geringere oder höhere Abgaben nach dem Verhältnis der Eitelkeit bestimmen; einem jeden müsse die Entscheidung in diesem Punkt überlassen bleiben. Die höchste Abgabe müsse von Männern bezahlt werden, die große Günstlinge des anderen Geschlechts seien, und zwar nach Verhältnis der Zahl und der Natur aller Gunstbezeigungen, die sie erhalten hätten. Hierbei solle ihnen erlaubt sein, Zeugnis für sich selbst abzulegen. Witz, Tapferkeit und Höflichkeit solle ebenfalls hoch besteuert werden, wobei dann die Abgaben in derselben Art eingezogen werden müßten; indem nämlich jeder Mann die Quantität, die er besitze, auf sein Ehrenwort angebe. Ehre, Gerechtigkeit, Weisheit und Gelehrsamkeit sollen jedoch nicht besteuert werden, weil es Eigenschaften sind, die keiner seinem Nebenmenschen zugestehen oder bei sich selbst bedeutend schätzen wird.

Die Weiber müßten ferner im Verhältnis ihrer Schönheit und ihrer Geschicklichkeit, sich zu putzen, besteuert werden und dabei dasselbe Privileg wie die Männer besitzen, das heißt, sie müssen den Grad der Eigenschaften selbst bestimmen; Beständigkeit, Keuschheit, Verstand und Gutmütigkeit sollten jedoch in die Steuerliste nicht aufgenommen werden, weil sie die Kosten des Steuererhebens nicht einbringen würden.

Damit die Parlamentsmitglieder ihre Stimme stets im Interesse der Krone abgeben, wurde der Vorschlag gemacht, sie sollten um Staatsämter würfeln. Jeder müsse zuvor schwören und Bürgschaft leisten, nach dem Willen des Hofes zu votieren, er möge gewinnen oder verlieren; dafür erhalten die, welche verlieren, auch die Freiheit, bei der nächsten Vakanz wieder zu würfeln. So würden Hoffnung und Erwartung fortwährend rege erhalten; keiner würde sich über gebrochene Versprechen beklagen, sondern jede Vereitlung seiner Hoffnungen ausschließlich der Fortuna zur Last legen, deren Schultern breiter und stärker als die eines Ministers seien. Ein anderer Professor hielt ein großes Papier voll Anleitungen, Komplotte und Verschwörungen gegen die Regierung zu entdecken, in der Hand. Er riet allen großen Staatsmännern, die Diät verdächtiger Personen zu erforschen; sich nach ihrer Essenszeit und nach der Seite zu erkundigen, auf die sie sich des Nachts im Bett legten; mit welcher Hand sie sich abwischten; ihre Exkremente hinsichtlich des Geschmacks, der Farbe, des

Geruchs, der Konsistenz, zu früher oder zu später Verdauung zu untersuchen, um sich so ein Urteil über ihre Gedanken und Absichten zu bilden; nie seien die Menschen so ernsthaft, gedankenvoll und nur mit sich beschäftigt, wie wenn sie zu Stuhl gingen; er wisse dies aus eigener Erfahrung; in dieser Situation habe er selbst des Versuchs halber an Königsmord gedacht und bemerkt, seine Exkremente hätten eine grünlichere Farbe, als wenn er nur über Aufstände und Verbrennung der Hauptstadt nachgesonnen habe.

Die ganze Abhandlung war mit vielem Scharfsinn geschrieben und enthielt manche für Politiker höchst merkwürdige Beobachtungen; sie war aber, wie ich glaubte, nicht ganz vollständig. Eine Äußerung der Art erlaubte ich mir gegen den Verfasser und stellte ihm den Antrag, mit seiner Genehmigung noch einige Zusätze zu machen. Er nahm meine Vorschläge mit größerer Bereitwilligkeit auf, als sonst bei Schriftstellern gewöhnlich ist, besonders bei denjenigen, die in das Gebiet des Projektierens hineinstreifen, und erklärte mir, fernere Belehrung werde er mit dem größten Vergnügen annehmen.

Hierauf erzählte ich ihm, im Königreich Tribnia, das von den Eingeborenen Langden genannt wird und wo ich früher auf meinen Reisen einige Zeit verweilte, bestehe die größere Masse des Volkes aus Angebern, Zeugen, Spionen und Eideshelfern nebst dienenden und subalternen Werkzeugen, die sämtlich unter den Fahnen, der Leitung und Besoldung der Staatsminister und ihrer Beamten stünden. Die Verschwörungen in jenem Königreich seien gewöhnlich die Schöpfung der Personen, die sich einen Ruf als große Politiker machen wollten; oder sie seien erregt, um eine gebrechliche Regierung aufrechtzuerhalten, oder damit jene ihre Koffer mit Konfiskationen füllten oder den Staatskredit sinken und steigen ließen, wie es ihrem Privatvorteil angemessen sei. Zuerst wird bestimmt, welche verdächtigen Personen einer Verschwörung angeklagt werden sollen; dann trägt man Sorge, alle ihre Briefe und

Papiere zu untersuchen und die Eigentümer davon in Ketten zu schmieden. Diese Papiere werden einer Gelehrtengruppe übergeben, die sehr geschickt ist, die geheimnisvolle Bedeutung der Worte, Silben und Buchstaben zu enträtseln; zum Beispiel finden sie heraus: Ein Nachtstuhl bedeute einen Geheimen Rat; eine Herde Gänse eine Staatsversammlung; ein lahmer Hund einen Feind, der einen Angriff von außen beabsichtigt; eine Pest ein stehendes Heer; ein Maikäfer einen Premierminister; das Podagra einen Hohenpriester; ein Galgen einen Staatssekretär; ein Nachttopf einen Ausschuß von Lords; ein Sieb eine Hofdame; ein Besen eine Revolution; eine Mausefalle ein öffentliches Amt; ein bodenloser Brunnen eine Schatzkammer; ein Abzugskanal einen Hof; eine Narrenkappe einen Günstling; ein zerbrochenes Rohr einen Gerichtshof; ein leeres Faß einen General; eine offene Wunde die Staatsverwaltung.

Ist diese Methode nicht genügend, so werden zwei andere von größerer Wirksamkeit in Anwendung gebracht, die bei den Gelehrten mit dem Namen »Akrostichon« und »Anagramm« bezeichnet werden. Erstens können sie in allen Anfangsbuchstaben eine politische Bedeutung dechiffrieren. So soll N eine politische Verschwörung, B ein Kavallerieregiment, L eine Flotte zur See bedeuten, oder man versetzt den Buchstaben in einem verdächtigen Papier und entdeckt so die tiefsten Pläne einer unzufriedenen Partei. Wenn ich zum Beispiel schreibe: Unser Bruder Tom hat einen Hämorrhoidalknoten, so kann das auf folgende Weise dechiffriert werden: Wir haben ein Komplott organisiert, das (durch Hämorrhoidalknoten bezeichnet) bald ausbrechen wird.

Der Professor bezeigte mir die größte Dankbarkeit für meine Mitteilungen und versprach mir, diese auf ehrenvolle Weise in seinem Traktat zu erwähnen.

Ich sah in dem Land nichts weiter, was mich zum längeren Bleiben hätte bewegen können, und begann deshalb an meine Rückkehr nach England zu denken.

Siebentes Kapitel

Der Verfasser verläßt Lagado und kommt in Maldonada an. Kein Schiff liegt dort bereit. Er macht eine kurze Reise nach Glubbdubdrib. Sein Empfang beim Gouverneur.

Landwärts dehnt sich das Festland, dessen Teil dieses Königreich bildet, nach allem, was ich bemerkt habe, gegen Osten hin aus, und zwar nach dem unbekannten, westwärts von Kalifornien liegenden Teile Amerikas zu. Nördlich reicht es an den Stillen Ozean, der ungefähr nur fünfundsiebzig Stunden von Lagado entfernt ist. Dort befindet sich ein guter Hafen, wo viel Handel mit der großen Insel Luggnagg betrieben wird, die im neunundzwanzigsten Grad nördlicher Breite und im hundertundvierzigsten der Länge nordwestlich liegt. Die Insel Luggnagg erhebt sich aus dem Meer südöstlich von Japan und ist ungefähr hundert Stunden davon entfernt. Zwischen dem Kaiser von Japan und dem Kaiser von Luggnagg besteht ein festes Bündnis, so daß man häufig von einer Insel zur anderen reisen kann. Ich beschloß deshalb, mich dorthin zu begeben, um nach Europa zurückkehren zu können. Ich mietete zwei Maulesel und einen Führer, der mir den Weg weisen und mein kleines Gepäck tragen sollte. Ich nahm Abschied von meinem edlen Beschützer, der mir so viele Gunstbezeigungen erwiesen hatte und bei meiner Abreise mir noch ein kostbares Geschenk machte.

Meine Reise war ohne Abenteuer oder Ereignis, das des Erzählens wert wäre. Als ich im Hafen von Maldonada ankam (das ist der Name), fand ich kein Schiff segelfertig, das nach Luggnagg bestimmt war. Auch war es unwahrscheinlich, daß bald ein Fahrzeug ankommen würde. Die Stadt ist so groß wie Portsmouth. Ich machte bald einige Bekanntschaften und ward sehr gastfrei aufgenommen. Ein Herr von höherem Stand sagte mir:

Da Schiffe nach Luggnagg erst in einem Monat absegeln würden, möchte es mir keine unangenehme Unterhaltung gewähren, eine kleine Reise nach der Insel Glubbdubdrib zu machen, die ungefähr fünf Stunden entfernt südwestlich liege. Er und einer seiner Freunde machten mir den Vorschlag, mich zu begleiten und ein passendes Fahrzeug für die Reise zu beschaffen.

Glubbdubdrib bedeutet, soweit ich die Sprache verstehe, eine Insel von Hexenmeistern und Zauberern. Sie ist ungefähr ein Drittel so groß wie die Isle of Wight, zugleich sehr fruchtbar, und wird von dem Haupt eines Stammes regiert, der ausschließlich aus Zauberern besteht. Die Mitglieder dieses Stammes verheiraten sich nur untereinander, und der älteste Sohn wird stets der Fürst oder Gouverneur. Er besitzt einen herrlichen Palast und einen Park von ungefähr dreihundert Morgen, der von einer zwanzig Fuß hohen Mauer aus gehauenem Stein umgeben ist. In diesem Park befinden sich kleine Einfriedungen für Viehweiden, Kornfelder und Gärten.

Der Gouverneur und seine Familie werden von einem etwas sonderbaren Gesinde bedient. Durch seine Geschicklichkeit in der Zauberkunst wird er in den Stand gesetzt, jede Person von den Toten zu zitieren und ihren Dienst auf vierundzwanzig Stunden, jedoch nicht länger, in Anspruch zu nehmen; auch darf er dieselbe Person erst nach drei Monaten wieder zitieren, wenn sich nicht eine ganz außerordentliche Gelegenheit darbietet.

Als wir gegen elf Uhr morgens auf der Insel gelandet waren, ging einer der Herren, die mich begleiteten, zum Gouverneur und bat um Audienz für einen Fremden, der zu dem Zweck gekommen sei, diese Ehre von Seiner Hoheit zu erlangen. Die Bitte wurde sogleich gewährt, und wir gingen alle drei in das Hoftor durch eine Reihe von Garden, die nach sehr altmodischer Weise gekleidet und bewaffnet waren und einen Schauder in mir erweckten, den ich nicht auszudrücken vermag. Wir kamen durch mehrere Zimmer, wo sich Diener derselben Art befanden, die reihenweise aufgestellt waren, bis wir in den Audienzsaal gelangten. In diesem wurde uns nach drei tiefen Verbeugungen und einigen allgemeinen Fragen die Erlaubnis erteilt, uns auf drei Stühlen neben dem Thron Seiner Hoheit niederzusetzen.

Dieser Fürst verstand die Sprache von Balnibarbi, obgleich sie von der dieser Insel verschieden war. Er bat mich, ihm einen Bericht von meinen Reisen zu geben; und um mir zu zeigen, daß er sich mit mir auf vertrauten Fuß stelle, entließ er alle seine Begleiter mit einem Wink seines Fingers, die denn auch augenblicklich verschwanden wie Visionen eines Traums. Einige Zeitlang war ich sehr bestürzt, bis mir der Gouverneur die Versicherung gab, ich würde keinen Schaden erleiden; und als ich nun auch bemerkte, daß meine beiden Gefährten, die schon oft in dieser Art unterhalten worden waren, durchaus gleichgültig blieben, fing ich an, wieder Mut zu fassen, und erzählte Seiner Hoheit meine Abenteuer; jedoch hatte ich noch immer Bedenken und sah mich häufig nach dem Platz um, wo ich die gespenstischen Bedienten erblickt hatte.

Ich hatte die Ehre, mit dem Gouverneur zu speisen, wo dann eine neue Reihe Geister das Essen auftrug und bei Tisch aufwartete. Jetzt bemerkte ich schon, daß ich weniger erschrak als am Morgen. Ich blieb bis Sonnenuntergang und bat untertänig, Seine Hoheit möge entschuldigen, wenn ich seine Einladung, im Palast zu schlafen, nicht annehmen könne. Meine Freunde schliefen mit mir in einem Privathaus der nahen Stadt, welche die Hauptstadt dieser kleinen Insel ist. Am nächsten Morgen nahmen wir uns aber die Freiheit, dem Gouverneur wieder unsere Aufwartung zu machen, wie er die Güte gehabt hatte, uns zu befehlen.

Auf diese Weise blieben wir zehn Tage auf der Insel, wobei wir beinahe täglich beim Gouverneur und des Nachts in unserer Wohnung waren. Ich wurde bald mit dem Anblick der Geister so vertraut, daß sie nach dem dritten oder vierten Mal durchaus

keinen Eindruck mehr auf mich machten, oder wenn dies auch noch stattfand, so war meine Neugier doch zuletzt überwiegend. Seine Hoheit befahl mir nämlich, alle Personen in beliebiger Zahl unter allen Toten von Anfang der Welt bis gegenwärtig, wie es mir gerade einfiel, zu nennen. Er werde ihnen befehlen, alle Fragen, wozu ich Lust hätte, zu beantworten, unter der Bedingung, daß die Fragen auf die Zeit, worin jeder Tote gelebt hätte, beschränkt blieben. Ich könne mich auf eins genau verlassen, daß sie mir die Wahrheit sagen würden, da das Lügen in der anderen Welt durchaus nichts helfe.

Ich dankte Seiner Hoheit auf die verbindlichste Weise für eine so große Gnadenbezeigung. Wir befanden uns in einem Zimmer, von wo wir eine schöne Aussicht in den Park genossen. Weil nun meine erste Neigung dahin zielte, mich mit Szenen des Pomps und der Pracht unterhalten zu lassen, so wünschte ich, Alexander den Großen an der Spitze seines Heeres nach der Schlacht bei Arbela zu sehen, der denn auch sogleich auf eine Bewegung des Fingers von seiten des Gouverneurs unter dem Fenster, wo wir standen, erschien. Alexander ward in das Zimmer zitiert, und nur mit einiger Schwierigkeit verstand ich sein Griechisch, ebenso wie er auch von dem meinigen nicht viel verstehen konnte. Er gab mir sein Wort, er sei nicht vergiftet worden, sondern an einem Fieber gestorben, das infolge übermäßigen Trinkens entstanden sei.

Hierauf sah ich, wie Hannibal die Alpen passierte. Dieser sagte mir, er habe keinen einzigen Tropfen Essig in seinem Lager gehabt.

Dann wurden mir Cäsar und Pompejus an der Spitze ihrer Truppen vorgeführt, und zwar in dem Augenblick, als sie im Begriff waren, die Schlacht von Pharsalus zu liefern. Ersteren sah ich auch in seinem letzten großen Triumph. Ich wünschte, der römische Senat möge in einem großen Zimmer und eine moderne Repräsentativversammlung in einem anderen vor mir erscheinen. Der erstere erschien mir als eine Versammlung von Helden und Halbgöttern; die andere als ein Zusammenlauf von Krämern, Taschendieben, Räubern und Renommisten.

Der Gouverneur gab auf mein Verlangen Cäsar und Brutus ein Zeichen, zu uns heranzutreten. Beim Anblick des Brutus ward ich von höchster Ehrerbietung erfüllt und konnte in jedem Zug seines Gesichts die strengste Tugend, die größte Unerschrockenheit und Seelenfestigkeit, die reinste Vaterlandsliebe und allgemeines Wohlwollen gegen die ganze Menschheit sehr leicht erkennen.

Ich bemerkte mit vielem Vergnügen, daß diese beiden Personen in gutem Einverständnis miteinander standen, und Cäsar gestand mir freimütig, die großen Handlungen seines eigenen Lebens seien um viele Grade nicht vergleichbar mit dem Ruhm seiner Ermordung.

Ich hatte die Ehre eines langen Gesprächs mit Brutus und erfuhr von ihm, sein Vorfahr Junius, Sokrates, Epaminondas, Cato der Jüngere, Sir Thomas More und er selbst befänden sich in immerwährender Gesellschaft, ein Verein von sechs Männern, zu dem alle Zeitalter der Welt den siebenten nicht hinzufügen könnten.

Ich würde dem Leser Langeweile erwecken, wollte ich die ungeheure Anzahl aller erlauchten Personen hier anführen, die zur Befriedigung meines unersättlichen Verlangens, die Welt in jeder Periode des Altertums zu erblicken, vom Gouverneur herbeizitiert wurden. Ich weidete meine Augen hauptsächlich an den Vernichtern der Tyrannen und Usurpatoren und an den Helden, welche die Freiheit unterdrückter und mißhandelter Nationen wiederherstellten. Es ist mir jedoch unmöglich, das Vergnügen meines Herzens so zu beschreiben, daß der Leser einen Begriff davon erhält.

Achtes Kapitel

Fernere Nachrichten über Glubbdubdrib. Die ältere und neuere Geschichte wird berichtigt.

Da ich die Alten, die wegen ihres Verstandes und ihrer Gelehrsamkeit vor allem berühmt sind, zu sehen wünschte, so bestimmte ich einen besonderen Tag für ihren Besuch. Somit machte ich den Vorschlag, Homer und Aristoteles sollten an der Spitze aller ihrer Kommentatoren erscheinen; diese aber waren so zahlreich, daß mehrere Hundert im Hof und in den äußeren Räumen des Palastes warten mußten. Ich erkannte die beiden Heroen auf den ersten Blick und konnte sie nicht allein von der Masse, sondern auch voneinander unterscheiden. Homer war größer und im Wesen zierlicher als Aristoteles; er hatte, obgleich ein Greis, einen aufrechten Gang und die lebhaftesten und durchdringendsten Augen, die ich jemals gesehen habe. Aristoteles ging sehr gebeugt und bediente sich einer Krücke. Sein Gesicht war mager, sein Haar schmal und dünn, seine Stimme klang hohl. Ich bemerkte, daß beide der Gesellschaft gänzlich fremd waren und daß sie nie von den übrigen etwas gehört hatten. Ein Geist, den ich nicht nennen will, flüsterte mir auch zu, diese Kommentatoren hielten sich in der Geisterwelt von ihren Autoren so weit wie möglich entfernt. Dies werde durch Scham und durch das Bewußtsein ihrer Schuld veranlaßt, weil sie auf so furchtbare Weise den Sinn entstellt und der Nachwelt überliefert hätten. Hierauf stellte ich Didymos und Eustathios dem Homer vor und bewog ihn, sie besser zu behandeln, als sie verdienten, denn er fand bald, daß sie nicht genug Verstand besaßen, um in den Geist eines Dichters einzudringen. Aristoteles aber geriet in Wut über den Bericht, den ich ihm von Scotus und Ramus gab, als ich diese beiden Herren ihm vorstellte. Er fragte sie, ob alle

übrigen ihres Standes ebensolche Dummköpfe wären wie sie selbst.

Dann bat ich den Gouverneur, Descartes und Gassendi zu zitieren, und überredete diese, ihre Systeme dem Aristoteles darzulegen. Dieser große Philosoph gestand offen seinen Irrtum in der Physik ein, weil er in vielen Dingen nur Vermutungen aufstellte, wie dies bei allen Menschen unvermeidlich ist. Er war der Meinung, das System Gassendis, welches die Lehre Epikurs so genießbar wie möglich zurechtgemacht habe, ferner auch die Wirbel des Descartes müßten auf gleiche Weise verworfen werden. Dasselbe Schicksal sagte er der Anziehungskraft voraus, welches die Gelehrten jetzt mit so viel Eifer verfechten. Er sagte: Neue Natursysteme glichen den Moden, die mit jedem Zeitalter wechseln; sogar die, welche sie nach mathematischen Grundsätzen beweisen wollen, würden nur eine Zeitlang blühen, und sobald diese verflossen sei, in Vergessenheit geraten.

Fünf Tage lang habe ich mich mit vielen alten Gelehrten unterhalten. Auch sah ich die meisten römischen Imperatoren der ersten Kaiserzeit. Ferner bewog ich den Gouverneur, die Köche des Heliogabalus zu beschwören, damit uns diese ein Mittagessen bereiteten. Sie konnten uns jedoch aus Mangel an Material ihre Geschicklichkeit nicht zeigen. Ein Helot des Agesilaos bereitete uns eine Schüssel spartanischer Suppe. Es war mir jedoch unmöglich, mehr als einen Löffel voll hinunterzuschlucken.

Die beiden Herren, die mich zu der Insel begleitet hatten, mußten wegen ihrer Privatgeschäfte in zwei Tagen zurückkehren. Ich nutzte diese Zeit, um einige neuere Tote kennenzulernen, die während der letzten drei Jahrhunderte in meinem Vaterland und im übrigen Europa am meisten hervorgetreten waren. Da ich nun von jeher ein Bewunderer erlauchter Familien war, bat ich den Gouverneur, ein oder zwei Dutzend Könige mit ihren Vorfahren, in der Reihe von acht oder neun Generationen, zu beschwören. Ich ward jedoch auf eine traurige und überraschende Weise in meiner Erwartung getäuscht. Anstatt eines langen Zuges mit königlichen Diademen sah ich in einer Familie zwei Fiedler, drei muntere Hofleute und einen italienischen Prälaten, in einer anderen einen Barbier, einen Abt und zwei Kardinäle.

Ich hege zu große Verehrung für gekrönte Häupter, um bei einem so kitzligen Punkt länger zu verweilen, muß jedoch gestehen, daß ich mit einem großen Vergnügen den Gesichtszügen, wodurch sich einzelne Familien auszeichnen, bis auf die Originale nachspüren konnte. Ich konnte deutlich entdecken, weshalb die eine Familie ein langes Kinn besaß, weshalb eine andere zwei Generationen lang an Schurken und noch zwei andere Menschenalter an Dummköpfen Überfluß gehabt hat; weshalb eine dritte verrückt und eine vierte spitzbübisch wurde; woher es gekommen ist, was Polydor Vergil von einem gewissen großen Haus sagte: »Nec vir fortis, nec femina casta«*; wie Grausamkeit, Falschheit und Feigheit charakteristische Merkmale wurden, die in gerader Linie, wie skrofulöse Geschwülste, auf die Nachkommenschaft übergingen. Auch durfte ich mich darüber gar nicht wundern, als ich eine solche Unterbrechung der Geschlechter durch Pagen, Lakaien, Kutscher, Spieler, Fiedler, Schauspieler, Offiziere und Gauner sah.

Vorzüglich empfand ich Ekel über die neuere Geschichte. Als ich nämlich alle seit hundert Jahren berühmtesten Personen an den Höfen der Fürsten genau beobachtet hatte, fand ich, wie die Welt durch charakterlose Schriftsteller irregeführt wurde, welche die größten Kriegstaten den Feiglingen, die weisesten Ratschläge den Toren, Aufrichtigkeit den Schmeichlern, römische Tugend den Vaterlandsverrätern, Frömmigkeit den Atheisten, Keuschheit unnatürlichen Wollüstlingen, Wahrheit den Spionen und Angebern zuschreiben; wie viele unschuldige und ausgezeichnete Per-

* »Kein Mann ist tapfer, keine Frau keusch«

sonen zum Tod oder zur Verbannung dadurch verurteilt worden sind, daß mächtige Minister die Verderbtheit der Richter und die Bosheit der Parteien benutzten; wie viele Schurken zu den höchsten Ämtern des Vertrauens, der Macht, der Würde und des reichlichsten Einkommens erhoben wurden; welch ein Anteil an den Beschlüssen und Ereignissen der Höfe, Ratsversammlungen und Senate Dirnen, Kupplern, Schmarotzern und Lustigmachern zuzuschreiben ist. Welch eine niedrige Meinung erlangte ich von menschlicher Weisheit und Rechtschaffenheit, als ich die Quellen und Beweggründe der großen Revolutionen in der Welt und die verächtlichen Zufälle, denen sie ihren Erfolg verdankten, erfuhr.

Hier entdeckte ich die Schurkerei und Unwissenheit derer, die die geheime Geschichte anekdotisch zu schreiben behaupten, die so viele Könige durch einen Becher Gift ins Grab schicken, die die Unterredung zwischen einem Fürsten und Premierminister wiederholen, wobei kein Zeuge gegenwärtig war, die die Gedanken und Kabinette der Staatssekretäre erschließen und das Unglück haben, sich fortwährend zu irren.

Hier entdeckte ich die wahren Ursachen vieler großer Ereignisse, welche die Welt überrascht haben; wie eine Buhlerin das geheime Boudoir, das geheime Boudoir einen Geheimen Rat, der Geheime Rat eine Staatsversammlung leitet.

Ich hörte, wie ein General in meiner Gegenwart gestand, er habe einen Sieg nur durch die Macht der Feigheit und des schlechten Verhaltens gewonnen; wie ein Admiral erzählte, er habe aus Mangel an genügendem Einverständnis mit dem Feind diesen geschlagen, obgleich er ihm die Flotte verraten wollte. Drei Könige behaupteten, sie hätten während ihrer ganzen Regierung niemals einen Mann von Verdienst befördert, wenn dies nicht durch Versehen oder durch die Verräterei eines Ministers, dem sie ihr Vertrauen geschenkt hätten, geschehen sei; sie würden dies auch nicht tun können, wenn sie wieder zum Leben erweckt würden; sie bewiesen in logischer Darlegung, der königliche Thron könne nie ohne Korruption erhalten werden, weil ein entschiedener, vertrauensvoller und konsequenter Charakter, den der Mensch durch die Tugend erhalte, den Staatsgeschäften ein ewiges Hindernis bieten müsse.

Aus Neugierde erkundigte ich mich hauptsächlich danach, durch welches Verfahren eine große Anzahl von Menschen hohe Ehrentitel und wertvolle Landgüter erworben hätte, und ich beschränkte meine Fragen auf eine Zeit, die uns noch sehr neu ist; ich rührte jedoch nicht im geringsten an die Gegenwart, weil ich auf keine Weise, nicht einmal im Ausland, Anstoß erregen wollte. Auch brauche ich dem Leser wohl durchaus nicht zu sagen, daß ich in allem, was ich hier berichte, mein eigenes Vaterland nicht im Auge habe.

Eine große Anzahl von Personen, die in dieser Hinsicht beteiligt waren, wurde herbeibeschworen und enthüllte mir, bei einer flüchtigen Untersuchung, eine solche Schande, daß ich ohne ernsten Tadel nicht darüber reden kann. Meineid, Unterdrükkung, Verführung, Betrug, Kuppelei und ähnliche Gebrechen wären noch unter den Schlichen am ehesten zu entschuldigen, und ich war auch so vernünftig, in dieser Beziehung nachsichtig zu sein. Als mir aber einige gestanden, sie verdankten ihren Reichtum unnatürlichen Lastern; andere ihrer Willfährigkeit, Frauen und Töchter preiszugeben; andere dem Verrat ihres Vaterlandes und ihres Fürsten; einige der Vergiftung; eine größere Anzahl der Verdrehung des Rechts, um Unschuldige zugrunde zu richten: So hoffe ich auf Verzeihung, wenn diese Entdeckung die große Verehrung ein wenig verminderte, die ich gegen Personen von hohem Rang hege, weil diese mit der höchsten Achtung, die man ihrer hohen Würde schuldig ist, von uns, ihren Untergebenen, behandelt werden müssen.

Ich hatte oft von großen Diensten gelesen, die Fürsten und Staaten erwiesen wurden, und wünschte deshalb, die Personen zu sehen, die jene Dienste geleistet hatten. Nach näherer Untersuchung wurde mir aber gesagt, die Namen befänden sich in keiner geschichtlichen Angabe, mit Ausnahme weniger, die man als die schändlichsten Schurken und Verräter dargestellt hatte. Von den übrigen war mir kein einziger Name bekannt. Sie alle erschienen mit gesenkten Blicken und in den schlechtesten Kleidern; die meisten sagten mir, sie seien in Armut und Schande und die übrigen am Galgen oder auf einem Schafott gestorben.

Unter anderen sah ich einen Mann, dessen Fall mir als etwas Besonderes erschien. An seiner Seite stand ein Jüngling von ungefähr achtzehn Jahren. Er sagte mir: Mehrere Jahre lang sei er der Befehlshaber eines Schiffes gewesen; in der Seeschlacht von Actium habe er das Glück gehabt, durch die Schlachtlinie des Feindes zu brechen, drei Hauptschiffe zu versenken und ein viertes zu nehmen. Dieses sei die einzige Ursache von des Antonius Flucht und des daraus sich ergebenden Sieges gewesen; der neben ihm stehende Jüngling sei sein Sohn, der in diesem Kampf sein Leben verloren habe. Er fügte hinzu: Im Vertrauen auf sein Verdienst sei er nach Beendigung des Krieges nach Rom gegangen und habe am Hof des Augustus um Beförderung als Befehlshaber eines größeren Schiffes nachgesucht, dessen Kommandeur in der Schlacht gefallen war; die Stelle sei jedoch, ohne Rücksicht auf seine Ansprüche, einem Knaben gegeben, der noch nie das Meer gesehen hatte, dem Sohn einer ehemaligen Sklavin Libertina, der einer Geliebten des Kaisers seine Aufwartung gemacht habe. Als er nun zu seinem eigenen Schiff zurückgekehrt sei, habe man ihm Vernachlässigung des Dienstes zum Vorwurf gemacht; der Befehl über sein Schiff sei einem Lieblingspagen des Vizeadmirals Publicola übertragen worden. Hierauf habe er sich auf ein kleines, von Rom weit entferntes Landgut zurückgezogen und dort sein Leben geendet.

Ich war so neugierig, die Wahrheit dieser Geschichte zu erfahren, daß ich mir erbat, Agrippa, der Admiral in jener Schlacht, möchte heraufbeschworen werden. Dieser erschien und bestätigte mir den ganzen Bericht noch mehr zum Vorteil des Kapitäns, dessen Bescheidenheit einen großen Teil seines Verdienstes vermindert oder verheimlicht hatte.

Ich erstaunte, die Verderbtheit in jenem Reich durch die Gewalt des eingeführten Luxus so weit und schnell verbreitet zu sehen, weshalb ich mich über mehrere Parallelfälle in anderen Ländern weniger wunderte, wo Laster jener Art weit länger geherrscht haben, wo der ganze Ruhm sowie auch die Beute ausschließlich dem ersten Befehlshaber erteilt wurde, der vielleicht auch nicht den geringsten Anspruch auf eines von beiden hatte.

Da jeder beschworene Geist in der Art vor mir erschien, wie es früher bei ihm im Leben der Fall gewesen war, so erweckte dies bei mir den melancholischen Gedanken, das Menschengeschlecht sei im letzten Jahrhundert sehr entartet; die Blattern, unter jeder Benennung und mit allen Folgen, hätten jeden Zug der englischen Physiognomie entstellt, die Größe der Körper vermindert, die Nerven geschwächt, die Spannkraft der Sehnen und Muskeln verringert, eine bleiche Gesichtsfarbe hervorgebracht und das Fleisch schlaff und übelriechend gemacht.

Ich stieg so weit hinunter, daß ich auch einige englische Freisassen vom alten Schlag heraufbeschwören ließ; jene Männer, die wegen der Einfachheit ihrer Sitten, ihrer Lebensart und Kleidung, wegen der Gerechtigkeit in ihrem Verfahren, wegen ihres freien Geistes, ihrer Tapferkeit und Vaterlandsliebe so sehr berühmt waren.

Ich konnte eine gewisse Aufregung nicht unterdrücken, als ich die Toten mit den Lebenden verglich und dabei bedachte, wie alle diese reinen und angeborenen Tugenden von ihren Enkeln für Geld preisgegeben werden, die sich durch den Verkauf ihrer Stimmen und durch ihr Verfahren bei Wahlen jedes Laster und jede Verderbnis erworben haben, die nur an einem Hof erworben werden können.

Neuntes Kapitel

Der Verfasser kehrt nach Maldonada zurück und segelt nach dem Königreich Luggnagg. Er wird eingesperrt und an den Hof gebracht. Die Art, wie er Audienz erhält. Des Königs Milde gegen seine Untertanen.

Lange genug war ich auf der Insel gewesen. Ich nahm deshalb Abschied von Seiner Hoheit, dem Gouverneur, und kehrte mit meinen beiden Reisegefährten nach Maldonada zurück. Als ich vierzehn Tage lang gewartet hatte, war ein Schiff nach Luggnagg segelfertig; die beiden Herren und einige andere waren so liebenswürdig, mich mit Lebensmitteln zu versehen und mich an Bord zu geleiten. Auf dieser Reise brachte ich einen Monat zu. Wir überstanden einen heftigen Sturm und mußten westwärts steuern, um in einen regelmäßigen Wind zu kommen, der auf einem Strich von mehr als sechzig Stunden in einer Richtung weht. Am 21. April 1708 fuhren wir in den Fluß Clumegnig ein, wo eine Hafenstadt an der südöstlichen Spitze von Luggnagg liegt. Wir warfen eine Stunde von der Stadt entfernt Anker und signalisierten nach einem Lotsen. Zwei von ihnen kamen nach einer halben Stunde an Bord und führten uns dann durch Bänke und Felsen, welche die Durchfahrt sehr gefährlich machten, in ein breites Becken, wo in der Entfernung einer Kabellänge von der Stadtmauer eine ganze Flotte mit Sicherheit ankern kann.

Einige unserer Matrosen hatten aus Verräterei oder aus Unvorsichtigkeit den Lotsen gesagt, ich sei ein großer Reisender. Deshalb wurde ich von einem Zollbeamten bei meiner Landung sehr genau ins Verhör genommen. Dieser Beamte redete mit mir in der Sprache von Balnibarbi, die wegen des starken Handels in dieser Stadt von den meisten, hauptsächlich aber von Seeleuten und Zollbeamten, verstanden wird. Ich gab ihm einen kurzen Bericht von einigen Einzelheiten und erzählte meine Geschichte so deutlich und konsequent wie möglich. Ich hielt es jedoch für notwendig, mein Vaterland zu verschweigen und mich als Holländer auszugeben, weil ich nach Japan reisen wollte und weil ich wußte, daß die Holländer die einzigen Europäer seien, die in dieses Land gelangen könnten. Ich sagte deshalb dem Beamten: Nachdem ich an der Küste von Balnibarbi Schiffbruch erlitten und auf einen Felsen geworfen worden sei, habe man mich in Laputa oder der schwebenden Insel aufgenommen (wovon der Beamte gehört hatte), und ich wollte jetzt nach Japan, um dort eine Gelegenheit zur Rückkehr in mein Vaterland zu finden. Der Beamte sagte: Ich müsse verhaftet werden, bis er Befehle von seinem Hof erhalten habe; er werde sogleich dorthin berichten und hoffe, in vierzehn Tagen eine Antwort zu bekommen. Hierauf wurde ich in eine passende Wohnung gebracht und eine Schildwache vor meiner Tür aufgestellt; ich konnte jedoch einen großen Garten zu Spaziergängen benutzen und wurde mit aller Menschlichkeit behandelt; meine Ernährung geschah auf Kosten des Königs. Auch erhielt ich Besuche von mehreren Personen, und zwar aus Neugier, weil man berichtete, ich sei von sehr entfernten Ländern gekommen, von denen man bisher noch nichts gehört habe.

Ich mietete mir einen jungen Mann, der mit mir in demselben Schiff die Überfahrt gemacht hatte, als Dolmetscher. Er war in Luggnagg geboren, hatte aber mehrere Jahre in Maldonada gelebt und besaß eine genaue Kenntnis beider Landessprachen. Dadurch war es mir möglich, mich mit denen, die mich besuchten, zu unterhalten; das Gespräch bestand jedoch allein aus ihren Fragen und meinen Antworten.

Die Depesche kam vom Hof zu der erwarteten Zeit. Sie enthielt einen Haftbefehl, mich und mein Zubehör nach Traldragdubb oder Trildrogdrib (soweit ich mich erinnere, wird das Wort in beiderlei Arten ausgesprochen) mit zehn Mann Kavallerie zu transportieren. Mein ganzes Zubehör bestand aber aus dem armen Burschen von Dolmetscher, den ich überredet hatte, in meinen Dienst zu treten; und auf mein demütiges Gesuch erhielten wir beide als Reittiere zwei Maulesel. Ein Bote wurde auf eine halbe Tagereise uns vorausgeschickt, um dem König Nachricht von unserer Ankunft zu geben und den Wunsch auszudrücken, Seine Majestät möge gnädigst geruhen, Tag und Stunde zu bestimmen, wenn es sein allerhöchstes Vergnügen sein würde, daß ich die Ehre erhalten möchte, den Staub vor seinem Fußschemel abzulecken. Dies ist der Hofstil; auch fand ich, daß es nicht eine bloße Förmlichkeit sei. Als ich nämlich zwei Tage nach meiner Ankunft Audienz erhielt, wurde mir befohlen, auf dem Bauch zu kriechen und den Boden abzulecken, während ich vorwärts kroch; da ich jedoch ein Fremder war, so hatte man zuvor dafür gesorgt, den Fußboden so rein zu machen, daß der Staub mir nicht sehr unangenehm wurde. Dieses war jedoch eine besondere Gnade, die nur den Personen von höchstem Rang bewilligt wird, wenn sie eine Audienz zu erhalten wünschen. Bisweilen wird sogar der Boden absichtlich mit Staub bestreut, wenn die Person, die Zutritt erhält, bei Hof mächtige Feinde hat. Auch habe ich gesehen, daß der Mund eines vornehmen Herrn so vollgestopft war, daß er kein einziges Wort aussprechen konnte. Dagegen gibt es auch kein Mittel, weil es für diejenigen, die Audienz erhalten, als Todesverbrechen gilt, wenn sie in Gegenwart Ihrer Majestät ausspucken oder sich den Mund wischen. Es gibt noch eine andere Gewohnheit, die ich durchaus nicht billigen kann; wenn der König die Absicht hat, einen seiner Edelleute in sanfter und milder Form zu töten, so läßt er den Fußboden mit einem gewissen braunen Pulver, einem tödlichen Gift, bestreuen, das jeden, der es aufleckt, in vierundzwanzig Stunden tötet. Um jedoch der großen Milde dieses Königs und der Sorgfalt, die er für das Leben seiner Untertanen hegt,

genügende Gerechtigkeit widerfahren zu lassen (und ich wünschte, daß die europäischen Monarchen ihn hierin nachahmten), so muß ich zu seiner Ehre erwähnen, daß genaue Befehle gegeben wurden, die vergifteten Teile des Fußbodens nach einer solchen Hinrichtung genügend zu waschen und abzukehren. Unterlassen dies seine Hausbedienten, so sind sie der Gefahr ausgesetzt, sich die königliche Ungnade zuzuziehen. Ich hörte selbst, wie er Befehl erteilte, einer seiner Pagen solle gepeitscht werden; es war nämlich die Reihe an diesem gewesen, die Reinigung des Fußbodens zu besorgen, und er hatte es boshafterweise unterlassen. Durch diese Nachlässigkeit wurde unglücklicherweise ein junger hoffnungsvoller Lord, der eine Audienz erhalten hatte, vergiftet, obgleich der König damals keine Absicht hegte, ihm das Leben zu nehmen. Doch war der gutmütige Fürst so gnädig, dem armen Pagen die Peitschenhiebe zu erlassen, als er versprochen hatte, es werde ohne besonderen Befehl nicht wieder vorkommen.

Ich kehre nun von meiner Abschweifung zu meinem Bericht zurück. Als ich bis auf vier Ellen vom Thron gekrochen war, erhob ich mich langsam auf meine Knie, schlug dreimal mit der Stirn auf den Fußboden und sprach in der Landessprache einen Satz, den ich am Abend vorher erlernt hatte und den ich folgendermaßen übersetzte: »Mag Eure himmlische Majestät die Sonne um elf und einen halben Monat überleben!« Dieses ist das gesetzmäßige Kompliment des Landes für alle Leute, die Audienz erhalten. Der König gab eine Antwort, die ich nicht verstand, und ich erwiderte, wie ich zuvor gelernt hatte: »Meine Zunge ist im Mund meines Freundes«, worauf der junge, von mir schon erwähnte Mann hereingeführt wurde; durch dessen Hilfe beantwortete ich so viele Fragen, wie Seine Majestät ungefähr in einer Stunde an mich richten konnte. Ich sprach im Balnibarbischen, und mein Dolmetscher sagte den Sinn meiner Worte im Luggnaggischen.

Der König fand an meiner Gesellschaft viel Vergnügen und befahl seinem Bliffmarklub oder Oberkammerherr, eine Wohnung für mich und meinen Dolmetscher am Hof einzurichten. Ein bestimmter Posten von Lebensmitteln wurde für meine Tafel geliefert, und ich erhielt einen großen Beutel voll Geld für meine täglichen Ausgaben. Nur um dem König zu gehorchen, blieb ich drei Monate im Land; er hatte die Gnade, mir hohe Gunstbezeigungen zu erweisen, und machte mir sehr ehrenwerte Anträge. Ich hielt es jedoch für klug und gerecht, die mir noch übrigen Lebenstage bei meiner Frau und meiner Familie zu verbringen.

Zehntes Kapitel

Die Luggnaggier werden sehr gerühmt. Eine besondere Beschreibung der Struldbrugs. Gespräche des Verfassers mit einigen ausgezeichneten Personen.

Luggnagg wird von einem höflichen und großmütigen Volk bewohnt. Obgleich die Luggnaggier einigermaßen den Stolz besitzen, der allen östlichen Nationen gemein ist, so zeigen sie sich dennoch höflich gegen Fremde, besonders gegen solche, die am Hof eine Stütze besitzen. Ich hatte viele Bekannte und darunter Personen von der besten Gesellschaft. Da ich nun auch stets von meinem Dolmetscher begleitet wurde, so war die Unterhaltung durchaus nicht unangenehm.

Eines Tages fragte mich ein Mann von Stand in einer großen Gesellschaft, ob ich die »Struldbrugs« oder die »Unsterblichen« des Landes gesehen hätte. Ich verneinte dies und bat, mir zu erklären, was diese Benennung, die sterblichen Geschöpfen erteilt würde, denn eigentlich bedeute. Der Herr nun sagte mir, es ereigne sich bisweilen, obgleich sehr selten, daß in einer Familie ein Kind mit einem runden roten Flecken an der Stirn, gerade über der linken Braue, geboren werde. Dieser Flecken aber sei ein unfehlbares Zeichen, daß es niemals sterben werde. Wie er den Flecken beschrieb, war dieser ungefähr von der Größe eines silbernen Groschens, wird aber mit der Zeit weit größer und verändert die Farbe; im zwölften Jahr wird er grün und behält diese Farbe bis zum fünfundzwanzigsten, wo er dunkelblau wird; im fünfundzwanzigsten wird er kohlschwarz und so groß wie ein englischer Schilling, nachher aber erleidet er keine weitere Veränderung. Der Herr sagte: Diese Geburten seien so selten, daß es im ganzen Königreich nicht mehr als elfhundert Struldbrugs beider Geschlechter gebe; darunter befinde sich ein kleines, vor drei Jahren geborenes Mädchen. Diese Geschöpfe seien keiner Familie eigentümlich, sondern ein bloßes Werk des Zufalls. Die Kinder der Struldbrugs seien ebenso sterblich wie die des übrigen Volkes.

Ich muß offen gestehen, daß ich diesen Bericht mit unaussprechlichem Vergnügen hörte. Da nun der Herr, mit dem ich sprach, das Balnibarbische verstand, womit ich sehr gut bekannt war, so konnte ich es nicht unterlassen, Ausdrücke zu gebrauchen, die vielleicht ein wenig zu übertrieben waren. Ich rief wie in Entzücken aus: »O glückliche Nation, wo wenigstens jedes Kind das Glück haben kann, unsterblich zu sein! O glückliches Volk, das so viele noch lebende Beispiele der alten Tugend erblickt und Lehrer besitzt, die es in der Weisheit früherer Zeiten unterrichten können!« Am glücklichsten vor allen sind aber jene ausgezeichneten Struldbrugs, die durch Geburt von jenem allgemeinen Unglück der Menschennatur ausgenommen sind, einen freien und ungefesselten Geist besitzen, weil sie die Last und die Niedergeschlagenheit der Todesfurcht nicht kennen. Ich drückte mein Erstaunen aus, daß ich noch keine dieser erlauchten Personen bei Hof gesehen hätte; der schwarze Fleck an der Stirn sei ja ein so auffallendes Zeichen, daß ich dies schwerlich übersehen hätte. Es sei unmöglich, daß ein so verständiger Fürst wie Seine Majestät sich nicht mit einer bedeutenden Anzahl solcher weisen und brauchbaren Ratgeber hätte versehen sollen. Vielleicht aber sei die Tugend solcher ehrwürdigen Weisen zu streng für die verdorbenen und freien Sitten eines Hofes; wir machten ja häufig die Erfahrung, daß junge Leute zu eigensinnig und flüchtig seien, um sich durch den verständigen Rat der älteren leiten zu lassen. Da jedoch Seine Majestät mir die Gnade erteilt habe, den Zutritt zu ihrer königlichen Person zu bewilligen, so sei ich entschlossen, bei der ersten Gelegenheit ihr mit Hilfe meines Dolmetschers offen und weitläufig meine Meinung hierüber zu sagen. Ob der König meinen Rat gnädigst annehme oder nicht, so habe ich dennoch in diesem Punkt einen festen Entschluß gefaßt. Seine Majestät habe mir häufig eine Versorgung in seinem Haus angeboten. Ich würde diese Gnade mit größter Dankbarkeit annehmen und mein Leben im Gespräch mit jenen uns überlegenen Wesen, den Struldbrugs, zubringen, wenn sie die Güte hätten, mich in ihrer Gesellschaft zuzulassen.

Der Herr, an den ich diese Worte richtete, antwortete mir (wie ich schon bemerkte, verstand er die Sprache von Balnibarbi) mit einem Lächeln, das man gewöhnlich zeigt, wenn man Unwissenheit bemitleidet: Es sei ihm sehr angenehm, eine Veranlassung gefunden zu haben, weshalb ich im Land bleiben wolle; er bitte mich um Erlaubnis, der übrigen Gesellschaft meine Absicht mitteilen zu dürfen. Dies geschah; die Anwesenden unterhielten sich in ihrer Landessprache, wovon ich keine Silbe verstand; auch konnte ich an dem Ausdruck ihrer Züge den Eindruck nicht erkennen, den meine Worte bei ihnen erweckt hatten. Nach einem kurzen Schweigen sagte mir derselbe Herr: Seine Freunde und die meinigen (in dieser Art hatte er die Güte, sich auszudrücken) seien sehr erfreut über die verständigen Bemerkungen, die ich über das Glück und die Vorteile unsterblichen Lebens gemacht hätte, und sie wünschten besonders zu erfahren, welchen Lebensplan ich mir gemacht hätte, wäre mir das Schicksal zuteil geworden, als Struldbrug geboren zu werden.

Ich erwiderte, es sei nicht schwer, bei einem so reichhaltigen und angenehmen Thema Beredsamkeit zu zeigen; dies sei bei mir hauptsächlich deshalb der Fall, weil ich mich oft an Phantasien ergötzt hätte, was ich tun würde, wie ich mich zum Beispiel als König, als General, als Lord benehmen müßte; auch im Fall der Unsterblichkeit hätte ich mir bereits ein System gebildet, wie ich wirken und mir die Zeit vertreiben wolle, falls es mir möglich wäre, ewig zu leben.

Wäre ich so glücklich gewesen, als Struldbrug in die Welt zu kommen, so würde ich mir, wenn ich mein eigenes Glück durch den Unterschied zwischen Leben und Tod erkannt hätte, auf alle mögliche Weise Reichtümer zu verschaffen suchen; durch Geschicklichkeit und gute Verwaltung könnte ich dann, nach vernünftiger Voraussicht, in ungefähr zweihundert Jahren diese so sehr vermehren, daß ich der reichste Mann des Königreichs würde; zweitens würde ich mich von meiner früheren Jugend an mit den Studien der Künste und Wissenschaften beschäftigen, wodurch ich zuletzt dahin gelangen müßte, alle anderen an Gelehrsamkeit zu übertreffen. Ferner würde ich jede Handlung und jedes Ereignis von Wichtigkeit notieren, die Charaktere der aufeinanderfolgenden Fürsten und Staatsminister und meine Bemerkungen über jede Einzelheit niederschreiben. Ich würde mir die verschiedenen Veränderungen der Gewohnheiten, Sprachen, Moden, Lebensarten und Vergnügungen merken. Durch alle diese Erwerbungen müßte ich ein lebendiger Schatz der Gelehrsamkeit und Weisheit und sicherlich das Orakel der Nation werden.

Ich würde mich nach sechzig Jahren nicht mehr verheiraten, sondern ein offenes Haus machen, jedoch immer noch Geld sparen. Ich würde den Geist hoffnungsvoller Jünglinge bilden und leiten und würde sie nach meiner Erinnerung, Erfahrung und Beobachtung durch viele Beispiele von der Nützlichkeit der Tugend im öffentlichen und Privatleben überzeugen. Meine gewöhnliche und dauernde Gesellschaft würde jedoch in einer Anzahl aus meiner unsterblichen Brüderschaft bestehen. Ich würde aus diesen ein Dutzend von den ältesten bis auf meine Zeitgenossen auswählen. Wenn es einigen davon an Vermögen fehlte, würde ich sie mit passenden Wohnungen in der Nähe meines Gutes versehen und sie stets an meine Tafel laden. Ich würde dann nur wenige der trefflichsten Sterblichen hinzuziehen, deren Verlust ich, durch die Zeit verhärtet, mit geringem Kummer zu ertragen lernen müßte; die Geschlechter der Gegenwart aber in derselben Art ansehen, wie man sich über die jährliche Reihenfolge der Nelken und Tulpen in Gärten erfreut, ohne den Verlust der Blumen zu bedauern, die im vergangenen Jahr verwelkt sind.

Wir würden uns gegenseitig unsere Bemerkungen und Erfahrungen über den Verlauf der Zeiten mitteilen, Beobachtungen anstellen, wie die Verderbnis sich allmählich einschleicht, und bei jedem Schritt ihr widerstehen, indem wir den Menschen immerwährende Belehrung und Warnung gäben. Käme dieser Umstand zu dem starken Einfluß unseres eigenen Beispiels hinzu, so müßte dies die dauernde Entartung der Menschennatur verhindern, über die man sich so mit vollem Recht zu allen Zeiten beklagt. Zu allen diesen glücklichen Verhältnissen müßte noch das Vergnügen hinzukommen, daß man die verschiedenen Revolutionen der Staaten und Reiche, die Veränderungen der oberen und niederen Welt bemerkte; daß man alte Städte in Trümmer fallen und unbedeutende Dörfer sich zu Residenzen erheben sähe; daß man erblicken könnte, wie berühmte Flüsse sich zu seichten Bächen verminderten, wie der Ozean die eine Küste verließe und eine andere überschwemmte; wie man jetzt noch unbekannte Länder entdeckte; wie Barbarei die feinsten Nationen erdrücke und wie barbarische Völker sich zivilisierten. Ich würde dann die Entdeckung der geographischen Länge, des Perpetuum mobile, der Universalmedizin und anderer großer Erfindungen noch erleben, die zur größten Vollkommenheit gelangen müßten.

Wie wunderbare Entdeckungen würde man in der Astronomie machen, die dann unsere eigenen Voraussagen überleben oder bestätigen müßten! Man könnte die Wanderungen und die Wiederkehr der Kometen mit dem Wechsel der Bewegung von Sonne, Mond und Sternen beobachten.

Ich sprach noch lange über andere Gegenstände, die mir der natürliche Wunsch eines endlosen Lebens und einer Glückseligkeit unter dem Mond sehr leicht an die Hand gaben. Als ich geendet hatte und als der Inhalt meiner Rede, wie vorher, der übrigen Gesellschaft übersetzt worden war, so entstand unter dieser ein langes Gespräch in der Landessprache, verbunden mit einigem Gelächter auf meine Kosten. Zuletzt aber sagte der Herr, der mein Dolmetscher war, die übrigen Anwesenden hätten den Wunsch geäußert, er möge mir einige Irrtümer berichtigen, auf die ich durch die allgemeine Schwäche der menschlichen Natur verfallen und deshalb auch nicht sehr zu tadeln sei. Das Geschlecht der Struldbrugs sei seinem Vaterland eigentümlich, denn es fänden sich solche Leute weder in Balnibarbi noch Japan, wo er die Ehre gehabt habe, Gesandter Seiner Majestät zu sein; auch habe er dort bemerkt, daß die Einwohner beider Königreiche nicht glauben wollten, daß jene Tatsache möglich sei. Es scheine ihm, nach meinem Erstaunen, als er die Sache zuerst erwähnte, ich hätte diese als eine durchaus neue erfahren, welche man kaum für glaubbar halten dürfe. In den beiden erwähnten Königreichen, wo er während seines Aufenthalts mit einer großen Anzahl Personen ins Gespräch gekommen sei, habe er bemerkt, langes Leben sei ein allgemeiner Wunsch des Menschengeschlechts. Jeder, dessen einer Fuß schon im Grab stehe, stemme sich mit dem anderen noch so stark wie möglich dagegen. Der

PIAUD

älteste Greis hoffe, noch einen Tag länger zu leben, und betrachte den Tod als ein großes Übel, das die Natur ihn fortwährend zu vermeiden zwinge. Nur auf der Insel Luggnagg sei die Begierde zum Leben nicht so heftig, weil sie fortwährend Struldbrugs vor Augen hätten.

Der von mir aufgestellte Lebensplan sei unvernünftig und ungerecht, weil er eine immerwährende Blüte der Jugend, Gesundheit und Lebenskraft voraussetze. Kein Mensch könne jedoch so töricht sein, diese zu erhoffen, wie ausschweifend er auch in seinen Wünschen sein möge. Die Frage handle sich deshalb nicht darum, ob ein Mensch stets in der Blüte der Jugend bei Gesundheit und Reichtum leben möge, sondern wie er ein ewiges Leben mit allen Nachteilen des Greisenalters führen werde. Zwar wollten wenige Menschen ihren Wunsch, bei so harten Bedingungen unsterblich zu bleiben, eingestehen; er habe jedoch in den beiden vorher erwähnten Königreichen, Balnibarbi und Japan, die Bemerkung gemacht, daß jeder Mensch seinen Tod noch etwas länger verschiebe, wäre sein Leben auch noch so weit hinaufgerückt. Er habe noch nie gehört, ein Mensch sei gern gestorben, ausgenommen in der Aufregung des höchsten Grades von Gram und Körperqual. Er berufe sich auf mich, ob ich nicht in den von mir bereisten Ländern dieselbe allgemeine Neigung vorgefunden hätte.

Nach dieser Vorrede gab mir der Herr einen besonderen Bericht über die Struldbrugs im Land. Er sagte: Jene Menschen handelten wie gewöhnliche Sterbliche bis zum dreißigsten Lebensjahr; hierauf würden sie jedoch melancholisch und niedergeschlagen, und diese Stimmung steige bis zum achtzigsten Jahr. Er habe dies durch ihr eigenes Geständnis erfahren; sonst würde er sich kein allgemeines Urteil haben bilden können, da nur zwei oder drei in einem Menschenalter geboren würden und da somit die Zahl der Struldbrugs sehr gering sei. Gelangten sie nun zum achtzigsten Jahr, das sonst in diesem Land als äußerster

Lebenspunkt angenommen werde, so zeigten sie nicht allein die Torheiten und Schwächen anderer Greise, sondern noch eine weit größere Anzahl davon, was durch die furchtbare Aussicht, niemals zu sterben, bewirkt würde. Sie wären nicht allein eigensinnig, grämlich, habgierig, mürrisch, eitel und geschwätzig, sondern auch der Freundschaft unfähig und für jede natürliche Neigung erstorben, die nie über ihre Enkel hinausgehe. Neid und ohnmächtige Begierde seien ihre überwiegenden Leidenschaften. Worauf sich aber ihr Neid besonders richtet, scheinen die Laster bei dem jüngeren Geschlecht und das Sterben bei dem älteren zu sein. Gedächten sie der früheren Zeiten, so fänden sie zugleich, daß ihnen jede Möglichkeit des Vergnügens abgeschnitten sei; sähen sie ein Begräbnis, so beklagten und beneideten sie, daß andere in den Hafen der Ruhe gelangten, von dem sie selbst auf ewig ausgeschlossen sind. Sie erinnern sich, fuhr der Herr weiter fort, nur an die Dinge, die sie in ihrer Jugend und in ihrem Mannesalter beobachteten, und auch in diesem Punkt ist ihr Gedächtnis sehr unvollkommen. Was aber die Wahrheit und die Einzelheiten einer Tatsache betrifft, so ist es besser, sich auf die gewöhnliche Tradition als auf ihr Gedächtnis zu verlassen. Die Unglücklichsten unter den Struldbrugs sind aber die, welche kindisch werden und ihr Gedächtnis verlieren; diese finden mehr Mitleid und Hilfe, weil sie viele schlechte Eigenschaften nicht besitzen, die man bei den übrigen findet.

Wenn ein Struldbrug ein Weib von seiner Art geheiratet hat, so wird die Ehe nach dem Gesetz des Königreichs aufgelöst, sobald der jüngere Teil das achtzigste Lebensjahr erreicht hat. Nach dem Recht wird es nämlich für eine billige Nachsicht gehalten, daß denen, die ohne ihre Schuld dazu verdammt sind, ewig in der Welt zu leben, ihr Elend nicht durch die Last eines Weibes verdoppelt werde.

Sobald sie das achtzigste Jahr erreicht haben, werden sie als gesetzlich tot betrachtet. Ihre Erben folgen ihnen sogleich in ihren Besitztümern; nur eine kleine Summe wird für ihre Ernährung zurückbehalten, und die ärmeren werden auf Kosten des Staates ernährt. Nach dieser Zeit dürfen sie kein Amt, mit oder ohne Gehalt, verwalten, sie dürfen kein Grundstück kaufen oder pachten; auch wird ihnen nicht erlaubt, in irgendeinem Zivil- oder Kriminalprozeß als Zeuge aufzutreten, nicht einmal bei der Entscheidung über Grenzen und Marken.

Im neunzigsten Jahr verlieren sie Zähne und Haare, in diesem Alter fehlt ihnen bereits der Geschmack; sie essen und trinken, was sie erhalten können, ohne Vergnügen und Appetit. Die Krankheiten, an denen sie früher litten, dauern fort, ohne sich zu vermehren oder zu vermindern. Beim Sprechen vergessen sie die gewöhnlichsten Benennungen der Dinge und die Namen der Personen, sogar von denen, die ihre nächsten Freunde und Verwandten sind. Aus demselben Grund können sie sich nicht mehr mit Lesen vergnügen, weil ihr Gedächtnis vom Anfang des Satzes bis zum Ende nicht mehr ausreicht; hierdurch werden sie der einzigen Unterhaltung beraubt, derer sie sonst noch fähig sein könnten.

Da die Landessprache fortwährenden Veränderungen unterworfen ist, so verstehen die Struldbrugs des einen Zeitalters die eines anderen nicht mehr. Auch sind sie nach zweihundert Jahren nicht mehr imstande, irgendein Gespräch mit ihren Nachbarn, den Sterblichen, zu halten, wenn man wenige Worte ausnimmt. Somit erleiden sie auch den Nachteil, als Fremde in ihrem Vaterland zu leben.

Dies war, soweit ich mich erinnern kann, der Bericht, der mir über die Struldbrugs gegeben wurde. Nachher sah ich fünf oder sechs von verschiedenen Zeitaltern, die mir von einigen meiner Freunde zu verschiedenen Malen vorgeführt wurden. Obgleich man ihnen sagte, ich sei ein großer Reisender und hätte die ganze Welt gesehen, hegten sie nicht die geringste Neugier, mir auch nur eine Frage vorzulegen. Sie baten mich nur, ich möge ihnen ein »Slumskudask« oder ein Geschenk zum Andenken geben, und dieses ist eine bescheidene Art des Bettelns, um das Gesetz zu umgehen, das ihnen Bettelei streng verbietet, weil sie vom Staat unterhalten werden, obgleich sie nur eine sehr kärgliche Nahrung erhalten.

Sie werden von jeder Volksklasse verachtet und gehaßt. Wenn ein Struldbrug geboren wird, hält man dies für ein böses Vorzeichen. Man kann ihr Alter erfahren, indem man die Register um Rat fragt, die jedoch nicht über tausend Jahre hinaus geführt sind oder vielfach durch bürgerliche Unruhen zerstört wurden. Die gewöhnliche Art aber, ihr Alter zu berechnen, besteht darin, daß man sie fragt, an welche Könige oder große Personen sie sich erinnern können, und daß man dann die Geschichte nachschlägt. Dies Verfahren ist untrüglich, denn der letzte Fürst, an den sie sich erinnern, hat seine Regierung vor ihrem achtzigsten Lebensjahr nicht begonnen.

Sie boten mir den scheußlichsten Anblick, der mir jemals vorgekommen ist; die Frauen waren aber noch furchtbarer anzusehen als die Männer. Neben den Entstellungen des Alters zeigten sie im Verhältnis zu ihren Jahren eine furchtbare Totenfarbe, die ich nicht beschreiben kann, und unter einem halben Dutzend erkannte ich bald die ältesten, obgleich der Unterschied ihres Alters nicht mehr als ein oder zwei Jahrhunderte betrug.

Der Leser wird mir sehr gern glauben, daß mein Wunsch eines fortdauernden Lebens auf Erden sehr herabgestimmt wurde. Ich schämte mich herzlich der angenehmen Visionen, die ich mir gebildet hatte, und dachte mir, kein Tyrann könne einen so schmerzhaften Tod erfinden, daß ich ihn nicht einem solchen Leben vorziehen möchte. Der König hörte alles, was zwischen mir und meinen Freunden bei dieser Gelegenheit vorgegangen war, und hatte die Güte, mich hierüber zu necken. Er wünschte, ich könnte ein paar Struldbrugs in mein Vaterland senden, um unser Volk gegen die Todesfurcht zu schützen; dies war aber, wie es schien, durch die Grundgesetze des Königreichs verboten, sonst hätte ich gern die Lasten und die Kosten des Transportes auf mich genommen.

Ich mußte zugestehen, daß die auf die Struldbrugs bezüglichen Gesetze des Königreichs auf den allerbesten Vernunftgründen beruhten und daß jedes Land unter ähnlichen Umständen zu demselben Verfahren gezwungen werden würde. Da nämlich Geiz die notwendige Folge des Greisenalters ist, so müßten diese Unsterblichen zuletzt die Eigentümer des Vermögens der ganzen Nation werden und sich dadurch die Regierungsgewalt verschaffen, die sie aus Mangel an Fähigkeiten nicht ausüben könnten, so daß der Untergang des Staates die Folge sein müßte.

Elftes Kapitel

Der Verfasser verläßt Luggnagg und segelt nach Japan. Von dort kehrt er auf einem holländischen Schiff nach Amsterdam und von da nach England zurück.

Ich habe geglaubt, mein Bericht über die Struldbrugs könne dem Leser einige Unterhaltung gewähren, weil er etwas Ungewöhnliches enthält. Ich erinnere mich wenigstens nicht, je etwas Ähnliches in irgendeiner Reiseschilderung, die mir in die Hände gekommen ist, gelesen zu haben. Habe ich mich getäuscht, so muß es zu meiner Entschuldigung dienen, daß Reisende, die dasselbe Land beschreiben, häufig bei denselben Umständen verweilen müssen, ohne den Tadel zu verdienen, sie hätten von ihren Vorgängern abgeschrieben.

Es herrscht ein reger Handelsverkehr zwischen diesem Königreich und dem Kaisertum Japan. Somit ist es wahrscheinlich, daß die japanischen Schriftsteller etwas von den Struldbrugs berichtet

haben. Mein Aufenthalt in Japan aber war so kurz, und ich war mit der Sprache so gänzlich unbekannt, daß ich nicht imstande war, mich danach zu erkundigen. Ich hoffe jedoch, die Holländer werden nach dieser von mir gegebenen Notiz neugierig und fähig sein, meinen unvollkommenen Bericht zu erweitern. Seine Majestät hatte mich oft gebeten, eine Stelle an seinem Hof anzunehmen, erkannte aber bei mir den festen Entschluß, in mein Vaterland zurückzukehren, und hatte darauf die Gnade, mir die Erlaubnis zur Abreise zu erteilen und mich mit einem eigenhändig geschriebenen Empfehlungsbrief an den Kaiser von Japan zu beehren. Seine Majestät schenkte mir ferner vierhundertvierundvierzig große Goldstücke (die ganze Nation findet viel Vergnügen an gleichen Zahlen) und einen roten Diamant, den ich in England für elfhundert Pfund Sterling verkaufte.

Am 6. Mai 1709 nahm ich von Seiner Majestät und allen meinen Freunden einen feierlichen Abschied. Der König war so gnädig, mir eine Leibwache bis nach Glanguenstald, dem königlichen Hafen am südwestlichen Teil der Insel, zu stellen. Nach sechs Tagen war ein Schiff nach Japan segelfertig, worauf ich fünfzehn Tage auf dieser Reise zubrachte. Wir landeten in einer kleinen Hafenstadt mit Namen Xamoschi, die im südwestlichen Teil von Japan liegt; die Stadt ist auf der westlichen Spitze erbaut, wo eine schmale Meerenge nordwärts in eine Bucht führt, an deren nordwestlichem Teil sich die Hauptstadt Jedo erhebt. Beim Landen zeigte ich den Zollbeamten meinen Brief des Königs von Luggnagg an Seine Kaiserliche Majestät. Sie kannten das Siegel, das so breit war wie meine Hand. Auf diesem war ein König dargestellt, der einen lahmen Bettler von der Erde aufhebt. Als die Beamten der Stadt von meinem Brief gehört hatten, empfingen sie mich wie einen Staatsminister, versahen mich mit Wagen und Dienern und ließen mich bis Jedo verpflegen, wo ich eine Audienz erhielt und meinen Brief überreichte. Dieser wurde mit vielen Zeremonien eröffnet und dem Kaiser durch einen Dolmetscher übersetzt, der mir auf Befehl Seiner Majestät die Erklärung gab: Ich möge meine Bitte aussprechen, was sie auch betreffe, sie werde mir aus Rücksicht auf seinen königlichen Bruder in Luggnagg gewährt werden.

Dieser Dolmetscher war ein Beamter, der die Geschäfte mit den Holländern besorgte. Er erkannte bald aus meinen Gesichtszügen, daß ich ein Europäer sei, und wiederholte deshalb den Befehl des Kaisers auf holländisch, das er vollkommen beherrschte. Ich erwiderte, wie ich vorher beschlossen hatte: Ich sei ein holländischer Kaufmann, der in einem sehr weit entfernten Land Schiffbruch erlitten habe; von dort sei ich zu Land und See nach Luggnagg gereist und endlich nach Japan eingeschifft worden. Ich wisse, daß meine Landsleute dort Handel trieben, und hoffte, durch diese Gelegenheit zur Rückkehr nach Europa zu kommen. Deshalb erbitte ich mir die kaiserliche Gunst, daß ich nach Nagasaki gebracht werde.

Hier fügte ich auch noch eine andere Bitte hinzu: Aus Rücksicht auf meinen Beschützer, den luggnaggischen König, möge Seine Majestät die Herablassung zeigen, mir die meinen Landsleuten auferlegten Zeremonien zu erlassen, wonach sie das Kruzifix mit Füßen treten müßten. Ich sei ja, ohne Absicht Handel zu treiben, durch Unglück in dies Reich geraten. Als diese letzte Bitte dem Kaiser übersetzt worden war, schien er ein wenig erstaunt und äußerte: Ich sei der erste meiner Landsleute, der in diesem Punkt Bedenken geäußert habe; somit hege er Zweifel, ob ich ein wirklicher Holländer, und Verdacht, daß ich ein Christ sei. Wegen der Gründe, die ich angeführt, vorzüglich aber, um dem König von Luggnagg durch eine besondere Gunstbezeigung gefällig zu sein, würde er sich bei meiner besonderen Laune nachgiebig erweisen. Die Angelegenheit müsse jedoch mit Geschicklichkeit ausgeglichen werden; seine Offiziere würden Befehl erhalten, mich passieren zu lassen, als sei dies durch Vergeßlichkeit geschehen. Er könne mir die Versicherung geben, daß meine Landsleute, die Holländer, mir unterwegs den Hals abschneiden würden, wenn sie dies Geheimnis entdeckten. Ich dankte durch meinen Dolmetscher auf die verbindlichste Weise für eine so außerordentliche Gunstbezeigung. Da nun damals einige Truppen nach Nagasaki marschierten, so erhielt der kommandierende Offizier Befehl, mich dorthin in Sicherheit zu bringen, und außerdem noch besondere Instruktionen im Hinblick auf das Kruzifix.

Am 9. Juni 1709 war ich nach einer langen und verdrießlichen Reise in Nagasaki angelangt und machte bald Bekanntschaft mit einem holländischen Matrosen der »Amboyna« aus Amsterdam, einem starken Schiff von vierhundertundfünfzig Tonnen.

Ich hatte lange in Holland gelebt, weil ich früher in Leiden studierte, und verstand deshalb die Sprache. Die Matrosen erfuhren bald, woher ich zuletzt gekommen war; sie erkundigten sich neugierig nach meinen früheren Reisen und nach meinem Lebenslauf. Ich brachte deshalb eine Geschichte, so kurz und wahrscheinlich wie möglich, zusammen, verschwieg jedoch das meiste aus meinem Leben. Ich kannte in Holland viele Personen und konnte leicht Namen für Verwandte erfinden, von denen ich vorgab, sie bestünden aus Leuten niederen Standes in der Provinz Geldern.

Ich hätte dem Kapitän Theodorus Vangrult sehr gern bezahlt, was er mir für die Reise nach Holland abgefordert haben würde. Als er aber erfuhr, ich sei Wundarzt, so begnügte er sich, mir die halbe Taxe der Überfahrt abzuverlangen unter der Bedingung, daß ich ihm in meinem Beruf diente. Ehe wir unter Segel gingen, wurde mir von einigen aus der Schiffsmannschaft die Frage vorgelegt, ob ich die erwähnte Zeremonie bereits ausgeführt hätte. Ich wich dieser Frage durch die allgemeine Antwort aus, ich hätte den Kaiser und seinen Hof in jeder Hinsicht zufriedengestellt. Ein boshafter Schurke von einem Bootsknecht ging aber zu einem Offizier und sagte diesem, indem er auf mich zeigte, ich wäre noch nicht auf das Kruzifix getreten; der Offizier jedoch, der Instruktionen hatte, mich durchzulassen, gab dem Schurken zwanzig Hiebe mit einem Bambusrohr, worauf ich dann auch nicht weiter mit solchen Fragen belästigt wurde.

Auf dieser Reise ereignete sich nichts Erwähnenswertes. Wir segelten mit gutem Wind zum Kap der Guten Hoffnung, wo wir nur anlegten, um frisches Wasser einzunehmen. Am 10. April 1710 kamen wir wohlbehalten in Amsterdam an, nachdem wir auf der Reise drei Mann durch Krankheit und einen vierten durch einen Fall vom Vormast verloren hatten. Von Amsterdam segelte ich bald darauf in einem Schiff aus jener Stadt nach England.

Am 16. April ankerten wir in den Downs. Ich landete am nächsten Morgen und sah mein Vaterland nach einer Abwesenheit von fünf Jahren und sechs Monaten wieder. Ich ging geradewegs nach Redriff, wo ich an demselben Tag um zwei Uhr nachmittags eintraf und meine Frau und meine Familie in bester Gesundheit vorfand.

VIERTER TEIL

Eine Reise in das Land der Houyhnhnms

Erstes Kapitel

Der Verfasser segelt als Kapitän eines Schiffes ab. Seine Leute verschwören sich gegen ihn, verschließen ihn längere Zeit in seiner Kajüte und setzen ihn in einem unbekannten Land ans Ufer. Er reist in das Innere des Landes. Beschreibung der Yahoos, einer sonderbaren Tierart. Der Verfasser begegnet zwei Houyhnhnms.

Ich blieb ungefähr fünf Monate bei meiner Frau und meinen Kindern, und zwar unter sehr glücklichen Umständen; hätte ich nur einsehen können, daß ich in Wahrheit glücklich war! Ich verließ meine Frau guter Hoffnung und nahm ein vorteilhaftes Anerbieten an, Kapitän der »Abenteuer« zu werden, eines großen Kauffahrers von dreihundertundfünfzig Tonnen. Ich war nämlich der Nautik vollkommen kundig und der Beschäftigung eines Wundarztes, die ich nur gelegentlich zur See ausübte, müde geworden. Deshalb nahm ich einen geschickten jungen Mann dieses Berufes, Robert Purefoy, in mein Schiff auf. Wir segelten von Portsmouth am 7. September 1710 ab und trafen am 14. bei Teneriffa Kapitän Pocock aus Bristol, der zum Golf von Campeche segelte, um Bauholz zu fällen. Am 16. wurde er durch einen Sturm von uns getrennt; ich habe später gehört, daß er kenterte und die ganze Mannschaft mit Ausnahme eines Schiffsjungen zugrunde ging. Er war ein ehrlicher Mann und seines Handwerks vollkommen kundig, allein zu hartnäckig in seinen Meinungen, und dies war der Grund seines Untergangs wie bei vielen anderen. Wäre er meinem Rat gefolgt, so säße er jetzt in derselben Sicherheit wie ich bei seiner Familie.

Mehrere Leute auf meinem Schiff waren an hitzigen Fiebern der tropischen Gegenden gestorben, so daß ich genötigt war, Matrosen in Barbados und auf den Inseln unter dem Wind anzuwerben, wo ich nach dem Auftrag der Schiffsherren anlegen mußte. Bald aber hatte ich Grund, dies zu bereuen, denn ich fand nachher, daß die meisten Seeräuber waren. Ich hatte fünfzig Mann unter meinem Befehl und Auftrag, mit den Indern der Südsee Handel zu treiben und alle nur möglichen Entdeckungen zu machen. Jene Schurken, die ich aufgenommen hatte, verführten meine anderen Leute, und alle bildeten eine Verschwörung, sich des Schiffes zu bemächtigen und mich beiseite zu schaffen. Dies geschah eines Morgens. Alle stürzten in meine Kajüte, banden mich an Händen und Füßen und drohten, mich über Bord zu werfen, wenn ich mich wehrte. Ich sagte ihnen, ich sei ihr Gefangener und würde mich unterwerfen. Dann nahmen sie mir hierüber einen Eid ab, banden mich los, fesselten meine Füße mit einer Kette an mein Bett und stellten an meine Tür eine Schildwache mit geladenem Gewehr und dem Befehl, mich zu erschießen, sobald ich mich zu befreien versuchte. Sie schickten mir Lebensmittel und Getränk herunter und übernahmen selbst den Befehl meines Schiffes. Es war ihre Absicht, Piraten zu werden und die Spanier zu plündern, was sie jedoch nicht eher ausführen konnten, als bis sie mehr Leute angeworben hatten. Zuerst aber beschlossen sie, die Güter aus dem Schiff zu verkaufen. Dann wollten sie nach Madagaskar segeln, um Rekruten zu werben, da mehrere von ihnen seit meiner Gefangennahme gestorben waren. Sie segelten mehrere Wochen lang und handelten mit den Indern; ich wußte aber nicht, welche Richtung sie einschlugen, da ich als Gefangener in der Kajüte eingeschlossen war und stets ermordet zu werden fürchtete; eine Drohung, die mir häufig gemacht wurde.

Am 9. Mai 1711 kam ein gewisser James Welch in meine Kajüte und sagte, er habe vom Kapitän Befehl, mich ans Ufer zu setzen. Ich machte ihm Vorhaltungen, jedoch vergeblich. Er wollte mir nicht einmal sagen, wer denn der neue Kapitän sei. Man zwang mich, das lange Boot zu besteigen, erlaubte mir, meinen besten Anzug anzulegen, der noch so gut wie neu war, ein Bündel Wäsche, aber keine Waffen mitzunehmen, mit Ausnahme meines Hirschfängers. Auch erwies man mir die Höflichkeit, meine Taschen nicht zu durchsuchen, worin ich mein Geld und kleine Bedarfsgegenstände trug. Die Empörer ruderten ungefähr eine Stunde und setzten mich dann an einem Strand aus. Ich bat sie, mir zu sagen, in welchem Land ich mich befände. Sie schworen jedoch, dies ebensowenig zu wissen wie ich. Der Kapitän (wie sie ihn nannten) habe beschlossen, sobald die Ladung verkauft sei, sich meiner sogleich zu entledigen, wenn man Land entdeckte. Sie stießen ab, rieten mir, mich zu beeilen, damit ich von der Flut nicht überrascht würde, und sagten mir Lebewohl.

In diesem traurigen Zustand ging ich vorwärts und kam bald auf festen Boden, wo ich mich auf einer Erhöhung niedersetzte, um auszuruhen und zu überlegen, was ich am zweckmäßigsten beginnen könne. Als ich mich ein wenig erholt hatte, ging ich in das Innere des Landes und beschloß, mich den ersten Wilden zu ergeben, die ich anträfe, und mit Armbändern, Glasringen und anderem Spielzeug, womit sich die Seefahrer auf Reisen zu versehen pflegen und wovon ich einiges bei mir trug, meine Sicherheit zu erkaufen. Das Land war durch lange Reihen von Bäumen, die jedoch nicht regelmäßig gepflanzt waren, sondern natürlich wuchsen, durchschnitten; auch befanden sich dort viele Wiesen und mehrere Haferfelder. Ich ging sehr vorsichtig, aus Furcht, überrascht oder von der Seite oder von hinten mit Pfeilen beschossen zu werden. Dann gelangte ich auf einen betretenen Pfad, wo ich viele Spuren von Menschenfüßen und auch von Kuhhufen sah, die meisten waren jedoch die von Pferdehufen. Zuletzt sah ich mehrere Tiere auf einem Feld und eines oder zwei von derselben Art, die auf Bäumen saßen. Ihre Form war sehr sonderbar und häßlich, so daß ich ein wenig aus der Fassung kam und mich hinter einen Busch legte, um sie genauer zu beobachten. Einige kamen dem Platz näher, wo ich lag, und boten mir dadurch Gelegenheit, ihre Gestalt besser zu erkennen.

Kopf und Brust waren mit dickem Haar besetzt, einiges gelockt und anderes lang herabhängend. Sie hatten Bärte wie Ziegen, einen langen Haarstreifen auf dem Rücken und an den vorderen Teilen ihrer Beine; der übrige Teil Ihres Körpers war haarlos, so daß ich die Haut erkennen konnte, die von schmutzig dunklem Braun war. Sie waren nicht geschwänzt und hatten auch kein Haar an der hinteren Partie, mit Ausnahme des Anus. Die Natur mußte diesen Körperteil mit Haaren versehen haben, um ihn zu schützen, denn ich sah, daß jene Geschöpfe sich setzten wie auch niederlegten und auf den Hinterfüßen standen. Sie erklommen hohe Bäume so behende wie Eichhörnchen, denn sie besaßen starke und scharfe Klauen, die in spitzen Haken endeten. Sie pflegten mit wunderbarer Behendigkeit zu hüpfen und zu springen. Die Weibchen waren nicht so groß wie die Männchen; sie hatten lang herabhängendes Haar auf ihren Köpfen, aber keines im Gesicht, wie auch auf dem größten Teil des übrigen Körpers, abgesehen von der Schamgegend. Ihre Brustspitzen hingen zwischen ihren Vorderpfoten und erreichten beinahe den Boden, wenn sie gingen. Das Haar beider Geschlechter war von verschiedenen Farben, braun, rot, schwarz und gelb. Im ganzen sah ich auf allen meinen Reisen niemals ein so unangenehmes Tier, das mir eine ähnliche Abneigung erweckt hätte. Somit dachte ich, jetzt hätte ich genug gesehen, stand voll Verachtung und Abscheu auf und folgte dem ausgetretenen Weg, indem ich hoffte, er werde mich zu der Hütte eines Inders führen. Ich war noch nicht weit gegangen, als ich einem jener Geschöpfe begegnete, das geradewegs auf mich zukam. Als das häßliche Ungeheuer mich erblickte, verzog es sein Gesicht und starrte mich an, als habe es ein solches Geschöpf noch nicht gesehen; dann kam es näher und hob seine Vorderpfote in die Höhe, vielleicht aus Neugier, vielleicht auch aus Bosheit. Ich aber zog meinen Hirschfänger und gab ihm einen derben Schlag mit der flachen Klinge. Mit der Schärfe wagte ich nicht zu schlagen, denn ich

fürchtete, die Einwohner möchten gegen mich aufgereizt werden, wenn sie erführen, daß ich ein Exemplar ihres Viehs getötet oder verstümmelt hätte. Als das Tier den Schmerz empfand, fuhr es zurück und brüllte so laut, daß eine Herde von wenigstens vierzig Stück vom nächsten Feld her mich umschwärmte, laut heulte und mir böse Gesichter schnitt. Ich aber lief auf einen Baumstamm zu, lehnte meinen Rücken dagegen und wehrte die Tiere durch das Schwingen meines Hirschfängers ab. Mehrere Individuen dieses verfluchten Geschlechts ergriffen die Baumzweige hinter mir, sprangen auf den Baum und beschmutzten meinen Kopf mit ihrem Kot; ich kam übrigens noch gut davon, denn ich drückte mich dicht an den Stamm, wurde aber beinahe von dem Gestank des Kots erstickt, der an allen Seiten neben mir herabfiel.

In meiner Not bemerkte ich jedoch, wie sie plötzlich alle so schnell wie möglich davonliefen. Hierauf wagte ich es, den Baum zu verlassen und meinen Weg weiterzuverfolgen, voll Neugier, was jene Tiere erschreckt haben könnte. Als ich aber linkshin blickte, sah ich ein Pferd, das langsam auf dem Feld spazierenging; dies war aber die Ursache, weshalb meine Angreifer flohen, als sie dies Tier erblickt hatten. Das Pferd fuhr ein wenig zurück, als es mich erblickt hatte, erholte sich jedoch bald von seinem Schrecken und sah mir mit deutlichen Zeichen des Erstaunens ins Gesicht. Es besah meine Hände und Füße und ging mehrere Male um mich herum. Ich wollte meinen Pfad weiterverfolgen; es stellte sich mir jedoch in den Weg, blickte mich freundlich an und zeigte nicht die geringste Neigung zur Gewalttätigkeit. Wir blieben stehen, indem wir einander eine Zeitlang ansahen; zuletzt war ich so kühn, meine Hand zu seinem Hals zu erheben, in der Absicht, es zu streicheln, und pfiff dabei, wie dies Reitknechte zu tun pflegen, wenn sie ein fremdes Pferd behandeln müssen. Das Tier aber schien meine Höflichkeit mit Verachtung aufzunehmen, schüttelte sein Haupt, senkte seine

Brauen und erhob ruhig seinen Vorderfuß, um meine Hand zu entfernen. Dann wieherte es drei- oder viermal, jedoch in so verschiedenem Ton, daß ich auf den Gedanken kam, es spreche mit sich selbst in einer ihm eigentümlichen Sprache.

Als wir beide uns auf diese Weise miteinander beschäftigten, kam ein anderes Pferd hinzu. Dies begann in einer etwas förmlichen Weise sich an das erstere zu wenden; dann berührten sie leicht ihre Vorderhufe, wieherten abwechselnd mehrere Male und veränderten dabei den Ton, so daß dies beinahe gesprochen zu sein schien. Sie gingen einige Schritte zurück, als wollten sie sich miteinander beraten, spazierten nebeneinander her, rückwärts und vorwärts, wie Personen, die sich über eine wichtige Angelegenheit unterhalten, wobei sie häufig ihre Blicke auf mich hinwendeten, als wollten sie mich bewachen, damit ich nicht entwische. Ich staunte, ein solches Benehmen bei unvernünftigen Tieren zu bemerken, und dachte bei mir selbst, wenn die Einwohner dieses Landes einen entsprechenden Grad von Vernunft besitzen, so müssen sie das weiseste Volk der Erde sein. Dieser Gedanke gab mir so viel Trost, daß ich weiterzugehen beschloß, bis ich ein Haus oder ein Dorf entdecken oder mit den Eingeborenen zusammentreffen könnte, indem ich die beiden Pferde sich nach Belieben miteinander unterhalten ließe. Das erste Pferd jedoch, das eine scheckige graue Farbe hatte, wieherte, als ich mich fortstehlen wollte, in so ausdrucksvollem Ton, daß ich seinen Willen zu verstehen glaubte; deshalb drehte ich mich um und ging darauf zu, um seine weiteren Befehle zu erwarten, indem ich jedoch meine Furcht soviel wie möglich zu verbergen suchte. Ich begann nämlich Besorgnis zu fühlen, wie dies Abenteuer enden würde, und der Leser wird sich leicht denken können, daß ich mit meiner gegenwärtigen Lage nicht sehr zufrieden war.

Die beiden Pferde kamen mir näher und besahen sehr ernsthaft mein Gesicht und meine Hände. Das graue berührte meinen Hut mit dem Vorderhuf und verschob ihn so sehr, daß ich genötigt war, ihn abzunehmen, um ihn besser wieder aufzusetzen, worauf beide (das andere Pferd war kastanienbraun) sehr erstaunt schienen. Das letztere befühlte meinen Rockschoß, und als es fand, daß dieser lose um mich herumhing, sahen mich beide mit neuen Zeichen der Verwunderung an. Es streichelte meine rechte Hand und schien ihre Zartheit und Farbe zu bewundern, drückte sie aber so stark zwischen den Huf und das Fesselgelenk, daß ich aufzuschreien genötigt wurde. Sie kamen auch sehr in Verlegenheit über meine Schuhe und Strümpfe, die sie oft befühlten, worauf sie einander mit verschiedenen Bewegungen zuwieherten, die denen eines Philosophen glichen, wenn er ein neues und schwieriges Phänomen lösen will.

Im ganzen war das Benehmen dieser Tiere so ordentlich und vernünftig, so scharfsinnig und klug, daß ich zuletzt daraus schließen mußte, es seien Zauberer, die sich zu irgendeinem Zweck verwandelt und beschlossen hätten, sich an einem Fremden zu belustigen, den sie unterwegs anträfen; oder vielmehr, die über den Anblick eines Menschen wirklich erstaunten, der in Kleidung, Gesichtszügen und Farbe von den übrigen Menschen, die in einem so entfernten Klima wohnen könnten, so verschieden sei. Infolge dieses Schlusses hielt ich an sie folgende Anrede: »Meine Herren, wenn Sie Zauberer sind, wie ich zu vermuten die Ursache habe, so müssen Sie jede Sprache verstehen können. Ich bin darum so frei, Euer Gnaden wissen zu lassen, daß ich ein armer Engländer bin, der durch ein Unglück in dieses Land verschlagen wurde. Deshalb bitte ich einen von Ihnen, mich auf seinem Rücken reiten zu lassen, als wären Sie wirkliche Pferde, und mich zu einem Haus oder zu einer Stadt zu bringen, wo ich werde Hilfe finden können. Als Belohnung für diese Gefälligkeit werde ich Ihnen dies Messer und dieses Armband geben.« (Ich hatte beide zuvor aus meiner Tasche gezogen.) Die beiden Geschöpfe schwiegen, während ich sprach, schienen jedoch mir mit großer Aufmerksamkeit zuzuhören; als ich geendet hatte, wieherten beide sich häufig zu, als wären sie in ein ernsthaftes Gespräch vertieft. Ich bemerkte deutlich, daß ihre Sprache die Leidenschaften sehr gut ausdrückte und daß die Worte in ein Alphabet gebracht werden könnten, das bei weitem einfacher als das chinesische sein müßte.

Ich konnte häufig das Wort »Yahoo« unterscheiden, das mehrere Male von ihnen wiederholt wurde, und obgleich es mir unmöglich war, die Bedeutung zu erraten, so bemühte ich mich, während die beiden Pferde sich miteinander unterhielten, es meiner Zunge zugänglich zu machen. Sobald sie schwiegen, sprach ich deshalb Yahoo mit lauter Stimme aus, indem ich zugleich, so gut wie möglich, das Wiehern eines Pferdes nachahmte. Hierüber schienen beide sehr erstaunt, und der Schecke wiederholte mir das Wort zweimal, als wolle er mir die richtige Aussprache zeigen. Ich sprach es ihm so gut wie möglich nach und fand, daß ich mich jedesmal verbesserte, obgleich ich von Vollkommenheit noch sehr weit entfernt war. Dann machte der Braune mit mir den Versuch mit einem zweiten Wort, das noch schwerer auszusprechen war; um es durch unsere Orthographie auszudrücken, werde ich es Houyhnhnm schreiben müssen. Diese Aussprache gelang mir nicht so gut wie die frühere; nach zwei oder drei Versuchen hatte ich jedoch mehr Glück, und beide erstaunten über meine Fähigkeit.

Nach einem weiteren Gespräch, von dem ich vermutete, daß es sich auf mich beziehe, nahmen die beiden Freunde voneinander Abschied, indem sie dieselbe Höflichkeit, die Hufe zu rühren, wiederholten. Das braune Pferd gab mir ein Zeichen, ich solle ihm vorangehen, und ich hielt es für klug zu gehorchen, bis ich einen bessern Führer erhalten haben würde. Als ich anfing etwas langsamer zu gehen, rief es: Hhuun, hhuun!« Ich erriet seinen Willen und gab ihm so gut wie möglich zu verstehen, ich sei müde und könne nicht schneller gehen, worauf es stillstand, um mich ausruhen zu lassen.

Zweites Kapitel

Der Verfasser wird von einem Houyhnhnm in dessen Haus geführt. Beschreibung des Hauses. Aufnahme des Verfassers. Nahrung der Houyhnhnms. Der Verfasser kommt in Not wegen Mangels an Speise, wird aber zuletzt daraus erlöst. Seine Nahrung in diesem Land.

Als wir ungefähr anderthalb Stunden gegangen waren, kamen wir zu einer Art von Haus, das aus eingerammten und kreuzweise gelegten Balken bestand. Das Dach war niedrig und mit Stroh gedeckt. Ich faßte somit wieder etwas Mut und zog einiges Spielzeug, wie es Reisende als Geschenke für Wilde in Amerika und anderen Weltteilen mitzubringen pflegen, aus der Tasche, denn ich hoffte, die Bewohner des Hauses würden dadurch bewogen werden, mich freundlich aufzunehmen. Das Pferd gab mir ein Zeichen, zuerst in das Haus hineinzugehen; es bestand aus einem großen Raum mit Lehmboden und mit Trögen und Krippen, die sich an der Wand entlang hinzogen. Ich sah dort zwei Hengste und zwei Stuten, die nicht aßen und wovon einige zu meinem Erstaunen auf ihren Schenkeln saßen; noch mehr aber verwunderte ich mich, als ich sah, wie die übrigen sich in der Haushaltung beschäftigten, obgleich sie nur gewöhnliche Pferde waren. Dies bestätigte meine Vermutung, ein Volk, das unvernünftige Tiere so sehr zu zivilisieren verstehe, müsse notwendig alle Nationen der Welt an Weisheit übertreffen. Der Braune kam gleich hinter mir her und verhinderte dadurch eine schlimme Behandlung, die ich vielleicht von den anderen hätte erleiden müssen. Er wieherte mehrmals im Ton des Befehls und erhielt Antwort.

Außer diesem Raum befanden sich im Haus noch drei andere, die sich der Länge des Hauses nach erstreckten und zu denen man durch drei einander gegenüberliegende Türen gelangen konnte. Wir gingen durch den zweiten Raum zum dritten. Hier trat der Braune zuerst ein, indem er mir winkte, ihm zu folgen. Ich wartete im zweiten Raum und hielt meine Geschenke für den Herrn und die Herrin des Hauses bereit. Sie bestanden aus zwei Messern, drei Armbändern von falschen Perlen, einem kleinen Spiegel und einem Halsband aus gläsernen Kugeln. Das Pferd wieherte zwei- oder dreimal, und ich erwartete eine Menschenstimme als Erwiderung zu hören, vernahm jedoch keine andere Antwort als in demselben Dialekt und ein paar Töne, die ein wenig heiserer klangen; deshalb dachte ich, dies Haus gehöre einer Person von Ansehen unter diesem Volk, weil so viele Zeremonien gemacht wurden, bevor ich Zutritt erhielt. Der Umstand, daß ein Mann von Stand durch Pferde bedient würde, lag jedoch außerhalb meiner Begriffe; ich besorgte, mein Gehirn sei durch Unglück und Leiden verwirrt worden; ich faßte Mut und sah mich in dem Raum um, wo ich allein gelassen war; der Raum war mit denselben Möbeln wie der erste versehen, jedoch mit bei weitem zierlicheren. Ich rieb mir die Augen, allein ich sah stets nur dieselben Gegenstände. Ich kniff mich in die Arme und die Seiten, um mich zu erwecken, denn ich hoffte, alles sei nur ein Traum. Aus allem dem schloß ich, der ganze Schein könne nur durch Zauberei und Magie bewirkt sein. Ich hatte jedoch keine Zeit, in meinen Gedanken fortzufahren; der Braune kam aus der Tür und gab mir ein Zeichen, ihm in den dritten Raum zu folgen, wo ich eine sehr schöne Stute mit zwei Füllen sah, die mit ihren Hinterschenkeln auf künstlich geflochtenen und vollkommen reinen Strohmatten saßen.

Nachdem ich eingetreten war, erhob sich die Stute von ihrem Sitz, trat nahe an mich heran, betrachtete genau mein Gesicht und meine Hände und warf mir einen im höchsten Grad verächtlichen Blick zu; dann wandte sie sich zu dem Hengst, und ich hörte, wie zwischen beiden häufig das Wort »Yahoo« ausgesprochen wurde. Die Bedeutung dieses Wortes konnte ich aber noch nicht verstehen, obgleich es das erste war, dessen Aussprache ich erlernt hatte. Allein bald wurde ich zu meiner ewigen Kränkung darüber unterrichtet. Der Hengst winkte mir mit dem Kopf und wiederholte mir das »Hhuun, hhuun« wie unterwegs, was ich bereits verstand und womit er andeutete, ich solle ihm folgen. Alsdann führte er mich in den Hof, wo in einiger Entfernung vom Haus ein anderes Gebäude stand. Wir traten ein, und ich sah drei dieser scheußlichen Kreaturen, die ich nach meiner Landung zuerst angetroffen hatte; sie nährten sich von Wurzeln und vom Fleisch einiger Tiere, wie ich nachher erfuhr von Hunden und Eseln und bisweilen auch von krepierten Kühen. Mit dem Hals waren sie durch starke Weidenruten an einem Balken festgebunden. Sie hielten ihre Nahrung mit den Vorderpfoten und zerrissen sie mit ihren Zähnen.

Das Herr-Pferd befahl einem fuchsroten Klepper, der sein Diener war, das größte dieser Tiere loszubinden und in den Hof zu bringen. Die Bestie und ich wurden nahe aneinandergestellt, und unsere Gesichtszüge sowohl vom Herrn wie vom Diener aufmerksam verglichen, worauf sie beide das Wort Yahoo mehrmals wiederholten.

Hier kann ich meinen Abscheu und mein Erstaunen, als ich in diesem verabscheuungswürdigen Tier eine vollkommene Menschenfigur erblickte, nicht beschreiben. Das Gesicht war zwar flach und breit, die Nase eingedrückt, die Lippen geschwollen und der Mund sehr groß. Diese Verschiedenheiten von unserer Gesichtsbildung sind aber allen wilden Nationen gemein, die ihre Kinder auf dem Boden herumkriechen lassen oder sie auf dem Rücken tragen, so daß die Kinder mit dem Gesicht über den Schultern ihrer Mütter gesäugt werden. Die Vorderpfoten des Yahoo waren von meinen Händen nur durch die Länge der Nägel, durch die Rauheit und Bräune der Handflächen und durch den haarigen Rücken verschieden. Dieselbe Ähnlichkeit fand zwischen unseren Füßen statt, wie ich sehr wohl wußte; die Pferde jedoch ahnten dies nicht, weil ich Schuhe und Strümpfe trug. Dasselbe war an jedem anderen Teil unseres Körpers der Fall, mit Ausnahme der Haare und Farbe, wie ich schon beschrieben habe.

Die größte Schwierigkeit, die sich den beiden Pferden zu bieten schien, bestand darin, daß sie meinen Körper von dem des Yahoo so sehr verschieden sahen. Dies verdankte ich meinen Kleidern, wovon sie keinen Begriff hatten. Der fuchsrote Klepper bot mir eine Wurzel, die er nach Art der Houyhnhnms, die ich am geeigneten Ort beschreiben werde, zwischen seinem Huf und dem Fußgelenk hielt; ich nahm diese in meine Hand, roch daran und gab sie so höflich, wie es mir möglich war, wieder zurück. Dann brachte er aus dem Stall der Yahoos ein Stück Eselsfleisch; es stank aber so furchtbar, daß ich es mit Ekel zurückwies. Hierauf warf er es dem Yahoo vor, der es mit Begier verschlang. Dann zeigte er mir ein Bündel Heu und einen Kübel voll Hafer, allein ich schüttelte den Kopf, um anzudeuten, beides sei kein Futter für mich. Auch fürchtete ich wirklich schon den Hungertod, wenn ich kein Individuum meiner Gattung anträfe; denn was die schmutzigen Yahoos betraf, so muß ich gestehen, daß ich nie so in jeder Hinsicht verabscheuungswürdige Geschöpfe gesehen habe, obgleich es damals nur wenige gab, welche die Menschheit in demselben Grad liebten wie ich. Je näher ich ihnen kam, desto verhaßter sind sie mir geworden, solange ich im Land blieb. Dies bemerkte das Herr-Pferd aus meinem Benehmen und schickte deshalb den Yahoo in seinen Stall zurück. Dann legte es seinen Vorderhuf an den Mund, worüber ich erstaunte, obgleich er diese Bewegung ungezwungen und ganz natürlich ausführte; zugleich gab es mir auch durch andere Zeichen zu verstehen, ich möchte andeuten, was ich zu essen wünsche. Ich konnte ihm aber keine Antwort geben, die es zu begreifen vermochte, und wäre dies auch der Fall gewesen, so sah ich keine Möglichkeit, mir irgendeine Nahrung zu verschaffen. Während wir so uns gegenseitig verständlich zu machen suchten, bemerkte ich, daß eine Kuh vorbeiging; ich zeigte auf diese und drückte meinen Wunsch aus, sie melken zu dürfen. Dies hatte die richtige Wirkung. Das Pferd führte mich ins Haus zurück und befahl einer Magd-Stute, mir ein Zimmer zu öffnen, wo ein ziemlicher Vorrat von Milch in irdenen und hölzernen Gefäßen reinlich und ordentlich verwahrt war. Die Magd gab mir hierauf eine große Schale voll Milch, die ich mit großem Appetit trank und wodurch ich sehr erfrischt wurde.

Gegen Mittag sah ich eine Art Fuhrwerk, einem Schlitten ähnlich, das von vier Yahoos gezogen wurde, vor dem Haus anlangen; darin befand sich ein altes Pferd, das eine Person von Stand zu sein schien. Es stieg mit den Hinterfüßen herunter, da es unglücklicherweise am linken Vorderfuß verletzt worden war. Es wollte mit unserem Pferd zu Mittag speisen und wurde von diesem mit großer Höflichkeit empfangen. Man speiste im besten Zimmer und erhielt Hafer in Milch gekocht als zweiten Gang der Tafel. Das alte Pferd aß diese Speise warm, die übrigen kalt. Die Tröge wurden im Kreis aufgestellt und in mehrere Abteilungen geschieden. Die Pferde saßen dabei mit ihren Hinterschenkeln auf Strohbündeln. In der Mitte befand sich eine große Krippe mit Winkeln, die jeder Abteilung der Tröge entsprachen, so daß jedes Pferd sein ihm bestimmtes Heu nebst dem Gemisch von Milch und Hafer sehr anständig und ordnungsgemäß aß. Das Benehmen der männlichen und weiblichen Füllen war sehr bescheiden und das des Herrn und seiner Gemahlin außerordentlich heiter und gefällig gegen den Gast. Der Braune befahl mir, mich an seine Seite zu stellen; er und sein Freund hielten über mich eine lange Unterredung, wie ich aus den Blicken des Fremden und aus der häufigen Wiederholung des Wortes Yahoo bemerken konnte.

Ich trug zufällig meine Handschuhe. Als dies der Braune, das Herr-Pferd, bemerkte, schien er sehr erstaunt und gab mir durch

Zeichen seine Verwunderung zu verstehen, was ich mit meinen Händen angefangen habe; er legte seinen Huf drei- oder viermal darauf, als wolle er mir andeuten, ich solle ihnen die frühere Form wiedergeben. Das tat ich auch; denn ich zog sogleich meine Handschuhe aus und steckte sie in die Tasche. Dies veranlaßte ein ferneres Gespräch, und ich sah, daß die Gesellschaft mit meinem Betragen zufrieden war. Auch bemerkte ich bald die guten Folgen. Mir wurde befohlen, die wenigen Worte, die ich verstand, auszusprechen. Während die Gesellschaft bei Tisch saß, lehrte mich der Herr die Namen für Hafer, Milch, Feuer, Wasser und einige andere Gegenstände; diese konnte ich ihm sehr bald nachsprechen, da ich von früher Jugend an viel Gewandtheit im Erlernen fremder Sprachen besessen habe.

Als das Mittagessen vorbei war, nahm das Herr-Pferd mich beiseite und gab mir durch Zeichen und Worte zu verstehen, es tue ihm sehr leid, daß ich nichts zu essen habe. Hafer wird in der Sprache der Houyhnhnms »Hlunnh« genannt. Obgleich ich diese Speise zuerst zurückgewiesen hatte, so fiel mir doch gleich darauf ein, ich könne daraus eine Art Brot herstellen, das nebst der Milch genügen würde, mich am Leben zu erhalten, bis ich in ein anderes Land und zu Geschöpfen meines eigenen Geschlechts fliehen könnte. Das Pferd befahl sogleich einer weißen Magd-Stute aus seiner Familie, mir eine Masse Hafer in einer Art hölzernen Mulde zu bringen. Dieses Getreide erhitzte ich so gut wie möglich am Feuer, bis die Hülsen absprangen, worauf ich diese vom Korn zu sichten suchte; letzteres mahlte und zerquetschte ich zwischen zwei Steinen, vermischte es mit Wasser und machte daraus einen Teig oder Kuchen, den ich am Feuer röstete und warm mit Milch aß. Anfänglich schien mir dies eine sehr unschmackhafte Speise, obgleich sie in vielen Teilen Europas üblich ist; sie wurde mir aber mit der Zeit erträglich, und da ich schon oft in meinem früheren Leben zu magerer Kost genötigt war, so bemerkte ich hier nicht zum ersten Mal, wie leicht man die Natur befriedigen kann. Auch muß ich erwähnen, daß ich mich nie auch nur eine Stunde lang unwohl befunden habe, solange ich auf der Insel blieb. Allerdings bemühte ich mich, Kaninchen oder Vögel mit Schlingen aus Yahoo-Haar zu fangen; oft auch sammelte ich gesunde Kräuter, die ich kochte oder als Salat zum Brot aß. Bisweilen machte ich mir ein wenig Butter und trank die Molken; auch war mir der Mangel an Salz sehr empfindlich, allein die Gewohnheit söhnte mich bald mit dieser Entbehrung aus. Ich habe jetzt die Überzeugung, der häufige Gebrauch von Salz sei bei uns eine Folge des Luxus und sei zuerst als ein Reizmittel zum Trinken eingeführt worden, mit Ausnahme des Falles, wenn es dazu dient, das Fleisch auf langen Reisen oder in den Orten, die von großen Märkten entfernt liegen, vor Fäulnis zu bewahren. Wir wissen ja, daß kein Tier, außer dem Menschen, das Salz liebt, und was mich betrifft, so hat es mich viel Mühe gekostet, den Geschmack des Salzes in irgendeiner Speise zu ertragen, nachdem ich das Land der Houyhnhnms verlassen hatte.

Dies genüge, um meine Lebensart in bezug auf das Essen darzustellen, womit andere Reisende ihre Bücher füllen, als sei den Lesern daran gelegen, ob wir gut oder schlecht essen. Es war jedoch notwendig, den Gegenstand zu erwähnen, sonst würde die Welt es für unmöglich halten, daß ich drei Jahre lang in solch einem Land und unter solchen Einwohnern meine Nahrung fand.

Gegen Abend befahl das Herr-Pferd, mir einen Raum zur Wohnung einzurichten. Dieser war nur sechs Ellen vom Haus entfernt und vom Stall der Yahoos getrennt. Hier bekam ich etwas Stroh; ich deckte mich mit meinen Kleidern zu und hatte einen gesunden Schlaf. In kurzer Zeit hatte ich mich auch besser an meine Lage gewöhnt, wie der Leser später erfahren wird, wenn ich über meine Lebensart eingehender sprechen werde.

Drittes Kapitel

Der Verfasser versucht, die Sprache der Houyhnhnms zu erlernen; sein Herr ist ihm dabei behilflich. Beschreibung der Sprache. Mehrere Houyhnhnms von Stand kommen aus Neugier, den Verfasser zu sehen. Er gibt seinem Herrn einen kurzen Bericht von seiner Reise.

Meine hauptsächlichste Bemühung war das Erlernen der Sprache, worin mich mein Herr (von nun an werde ich ihn so nennen), dessen Kinder und das Gesinde des Hauses unterrichteten. Sie betrachteten es nämlich als ein Wunder, daß ein unvernünftiges Tier so viel Spuren eines vernünftigen Geschöpfs offenbare. Ich zeigte auf jedes Ding, fragte nach dem Namen, zeichnete diesen in meinem Tagebuch auf, wenn ich allein war, und verbesserte dadurch meine Aussprache, daß ich die Mitglieder der Familie ersuchte, mir öfter die Worte vorzusprechen. Bei dieser Beschäftigung war mir der fuchsrote Klepper, einer der unteren Bedienten, im höchsten Grad nützlich.

Die Houyhnhnms sprechen hauptsächlich durch die Nase und Kehle. Ihre Sprache kommt von allen europäischen, die ich kenne, dem Hochdeutschen am nächsten, sie ist aber bei weitem zierlicher und ausdrucksvoller. Kaiser Karl V. machte dieselbe Bemerkung, indem er sagte, wenn er je zu einem Pferd spreche, so geschehe dies auf hochdeutsch.

Die Neugier und Ungeduld meines Herrn war so groß, daß er oft seine Mußestunden damit zubrachte, mich zu unterrichten. Er war überzeugt (wie er mir nachher sagte), ich sei ein Yahoo; indes meine Gelehrigkeit, Höflichkeit und Reinlichkeit setzten ihn in Erstaunen; jene Eigenschaften waren nämlich denen der Yahoos durchaus entgegengesetzt. Er war sehr im Zweifel in bezug auf meine Kleider und dachte öfter bei sich, sie müßten ein Teil meines Leibes sein; ich legte sie nämlich nie ab, als bis die Familie eingeschlafen war, und zog sie wieder an, bevor des Morgens jemand eintrat. Mein Herr war begierig zu erfahren, woher ich käme, wie ich mir diesen Anschein der Vernunft erworben habe, die ich in allen meinen Handlungen zeigte; ferner wünschte er auch meine Geschichte aus meinem eigenen Mund zu hören; er hoffte, ich würde bei den großen Fortschritten, die ich im Erlernen der Wörter und Sätze mache, bald imstande sein, ihm diese zu erzählen. Um mein Gedächtnis zu unterstützen, schrieb ich alles, was ich erlernt hatte, in englischen Buchstaben nieder und fügte bei den Worten die Übersetzung hinzu. Es kostete viel Mühe, ihm auseinanderzusetzen, was ich vorhätte, denn die Houyhnhnms haben nicht den geringsten Begriff von Büchern und Literatur.

Nach ungefähr zehn Wochen war ich imstande, die meisten seiner Fragen zu verstehen; nach drei Monaten konnte ich ihm erträgliche Antworten geben. Er war außerordentlich neugierig, zu erfahren, aus welchem Teil des Landes ich gekommen sei und wie ich gelernt hätte, vernünftige Geschöpfe nachzuahmen, weil die Yahoos (denen ich in Gesicht, Kopf und Händen gleiche, den allein sichtbaren Teilen) die ungelehrigsten aller Tiere seien, obgleich sie einen deutlichen Eindruck von Verschlagenheit machten und die stärkste Neigung zur Bosheit zeigten. Ich erwiderte, ich sei über die See von einem sehr weit entfernten Ort mit vielen anderen meines Geschlechts in einem großen hohlen Gefäß, aus dem Holz der Bäume verfertigt, hergekommen. Meine Gefährten hätten mich gezwungen, an dieser Küste zu landen, und mich dann verlassen, damit ich für mich selbst sorgen möge. Nur mit Schwierigkeit und durch viele Zeichen brachte ich ihn dahin, daß er mich verstand. Er antwortete: Ich müsse mich notwendig irren oder hätte Dinge gesagt, die nicht existierten. (Die Houyhnhnms haben in ihrer Sprache kein Wort, das Lüge oder Unwahrheit ausdrückt.) Er wisse, es sei unmöglich, daß sich noch ein Land jenseits des Meeres befinde und daß ein Haufen Tiere ein hölzernes Gefäß nach Belieben auf dem Wasser leiten könne. Er wisse ferner, ein Houyhnhnm könne solch ein Gefäß nicht verfertigen und würde dessen Leitung den Yahoos auch niemals anvertrauen.

Das Wort Houyhnhnm bedeutete in der Landessprache das Pferd und in seiner Etymologie die Vollkommenheit der Natur. Ich sagte meinem Herrn: Jetzt sei ich noch in Verlegenheit wegen der Ausdrücke; ich würde diesem Mangel jedoch so schnell wie möglich abhelfen und hoffte, in kurzer Zeit imstande zu sein, ihm wunderbare Dinge zu sagen. Er hatte die Güte, seiner eigenen Stute, seinen beiden Füllen und den Bedienten der Familie Befehl zu erteilen, jede Gelegenheit zu meinem Unterricht zu nutzen. Jeden Tag gab er sich zwei oder drei Stunden lang selbst die Mühe. Mehrere Hengste und Stuten von Stand aus der Nachbarschaft kamen oft in unser Haus, nachdem das Gerücht von einem wunderbaren Yahoo verbreitet war, der wie ein Houyhnhnm sprechen könne und in allen Handlungen einige Funken von Vernunft offenbare. Diese fanden Vergnügen daran, sich mit mir zu unterhalten; sie legten mir mehrere Fragen vor und erhielten Antworten, wie ich sie geben konnte. Durch all diese Unterstützung machte ich so bedeutende Fortschritte, daß ich in fünf Monaten nach meiner Ankunft alles verstand, was mir gesagt wurde, und daß ich mich ziemlich deutlich ausdrücken konnte.

Die Houyhnhnms, die meinen Herrn besuchten, um mich zu sehen und mit mir zu sprechen, konnten kaum glauben, ich sei ein wirklicher Yahoo, weil mein Körper eine andere Bedeckung habe als die der übrigen dieses Geschlechts. Sie staunten, mich ohne Haar und Haut, mit Ausnahme meines Kopfes und meiner Hände, zu sehen, allein ich hatte dies Geheimnis meinem Herrn nach einem Ereignis entdeckt, das ungefähr vierzehn Tage vorher vorgefallen war.

Ich habe dem Leser schon erzählt, daß es meine Gewohnheit war, mich jede Nacht auszuziehen und mit meinen Kleidern zuzudecken, sobald die Familie zu Bett gegangen war.

Einst geschah es, daß mein Herr mich eines Morgens früh durch den fuchsroten Klepper, der sein Bedienter war, holen ließ. Als der kam, war ich noch tief im Schlaf, meine Kleider waren an einer Seite heruntergefallen und mein Hemd über dem Leibe hochgerutscht. Ich erwachte bei dem Geräusch, das er machte, und bemerkte, daß er sich seiner Botschaft mit einiger Verlegenheit entledigte; hierauf ging er zu meinem Herrn und gab diesem nach einigem Schrecken einen verwirrten Bericht von dem, was er gesehen hatte. Dies bemerkte ich sogleich; als ich nämlich angekleidet war und Seiner Gnaden meine Aufwartung gemacht hatte, fragte mein Herr mich nach der Bedeutung des Berichts, den ihm der Diener gegeben habe; ich sei nämlich im Schlaf nicht dasselbe Geschöpf, das ich zu anderen Zeiten zu sein scheine; sein Diener habe ihm die Versicherung gegeben, ein Teil von mir sei weiß, ein anderer gelb oder wenigstens nicht so weiß, und einige andere Teile sogar von brauner Farbe.

Bis dahin hatte ich das Geheimnis meiner Kleidung verhohlen, um mich soviel wie möglich von jenem verfluchten Geschlecht der Yahoos zu unterscheiden; jetzt aber fand ich, daß mir dies nicht länger möglich war. Außerdem überlegte ich, daß meine Kleider und Schuhe bald abgenützt sein würden, denn sie waren schon in ziemlich abgerissenem Zustand, und ich mußte sie durch irgendein Mittel, aus den Fellen der Yahoos oder anderer Tiere, wieder ersetzen. Dadurch hätte das Geheimnis ohnedem verraten werden müssen. Somit sagte ich meinem Herrn: In dem Land, woher ich komme, bedecke sich das ganze Geschlecht, wozu ich gehöre, den Leib mit Haaren verschiedener Tiere, die man künstlich zubereite. Dies geschehe sowohl des Anstandes wegen, als auch um die unangenehmen Einflüsse der Luft, sowohl bei Hitze wie bei Kälte, zu vermeiden. Was mich selbst betreffe, so wolle ich ihn sogleich hiervon überzeugen, wenn er die Güte habe, mir den Befehl zu erteilen. Allein ich bäte um Verzeihung, wenn ich diejenigen Teile nicht bloßstellte, deren Verheimlichung uns die Natur gebiete. Er antwortete: Meine Rede sei sonderbar, besonders aber der letztere Teil; er könne nicht begreifen, weshalb die Natur uns zu verheimlichen lehre, was sie uns gegeben habe. Weder er noch seine Angehörigen schämten sich irgendeines Teils an ihrem Leib. Ich möge jedoch tun, was mir beliebe. Hierauf knöpfte ich meinen Rock auf und zog ihn aus, ebenso auch meine Weste. Dann legte ich Schuhe, Strümpfe und Beinkleider ab. Ich ließ mein Hemd bis an den Bauch herabfallen, zog den unteren Teil herauf und befestigte es wie einen Gürtel um die Mitte meines Leibes, meine Nacktheit zu verbergen.

Mein Herr beobachtete mein ganzes Verfahren mit den Zeichen großer Neugier und Verwunderung. Er nahm alle meine Kleider mit dem Fußgelenk auf und untersuchte eines nach dem anderen mit vieler Genauigkeit, dann streichelte er sanft meinen Leib und besah mich von allen Seiten. Hierauf sagte er: Ich sei ein vollkommener Yahoo, sei jedoch von den übrigen meines Geschlechts in der Weiße und Weichheit meiner Haut sehr verschieden; ferner auch durch den Mangel an Haar an mehreren Teilen meines Körpers; durch die Form und die Größe meiner Vorder- und Hinterklauen; endlich auch durch mein Bestreben, fortwährend auf meinen Hinterpfoten zu gehen. Er wünschte nichts weiter zu sehen und erteilte mir die Erlaubnis, meine Kleider wieder anzuziehen, denn ich schauderte vor Kälte.

Ich sagte ihm, wie unangenehm es mir sei, daß die Benennung Yahoo, dieses verhaßten Tieres, gegen das ich im höchsten Maße Haß und Verachtung hegte, mir so häufig beigelegt werde, und bat ihn deshalb, er möge das Wort nicht mehr auf mich anwenden und dasselbe seiner Familie und seinen Freunden sagen, denen er erlaube, mich zu besuchen. Ich bat ihn ferner, das Geheimnis meiner falschen Körperbedeckung zu bewahren, solange meine gegenwärtige Kleidung aushalten würde, denn darüber, was sein Diener, der fuchsrote Klepper, beobachtet habe, werde ihm seine Ehre gebieten, zu schweigen.

Zu alledem gab mein Herr sehr gnädig seine Einwilligung, und so wurde das Geheimnis bewahrt, bis meine Kleider ganz abgenutzt waren, so daß ich genötigt wurde, sie auf verschiedene Weise zu ersetzen, wie ich nachher beschreiben werde. Dann sprach er seinen Wunsch aus, ich möge unterdessen die Landessprache erlernen. Er sei nämlich über meine Fähigkeit der Rede und Vernunft noch mehr erstaunt als über die Gestalt meines Körpers, ich möge mich bedecken oder nicht. Auch warte er voll Ungeduld auf die wunderbaren Dinge, die ich ihm erzählen wolle.

Von da an verdoppelte er seine Mühe, mich zu unterrichten; er brachte mich in alle Gesellschaften und trug Sorge, daß ich höflich behandelt wurde; er sagte nämlich seinen Freunden insgeheim, dies werde mich in guter Laune erhalten und mich für sie unterhaltender machen.

An jedem Tag legte er mir mehrere Fragen über mich vor, die ich so gut wie möglich beantwortete; hierdurch hatte er bereits einige allgemeine Begriffe erlangt, obgleich diese noch sehr unvollkommen waren. Es würde langweilig sein, das ganze Verfahren darzustellen, wodurch ich zu einer regelrechten Unterhaltung gelangte. Der erste Bericht, den ich in einiger Ordnung und Ausführlichkeit von mir gab, war folgender Art: Ich sei aus einem sehr weit entfernten Land gekommen, nebst fünfzig anderen meines Geschlechts; wir seien in einem großen hölzernen Gefäß, das bei weitem größer sei als das Haus Seiner Gnaden, über das Meer gereist. Ich beschrieb ihm das Schiff so gut wie möglich und erklärte ihm durch mein Schnupftuch, wie der Wind es vorwärts treibe. Nach einem Zwist unter uns sei ich hier an der Küste ausgesetzt worden und weitergegangen, ohne

zu wissen, wohin, bis er mich von der Verfolgung der verabscheuungswürdigen Yahoos befreit habe. Mein Herr fragte mich hierauf, wie das Schiff gebaut sei und wie die Houyhnhnms des Landes es der Führung von Tieren überlassen könnten. Meine Antwort war: Ich würde in meinem Berichte nicht fortzufahren wagen, wenn er mir nicht sein Wort gebe, daß er sich nicht ärgern wolle, und dann würde ich ihm die Wunder erzählen, die ich ihm so oft versprochen hatte. Er erfüllte meine Bitte, und ich gab ihm dann die Versicherung, das Schiff sei von Geschöpfen, die mir glichen, verfertigt. In meinem Vaterland sowie in allen Ländern, die ich durchreiste, seien die Yahoos allein die vernünftigen und regierenden Tiere; bei meiner Ankunft sei ich so erstaunt gewesen, als ich ihn erblickte, daß die Houyhnhnms als vernünftige Geschöpfe handelten, wie er und seine Freunde sich verwunderten, einige Spuren von Vernunft bei einem Geschöpf zu finden, das er Yahoo zu nennen die Güte habe. Ich gestand ein, daß ich den Yahoos in jedem Teil meines Körpers gleiche, daß ich mir jedoch ihre entartete und viehische Natur nicht erklären könne. Ich sagte ferner: Wenn das Glück mich jemals in mein Vaterland zurückführe und wenn ich dann, wie ich beschlossen habe, meine Reise hierher erzählte, so würde jeder glauben, ich hätte etwas berichtet, was nirgends existiere, und hätte eine Geschichte ins Blaue hinein erfunden; ich müsse bei aller Achtung, die ich gegen ihn, seine Familie und Freunde hegte, und unter der Bedingung, daß er sich nicht beleidigt fühle, offen eingestehen, daß meine Landsleute mir schwerlich glauben würden, ein Houyhnhnm sei das herrschende Geschöpf einer Nation und ein Yahoo das Vieh.

Viertes Kapitel

Begriff der Houyhnhnms von Wahrheit und Falschheit. Des Verfassers Bericht wird von seinem Herrn nicht gebilligt. Der Verfasser gibt einen genaueren Bericht über sich selbst und die Ereignisse seiner Reise.

Mein Herr hörte mich mit Zeichen des Ärgers in seinen Zügen an, denn Bezweifeln oder Nichtglauben ist in diesem Land so wenig bekannt, daß die Einwohner nicht sagen können, wie sie sich unter solchen Umständen zu benehmen haben. Auch erinnere ich mich mehrerer Unterredungen mit meinem Herrn, bei denen ich gelegentlich von Lügen und falscher Darstellung sprach, da wir uns gerade über die Natur der Menschheit in anderen Ländern unterhielten, so daß er nur mit Schwierigkeit den Sinn meiner Worte verstand, obgleich er sonst ein scharfes Urteil besaß. Seine Schlußfolgerung war nämlich so: Der Gebrauch der Rede ist uns zum gegenseitigen Verständnis und zur Erkenntnis der Tatsachen gegeben. Sagt nun jemand irgend etwas, das nicht existiert, so wird der Zweck verfehlt, weil man ja von mir nicht sagen kann, daß ich den Sinn seiner Rede begreife; auch bin ich so weit davon entfernt, etwas mir Neues zu erfahren, daß ich schlimmer daran bin, als wüßte ich gar nichts; ich glaube zuletzt, etwas Weißes sei schwarz und etwas Kurzes lang. Dieses waren alle Begriffe, die er über das Vermögen des Lügens besaß, das von allen Menschengeschöpfen so vollkommen verstanden und so allgemein ausgeübt wird.

Ich kehre von dieser Abschweifung zurück. Als ich behauptete, die Yahoos seien allein die herrschenden Tiere in meinem Vaterland, sagte mein Herr, dies übersteige seine Begriffe. Dann wünschte er zu wissen, ob wir auch Houyhnhnms hätten und wie diese beschäftigt wären. Ich erwiderte ihm, wir besäßen eine große Anzahl Houyhnhnms; sie grasten im Sommer auf den Wiesen und würden des Winters in Häusern mit Heu und Hafer ernährt, Yahoo-Bediente wären bei ihnen angestellt, um ihre Haut rein zu striegeln, ihre Mähnen zu kämmen, ihre Hufe zu untersuchen, ihnen Futter zu reichen und ihr Bett zu machen. »Ich verstehe dich wohl«, sagte mein Herr, »wie sehr die Yahoos auch auf die Vernunft Anspruch machen, sind die Houyhnhnms dennoch die Herren. Ich wünschte nur, daß man mit euren Yahoos ebensogut umgehen kann.« Ich bat ihn: Seine Gnaden möge mich entschuldigen, daß ich nicht weiter fortführe. Ich sei überzeugt, der Bericht, den ich ihm geben werde, müsse ihm im höchsten Grad mißfallen. Mein Herr bestand jedoch auf seinem Befehl, ihm Gutes und Schlimmes zu sagen. Darauf berichtete ich, um ihm zu gehorchen: Die Houyhnhnms, die wir bei uns Pferde nennten, seien die großmütigsten und zierlichsten Tiere, die wir besäßen; sie hätten ausgezeichnete Vorzüge durch Körperkraft und Schnelligkeit; wenn sie Personen von Stand gehörten, würden sie zu Reisen, Wettrennen und Wagenziehen gebraucht. Sie würden sehr sorgfältig und gütig behandelt, bis sie krank oder an den Füßen lahm wären. Dann aber verkaufe man sie und plage sie auf jede nur mögliche Art, bis sie tot seien; hierauf ziehe man ihnen die Haut ab und verkaufe diese nach dem Wert; den Leichnam aber lasse man von Hunden oder Raubvögeln fressen. Die gewöhnliche Pferderasse sei jedoch nicht so glücklich, sie werde von Pächtern, Fuhrleuten und anderem gemeinen Volk gehalten, die eine schwere Arbeit verlangten und schlechteres Futter gäben.

Ich beschrieb, so gut wie möglich, unsere Art zu reiten, die Form und den Gebrauch des Zaumes, des Sattels, der Sporen, der Peitsche, des Geschirrs und der Räder. Ich fügte hinzu: Wir befestigten Platten von einer gewissen harten Substanz, die wir Eisen nennen, unten an die Hufe, um zu verhindern, daß diese auf steinigen Wegen zerbrechen, auf denen wir gewöhnlich reiten.

Nachdem mein Herr seinen Unwillen ausgedrückt hatte, sprach er sein Erstaunen darüber aus, wie wir uns auf den Rükken eines Houyhnhnms wagen könnten, er sei überzeugt, der schwächste Diener seines Hauses sei imstande, den stärksten Yahoo abzuwerfen, oder wenn er sich niederwerfe und auf dem Rücken rolle, dieses Tier zu Tode zu drücken. Ich erwiderte, unsere Pferde würden vom dritten und vierten Jahr an für den Zweck, den wir beabsichtigten, zugeritten; würden einige von ihnen als weniger gut erkannt, so gebrauche man sie zum Wagenziehen; für jede boshafte Laune würden sie in ihrer Jugend gehörig gepeitscht; die Hengste, die man zum gewöhnlichen Reiten oder Ziehen bestimme, würden gewöhnlich im zweiten Jahr nach ihrer Geburt verschnitten, um ihren Mut zu vermindern und um sie zahmer und sanfter zu machen; sie seien allerdings für Belohnungen und Strafen empfänglich, allein Seine Gnaden möge bedenken, daß sie nicht die geringste Spur von Vernunft besäßen, ebensowenig wie die Yahoos in diesem Land.

Ich benutzte viele Umschreibungen, um meinem Herrn eine richtige Idee von allem, was ich gesagt hatte, beizubringen; die Sprache der Houyhnhnms ist nämlich nicht so reich an Worten, weil ihre Bedürfnisse und Leidenschaften bei weitem geringer sind als unsere. Es ist mir jedoch unmöglich, seinen edlen Unwillen über die harte Weise, womit wir die Houyhnhnms behandeln, zu beschreiben; besonders, nachdem ich ihm die Art und Weise erklärte, wie wir die Pferde bei uns verschneiden, um zu verhindern, daß sie ihr Geschlecht fortpflanzen, und um ihren Mut zu brechen. Mein Herr sagte: Wenn es möglicherweise ein Land geben könne, wo nur Yahoos Vernunft besäßen, so müßten sie notwendig die herrschende Tierrasse bilden. Vernunft werde mit der Zeit stets die brutale Gewalt besiegen. Wenn er jedoch die Form unserer Körper und vorzüglich die des meinigen betrachte, so müsse er auf die Vermutung geraten, kein Geschöpf von meinem Wuchs müsse für die Anwendung der Vernunft in den gewöhnlichen Geschäften des Lebens so schlecht geeignet sein. Er wünschte deshalb zu wissen, ob meine Landsleute mir oder den Yahoos seines Vaterlandes glichen. Ich gab ihm die Versicherung, ich sei so gebaut wie die meisten meines Alters; die Frauen seien jedoch bei weitem zarter und sanfter und ihre Haut gewöhnlich so weiß wie Milch. Er erwiderte: Ich sei wirklich von anderen Yahoos sehr verschieden, reinlicher und nicht so häßlich; hinsichtlich des Nutzens sei ich jedoch, wie er glaube, im Nachteil; meine Nägel könne ich weder an den Vorder- noch Hinterfüßen gebrauchen; meine Vorderfüße könne er nicht mit diesem Namen bezeichnen, denn er habe nie bemerkt, daß ich auf ihnen einhergehe; sie seien zu weich, um die Härte des Bodens zu ertragen; ich hielte sie gewöhnlich nicht bedeckt; die Bedeckung jedoch, die ich dabei anwendete, sei nicht von derselben Form und auch nicht so stark wie bei den Hinterfüßen; ich könne mit keiner Sicherheit gehen, denn sobald einer meiner Hinterfüße ausgleite, so müsse ich zweifellos zu Boden fallen. Dann fand er auch an anderen Teilen meines Körpers manches auszusetzen; die Flachheit meines Gesichts, das Hervorragen meiner Nase, die Stellung meiner Augen vor der Stirn, so daß ich nicht nach beiden Seiten hin sehen könne, ohne den Kopf umzuwenden; ich sei nicht imstande, mich zu ernähren, ohne meinen Vorderfuß zum Mund zu erheben, weshalb auch die Natur die Glieder so gestellt habe, daß sie dem Bedürfnis entsprächen. Er könne nicht begreifen, wozu die vielen Gelenke und Abteilungen an meinen Hinterfüßen dienten; die seien zu weich, um die Härte und Schärfe der Steine zu ertragen, wenn ich nicht die Haut von anderen Tieren zu Hilfe nähme; mein ganzer Leib bedürfe des Schutzes gegen Hitze und Kälte, den ich täglich mit einem lästigen Verfahren anziehen und ablegen müsse; zuletzt auch bemerkte er, jedes Tier in diesem Land weiche den Yahoos aus, die von Schwächeren vermieden, von den Stärkeren zurückgetrieben würden. Wenn er nun auch zugäbe, daß wir

Vernunft besäßen, so könne er deshalb dennoch nicht begreifen, wie wir jene natürliche Abneigung überwänden, wie wir überhaupt jene anderen Tiere zähmten und uns dienstbar machten. Er wolle jedoch mit mir über diese Angelegenheit nicht streiten, sondern wünsche meine eigene Geschichte, das Land, wo ich geboren sei, und die verschiedenen Handlungen und Ereignisse meines Lebens, bevor ich hierhergekommen sei, kennenzulernen.

Ich gab ihm die Versicherung, daß ich ihn in jedem Punkt zufriedenstellen möchte. Ich bezweifelte jedoch, daß es mir möglich sein werde, bei manchen Dingen mich deutlich genug auszudrücken, wovon Seine Gnaden keinen Begriff haben könne, weil ich nichts in diesem Land sähe, womit ich diese zu vergleichen vermöchte. Ich würde jedoch mein möglichstes tun und mich durch Gleichnisse verständlich zu machen suchen, und ich bäte Seine Gnaden demütig, sie möge mir behilflich sein, wenn ich der passenden Worte bedürfen sollte. Mein Herr hatte auch die Güte, mir dies zu versprechen.

Ich sagte, daß ich von ehrlichen Eltern auf einer Insel, mit Namen »England«, geboren worden sei; diese liege vom hiesigen Land so viele Tagereisen entfernt, wie der stärkste Diener Seiner Gnaden in dem jährlichen Lauf der Sonne zurücklegen könne. Ich sei als Wundarzt erzogen worden, zu einem Stand, der Wunden und Verletzungen am Körper, die man durch Gewalttätigkeit oder Zufall erlange, wieder heile. Mein Vaterland werde von einem weiblichen Menschen, der Königin heiße, beherrscht; auf meiner letzten Reise sei ich der Befehlshaber eines Schiffes gewesen und hätte fünfzig Yahoos unter mir gehabt. Von diesen seien viele zur See gestorben, so daß ich diese durch andere aus verschiedenen Nationen hätte ersetzen müssen. Unser Schiff sei zweimal in Gefahr gewesen zu sinken, das erste Mal durch einen heftigen Sturm, das zweite Mal durch einen Stoß gegen Felsen. Hier unterbrach mich mein Herr mit der Frage, wie ich Fremde von verschiedenen Ländern nach so vielen Verlusten und Gefahren hätte überreden können, sich mit mir aufs Meer zu wagen. Ich sagte, es seien Leute in verzweifelten Umständen, die gezwungen gewesen seien, wegen Verbrechen oder Armut aus ihrem Vaterland zu fliehen. Einige seien durch Prozesse zugrunde gerichtet worden, andere hätten all ihr Vermögen bei Trinken, Spielen und anderen Ausschweifungen verschwendet; andere seien wegen Hochverrats, andere wegen Mordes, Diebstahls, wegen Vergiftung, Raubs, Meineids, Fälschung, Falschmünzerei, Notzucht und wegen unnatürlicher Laster, wegen Desertion und wegen Überlaufens zum Feind geflohen: Die meisten seien aus Gefängnissen ausgebrochen. Keiner wage in sein Vaterland zurückzukehren, aus Furcht, gehängt zu werden oder in einem Gefängnis zu verhungern; deshalb seien sie gezwungen, sich ihren Lebensunterhalt an anderen Orten zu erwerben.

Während dieser Unterredung hatte mein Herr mehrmals die Güte, mich zu unterbrechen. Ich mußte häufig Umschreibungen gebrauchen, um ihm die Natur der verschiedenen Verbrechen darzustellen, wegen derer ein Teil meiner Schiffsmannschaft gezwungen war, aus dem Vaterland zu fliehen. Diese Arbeit erforderte ein Gespräch von mehreren Tagen, bevor er mich verstehen konnte. Er war durchaus nicht imstande zu begreifen, wozu die Ausübung dieser Laster notwendig und nützlich sei. Um ihm dieses klarzumachen, suchte ich ihm einen Begriff von dem Wunsch, Reichtümer und Macht zu erwerben, beizubringen; ferner auch von den furchtbaren Folgen der Wollust, Unmäßigkeit, der Bosheit und des Neides. Alles dies mußte ich ihm durch Beispiele und durch erfundene Fälle erläutern. Hierauf glich er einem Menschen, der über etwas früher nie Gesehenes und Gehörtes von dem heftigsten Erstaunen ergriffen wird. Er erhob seine Augen mit Schrecken und Unwillen. Für Macht, Regierung, Krieg, Gesetz, Strafe und für tausend andere Dinge fand sich kein Ausdruck in seiner Sprache; dadurch wurde die

Schwierigkeit, meinem Herrn einen allgemeinen Begriff von dem, was ich sagen wollte, zu geben, beinahe unüberwindlich. Da er jedoch einen ausgezeichneten und durch Überlegung sowie durch Gespräch gebildeten Verstand besaß, erwarb er sich zuletzt ein genügendes Urteil über alles, was die Menschennatur in unseren Weltteilen auszuführen imstande ist; er bat mich deshalb, ihm einen besonderen Bericht von dem Land, das »Europa« heißt, besonders aber von meinem Vaterland zu geben.

Fünftes Kapitel

Der Verfasser gibt seinem Herrn auf dessen Befehl einen Bericht über den Zustand von England. Die Ursachen der Kriege unter den europäischen Fürsten. Der Verfasser beginnt mit einer Darstellung der englischen Staatsverfassung.

Der Leser muß gütigst beachten, daß der folgende Auszug vieler Gespräche, die ich mit meinem Herrn führte, die Zusammenfassung der wesentlichsten Punkte enthält, die ungefähr zwei Jahre lang zu verschiedenen Zeiten besprochen wurden. Seine Gnaden verlangte nämlich häufig eine erschöpfende Auskunft, nachdem ich in der Houyhnhnm-Sprache größere Fortschritte gemacht hatte.

Ich stellte meinem Herrn so gut wie möglich den ganzen Zustand von Europa dar; ich sprach von Handel und Manufakturen, von Künsten und Wissenschaften, und die Antworten, die ich ihm auf alle Fragen gab, die sich bei den verschiedenen Gegenständen darboten, lieferten unerschöpflichen Gesprächsstoff. Ich werde hier jedoch nur die Hauptsache davon niederschreiben, was mein Vaterland betrifft, indem ich es so gut wie möglich ordne, wobei ich jedoch auf Zeit und andere Umstände wenig Rücksicht nehme und mich nur streng an die Wahrheit halte. Es tut mir leid, daß ich kaum imstande sein werde, der Beweisführung und der Ausdrucksweise meines Herrn Gerechtigkeit widerfahren zu lassen. Beide müssen durch meine zu geringe Auffassungsgabe sowie auch durch die Übersetzung in unser barbarisches Englisch viel Nachteil erleiden.

Um den Befehlen Seiner Gnaden zu gehorchen, erzählte ich ihm deshalb die Revolution unter dem Prinzen von Oranien, den langen Krieg mit Frankreich, den der genannte Fürst begann und den seine Nachfolgerin, die gegenwärtige Königin, erneuerte; wie alle großen Mächte der Christenheit daran teilnahmen und wie er jetzt noch fortdauert. Ich berechnete auf seine Bitte, daß ungefähr eine Million Yahoos im Verlauf davon umgekommen seien; ungefähr hundert Städte oder eine größere Anzahl sei eingenommen und fünfmal soviel Schiffe verbrannt oder versenkt worden.

Mein Herr fragte mich dann, welche Beweggründe gewöhnlich dergleichen Kriege verursachten. Ich erwiderte, die Ursachen seien unzählig; ich würde nur einige der hauptsächlichsten erwähnen. Bisweilen würden Kriege durch Fürsten bewirkt, die glaubten, daß sie niemals Land und Leute genug zu beherrschen hätten; bisweilen auch durch die Verderbnis der Minister, die ihren Herrn in einen Krieg verwickelten, um das Geschrei der Untertanen über eine schlechte Regierung zu ersticken oder ihm eine andere Richtung zu geben; Verschiedenheit der Meinungen haben mehrere Millionen Leben gekostet, ob Fleisch Brot oder Brot Fleisch sei; ob der Saft einer gewissen Beere in Blut oder Wein bestehe; ob man das Pfeifen als Laster oder Tugend annehmen müsse; ob es besser sei, einen Pfahl zu küssen oder in das Feuer zu werfen; wie man sich am besten bekleiden müsse, schwarz, weiß, rot oder grau; ob der Rock lang oder kurz, eng oder weit, schmutzig oder reinlich sein solle. Auch seien keine Kriege so wütend und blutig und dauerten so lange wie die, welche durch Verschiedenheit der Meinungen erregt würden, besonders wenn die streitigen Gegenstände unbedeutend seien.

Bisweilen entstehe der Streit zwischen zwei Fürsten, um zu entscheiden, welcher von ihnen einen dritten seiner Länder berauben solle, wobei jedoch keiner auf ein Recht Anspruch machen dürfe; bisweilen zanke der eine Fürst mit dem anderen, aus Besorgnis, dieser werde Streit mit ihm anfangen; bisweilen, weil er zu schwach sei; bisweilen, fuhr ich fort, wollen unsere Nachbarn etwas haben, was wir besitzen, oder sie besitzen die Dinge, die wir haben wollen, und dann kämpfen wir beide, bis sie unsere Dinge nehmen oder wir die ihrigen haben. Es ist eine leicht zu rechtfertigende Ursache des Krieges, ein Land anzugreifen, wenn das Volk durch Hungersnot geschwächt, durch Pest zerstört und durch bürgerlichen Parteikampf verwirrt ist. Es ist leicht zu rechtfertigen, wenn wir unsern nächsten Verbündeten den Krieg erklären, sobald eine seiner Städte für uns sich eignet oder wenn ein Landstrich eine solche Lage hat, daß er unsere Besitztümer abgerundet und zusammenhängend macht. Wenn ein Fürst seine Streitkräfte einer Nation sendet, deren Volk arm und unwissend ist, so darf er mit Recht die eine Hälfte töten und die andere zu Sklaven machen, um sie zu zivilisieren und sie von ihrer barbarischen Lebensweise abzubringen. Es ist ferner, falls ein Fürst die Hilfe eines anderen nachsucht, um sich vor fremdem Angriff zu retten, ein königliches, ehrenvolles und häufiges Verfahren, daß der Bundesgenosse, wenn er den angreifenden Feind vertrieben hat, das Land für sich selbst in Besitz nimmt und den erretteten Fürsten tötet, verhaftet oder verbannt. Verbindung durch Blutsverwandtschaft oder Ehe ist eine häufige Ursache zu Kriegen zwischen Fürsten, und je näher die Verwandtschaft ist, desto größer ist auch die Neigung zum Zwist. Arme Nationen sind hungrig, reiche sind stolz; Stolz und Hunger werden stets miteinander in Streit geraten. Deshalb wird das Handwerk eines Soldaten für das ehrenvollste von allen gehalten.

Ein Soldat ist nämlich ein Yahoo, der gemietet wird, so viele Individuen seiner Gattung wie möglich, die ihn nie beleidigt haben, mit kaltem Blut zu töten.

Es gibt ferner eine Art bettelhafter Fürsten in Europa, die nicht selbst imstande sind, Kriege zu führen, und die deshalb ihre Truppen für einen bestimmten Sold an reichere Nationen vermieten. Davon behalten sie drei Viertel für sich selbst, und dies ist das beste Einkommen für ihren Unterhalt. Dergleichen gibt es in mehreren Teilen Europas.

Mein Herr erwiderte: »Was Ihr mir über den Krieg gesagt habt, zeigt wirklich auf bewunderungswürdige Weise, daß ihr der Vernunft entbehrt, worauf ihr dennoch Anspruch macht; es scheint jedoch ein glücklicher Umstand, daß die Schande größer ist als die Gefahr und daß die Natur euch so gebildet hat, daß ihr nicht viel Unheil anrichten könnt. Da nämlich euer Mund flach im Gesicht liegt, so könnt ihr ohne gegenseitige Einwilligung einander nicht beißen. Eure Klauen ferner, an euren Vorder- und Hinterpfoten, sind so kurz und weich, daß einer unserer Yahoos ein Dutzend der euren vor sich hertreiben kann. Berechne ich deshalb die Anzahl derjenigen, die Ihr als in einer Schlacht getötet anführtet, so muß ich glauben, daß Ihr etwas gesagt habt, was nicht existiert.«

Ich konnte es nicht unterlassen, über seine Unwissenheit den Kopf zu schütteln und ein wenig zu lächeln. Da ich nun selbst mit der Kriegskunst nicht unbekannt war, gab ich ihm eine Beschreibung von Kanonen, Feldschlangen, Musketen, Karabinern, Kugeln, Pistolen, Pulver, Degen, Schlachten, Belagerungen, Rückzügen, Angriffen; Minen, Konterminen, Bombardements, Seeschlachten, Schiffen mit tausend Mann, die untergingen, zwanzigtausend Mann, die auf beiden Seiten fielen, dem Wimmern der Sterbenden, Gliedern, die in die Luft flögen; von Rauch, Lärm, Verwirrung, wie Menschen durch Pferdehufe zertreten würden, von Flucht, Verfolgung, Sieg; wie die Felder dann mit Leichen besät seien, die als Fraß für Wölfe, Hunde und Raubvögel liegenblieben; vom Plündern, Berauben, Notzüchten, Verbrennen und Zerstören.

Um die Tapferkeit meiner teuren Landsleute darzulegen, fügte ich hinzu: Ich habe gesehen, wie sie hundert Feinde bei einer Belagerung auf einmal in die Luft sprengten und dieselbe Zahl auf einem Schiff; die toten Körper seien zum großen Ergötzen der Zuschauer stückweise von den Wolken herabgefallen.

Ich wollte noch mehr Einzelheiten hinzufügen, als mein Herr mir zu schweigen befahl. Er äußerte: Jeder, der mit der Natur des Yahoo bekannt sei, werde bei einem so elenden Tier alles, was ich gesagt hätte, für möglich halten, wenn Körperkraft und List ihrer Bosheit gleichkämen. Während nun aber mein Vortrag seinen Abscheu gegen das ganze Geschlecht vermehrt habe, sei dadurch zugleich in seiner Seele ein störendes Gefühl entstanden, das er bis jetzt durchaus nicht gekannt habe. Er glaube, seine Ohren möchten sich allmählich an so schändliche Worte gewöhnen und sie dann auch mit geringerem Abscheu anhören; obgleich er die Yahoo dieses Landes hasse, tadle er sie nicht mehr wegen ihrer Eigenschaften als einen »Gnnayh« (einen Raubvogel) wegen seiner Grausamkeit oder einen scharfen Stein, weil er seinen Huf ritze. Wenn aber ein Geschöpf, das Anspruch auf Vernunft erhebe, Fähigkeiten zu solchen Scheußlichkeiten besitze, so besorge er, die Verderbnis dieser Eigenschaften werde noch schlimmer sein als die bloße tierische Roheit. Er sei deshalb vollkommen überzeugt, daß wir anstatt der Vernunft nur irgendeine Eigenschaft besäßen, die sich dazu eigne, unsere natürlichen Laster zu vermehren, so wie der Widerschein einer gestörten Wasserfläche das Bild eines schlechtgebildeten Körpers nicht allein größer, sondern auch entstellt wiedergebe.

Er fügte hinzu: Sowohl in dieser wie in anderen Unterhaltungen habe er schon zuviel über Krieg gehört. Jetzt könne er noch einen anderen Punkt nicht recht begreifen. Ich hätte ihm gesagt, einige Matrosen meiner Mannschaft hätten ihr Vaterland verlassen, weil sie durch das Recht ruiniert seien. Ich hätte ihm die Bedeutung des Wortes schon erklärt, er könne jedoch nicht begreifen, wie das Gesetz, das man doch zur Erhaltung aller bestimme, irgend jemand zugrunde richten könne. Deshalb wünsche er, ich möge ihm eine weitere Erklärung von dem geben, was ich unter Recht verstünde und welcher Art die Personen seien, durch deren Gesetzesanwendung das Eigentum anderer verlorenging, anstatt erhalten zu werden, und zwar nach dem gegenwärtigen Verfahren in meinem Vaterland. Er glaube, Natur und Vernunft seien vernünftigen Tieren hinreichende Führer, und wir machten ja auf Vernunft sehr viel Anspruch. Beide zeigten uns, was wir tun und vermeiden müßten.

Ich gab Seiner Gnaden die Versicherung, das Recht sei eine Wissenschaft, wovon ich nicht viel erlernt hätte; ich hätte nur bei manchen mir erwiesenen Ungerechtigkeiten Advokaten genommen, ich würde ihm jedoch alle mir mögliche Aufklärung geben.

Es gibt, fuhr ich fort, bei uns eine Gesellschaft von Menschen, die von Jugend auf in der Kunst auferzogen würden, durch Worte, die man zu dem Zweck vervielfacht, deutlich zu beweisen, Schwarz sei Weiß und Weiß sei Schwarz, natürlich in dem Verhältnis, wie man bezahlt. Zum Beispiel, wenn mein Nachbar meine Kuh zu haben wünscht, so findet er auch einen Rechtsgelehrten, der beweisen will, er müsse meine Kuh von mir erhalten. Dann muß ich einen anderen Rechtsgelehrten mieten, der mein Recht verteidigt. Es widerstreitet nämlich allen Rechtsregeln, daß irgend jemand für sich selbst sprechen darf. In diesem Fall bin ich, der rechtmäßige Eigentümer, zwei großen Nachteilen ausgesetzt; erstens ist mein Rechtsgelehrter, da er von der Wiege an gewöhnt war, Falschheiten zu verteidigen, durchaus nicht in seinem Element, wenn er als Advokat der Wahrheit auftreten soll. Dies ist nämlich ein unnatürlicher Dienst, den er mit großer Ungeschicklichkeit, wo nicht mit bösem Willen leistet. Zweitens muß mein Advokat mit großer Vorsicht verfahren, sonst erhält er einen Verweis von den Richtern und wird von den anderen Advokaten als ein Mensch verabscheut, der die Rechtspraxis gern schädigen möchte. Deshalb kann ich mir nur durch zwei Verfahrensarten meine Kuh retten. Die erste besteht darin, daß ich den Rechtsgelehrten meines Gegners durch ein doppeltes Honorar für mich gewinne. Dann wird er seinen Klienten dadurch verraten, daß er ihm zu verstehen gibt, ich habe das Recht auf meiner Seite. Die zweite Verfahrensart besteht darin, daß mein Rechtsgelehrter meine Sache so günstig wie möglich darstellt, indem er zugibt, meine Kuh gehöre meinem Gegner; geschieht dies mit Geschicklichkeit, so wird dadurch eine günstige Stimmung der Richter für mich gewonnen. Nun müssen Euer Gnaden wissen, daß diese Richter Personen sind, die der Staat dafür besoldet, daß sie alle Streitfragen über Eigentum entscheiden sowie auch die Strafen der Kriminalverbrecher bestimmen. Man wählt sie aus den geschicktesten Rechtsgelehrten, die alt und faul geworden sind. Da sie nun ihr ganzes Leben hindurch gegen Wahrheit und Billigkeit eingenommen wurden, sind sie der unglücklichen Notwendigkeit unterworfen, daß sie Betrug, Meineid und Unterdrückung begünstigen. Einige habe ich gekannt, die lieber eine große Bestechung von der Partei, die recht hatte, ausschlugen, als daß sie den ganzen Stand dadurch beleidigt hätten, daß sie eine der Natur ihres Amtes unwürdige Handlung begingen.

Es ist Grundsatz unter diesen Rechtsgelehrten, daß alles, was früher geschehen ist, rechtmäßigerweise wieder geschehen darf. Deshalb zeichnen sie alle früheren Entscheidungen gegen Gerechtigkeit und den allgemeinen und gesunden Menschenverstand sorgfältig auf. Diese Urteile heißen Präzedenzfälle und werden fortwährend als Autoritäten vorgebracht, um die unbilligsten Meinungen zu rechtfertigen, und die Richter unterlassen es nie, nach jenen Bestimmungen zu entscheiden.

Bei den Verhandlungen vermeiden die Advokaten und Richter sehr sorgfältig, auf die eigentliche Streitfrage ihres Prozesses einzugehen, sie werden laut, heftig und langweilig und verweilen bei allen Umständen, die nicht nur zur eigentlichen Sache gehören. Zum Beispiel in dem oben erwähnten Fall wollen sie niemals wissen, welchen rechtlichen Anspruch mein Gegner auf meine Kuh besitzt, sondern ob er gesagt habe, die Kuh sei rot oder schwarz, mit langen oder kurzen Hörnern; ob das Feld, worauf sie grase, rund oder viereckig sei; ob sie im Stall oder auf der Weide gemolken werde; an welchen Krankheiten sie leide usw. Dann werden die Präzedenzfälle um Rat gefragt, der Prozeß wird von Zeit zu Zeit vertagt und nach zehn, zwölf, dreizehn Jahren endlich entschieden.

Ferner ist zu bemerken, daß diese Gesellschaft ein besonderes Rotwelsch oder einen Jargon besitzt, den kein anderer Mensch versteht und worin alle Gesetze geschrieben sind. Mit besonderer Sorgfalt wird dies vermehrt. Dadurch wird die wahre Essenz der Wahrheit und Falschheit des Rechts und des Unrechts durcheinandergemischt. Somit erfordert die Entscheidung, ob das Feld, das mir von meinen Vorfahren durch sechs Generationen hinterlassen wurde, mir oder einem dreihundert Meilen weit entfernten Fremden gehört, die Zeit von dreißig Jahren.

In Prozessen von Personen, die wegen eines Verbrechens gegen den Staat angeklagt wurden, ist die Verfahrensart bei weitem kürzer und empfehlenswerter. Der Richter sucht zuerst die Stimmung der Machthaber zu erforschen und kann dann einen Verbrecher sehr leicht retten oder hängen lassen, indem er alle Rechtsformen mit der gehörigen Genauigkeit beobachtet.

Hier unterbrach mich mein Herr mit den Worten: »Wie schade, daß Personen, die nach deiner Beschreibung der Rechtsgelehrten notwendig so wunderbare Geistesfähigkeiten besitzen müssen, nicht lieber angestellt werden, um andere in Weisheit und Kenntnissen zu unterrichten!« Ich erwiderte, mit Ausnahme ihres eigenen Geschäfts seien sie die unwissendsten, dümmsten Bewohner meines Vaterlandes, im gewöhnlichen Gespräch durchaus verächtlich, erklärte Feinde aller Wissenschaft und Gelehrsamkeit, überall geneigt, den gesunden Verstand auf den Kopf zu stellen und jeden Gegenstand, worüber man spreche, in derselben Weise wie in ihrem Geschäft zu verdrehen.

Sechstes Kapitel

Die Beschreibung des Zustandes von England unter der Königin Anna wird fortgesetzt. Der Charakter eines Premierministers an europäischen Höfen.

Mein Herr konnte durchaus nicht begreifen, aus welchen Gründen dieses Geschlecht von Rechtsgelehrten sich solche Verdrießlichkeit, Unruhe und Zänkerei unter ihrer eigenen Gilde errege und sich zu einem Bund, der Ungerechtigkeit bezwecke, vereinige, und zwar ausschließlich, um den Nebentieren Unrecht zuzufügen; auch konnte er den Sinn meiner Worte nicht verstehen, als ich sagte, sie täten dies, gemietet für ein Honorar. Es machte mir somit viel Mühe, ihm den Gebrauch des Geldes und die Stoffe, woraus es verfertigt wird, zu beschreiben. Ich sagte: Habe ein Yahoo genügenden Vorrat an dieser kostbaren Substanz, so sei er imstande, sich alles anzuschaffen, was er zu besitzen wünsche: die schönsten Kleider, die prächtigsten Häuser, große Landstrecken, kostbare Speisen und Getränke; er könne unter den schönsten Frauen wählen. Da nun das Geld allein imstande sei, alle diese Wünsche zu befriedigen, so glaubten unsere Yahoos, sie könnten nie genug haben, um es auszugeben oder zu sparen, je nachdem sie durch ihren natürlichen Charakter Neigung zur Verschwendung oder zum Geiz besäßen. Der Reiche genieße die Früchte von der Arbeit des Armen, und die Zahl der Reichen verhalte sich zu der der Armen wie eins zu tausend. Die Masse unseres Volkes werde gezwungen, jeden Tag um geringen Lohn zu arbeiten, damit wenige im Überfluß leben könnten.

Ich sprach weitläufig über diese und manche andere hierhergehörigen Gegenstände, mein Herr konnte mich aber durchaus nicht verstehen, denn er ging von der Ansicht aus, daß alle Tiere Anteil an den Produkten der Erde besäßen, besonders aber die herrschenden. Deshalb bat er mich, ihm zu sagen, worin jene kostbaren Speisen bestünden und weshalb denn irgend jemand ihrer bedürfe. Hierauf zählte ich ihm alle Gerichte auf, die mir gerade einfielen, sowie auch die Arten ihrer Zubereitung. Letzteres könne nicht geschehen, ohne daß Schiffe nach verschiedenen Teilen der See ausgesendet würden, um Flüssigkeiten sowohl zum Getränk als zu Soßen und unzähligen anderen Delikatessen herbeizuholen. Ich gab ihm die Versicherung, der ganze Erdkreis müsse dreimal umschifft werden, bevor ein vornehmer weiblicher Yahoo ein Frühstück oder ein Geschirr zu demselben bekommen könne. Mein Herr antwortete, mein Vaterland müsse ein sehr elendes sein, da es seinen Einwohnern keine Nahrung verschaffen könne. Am meisten aber erstaunte er über den Umstand, daß die ungeheuren von mir erwähnten Landstriche gänzlich ohne frisches Wasser wären und daß unser Volk über die See schicken müsse, um Getränk herbeizuholen. Ich erwiderte, England, mein teueres Vaterland, bringe ungefähr das Dreifache an Früchten mehr hervor, als seine Einwohner verzehren könnten, sowie auch Flüssigkeiten, die man aus Korn sowie aus Früchten gewisser Bäume herstelle; so bereite man ein vortreffliches Getränk. Dasselbe gelte auch für alle anderen Bequemlichkeiten des Lebens.

Um jedoch die Unmäßigkeit und den Luxus unserer männlichen und die Eitelkeit unserer weiblichen Einwohner zu befriedigen, schickten wir den größten Teil unserer Erzeugnisse in andere Länder und erhielten dafür Materialien für Krankheiten, Laster und Torheit zum Verbrauch. Daraus ergebe sich als notwendige Folge, daß ein großer Teil unseres Volkes gezwungen werde, seinen Lebensunterhalt durch Betteln, Rauben, Stehlen, Betrügen, Kuppeln, Schmeicheln, Verführen, Falschschwören, Fälschen, Spielen, Lügen, Kriechen, Bramarbasieren, Skribeln, Prophezeien, Vergiften, Buhlen, Schwatzen, Klatschen, durch Freidenkerei und andere Beschäftigungen zu erlangen. Es war jedoch viele Mühe erforderlich, einen jeden dieser Ausdrücke meinem Herrn verständlich zu machen.

Wein, fuhr ich fort, wurde aus fremden Ländern bei uns eingeführt, nicht um den Mangel an Wasser oder anderen Getränken zu ersetzen, sondern weil dieser aus einer Flüssigkeit besteht, die uns munter macht, indem sie uns den Verstand nimmt, alle melancholischen Gedanken zerstreut, wilde und ausschweifende Ideen im Hirn erzeugt, unsere Hoffnung erhöht und unsere Furcht bannt, jede Wirkung der Vernunft auf einige Zeit unterbricht und uns an dem Gebrauch unserer Glieder verhindert, bis wir in einen tiefen Schlummer fallen. Wir erwachen jedoch jedes Mal krank und entmutigt, und der Gebrauch dieses Getränkes erweckt bei uns Krankheiten, die unser Leben unangenehm machen und verkürzen.

Außerdem ernährt sich die Volksmasse durch das Mittel, daß sie die Bequemlichkeiten des Lebens den Reicheren liefert und sich gegenseitig damit versorgt. Zum Beispiel, wenn ich zu Hause bin und mich nach meinem Stand kleide, so trage ich an meinem Leib die Arbeit von hundert Handwerkern. Der Bau und die Möblierung meines Hauses erfordern dieselbe Anzahl; die fünffache Zahl ist jedoch notwendig, um meine Frau zu schmücken.

Dann erzählte ich von einer anderen Art Leute, die sich ihren Lebensunterhalt dadurch erwerben, daß sie sich mit den Kranken abgeben. Vorher hatte ich nämlich meinem Herrn schon gesagt, ein großer Teil meiner Matrosen sei an Krankheit gestorben. Hier konnte ich ihm jedoch nur mit größter Schwierigkeit meine Worte verständlich machen. Er hatte den Begriff, ein Houyhnhnm könne wenige Tage vor seinem Tod alt und schwach werden oder durch irgendeinen Zufall sich ein Glied verletzen; er hielt es aber für unmöglich, daß die Natur, die doch bei allen Dingen Vollkommenes hervorbringt, es leiden sollte, daß Krankheiten sich in unseren Körpern erzeugten. Er wünschte deshalb die Ursache von diesem unnatürlichen Übel zu erfahren.

Ich sagte ihm, wir nährten uns von tausend Dingen, die einander entgegenwirkten; wir äßen, ohne hungrig zu sein, und tränken, ohne Durst zu fühlen. Wir wachten oft in Nächten und genössen starke Getränke, ohne etwas zu essen; dies erwecke Trägheit, entzünde unsere Körper und beschleunige oder verhindere die Verdauung. Verdorbene weibliche Yahoos bekämen eine gewisse Krankheit, die Fäulnis der Knochen bei denjenigen bewirke, die sich mit ihnen abgäben; diese Krankheit sowie manche andere gingen vom Vater auf den Sohn über.

Somit kommen, fuhr ich fort, viele Yahoos auf die Welt mit komplizierten Krankheiten; ich kann hier unmöglich den ganzen Katalog menschlicher Krankheiten anführen, denn diese bestehen aus fünf- bis sechshundert, die sich auf jedes Glied und Gelenk verteilen; kurz jeder innere und äußere Teil hat sein eigentümliches Übel. Um diesem abzuhelfen, wurde bei uns eine gewisse Menschenklasse in dem Geschäft oder zu dem Vorwand, die Kranken zu heilen, aufgezogen.

Weil ich in diesem Geschäft einige Geschicklichkeit besitze, kann ich Seiner Gnaden das ganze Geheimnis und die Methode darlegen, nach der die Leute zu verfahren pflegen.

Ihr Hauptgrundsatz besteht darin, daß alle Krankheiten in Überfüllung bestehen. Daraus schließen sie, eine große Ausleerung des Körpers sei notwendig, entweder aus dem natürlichen

Kanal oder aus dem Mund. Ihr zweites Geschäft besteht darin, daß sie aus Kräutern, Mineralien, Gummi, Ölen, Wurzeln, Salzen, Pflanzensäften, Seegräsern, Exkrementen, Baumrinden, Schlangen, Kröten, Fröschen, Spinnen, Fleisch und Knochen von toten Menschen, Vögeln, Tieren, Fischen eine Mischung bilden, die durch Geschmack und Geruch so abscheulich und ekelhaft wie möglich gemacht wird, so daß der Magen sie sogleich wieder auswirft. Dies heißt ein Brechmittel. Oder aber sie bilden aus Stoffen desselben Warenlagers, indem sie noch einige andere giftige Materialien hinzufügen, eine oben oder unten (wie der Arzt gerade gelaunt ist) einzunehmende Medizin, die gleicherweise den Eingeweiden ekelhaft und unerträglich ist. Diese erleichtert die Gedärme und treibt alles darin Befindliche hinaus. Dieses letztere Mittel heißt ein Klistier. Da die Natur, wie der Arzt behauptet, die obere Öffnung für Einführung fester und flüssiger Nahrung, die untere zum Ausscheiden bestimmt hat, so stellt die Kunst den genialen Grundsatz auf: Die Natur, die bei jeder Krankheit gestört sei, müsse dadurch wieder in ihre richtige Verfassung gebracht werden, daß man den Leib in einer durchaus entgegengesetzten Weise behandle, indem man die Funktionen einer jeden Öffnung austausche, feste und flüssige Substanzen hinten einführe und Ausleerungen durch den Mund bewirke.

Außer wirklichen Krankheiten sind wir jedoch auch eingebildeten ausgesetzt, wofür die Ärzte besondere Kuren erfinden; diese Krankheiten haben ihre besonderen Namen und besonderen Mittel. Hieran aber leiden dauernd unsere weiblichen Yahoos.

Die größte Kunst des Ärztestandes besteht aber darin, eine Prognose zu stellen, und diese trifft auch fast immer ein. Die Vorhersage der Ärzte in wirklichen Krankheiten, die einen bösartigen Charakter zeigen, betrifft immer den Tod, der in ihrer Gewalt liegt, während sie über die Wiederherstellung nichts bestimmen können; bessert sich jedoch der Kranke auf unerwartete Weise, nachdem sie ihr Urteil gesprochen, so wissen sie, wie ihr Scharfsinn auf eine richtige Weise der Welt gezeigt werden muß, damit sie nicht als falsche Propheten dastehen.

Sie sind auch Gatten und Gattinnen, die einander nicht leiden können, älteren Söhnen, Staatsministern und Fürsten bisweilen von größtem Nutzen gewesen.

Früher hatte ich mit meinem Herrn über die Natur des Regierens im allgemeinen und besonders über unsere ausgezeichnete Konstitution gesprochen, die mit Recht das Erstaunen und den Neid der ganzen Welt errege. Da ich aber zufällig einen Staatsminister hier erwähnte, befahl er mir zu sagen, was für einen Yahoo ich unter dieser Benennung verstehe.

Ich sagte ihm, ein Premierminister, den ich zu beschreiben beabsichtige, sei ein Geschöpf ohne Freude und Kummer, ohne Liebe und Haß, ohne Mitleid und Zorn; er hege wenigstens keine anderen Leidenschaften als ein heftiges Verlangen nach Reichtum, Macht und Titeln; er gebrauche seine Rede zu allen Dingen, nur nicht um seine wirklichen Gedanken zu verkünden; er sage nie eine Wahrheit, als in der Absicht, daß man sie für eine Lüge halte, noch eine Lüge, damit man sie als wahr glaube; diejenigen, denen er in ihrer Abwesenheit die schlimmsten Dinge nachsage, könnten überzeugt sein, daß er sie befördern werde; andere, denen er in ihrer Gegenwart oder Abwesenheit Lobsprüche erteile, könnten sich als verlorene Leute betrachten. Das schlimmste Zeichen für irgendeine Hoffnung sei jedoch ein Versprechen, besonders wenn es mit einem Eid bekräftigt werde. Hierauf pflege sich jedermann zurückzuziehen und alle Hoffnung aufzugeben.

Es gibt, fuhr ich fort, drei Methoden, wodurch ein Yahoo unser Minister wird; die erste besteht darin, daß man mit Klugheit über eine Frau, Tochter oder Schwester zu verfügen weiß; die zweite darin, daß man den Vorgänger verrät oder untergräbt; die dritte besteht in einem wütenden Eifer gegen die Verderbnis des Hofes, den man in öffentlichen Versammlungen zeigen muß. Ein kluger Fürst wählt vorzüglich die, welche die letztere Methode in Anwendung bringen; solche Zeloten sind nämlich immer die gehorsamsten Diener bei den Leidenschaften und dem Willen ihres Herrn. Dann erhalten sich diese Minister ihre Stellen durch den Umstand, daß alle Ämter zu ihrer Verfügung stehen; sie bestechen nämlich die Mehrheit eines Senats oder großen Rates; zuletzt lassen sie sich, um das Nachrechnen zu verhindern, eine Indemnitätsakte (ich beschrieb meinem Herrn ihre Eigentümlichkeit) geben und ziehen sich, mit der Beute der Nation beladen, vom Amt zurück.

Der Palast eines Premierministers gilt als Lehranstalt, um andere zu diesem Geschäft aufzuziehen; Pagen, Lakaien und Portiers werden in verschiedenen Departements Staatsminister, indem sie ihren Herrn nachahmen, und erwerben sich eine große Vollkommenheit in den drei Haupteigenschaften: der Unverschämtheit, des Lügens und der Bestechung. Demgemäß wird auch ihnen von Personen des höchsten Ranges ein untergeordneter Hof gebildet; bisweilen gelingt es ihnen durch Geschick und Unverschämtheit, nach verschiedenen Stufenleitern die Nachfolger ihres Herrn zu werden.

Gewöhnlich wird er durch eine verblühte Buhlerin oder durch einen Lieblingsbedienten regiert; dies sind die Kanäle, durch die alle Gnadenbezeigungen geleitet werden. Man kann sie die eigentlichen Beherrscher des Königreichs in letzter Instanz nennen.

Als mein Herr eines Tages hörte, daß ich den hohen Adel meines Vaterlandes erwähnte, hatte er die Güte, mir ein unverdientes Kompliment zu machen. Er sagte nämlich, ich sei gewiß aus einer edlen Familie entsprossen, weil ich in Gestalt, Farbe und Reinlichkeit alle Yahoos seines Vaterlandes übertreffe, ob ich ihnen gleich in Kraft und Behendigkeit nachstehe, ein Umstand, der meiner besonderen Lebensart zuzuschreiben sei, worin ich von jenen Tieren abweiche; außerdem sei ich mit der Fähigkeit zu sprechen begabt und besitze einige Teile der Vernunft in solchem Grad, daß ich bei allen seinen Bekannten für ein Wundertier gelte.

Er fügte die Bemerkung hinzu: Bei den Houyhnhnms sei der Schimmel, der Rotfuchs, der Eisengraue nicht ganz so gebildet wie der Kastanienbraune, die Schecke und der Rappe; auch würden erstere nicht mit denselben Talenten oder mit derselben Anlage zur Vervollkommnung geboren; deshalb blieben sie fortwährend nur im Bedienstetenstand und verheirateten sich auch niemals außerhalb ihrer Rasse. Letzteres würde für unnatürlich und ungeheuerlich gelten.

Ich sagte meinem Herrn den verbindlichsten Dank für die gute Meinung, die er gütigst von mir gefaßt hätte; ich fügte jedoch hinzu, wie ich aus niederem Stand von einfachen Eltern geboren sei, die mir nur eine mäßige Erziehung erteilen konnten. Der höhere Adel entspreche durchaus nicht der Idee, die Seine Gnaden von ihm hege. Unsere jungen Lords würden von Kindheit auf in Faulheit und Üppigkeit aufgezogen; sobald es ihr Alter erlaube, verbrauchten sie ihre Kraft und erhielten schmähliche Krankheiten von Buhlerinnen; sobald ihre Vermögensumstände ruiniert seien, schlössen sie Ehen mit reicheren aus niederem Stand, die häßlich und ungesund wären, und zwar nur des Geldes wegen, die sie dann haßten und verachteten. Die Sprößlinge solcher Ehen seien rachitische, skrofulöse und entstellte Kinder. Somit bestehe ein Geschlecht nicht länger als drei Generationen, falls die Frau sich nicht einen gesunden Vater bei Nachbarn und Bedienten hole, um den Stamm fortzusetzen oder zu verbessern.

Ein schwacher und kranker Körper, ein mageres Gesicht, eine blasse Farbe seien untrügliche Zeichen einer edlen Geburt. Ein gesunder und starker Bau gelte bei Männern von Stand für eine Schmach, weil die Welt daraus den Schluß ziehe, der wirkliche Vater sei ein Stallknecht oder Kutscher. Die Mängel der Seele seien entsprechend denen des Körpers; sie bestehen in einer Mischung von Laune, Dummheit, Unwissenheit, Eigensinn, Sinnlichkeit und Stolz.

Ohne die Zustimmung dieser erlauchten Adligen könne kein Gesetz gegeben, aufgehoben oder verändert werden. Sie bildeten auch einen Gerichtshof, gegen den keine Appellation möglich sei.

Siebentes Kapitel

Des Verfassers Vaterlandsliebe. Die Bemerkungen seines Herrn über die Konstitution und die Regierung Englands werden vom Verfasser mit Parallelfällen und Vergleichen beschrieben. Die Bemerkungen seines Herrn über die menschliche Natur.

Leser, du wirst dich vielleicht wundern, daß ich eine so freimütige Beschreibung meines eigenen Geschlechts einer Art von Sterblichen gegeben habe, die schon zu sehr geneigt war, die verächtlichste Meinung vom Menschengeschlecht zu hegen, weil sie eine auffallende Ähnlichkeit zwischen mir und den Yahoos bemerkte. Ich muß jedoch offen gestehen, die vielen Tugenden dieser ausgezeichneten Vierfüßler, im Vergleich mit menschlicher Verderbnis, hatten insofern meine Augen geöffnet und meinen Verstand erweitert, daß ich die Handlungen und Leidenschaften der Menschen von einem anderen Gesichtspunkt aus betrachtete und daß ich glaubte, es sei nicht der Mühe wert, die Ehre meines Geschlechts aufrechtzuerhalten; dies war mir ohnehin unmöglich, da mein Herr außerordentlichen Scharfsinn besaß. Er zeigte mir täglich eine Menge von Fehlern, die mir eigen waren, obgleich ich diese früher nicht im geringsten geahnt hatte; unter Menschen würden sie nicht einmal für allgemeine Schwächen gelten. Durch sein Beispiel hatte ich ebenfalls den höchsten Abscheu vor Falschheit und Verstellung gewonnen; die Wahrheit schien mir so liebenswürdig, daß ich ihr alles aufzuopfern beschloß.

Um aufrichtig zu sein, muß ich jedoch eingestehen, daß mich noch ein stärkerer Beweggrund zu der Freiheit verleitete, die ich mir in der Darstellung der Dinge nahm. Als ich kaum ein Jahr im Land gewesen war, empfand ich solche Liebe und Verehrung für die Houyhnhnms, daß ich den festen Entschluß faßte, niemals zum Menschengeschlecht zurückzukehren, sondern mein Leben in Betrachtung und Ausübung jeder Tugend bei den bewunderungswürdigen Houyhnhnms zuzubringen, von denen ich weder Beispiel noch Anregung zum Laster erhalten konnte. Das Schicksal, mein ewiger Feind, hatte jedoch beschlossen, ein so großes Glück solle mir nicht zuteil werden. Jetzt gereicht mir aber der Gedanke zum Trost, daß ich in allem, was ich von meinen Landsleuten sagte, ihre Fehler so sehr verminderte, wie ich es nur vor einem so strengen Examinator durfte; bei jedem Artikel gab ich der Sache eine möglichst günstige Wendung. Welcher Mensch würde nämlich nicht durch Parteilichkeit für sein Geburtsland hingerissen werden?

Ich habe den Hauptinhalt mehrerer Gespräche, die ich mit meinem Herrn während der Zeit hielt, da ich in seinen Diensten war, angegeben; der Kürze halber habe ich jedoch weit mehr ausgelassen, als hier aufgezeichnet ist.

Als ich alle seine Fragen beantwortet hatte und als seine Neugier vollkommen befriedigt schien, ließ er mich eines Morgens in der Frühe rufen und befahl mir, mich in einiger Entfernung von ihm niederzusetzen; eine Ehre, die er mir vorher noch nie erwiesen hatte. Er sagte: Mit großem Ernst habe er meine ganze Geschichte, die ich ihm sowohl in betreff meines Vaterlandes wie meiner selbst gegeben habe, überlegt; er habe uns als eine Art Tiere betrachtet, denen durch irgendeinen ihm unbegreiflicher

Zufall ein kleiner Teil Vernunft anheimgefallen sei. Wir beraubten uns jedoch selbst der wenigen uns gegebenen Fähigkeiten; wir seien in der Vermehrung unserer ursprünglichen Bedürfnisse sehr glücklich gewesen und schienen unser ganzes Leben in vergeblichen Bemühungen zuzubringen, diese durch Erfindungen zu befriedigen. Was mich betreffe, so besäße ich weder die Kraft noch die Behendigkeit eines gewöhnlichen Yahoos; ich gehe schwach auf meinen Hinterfüßen, habe ein Verfahren ausfindig gemacht, meine Klauen nutzlos zu machen, die mir auch nicht zur Verteidigung dienen könnten, und das Haar von meinem Kinn zu entfernen, das zum Schutz vor Sonne und Wetter bestimmt sei. Endlich könne ich auch weder schnell laufen noch auch Bäume erklimmen wie die Yahoos dieses Landes (diese nannte er gütigst meine Brüder).

Unsere Institutionen der Regierung und der Gesetze entsprängen offenbar aus unserem Mangel an Vernunft und somit auch an Tugend; Vernunft allein sei genügend, ein vernünftiges Geschöpf zu regieren; wir dürften deshalb keinen Anspruch auf den Charakter eines solchen machen. Dies aber müsse er aus meinem Bericht über mein eigenes Volk schließen, obgleich er sehr wohl sehe, ich habe, um dieses zu begünstigen, manches verschwiegen und auch öfters Dinge gesagt, die gar nicht existieren.

Seine Meinung werde um so mehr bestätigt, als er bemerke, daß ich den anderen Yahoos in allen Teilen meines Körpers gleiche, mit Ausnahme von denen, wo die Verschiedenheit in der Stärke, Schnelligkeit, Behendigkeit mir zum wirklichen Nachteil gereiche, wie in der Kürze meiner Klauen und einigen anderen Einzelheiten, wobei die Natur nicht mitgewirkt habe. Nach der Darstellung, die ich ihm von unserer Lebensart, unseren Sitten und Handlungen gegeben habe, müsse er dieselbe Ähnlichkeit bei den geistigen Eigenschaften finden. Er sagte: Es sei bekannt, daß die Yahoos einander haßten, und zwar in noch höherem

Grad als die übrigen Tierarten. Der gewöhnlich angeführte Grund liege in der Häßlichkeit ihrer Körperformen, die sie sämtlich bei den übrigen, aber nicht bei sich selbst erblicken könnten. Er sei somit auf den Gedanken gekommen, daß wir nicht unklug handelten, wenn wir unsere Leiber bedeckten, da wir durch diese Erfindung manche Häßlichkeiten voreinander versteckten, die sonst kaum zu ertragen wären. Jetzt aber finde er, daß er sich geirrt habe und daß die Zwistigkeit jener Tiere in seinem Vaterland aus demselben Grund wie bei den unsrigen entstünden. »Denn«, fuhr er fort, »wenn ihr fünf Yahoos so viel Futter vorwerft, wie für fünfzig genügen müßte, so werden sie, anstatt friedlich zu essen, übereinander herfallen; jeder einzelne ist so gierig, daß er alles für sich allein haben will. Deshalb steht gewöhnlich ein Diener in der Nähe, wenn man sie außerhalb des Stalls füttert, und diejenigen, die im Stall bleiben, werden in einiger Entfernung voneinander angebunden. Stirbt eine Kuh aus Alter oder durch Zufall, bevor ein Houyhnhnm sie für seine eigenen Yahoos in Sicherheit bringt, so stürzen alle, die sich in der Nachbarschaft aufhalten, hordenweise hinzu, und dann entsteht ein Kampf, wie du ihn beschrieben hast. Auf beiden Seiten versetzen sie sich mit ihren Klauen furchtbare Wunden, können sich aber nur selten töten, weil ihnen die dazu bestimmten Instrumente, die ihr erfunden habt, fehlen. Oft sind auch ähnliche Kämpfe von den Yahoos verschiedener Gegenden ohne sichtbare Ursache ausgefochten worden; die Yahoos eines Distrikts benutzen eine passende Gelegenheit, die eines anderen zu überfallen, bevor diese vorbereitet sind. Ist aber ihr Projekt mißlungen, so kehren sie nach Hause zurück und beginnen aus Mangel an Feinden unter sich einen Kampf, den du einen Bürgerkrieg genannt hast.«

Auf einigen Feldern dieses Landes gibt es auch gewisse glänzende Steine von verschiedenen Farben, worauf die Yahoos sehr begierig sind. Sind einige davon, wie dies mitunter geschieht, in der Erde fest, so graben sie tagelang mit ihren Klauen, um sie loszumachen, und verstecken sie dann in ihren Ställen; dabei sehen sie sich sehr vorsichtig um, aus Furcht, ihre Kameraden könnten den Schatz bemerken. Mein Herr fügte hinzu: Er habe nie die Ursache dieser unnatürlichen Begierde entdecken und erraten können, wozu diese Steine gebraucht würden. Jetzt aber glaube er, dies sei derselbe Geiz, den ich bei dem Menschengeschlecht beschrieben habe. Einst habe er, um einen Versuch zu machen, einen Haufen dieser Steine im geheimen von dem Ort entfernt, wo einer seiner Yahoos diese verborgen hatte. Da habe das schmutzige Tier, sobald es seinen Schatz vermißte, durch lautes Klagegeschrei die ganze Herde auf dem Platz versammelt, elendiglich geheult und die übrigen gebissen und zerkratzt. Es habe sich abgehärmt, nicht mehr essen, trinken und arbeiten wollen, bis er seinem Bedienten befahl, die Steine im geheimen wieder zu demselben Loch hinzutragen und dort wie früher zu verbergen. Als nun der Yahoo seine Steine wiederfand, sei er sogleich munter und guter Laune geworden, habe sie mit großer Sorgfalt besser versteckt und sei seitdem ein sehr fleißiges und brauchbares Tier geblieben.

Ferner gab mir mein Herr die Versicherung, auf den Feldern, wo sich jene kostbaren Steine im Überfluß vorfänden, würden die heftigsten und häufigsten Kämpfe geliefert, weil die benachbarten Yahoos dort immerwährend Überfälle ausführten.

Er fügte hinzu: Wenn zwei Yahoos einen solchen Stein auf einem Feld entdeckt haben und wenn ein Streit entsteht, wer der Besitzer sein soll, so nimmt ein dritter gewöhnlich den Vorteil wahr und trägt ihn als sein Eigentum davon. Mein Herr behauptete, dies habe einige Ähnlichkeit mit unseren Prozessen. Hier aber hielt ich es für unzweckmäßig, ihn zu enttäuschen, denn die von ihm erwähnte Entscheidung war weit billiger als manches bei uns gebräuchliche Verfahren, denn der Kläger und der Beklagte verlieren nichts als den strittigen Stein; unsere Gerichtshöfe hätten den Prozeß aber nicht eher beendet, als bis beiden Parteien nichts mehr übriggeblieben wäre.

Mein Herr setzte dann seine Rede weiter fort und sagte: Nichts habe die Yahoos verhaßter gemacht als ihre rohe Gier, alles, was sie erlangen könnten, zu verschlingen. Sie fräßen Kräuter, Wurzeln, Beeren, verfaultes Fleisch von Tieren oder alles dies durcheinandergemischt; auch sei es ihre eigentümliche Eigenschaft, daß sie das bei weitem lieber äßen, was sie sich durch Diebstahl und Raub aus größerer Entfernung verschafft hätten, als viel bessere Speisen, die sie zu Hause bekommen könnten. Wenn ihre Beute ausreiche, so fräßen sie, bis sie beinahe platzten. Hierauf äßen sie eine von der Natur ihnen angezeigte Wurzel, die eine allgemeine Ausleerung bewirke. Auch suchten die Yahoos noch eine andere Art Wurzel, die sehr saftig, aber selten und schwierig aufzufinden sei, mit großer Begierde und sögen sie mit viel Entzücken aus. Diese Wurzel äußere bei ihnen dieselben Folgen wie der Wein bei uns. Nach deren Genuß pflegten sie sich zu umarmen oder zu zerreißen, sie heulten, lachten, drehten sich, stolperten und schliefen dann in Morästen ein.

Ich bemerkte auch wirklich, daß die Yahoos in diesem Land die einzigen Tiere waren, die krank werden konnten. Diese Krankheiten waren jedoch nicht so zahlreich wie die der Pferde bei uns und wurden durch keine schlechte Behandlung, sondern durch den Schmutz und die Gier der ekelhaften Tiere erregt. Auch befindet sich in der Sprache der Houyhnhnms nur eine allgemeine Benennung für diese Krankheiten, die von dem Namen des Tieres genommen ist und »Hnea-Yahoo« ausgesprochen wird, was Yahoo-Übel bedeutet. Die Kur besteht aus einem Gemisch von Dünger und Urin der Yahoos, das ihnen in den Mund gestopft wird. Später habe ich öfter bemerkt, daß dies Mittel mit Erfolg angewendet wurde, und ich empfehle es freimütig meinen Landsleuten zum öffentlichen Besten als ein bewunderungswürdiges Spezifikum gegen alles durch Überfüllung bewirkte Unwohlsein.

Was Gelehrsamkeit, Regierung, Künste, Manufakturen usw. betrifft, so gestand mein Herr, er könne keine Ähnlichkeit zwischen den Yahoos seines und unseres Vaterlandes auffinden. Die einzige Ähnlichkeit, die er bemerke, liege in unserer Natur. Er habe zuvor von einigen neugierigen Houyhnhnms gehört, daß es in vielen Herden einen herrschenden Yahoo gäbe (wie in den englischen Parks sich ein Platzhirsch findet), der gewöhnlich häßlicher und boshafter als die übrigen Yahoos sei. Dieser Führer nehme gewöhnlich als Günstling denjenigen, der ihm am meisten gleiche; das Geschäft dieses Günstlings bestehe darin, daß er an den Füßen und einem anderen Teil seines Herrn lecke und die weiblichen Yahoos in seinen Stall treibe; dafür erhalte er zur Belohnung mitunter ein Stück Eselsfleisch. Dieser Günstling werde von der ganzen Herde gehaßt und bleibe deshalb, um geschützt zu werden, stets in der Nähe seines Herrschers. Er bleibe gewöhnlich in seinem Amt, bis ein Schlimmerer gefunden werden könne; sobald er aber entlassen sei, komme sein Nachfolger an der Spitze aller Yahoos in dem Distrikt, junger und alter, männlicher und weiblicher, die sämtlich ihre Exkremente auf ihm entlüden. Inwiefern das auf unsere Höfe, Günstlinge und Minister anwendbar sei, müsse ich am besten wissen. Ich wagte nicht, diese boshafte Bemerkung zu beantworten, die den menschlichen Verstand unter den Scharfsinn eines gewöhnlichen Hundes erniedrigte, der Urteil genug besitzt, um das Gebell des geschicktesten Hundes im Rudel zu unterscheiden und zu befolgen, ohne sich jemals hierin zu irren.

Mein Herr sagte dann, es seien noch einige Eigenschaften bei den Yahoos auffallend, die ich in meiner Beschreibung des Menschengeschlechts, wie er sehr wohl merkte, übergangen oder nur oberflächlich berührt hätte. Die Yahoos hätten, wie andere Tiere, ihre Weibchen gemeinschaftlich, sie seien aber darin verschieden, daß die weiblichen Yahoos sich sogar während ihrer Trächtigkeit mit männlichen abgäben; die männlichen aber zankten und schlügen sich mit den weiblichen so erbittert wie untereinander. Beide Umstände zeigten aber eine so schändliche Roheit, wie sie bei einem Geschöpf mit Gefühl nirgends anzutreffen sei.

Auch wundere er sich über die Neigung der Yahoos zum Schmutz, da alle anderen Tiere doch eine natürliche Liebe zur Reinlichkeit besäßen. Was die beiden ersten Anklagen betraf, so ging ich gern ohne Antwort darüber hinweg, weil mir kein Wort zu Gebote stand, meine Spezies zu verteidigen, was ich aus eigenem Antrieb nicht unterlassen hätte. Gegen die letzte Beschuldigung jedoch hätte ich das Menschengeschlecht sehr leicht rechtfertigen können, wenn es Schweine im Land gegeben hätte, was aber unglücklicherweise nicht der Fall war. Dies mag zwar ein sanfteres Tier als der Yahoo sein, kann aber, wie ich in aller Bescheidenheit behaupten möchte, auf keine größere Reinlichkeit Anspruch machen. Dies würde Seine Gnaden selbst mir zugestanden haben, hätte sie die schmutzige Nahrungsweise und Gewohnheit dieser Tiere gesehen, sich im Morast zu wälzen und zu schlafen.

Mein Herr erwähnte noch eine andere Eigenschaft, die seine Diener bei mehreren Yahoos entdeckt hatten und die ihm durchaus unerklärlich schien. Er sagte, ein Yahoo habe oft die Laune, sich in einen Winkel zurückzuziehen, sich auf den Boden zu legen, zu heulen und zu seufzen, alle, die ihm näher kämen, zurückzustoßen, obgleich er jung und fett wäre und weder an Essen noch an Trinken Mangel litte. Auch habe dann sein Bedienter nicht recht begreifen können, was dem Yahoo denn eigentlich fehle. Das einzige Mittel, wodurch diesem Übel abgeholfen werde, bestehe darin, daß man den Yahoo sehr stark arbeiten lasse. Dann könne er jedesmal wieder zur Besinnung kommen. Hierbei schwieg ich, aus Parteilichkeit für mein Geschlecht; ich konnte darin die Launenhaftigkeit entdecken, der allein die Faulen, Üppigen und Reichen ausgesetzt sind. Würden diese zu derselben Kur gezwungen, so möchte ich mich für die Heilung verbürgen.

Seine Gnaden bemerkte ferner, weibliche Yahoos pflegten sich oft hinter einem Hügel oder in einem Busch zu verstecken, um die jungen männlichen vorübergehen zu sehen, dann zu erscheinen, sich wieder zu verstecken und viele narrenhafte Grimassen und Bewegungen zu zeigen; kämen männliche Yahoos, so entfernten sie sich, sähen sich aber öfter um und liefen mit verstellter Furcht an einen Ort, wohin der männliche Yahoo ihnen folgen könne. Wenn nun aber eine fremde weibliche Yahoo in eine Gesellschaft anderer weiblicher Yahoos kommt, so gehen drei oder vier um sie herum, starren sie an, schnattern, grinsen und beriechen sie von allen Seiten. Dann wenden sie sich mit Bewegungen ab, die Verachtung auszudrücken scheinen.

Vielleicht hätte sich mein Herr in diesen Betrachtungen noch sehr vervollkommnen können, die er sich aus eigener Beobachtung oder nach dem Hörensagen bildete; ich erstaunte jedoch und fühlte wirklich viel Kummer, daß die Elemente der Koketterie und Klatscherei dem weiblichen Geschlecht angeboren zu sein scheinen.

Ich befürchtete stets, mein Herr werde die Yahoos auch einiger unnatürlicher Laster anklagen, die bei uns oft genug vorkommen. Die Natur ist aber hierin keine erfahrene Lehrerin gewesen, und diese verfeinerten Vergnügungen sind allein durch Kunst und Vernunft auf unserer Seite der Erdkugel hervorgebracht worden.

Achtes Kapitel

Der Verfasser gibt Bericht von mehreren Eigenschaften der Yahoos. Die großen Tugenden der Houyhnhnms. Ihre Erziehung und ihre Übungen während der Jugend. Ihre allgemeine Versammlung.

Ich mußte natürlich mit der menschlichen Natur genauer bekannt sein als mein Herr, und somit wurde es mir leicht, den Charakter der Yahoos, wie er ihn darstellte, auf mich und meine Landsleute anzuwenden. Auch glaubte ich, vielleicht würde ich durch eigene Beobachtung weitere Entdeckungen machen können. Deshalb bat ich meinen Herrn oft, mir die Erlaubnis zu erteilen, daß ich unter die benachbarten Herden der Yahoos gehen dürfe; er hatte auch die Güte, seine Einwilligung zu geben, denn er hegte die vollkommene Überzeugung, der Haß, den ich gegen dieses Vieh hege, werde verhindern, daß ich dadurch verdorben würde. Dann befahl er einem Diener, dem fuchsroten Klepper, der sehr stark, ehrlich und gutmütig war, mich zu bewachen. Ohne diesen Schutz hätte ich niemals die Abenteuer, die ich beschreiben will, gewagt.

Ich habe ja dem Leser schon erzählt, wie ich bei meiner Ankunft von jenen Tieren belästigt wurde. Später wäre ich ein- oder zweimal beinahe in ihre Klauen gefallen, als ich zufällig ohne meinen Hirschfänger in einiger Entfernung von meiner Wohnung spazierenging. Auch habe ich Grund zu dem Glauben, daß sie eine Ahnung davon hatten, daß ich zu ihrer Gattung gehöre. Daran war ich aber selbst schuld, denn ich hatte oft meine Rockärmel aufgekrempelt und Arme und Füße, wenn mein Beschützer bei mir war, ihnen nackt gezeigt. Dann kamen sie mir so nahe, wie sie dies wagten, und pflegten meine Bewegungen wie Affen nachzuahmen, wobei sie jedoch immerwährend Zeichen des Hasses offenbarten, so wie ein zahmer Affe mit Mütze und Strümpfen, wenn er in die Gesellschaft der wilden gerät, stets verfolgt wird.

Von Kindheit auf sind die Yahoos außerordentlich behende; einst fing ich einen dreijährigen Jungen und suchte ihn durch alle Arten von Liebkosungen zu beruhigen, allein der kleine Kobold begann zu kreischen und mich mit solcher Heftigkeit zu beißen und zu kratzen, daß ich ihn loslassen mußte; auch war es Zeit, daß ich ihn losließ, denn eine ganze Herde von alten Yahoos lief bei dem Gekreisch herbei; als sie aber fanden, daß der Junge unverletzt war (denn er lief mit größter Schnelligkeit), und da der fuchsrote Klepper in der Nähe stand, wagte kein Yahoo mir nahe zu kommen. Ich bemerkte, daß das Fleisch des jungen Tieres sehr stinkend war; es hatte einen Geruch, der aus dem eines Wiesels und eines Fuchses zusammengesetzt, aber bei weitem unangenehmer war. Ich vergaß noch einen Umstand (und wahrscheinlich würde ich die Verzeihung des Lesers erlangen, wenn ich diesen ganz ausgelassen hätte); während ich das verhaßte Geschöpf mit den Händen hielt, entleerte es seinen Kot über meine Kleider; glücklicherweise war ein kleiner Bach in der Nähe, wo ich mich so sauber wie möglich abwusch. Ich wagte es jedoch nicht, vor meinem Herrn zu erscheinen, bevor ich mich gehörig gelüftet hatte.

Nach allem, was ich entdecken konnte, scheinen die Yahoos die ungelehrigsten Tiere zu sein. Ihre Fähigkeiten gelangen nie weiter, als daß sie Lasten ziehen und tragen können. Ich glaube jedoch, dieser Mangel entsteht nur aus ihrem verkehrten und störrischen Charakter. Sie sind listig, verräterisch, boshaft und rachsüchtig. Sie sind stark und kräftig, aber zugleich auch feig und folglich unverschämt, niederträchtig und grausam. Man hat bemerkt, daß die Rothaarigen beider Geschlechter gieriger und boshafter als die übrigen seien, die sie jedoch an Stärke und Tätigkeit übertreffen.

Die Houyhnhnms verwahren die Yahoos, die sie gewöhnlich gebrauchen, in Hütten, die von ihren Wohnungen nicht weit entfernt liegen. Die übrigen werden auf bestimmte Felder geschickt, wo sie Wurzeln ausgraben, jede Kräuterart essen, Aas suchen und bisweilen Wiesel oder »Luhimuhs« (eine Art wilder Ratten) fangen, die sie mit Gier verschlingen. Die Natur hat sie gelehrt, mit den Krallen tiefe Löcher in die abfallende Seite eines Hügels zu graben, wo sie sich einzeln niederlegen; die Lagerstätten für die Weibchen sind jedoch größer, so daß sie auch zwei oder drei Junge mit fassen können.

Von Kindheit können sie wie Frösche schwimmen und auch lange unter Wasser bleiben, wo sie häufig Fische fangen, welche die Weibchen nach Hause zu ihren Jungen tragen. Ich hoffe, der Leser wird mir verzeihen, wenn ich bei dieser Gelegenheit ein sonderbares Abenteuer erzähle.

Als ich eines Tages bei sehr heißem Wetter mit meinem Beschützer, dem fuchsroten Klepper, spazierenging, bat ich ihn um die Erlaubnis, mich in einem nahen Fluß baden zu dürfen. Er gab seine Einwilligung; ich zog mich sogleich nackt aus und ging langsam in den Fluß hinein. Zufällig stand aber eine junge weibliche Yahoo hinter einer Anhöhe und sah den ganzen Vorgang; sie kam sogleich, wie ich und der Klepper vermuteten, von Begierde entzündet, mit aller Eile herbeigelaufen und sprang in der Entfernung von fünf Ellen von dort, wo ich badete, ins Wasser hinein. Nie in meinem Leben habe ich einen solchen Schreck bekommen. Der Klepper graste in einiger Entfernung, da er nichts Böses vermutete. Die Yahoo umarmte mich in der ekelhaftesten Weise. Ich brüllte so laut wie möglich, worauf der Klepper zu mir galoppierte; sie ließ mich nur mit dem größten Widerstreben los und sprang auf das entgegengesetzte Ufer, wo sie während der ganzen Zeit, da ich meine Kleider anlegte, zusah und heulte.

Dies gab meinem Herrn und seiner ganzen Familie viel Stoff zur Belustigung sowie mir zur Kränkung. Ich konnte nämlich jetzt nicht mehr leugnen, ich sei ein wirklicher Yahoo, in jedem

Glied und nach meinen Gesichtszügen und da die Weibchen eine natürliche Neigung wie zu einem Geschöpf ihrer eigenen Art hegten. Auch war das Haar dieses Tieres nicht von roter Farbe, was einige Entschuldigung für anomale Begierden hätte gewähren können, sondern schwarz wie eine Schlehe, und sein Gesicht war auch nicht ganz so scheußlich wie bei den übrigen, so daß ich glaube, es konnte nicht über elf Jahre alt sein.

Da ich drei Jahre in diesem Land gelebt habe, so erwartet der Leser wohl, daß ich, wie andere Reisende, ihm einen Bericht von den Sitten und Gewohnheiten der Houyhnhnms gebe, deren Kenntnis wirklich mein Hauptstudium bildete.

Da die edlen Houyhnhnms von der Natur mit einer allgemeinen Anlage zu allen Tugenden begabt sind und keine Begriffe und Ideen von dem Bösen bei vernünftigen Geschöpfen besitzen, so besteht ihr Hauptgrundsatz in der Ausbildung der Vernunft, um allein von dieser geleitet zu werden. Auch gilt die Vernunft bei ihnen nicht als problematischer Begriff, wie dies bei uns der Fall ist, wo man plausible Gründe für und gegen ihre Existenz angeben kann, sondern sie erweckt bei ihnen augenblickliche Überzeugung, wie dies überall notwendig ist, wo sie durch Leidenschaft nicht verfälscht, verdunkelt oder entfärbt wird.

Ich erinnere mich noch, wie ich meinem Herrn einen Begriff von der Bedeutung des Wortes Meinung oder über die Möglichkeit des Disputierens nur mit größter Schwierigkeit beibringen konnte. Er meinte nämlich, die Vernunft lehre uns ja, nur da zu leugnen oder zu behaupten, wo wir unserer Sache gewiß seien; läge irgend etwas jenseits unserer Kenntnisse, sei beides für uns unmöglich. Somit sind Kontroversen, Zänkereien, Disputationen über falsche und zweifelhafte Sätze bei den Houyhnhnms durchaus unbekannte Übel. In derselben Art pflegte er mich auszulachen, wenn ich ihm unsere verschiedenen Systeme der Naturphilosophie auseinandersetzte, weil ein Geschöpf, das auf Vernunft Anspruch mache, sich auf die Vermutungen anderer Leute so viel einbilde, und besonders auch in Dingen, wo diese Kenntnis, selbst wenn sie gewiß wäre, zu nichts helfen könne. Hierin stimmte er vollkommen mit den Gedanken des Sokrates überein, wie sie Platon uns darlegt, und ich glaube durch diese Bemerkung jenem Fürsten der Philosophie die größte Ehre zu erweisen. Oft habe ich überlegt, wie ungeheure Verluste die europäischen Bibliotheken durch eine solche Lehre erleiden müßten und wie viele Wege zum Ruhm der gelehrten Welt dadurch verschlossen würden.

Freundschaft und Wohlwollen sind die zwei hauptsächlichsten Tugenden der Houyhnhnms, und diese werden nicht auf einzelne Individuen beschränkt, sondern über das ganze Geschlecht hin ausgedehnt. Ein Fremder aus dem entferntesten Teil des Landes wird ebenso wie der nächste Nachbar behandelt; wohin er auch kommt, benimmt er sich sogleich, als sei er zu Hause. Die Houyhnhnms beobachten Anstand und Höflichkeit im höchsten Grad, sind aber mit Komplimenten gänzlich unbekannt. Sie hegen keine Zärtlichkeit für ihre Füllen; die Sorgfalt, die sie trotzdem auf ihre Erziehung verwenden, entspringt ausschließlich aus den Vorschriften der Vernunft. Ich bemerkte auch, daß mein Herr dieselbe Neigung zu den Kindern seines Nachbarn hatte wie für seine eigenen. Sie glauben, die Natur erfordere, daß man die ganze Gattung liebe; es sei ferner vernünftig, daß man bloß diejenigen Individuen auszeichne, die einen höheren Grad der Tugend besitzen.

Wenn eine Houyhnhnms-Frau je ein Füllen beiderlei Geschlechtes hat, so kommt sie mit ihrem Gatten nur dann noch zusammen, wenn durch irgendeinen Zufall ein Füllen ihrer Nachkommenschaft verlorengeht; ein Umstand, der sich jedoch nur selten ereignet. Betrifft ein solches Unglück ein Individuum, dessen Gattin schon sehr alt ist, so erhält es ein Füllen von einem anderen Paar, das dann wieder zusammenlebt. Diese Vorsicht ist notwendig, damit das Land nicht zu sehr bevölkert werde. Die Rasse der niederen Houyhnhnms muß sich jedoch nicht so genau auf diese Zahl beschränken; ihre Füllen dürfen von jedem Geschlecht drei betragen, die dann später als Bediente in den adligen Familien angestellt werden.

Bei den Ehen zeigen die Houyhnhnms besondere Sorgfalt in der Wahl der Farben, um keine unangenehme Mischung in der Rasse zu erzielen. Kraft wird hauptsächlich bei den männlichen und Zierlichkeit bei den weiblichen Individuen geschätzt, jedoch nicht in Sachen der Liebe, sondern um die Entartung der Art zu verhindern; wenn nämlich ein Weibchen sich durch Körperstärke auszeichnet, wird der Gatte mit besonderer Rücksicht auf Zierlichkeit gewählt.

Hofmachen, Zärtlichkeiten, Geschenke, Nadelgeld und Versorgung sind unbekannte Begriffe. Das junge Paar kommt zusammen und wird ganz allein deshalb verbunden, weil dies der Wille seiner Eltern und Verwandten ist. Die jungen Leute betrachten dies als etwas ganz Selbstverständliches und als eine Handlung, die vernünftigen Wesen natürlich ist. Eine Verletzung der Ehe und eine andere unmoralische Handlung ist jedoch unerhört, und das verheiratete Paar verbringt sein Leben in derselben gegenseitigen Freundschaft und mit demselben Wohlwollen, wie es anderen, die mit ihnen zusammenkommen, erwiesen wird; Eifersucht, Zärtlichkeit, Zänkerei oder Unzufriedenheit sind unbekannte Begriffe.

In Erziehung der Jugend beider Geschlechter ist die Methode der Houyhnhnms bewunderungswürdig und verdient große Nachahmung. Die Füllen dürfen kein Korn Hafer berühren, mit Ausnahme gewisser Tage, bis sie das achtzehnte Jahr erreicht haben; Milch erhalten sie nur selten; im Sommer grasen sie zwei Stunden des Morgens und dieselbe Zeit am Abend, wobei sie von ihren Eltern beaufsichtigt werden. Den Dienern ist nicht mehr als die Hälfte dieser Zeit zugestanden, und ein großer Teil des Grases, wovon sie sich nähren, wird nach Hause gebracht. Sie essen dieses in passenden Stunden, wenn man sie am besten bei der Arbeit entbehren kann.

Mäßigkeit, Fleiß, Körperbewegung und Reinlichkeit werden den Füllen beider Geschlechter als immerwährende Lehren gegeben. Auch hielt es mein Herr für ein unnatürliches Verfahren, daß wir den weiblichen Personen unserer Art eine andere Erziehung als den männlichen geben, mit Ausnahme einiger Punkte, welche die Verwaltung des Hauswesens betreffen. Er bemerkte mit vollkommenem Recht, die Hälfte unserer Staatsbürger sei deshalb zu nichts anderem zu gebrauchen als zum Hervorbringen von Kindern. Der Umstand jedoch, daß man die Erziehung der Kinder solchen nutzlosen Personen anvertraue, sei ein noch größerer Beweis unserer tierischen Natur.

Die Houyhnhnms erziehen ihre Jugend zur Kraft, Schnelligkeit und Abhärtung; sie müssen auf steilen Anhöhen und steinigem Boden öfters Wettrennen laufen. Sind die Füllen in Schweiß geraten, so müssen sie sich bis über die Ohren in einen Teich oder Fluß tauchen. Viermal des Jahres kommt die Jugend eines bestimmten Distrikts zusammen, um ihre Fortschritte im Laufen, Springen und andere Beweise ihrer Fertigkeit und Behendigkeit zu zeigen; der Sieger oder die Siegerin wird dabei mit einem Lobgedicht belohnt. Bei dieser Festlichkeit treiben die Bedienten eine Herde Yahoos auf das Feld, die mit Heu, Hafer und Milch beladen sind, zur Bewirtung der Houyhnhnms bestimmt. Dann aber werden diese Tiere sogleich wieder zurückgetrieben, damit sie der Gesellschaft nicht lästig werden.

Alle vier Jahre wird im Frühlingsäquinoktium eine Repräsentantenversammlung der ganzen Nation gehalten auf einer Ebene, die ungefähr zehn Stunden von unserem Haus entfernt liegt. Hier untersuchen die Houyhnhnms den Zustand der verschiedenen Distrikte, ob sie Überfluß an Heu, Hafer, Kühen oder Yahoos besitzen oder daran Mangel leiden. Findet sich irgendwo

ein Mangel (ein Fall, der jedoch nicht häufig vorkommt), so wird er sogleich durch einmütig gewährte Beisteuer wieder ausgeglichen. Hier werden auch die Regulierungen hinsichtlich der Kinder festgesetzt; zum Beispiel, wenn ein Houyhnhnm zwei männliche Kinder hat, so vertauscht er eins mit einem anderen, der zwei weibliche besitzt; ist ferner ein Kind durch Zufall verlorengegangen und die Mutter bereits alt, so wird beschlossen, welcher Distrikt ein anderes Kind aufziehen soll, um den Verlust zu ersetzen.

Neuntes Kapitel

Eine große Debatte in der allgemeinen Versammlung der Houyhnhnms und was darin beschlossen wird. Die Gelehrsamkeit der Houyhnhnms. Ihre Gebäude. Ihre Begräbnisart. Die Mangelhaftigkeit ihrer Sprache.

Einmütigkeit herrscht allgemein in den Entscheidungen der Versammlungen der Houyhnhnms, sogar dann, wenn die Mitglieder mit verschiedenen Ansichten zusammenkommen, denn kein Houyhnhnm schämt sich, zur besseren Einsicht und Vernunft bekehrt zu werden.

Eine dieser großen Versammlungen wurde zu meiner Zeit, ungefähr drei Monate vor meiner Abreise, gehalten; mein Herr, als Repräsentant seines Distrikts, nahm daran teil. In dieser Versammlung wurde die alte Debatte wieder aufgenommen, die beinahe die einzige im Land ist. Mein Herr gab mir darüber nach seiner Rückkehr einen sehr ausführlichen Bericht.

Die Frage betraf die Vertilgung der Yahoos von der Erde. Ein Parlamentsmitglied sprach dafür und führte mehrere gewichtige Gründe für seine Meinung an. Es behauptete: So wie die Yahoos die schmutzigsten, unruhigsten und häßlichsten Tiere seien, welche die Natur jemals hervorgebracht habe, so zeigten sie sich auch störrisch, ungelehrig und boshaft. Heimlich sögen sie Milch aus den Eutern der Kühe, die den Houyhnhnms gehörten, töteten und fräßen ihre Katzen, zerträten Hafer und Gras, wenn man nicht ein genaues Auge auf sie habe, und begingen tausend andere Ungehörigkeiten. Der Redner führte dann die allgemeine Tradition an.

Yahoos habe es nicht von jeher in seinem Vaterland gegeben. Vor längerer Zeit seien zwei dieser Tiere auf einem Berg erschienen. Ob sie von der Hitze der Sonne aus verfaultem Morast und Schlamm oder aus dem Schlick und dem Schaum der See entstanden seien, bleibe ungewiß; die Yahoos hätten eine Nachkommenschaft gezeugt, die bald so zahlreich geworden sei, daß sie die ganze Nation angreifen könnte; die Houyhnhnms, um das Übel loszuwerden, hätten eine allgemeine Jagd angestellt und zuletzt die ganze Herde eingeschlossen; die älteren seien getötet worden; jeder Houyhnhnm habe zwei Junge in seinem Stall gehalten und sie zu einem solchen Grad von Zahmheit, wie sie ein von Natur so wildes Tier nur erlangen könne, dadurch gebracht, daß er sie zum Ziehen und Lasttragen verwandt habe.

Diese Tradition scheine wahr zu sein, denn jene Geschöpfe konnten keine »Ylnhniamshy« (Ureinwohner) des Landes sein, weil die Houyhnhnms wegen des heftigen Hasses, den sie wie andere Tiere mit vollem Recht gegen die Yahoos hegten, unmöglich zu der von ihnen tatsächlich erreichten Höhe hätten gelangen können; wären Yahoos die Ureinwohner, so wären die Houyhnhnms wahrscheinlich ausgerottet worden. Die Einwohner hätten hierauf eine besondere Vorliebe für den Dienst der Yahoos gefaßt und dadurch unvorsichtigerweise die Fortpflanzung der Esel vernachlässigt, die artige, weit ordentlichere und zahme, leicht zu bewachende Tiere seien, die auch keinen unangenehmen Geruch besäßen. Sie seien ferner auch stark genug zur Arbeit, obgleich sie den Yahoos an Behendigkeit nachstünden; sei auch ihr Geschrei kein angenehmer Schall, so müsse man es doch dem furchtbaren Geheul der Yahoos vorziehen.

Mehrere andere sprachen ihre Ansicht in derselben Weise aus, worauf mein Herr der Versammlung einen Vorschlag machte, wofür ich ihm in der Tat einen Wink gegeben hatte. Er gestand die Wahrheit der Tradition zu, die das ehrenwerte Parlamentsmitglied, das soeben gesprochen, angeführt habe. Jedoch die beiden Yahoos, die man zuerst im Land erblickte, müßten auf dem Meer hierher verschlagen und von ihren Gefährten verlassen worden sein. Sie hätten sich auf die Gebirge zurückgezogen, seien dort allmählich entartet und wilder als die Menschen geworden, von wo sie herkamen. »Den Grund zu dieser Behauptung«, fuhr der andere fort, »sehe ich in dem Umstand, daß ich jetzt einen wunderbaren Yahoo besitze« – damit war ich gemeint –; »die meisten von euch haben wohl schon davon gehört und viele ihn auch gesehen« – der Redner erzählte dann die Art, wie er mich gefunden habe. »Sein Körper ist mit einer künstlichen Zusammensetzung von Häuten und Haaren anderer Tiere bedeckt; er hat seine eigene Sprache, versteht jedoch auch die unsere. Er hat mir die Begebenheiten erzählt, die ihn hierher brachten. Ich habe ihn auch ohne Bedeckung gesehen. Er ist ein vollkommener Yahoo in jedem Körperteil, jedoch von weißer Farbe, weniger haarig und besitzt keine Klauen. Er hat sich bemüht, mich zu überreden, daß die Yahoos in seinem Vaterland die regierenden und vernünftigen Tiere sind und die Houyhnhnms zu ihrem Dienst gebrauchen. Er hat alle Eigenschaften eines Yahoos, ist aber durch einen Anflug von Vernunft ein wenig verfeinert; dieser ist jedoch in demselben Grad geringer als unsere Vernunft wie die der Yahoos seines Vaterlandes im Vergleich mit der unsrigen. Er hat mir auch unter anderem einen Gebrauch davon erzählt, wonach die Houyhnhnms in ihrer Jugend verschnitten werden, um sie zahmer zu machen, und diese Operation ist leicht und sicher. Auch ist es ja keine Schande, von Tieren zu lernen; Fleiß lernt man von der Ameise, das Bauen von der Schwalbe« – so übersetze ich das Wort »Lyhannh«, obgleich dieser Vogel etwas größer ist als der erwähnte. »So läßt sich diese Erfindung bei den jüngeren Yahoos anwenden, die ohnedies leichter zu behandeln und zu gebrauchen sind. Dadurch wird das ganze Geschlecht ohne Tötung aufhören. Zugleich müssen aber die Houyhnhnms die Zucht der Esel befördern, die in jeder Hinsicht wertvollere Tiere sind und zugleich den Vorteil gewähren, daß man sie schon im fünften Jahr gebrauchen kann, während dies bei den Yahoos erst im zwölften möglich ist.«

Dies war alles, was mir mein Herr über den Vorgang in der Ratsversammlung damals sagen wollte. Er hatte die Güte, einen Umstand zu verhehlen, der sich auf mich bezog und dessen unheilvolle Wirkung ich bald empfand, wie der Leser am gehörigen Ort erfahren wird und wovon ich alle meine späteren Unglücksfälle herleite.

Die Houyhnhnms kennen keine Schrift, und deshalb beruht ihr ganzes Wissen auf Tradition. Da jedoch bei einem Volk, wo alle befreundet und von Natur aus zu jeder Tugend geneigt sind, das ferner ausschließlich durch Vernunft regiert wird und keinen Verkehr mit anderen Völkern hat; da sich bei einem solchen Volk nur wenige Ereignisse zutragen können, so wird der historische Teil des Wissens durch das Gedächtnis sehr leicht bewahrt. Ich bemerkte schon, daß die Houyhnhnms keinen Krankheiten ausgesetzt sind und deshalb keine Ärzte brauchen. Sie haben jedoch ausgezeichnete Arzneimittel, die aus Kräutern bestehen, um zufällige Beulen und Risse im Fußgelenk oder in der Hufgabel, die durch scharfe Steine verursacht werden, sowie auch andere Verletzungen und Lähmungen an den verschiedenen Körperteilen zu heilen.

Das Jahr berechnen sie nach den Umlaufzeiten des Mondes und der Sonne, gebrauchen jedoch keine Unterabteilungen in

Wochen. Sie sind mit den Bewegungen dieser beiden lichtgebenden Körper genau bekannt sowie auch mit den Ursachen ihrer Verfinsterungen. Hierauf aber beschränken sich alle ihre Erkenntnisse in der Astronomie.

Man muß zugestehen, daß sie in der Poesie alle übrigen Sterblichen übertreffen; die Richtigkeit ihrer Gleichnisse sowie die Genauigkeit ihrer Beschreibungen sind wirklich unübertrefflich. Ihre Verse haben an diesen beiden Eigenschaften Überfluß und behandeln gewöhnlich erhabene Begriffe von Freundschaft und Wohlwollen oder den Ruhm der Sieger beim Wettrennen oder bei anderen körperlichen Übungen. Ihre Gebäude sind, obgleich roh und einfach und nicht sehr zierlich, doch sehr gut eingerichtet, um vor jeder schädlichen Einwirkung von Kälte und Hitze zu schützen. Sie besitzen einen Baum, der, sobald er vierzig Jahre alt ist, an der Wurzel lose wird und beim ersten Sturm umstürzt. Er wächst ganz gerade in die Höhe und wird mit scharfen Steinen (der Gebrauch des Eisens ist den Houyhnhnms unbekannt) wie ein Pfahl zugespitzt; die so vorgerichteten Stämme werden in der Entfernung von zehn Fuß nebeneinander aufgestellt, mit Haferstroh und bisweilen mit Zweigen verflochten. Dach und Tür werden in derselben Art verfertigt.

Die Houyhnhnms gebrauchen den hohlen Teil ihres Vorderfußes, zwischen dem Huf und dem Fußgelenk, in derselben Weise wie wir unsere Hände, und zwar mit größerer Geschicklichkeit, als ich zuerst glauben konnte. Ich habe gesehen, wie eine weiße Stute aus unserer Familie mit diesem Gelenk eine Nadel einfädelte, die ich ihr zu dem Zweck geliehen hatte. Auf dieselbe Weise melken sie ihre Kühe, ernten sie ihren Hafer und verrichten jede Arbeit, die eine Hand erfordert. Sie haben ferner eine Art Feuerstein, den sie durch Schleifen an anderen Steinen zu Instrumenten herrichten, deren sie sich als Keile, Äxte und Hämmer bedienen. Mit Werkzeugen aus diesen Feuersteinen schneiden sie auch das Heu und den Hafer ab, der auf ihren Feldern wächst; dann ziehen Yahoos die Garben auf Wagen nach Hause, und die Diener treten in geeigneten Hütten so lange darauf, bis das Korn herausgedroschen ist, das dann aufbewahrt wird. Sie verfertigen ferner eine rohe Art hölzerner und irdener Gefäße und trocknen letztere an der Sonne.

Wenn die Houyhnhnms zufällige Unglücksfälle vermeiden können, so sterben sie nur im höchsten Alter und werden dann an den dunkelsten Orten, die man finden kann, begraben, wobei Freunde und Verwandte weder Kummer noch Freude zeigen. Auch äußert die sterbende Person nicht den geringsten Schmerz, daß sie die Welt verlassen muß, sondern zeigt eine Stimmung, als kehre sie von einem Besuch bei Nachbarn nach Hause zurück. Ich erinnere mich, daß mein Herr mit einem Freund und dessen Familie einst die Verabredung getroffen hatte, in seinem Haus eine wichtige Angelegenheit zu besprechen. An dem festgesetzten Tag kam die Gemahlin des Freundes mit ihren zwei Kindern, jedoch sehr spät. Sie brachte zwei Entschuldigungen vor. Die erste betraf ihren Mann, der, wie sie sagte, den Morgen gerade »shnuwnh« wäre; dieses Wort ist sehr ausdrucksvoll in der Sprache und läßt sich nicht leicht ins Englische übersetzen. Es bedeutet: sich zu seiner ersten Mutter zurückzuziehen. Die zweite Entschuldigung, weil sie nicht früher kam, betraf sie selbst. Als ihr Mann spät am Morgen gestorben sei, habe sie sich mit ihren Bediensteten beraten, an welchem passenden Platz der Leichnam wohl beerdigt werden könne. Ich bemerkte, daß sie sich in unserem Haus so heiter benahm wie die übrigen, sie starb ungefähr drei Monate nachher.

Die Houyhnhnms leben gewöhnlich bis zum siebzigsten oder fünfundsiebzigsten, selten bis zum achtzigsten Lebensjahr. Einige Wochen vor ihrem Tod fühlen sie eine allmähliche Abnahme ihrer Kräfte, jedoch ohne Schmerz zu empfinden. Während dieser Zeit werden sie häufig von ihren Freunden besucht, weil sie nicht mehr mit der gewöhnlichen Bequemlichkeit und Heiterkeit ausgehen können. Zehn Tage vor ihrem Tod, dessen Augenblick sie mit ziemlicher Sicherheit vorhersagen können, erwidern sie die Besuche den nächsten Nachbarn, indem sie von Yahoos in einem bequemen Sessel getragen werden. Diese Sessel gebrauchen sie nicht allein bei dieser Gelegenheit, sondern überhaupt, wenn sie alt werden oder auf großen Reisen oder wenn sie durch Zufall gelähmt sind. Die sterbenden Houyhnhnms, die diesen Besuch abstatten, nehmen feierlichen Abschied von ihren Freunden, als ob sie sich in einen entfernten Teil des Landes begäben, wo sie die letzte Zeit ihres Lebens zubringen wollten.

Ich weiß nicht, ob es der Mühe wert ist, hier noch zu bemerken, daß es kein Wort in ihrer Sprache für den Begriff »böse« gibt, mit Ausnahme einiger Ausdrücke, die von der Häßlichkeit oder den schlechten Eigenschaften der Yahoos hergenommen sind. So bezeichnen sie die Dummheit eines Bediensteten, die Unart eines Kindes, einen Stein, der ihren Fuß ritzt, lange Dauer des schlechten Wetters und ähnliche Dinge durch die Hinzufügung des Beiwortes »Yahoo«. Zum Beispiel Hhnm-Yahoo, Whnaholm-Yahoo, Ynlhmnawihlma-Yahoo; ein schlechtgebautes Haus heißt Ynholmhnmrohlnw-Yahoo.

Ich würde mit großem Vergnügen die Sitten und Tugenden dieses ausgezeichneten Volkes noch ausführlicher beschreiben, habe jedoch die Absicht, in kurzer Zeit ein besonderes Buch über diesen Gegenstand herauszugeben, und muß den Leser deshalb hierauf verweisen. Mittlerweile will ich hier meine traurige Katastrophe erzählen.

Zehntes Kapitel

Des Verfassers Haushalt und glückliches Leben bei den Houyhnhnms. Seine Fortschritte in der Tugend durch den Umgang mit diesen. Ihre Unterhaltungen. Dem Verfasser wird von seinem Herrn angezeigt, er müsse das Land verlassen. Er fällt aus Gram in Ohnmacht, unterwirft sich jedoch seinem Unglück. Er erfindet und verfertigt einen Kahn mit Hilfe des fuchsroten Kleppers und stößt auf gut Glück in See.

Ich hatte meinen kleinen Haushalt durchaus zu meiner Zufriedenheit eingerichtet. Mein Herr hatte befohlen, mir eine Hütte nach der Landessitte zu erbauen, die sechs Ellen vom Hauptgebäude entfernt war. Die Wände und den Fußboden bedeckte ich mit Lehm und Binsenmatten, die ich selbst geflochten hatte. Ich hatte mir Hanf, der dort wild wächst, zubereitet und machte daraus eine Art Zwillich; diesen füllte ich mit Federn verschiedener Vögel, die ich in Schlingen aus Yahoo-Haaren einfing und die mir außerdem eine treffliche Nahrung boten. Ich hatte zwei Stühle mit meinem Messer verfertigt, wobei der fuchsrote Klepper bei dem gröberen und mühseligeren Teil der Arbeit half. Als meine Kleider zerrissen waren, machte ich mir andere aus den Häuten von Kaninchen und von gewissen schönen Tieren derselben Größe, die »Nnuhnoh« heißen, deren Fell mit dem zartesten Flaum bedeckt ist. Daraus machte ich mir auch erträgliche Strümpfe. Meine Schuhe besohlte ich mit Holz, das ich aus Bäumen geschnitten und so zugerichtet hatte, daß es als Sohle an das Oberleder paßte; als auch dieses abgenutzt war, ersetzte ich es durch Fell von Yahoos, das an der Sonne getrocknet war. Oft auch nahm ich Honig aus hohlen Bäumen, vermischte diesen mit Wasser und aß ihn zu meinem Brot. Niemand hat somit wie ich die Wahrheit der zwei Grundsätze erfahren, ›die Natur werde leicht zufriedengestellt‹ und ›Notwendigkeit sei die Mutter der Erfindung‹.

Ich war am Körper vollkommen gesund, und meine Seele genoß die größte Heiterkeit. Ich härmte mich nicht über die Verräterei oder Unbeständigkeit eines Freundes noch über die Beleidigungen eines offenen oder geheimen Feindes. Ich hatte keine Gelegenheit zum Bestechen, Heucheln oder Kuppeln, um mir die Gunst eines mächtigen Mannes oder seines Lieblings zu verschaffen. Ich brauchte keinen Schutz gegen Betrug oder Unterdrückung. Es gab dort weder Ärzte, meinen Leib, oder Juristen, mein Vermögen zu ruinieren; keine Spione, meine Worte und Handlungen zu belauschen oder für Geld Anklagen gegen mich zu schmieden; hier gab es keine Spötter, Klatscher, Verleumder, Taschendiebe, Räuber, Sachwalter, Kuppler, Narren, Spieler, Politiker, Witzlinge, launenhafte Menschen, langweilige Schwätzer, Zänker, Notzüchter, Mörder und Virtuosen; keine Parteihäupter und Parteigänger; keine Anreizer zum Laster durch Verführung oder Beispiel; keine Gefängnisse, Beile, Galgen, Prügelpfosten oder Schandpfähle; keine betrügerischen Wirte oder Handwerker; keinen Stolz, keine Eitelkeit oder Affektation; keine Stutzer, Trunkenbolde und schamlose Weiber; keine zänkischen, untreuen oder kostbaren Gattinnen; keine dummen und stolzen Pedanten; keine zudringliche, herrschsüchtige, zänkische, unruhige, schreiende, dumme, launenhafte, fluchende Gesellschaft; keine Schufte, die sich durch das Verdienst des Lasters aus dem Staube erheben; keinen Adel, der unter dem Vorwand der Tugend vererbt wird; keine Lords, Fiedler, Richter und Tanzmeister.

Ich hatte die Ehre, mehreren Houyhnhnms vorgestellt zu werden, die meinen Herrn besuchten oder bei ihm speisten. Seine Gnaden erteilte mir dann gütigst die Erlaubnis, im Zimmer zu bleiben und die Unterredung mit anzuhören.

Sowohl mein Herr wie seine Gesellschaft hatten die Herablassung, mir Fragen vorzulegen und meine Antworten anzuhören.

Bisweilen wurde mir auch erlaubt, meinen Herrn auf seinen Besuchen bei anderen zu begleiten. Ich nahm mir nie heraus, etwas zu sagen, wenn ich nicht gefragt wurde; die Erwiderung gab ich jedoch stets mit innerlichem Kummer, weil dadurch ein Zeitverlust in meiner Ausbildung bewirkt wurde; die Stellung eines demütigen Zuhörers gefiel mir aber außerordentlich in diesen Gesprächen, wo nur das Nützliche besprochen und in bezeichnenden und kurzen Worten ausgedrückt wurde. Wie ich schon sagte, wurde der höchste Anstand dabei beachtet, ohne daß viele Komplimente gewechselt wurden.

Einem jeden Houyhnhnm machte das Sprechen Vergnügen, und ihm wurde von der Gesellschaft mit demselben Vergnügen zugehört; Unterbrechung, Langatmigkeit oder Meinungsverschiedenheit gab es nirgends.

Die Houyhnhnms glauben, bei Unterhaltungen werde das Gespräch durch ein kurzes Stillschweigen sehr verbessert. Auch fand ich, daß sich dies wirklich so verhielt, denn während der Pause entstanden neue Ideen, welche die Unterhaltung belebten. Ihre gewöhnlichen Gespräche betreffen Freundschaft und Wohlwollen, Ordnung und Sparsamkeit, bisweilen auch die sichtbaren Wirkungen der Natur oder alte Traditionen, die Grenzen der Tugend oder die unfehlbaren Richtlinien der Vernunft oder auch Beschlüsse, die man bei der nächsten großen Versammlung fassen solle; oft auch die verschiedenen Erhabenheiten der Poesie.

Ohne Eitelkeit darf ich behaupten, daß auch meine Gegenwart ihnen öfters Stoff zur Unterhaltung bot, weil sie meinem Herrn Gelegenheit gab, seine Freunde in meine Geschichte und die meines Vaterlandes einzuweihen, worauf sie sämtlich die Güte hatten, sich in wenig schmeichelhaftem Sinn über das Menschengeschlecht auszusprechen. Deshalb will ich hier nicht wiederholen, was die Houyhnhnms sagten; der Leser wird mir jedoch die Bemerkung erlauben, daß mein Herr zu meinem Erstaunen die Natur der Yahoos besser kannte als ich selbst. Er sprach über alle unsere Laster und Torheiten und entdeckte viele davon, die ich nie erwähnt hatte, und zwar ausschließlich durch die Überlegung, welche Eigenschaften die Yahoos seines Vaterlandes bei einiger Vernunft besitzen würden. Dann bildete er ganz natürlich den Schluß, wie elend und erbärmlich ein solches Geschöpf sein müsse.

Ich gestehe offen, daß alle geringe Kenntnis von einigem Wert, die ich besitze, von mir durch die Vorlesungen meines Herrn und die Unterredung zwischen ihm und seinen Freunden erworben wurde; es ist mir ein stolzeres Bewußtsein, darauf gehört zu haben, als der weisesten und größten Gesellschaft Europas Vorschriften zu geben. Ich bewunderte die Kraft, Zierlichkeit und Schnelligkeit des Volkes, und eine solche Vereinigung von Tugenden bei so liebenswürdigen Personen erweckte bei mir die höchste Achtung. Zuerst zwar fühlte ich nicht die natürliche Verehrung, welche die Yahoos und alle Tiere gegen die Houyhnhnms hegen. Diese entstand jedoch allmählich und schneller, als ich dachte, und war mit einer natürlichen Liebe und Dankbarkeit dafür vermischt, daß sie mich gnädigst vor den anderen Tieren meiner Gattung auszeichneten.

Dachte ich an meine Familie, meine Freunde, Landsleute und an das Menschengeschlecht im allgemeinen, so sah ich sie für das an, was sie wirklich waren, als Yahoos in Form und Charakter, obgleich vielleicht etwas mehr zivilisiert und mit der Gabe der Rede versehen, die jedoch von ihrer Vernunft keinen anderen Gebrauch machten, als jene Laster zu verfeinern und zu vermehren, von denen ihre Brüder im Land der Houyhnhnms nur einen ihnen von der Natur zugemessenen Teil besitzen.

Wenn ich das Spiegelbild meiner Form in einem See oder in einer Quelle sah, so wandte ich voll Schauder über mich selbst mein Gesicht ab; ich konnte sogar den Anblick eines gewöhnlichen Yahoo besser ertragen als den meiner eigenen Person.

Durch den Umgang mit den Houyhnhnms und infolge der Bewunderung ihrer Eigenschaften konnte ich es nicht unterlassen, ihren Gang und ihre Bewegungen nachzuahmen, was mir so zur Gewohnheit geworden ist, daß meine Freunde mir die Versicherung geben, ich trabe wie ein Pferd, und dieses halte ich in der Tat für ein großes Kompliment; auch will ich nicht leugnen, daß ich beim Sprechen geneigt bin, Stimme und Art des Houyhnhnms anzunehmen, und daß ich ohne die geringste Kränkung Spöttereien hierüber anhören kann.

In der Mitte dieses Glücks und als ich schon wähnte, ich würde mein ganzes Leben lang im Land bleiben können, ließ mich mein Herr einstmals früher als gewöhnlich rufen. Ich bemerkte an seinem Gesicht, daß er in einiger Verlegenheit war und nicht wußte, wie er das, was er sagen wollte, mir eröffnen könnte. Nach einem kurzen Schweigen sagte er zu mir: Er wisse nicht, wie ich das, was er mir zu sagen habe, aufnehmen werde. Bei der letzten allgemeinen Versammlung hätten die Repräsentanten, als die Angelegenheit der Yahoos besprochen wurde, die Tatsache in Betracht gezogen, daß er ein Individuum dieser Gattung in seiner Familie halte, mehr wie wenn es ein Houyhnhnm als ein vernünftiges Tier wäre; daß er ferner sich häufig mit mir unterhalte, als ob er Vorteil oder Vergnügen an meiner Gesellschaft hätte. Ein solches Verfahren sei mit Natur und Vernunft nicht übereinstimmend. Die Versammlung ermahne ihn deshalb, mich entweder wie die übrigen meines Geschlechts zu behandeln oder mich zu zwingen, daß ich zu dem Ort, woher ich gekommen, wieder zurückschwimmen möge. Das erste dieser Auskunftsmittel sei jedoch von allen Houyhnhnms, die mich je in ihrem Haus gesehen hätten, sogleich verworfen worden; sie hätten angeführt: Da ich einige Elemente der Vernunft besäße und da jene Tiere so boshaft seien, so möchte ich sie verführen, in die waldigen und gebirgigen Teile des Landes zu fliehen und sie alsdann des Nachts in Haufen herunterzuführen, um das Vieh der Houyhnhnms zu töten. Die Yahoos seien ja von Natur als Raubtiere gebildet und der Arbeit abgeneigt.

Mein Herr fügte hinzu: Er werde alle Tage von den Houyhnhnms der Nachbarschaft dringend dazu aufgefordert, daß er den Beschluß der Versammlung ausführe, und er könne dies jetzt auch nicht länger aufschieben. Er glaube wohl, daß es mir unmöglich sei, nach einem anderen Land zu schwimmen, er wünsche deshalb, daß ich mir ein Fahrzeug verschaffe, das demjenigen gleiche, das ich ihm bereits beschrieben hätte und womit ich auf dem Meer hergekommen sei. Bei dieser Arbeit würde mir von seinen Bediensteten und von denen aller Nachbarn geholfen werden. Er fügte am Schluß noch hinzu: Seinerseits hätte er mich gern während meines ganzen Lebens in seinem Dienst behalten; er habe gefunden, daß ich mich von mancher schlechten Gewohnheit und Neigung dadurch geheilt hätte, daß ich mich bemühte, soweit es meine inferiore Natur erlaube, die Houyhnhnms in jeder Hinsicht nachzuahmen.

Ich hätte dem Leser schon bemerken müssen, daß ein Dekret der allgemeinen Versammlung in diesem Land »Hnhloayn« genannt wird, was »Ermahnung« bedeutet, soweit ich das Wort übersetzen kann; die Houyhnhnms haben nämlich keinen Begriff davon, daß ein vernünftiges Geschöpf gezwungen werden müsse, anstatt sich nur raten oder ermahnen zu lassen. Kein Geschöpf könne nämlich der Vernunft ungehorsam sein, ohne seine Ansprüche auf diese aufzugeben.

Die Rede meines Herrn erfüllte mich mit äußerstem Kummer und mit Verzweiflung, und da es mir unmöglich war, meinen Schmerz zu ertragen, fiel ich zu seinen Füßen in Ohnmacht.

Als ich meine Besinnung wiedererlangt hatte, sagte er mir, er habe geglaubt, ich sei tot. Die Houyhnhnms sind nämlich solchen Schwächen nicht unterworfen. Ich erwiderte mit schwacher Stimme: Der Tod würde ein zu großes Glück für mich gewesen sein. Ich könne zwar die Ermahnung der Versammlung und das dringende Verlangen seiner Freunde nicht tadeln. Ich glaubte jedoch, meinem schwachen und verdorbenen Verstand gemäß, auch eine geringere Strenge wäre der Vernunft nicht widersprechend gewesen. Ich könne keine Stunde weit schwimmen, und das nächste Land sei ungefähr hundert Stunden entfernt. Eine Menge Materialien, die zur Verfertigung eines Fahrzeuges notwendig seien, fehlten in diesem Land. Ich würde jedoch, aus Gehorsam und Dankbarkeit gegen Seine Gnaden, den Versuch machen, obgleich ich die Ausführung für unmöglich hielte, so daß ich schon jetzt mich als verloren betrachte; die sichere Aussicht auf einen unnatürlichen Tod sei das geringste meiner Übel. Sollte ich nämlich durch irgendeinen Zufall dem Tod entgehen, so könne ich doch unmöglich mit Gelassenheit daran denken, mein Leben wieder bei Yahoos zuzubringen und aus Mangel an Beispielen, die mich auf die Pfade der Tugend führen und auf diesen erhalten würden, wieder in die alte Verderbnis zu versinken. Ich wisse sehr wohl, daß die Beschlüsse der weisen Houyhnhnms zu richtig begründet seien, als daß ich, ein erbärmlicher Yahoo, sie erschüttern könne. Ich sagte ihm deshalb meinen gütigen Dank für die mir angebotene Hilfe seiner Diener bei Verfertigung eines Schiffes, bäte um die erforderliche Zeit für ein so schwieriges Werk und wolle mich bemühen, mein elendes Leben zu erhalten. Würde ich jemals nach England zurückkehren, so hegte ich einige Hoffnung, meinem Geschlecht dadurch nützlich zu werden, daß ich den Ruhm der berühmten Houyhnhnms feierte und ihre Tugenden dem Menschengeschlecht zur Nachahmung empfähle.

Mein Herr gab mir in wenigen Worten eine sehr gnädige Antwort; er genehmigte mir die Zeit von zwei Monaten, um mein Boot zu vollenden, und befahl dem fuchsroten Klepper, meinem Kameraden im Dienst (so darf ich ihn jetzt, da ich so weit von ihm entfernt bin, wohl nennen), meine Anleitung zu befolgen. Ich sagte nämlich meinem Herrn, dessen Hilfe werde genügen, und ich wußte, daß dieser mein Kamerad viele Zuneigung zu mir hegte.

Mein erstes Geschäft in seiner Gesellschaft bestand darin, daß ich zu dem Teil der Küste ging, wo meine rebellische Schiffsmannschaft mich hatte ans Land setzen lassen. Ich bestieg eine Höhe, sah nach allen Seiten in das Meer hinaus und glaubte im Nordosten eine kleine Insel zu bemerken. Dann nahm ich mein Taschenperspektiv zur Hand und konnte diese nach meiner Berechnung in der Entfernung von fünf Stunden deutlich erkennen. Der fuchsrote Klepper hielt die Insel aber nur für eine blaue Wolke, denn er hatte keinen Begriff, daß es noch ein Land außer dem seinigen gebe, und konnte deshalb entfernte Gegenstände auf der See nicht wie wir erkennen, die wir auf diesem Element ganz zu Hause sind.

Als ich die Insel entdeckt hatte, überlegte ich nicht weiter, sondern beschloß, diese solle fürs erste mein Verbannungsort werden.

Das übrige überließ ich dem Glück.

Ich kehrte nach Hause zurück, und nachdem ich eine Beratung mit dem fuchsroten Klepper gehalten, gingen wir beide in ein nicht weit von unserem Haus entferntes Gebüsch, wo ich mit meinem Messer und er mit einem scharfen Feuerstein, der nach Landessitte sehr geschickt an einem hölzernen Griff befestigt war, mehreres Eichengestrüpp von der Dicke eines Spazierstocks und einige größere Stöcke abschnitt. Ich will jedoch den Leser mit einer zu genauen Beschreibung meines Verfahrens nicht langweilen; es genüge die Bemerkung, daß ich im Verlauf von sechs Wochen mit Hilfe des fuchsroten Kleppers, der die mühsamste Arbeit verrichtete, eine Art indianischen Kanus baute; es war jedoch bei weitem größer. Ich bedeckte es mit Yahoo-Häuten und heftete diese mit Fäden aus Hanf, die ich selbst verfertigt hatte, dicht aneinander. Mein Segel bestand ebenfalls aus der Haut dieses Tieres; ich gebrauchte jedoch dazu die Häute der jüngeren, denn die älteren waren viel zu rauh und dick. Auch versah ich mich mit vier Rudern, legte in das Kanu einen Vorrat

gekochten Fleisches von Kaninchen und Vögeln sowie auch zwei Gefäße, eines voll Milch und das andere voll Wasser.

Ich probierte mein Kanu in einem großen Teich beim Haus meines Herrn und verbesserte dann die Mängel, die ich bemerkte, indem ich die Ritzen mit Yahoo-Talg verstopfte, bis das Fahrzeug imstande war, mich und meine Fracht zu tragen. Als es nun in jeder Hinsicht vollendet erschien, wurde es von Yahoos auf einem Wagen langsam ans Ufer gezogen, wobei der fuchsrote Klepper und noch ein anderer Bedienter die Treiber waren.

Als alles bereit und der Tag meiner Abreise angebrochen war, nahm ich von meinem Herrn, seiner Gemahlin und der ganzen Familie Abschied. Meine Augen schwammen in Tränen, und mein Herz war durch Gram erdrückt. Seine Gnaden beschloß jedoch, teils aus Neugier, teils aus Gütigkeit gegen mich (wenn ich dies Wort gebrauchen darf), mich in meinem Kanu zu sehen, und nahm mehrere seiner Freunde mit sich, die in der Nachbarschaft wohnten. Ich mußte ungefähr eine Stunde auf die Flut warten, und als ich dann bemerkte, daß der Wind für meine Fahrt nach der Insel günstig war, nahm ich zum zweiten Mal Abschied von meinem Herrn. Als ich mich nun niederwerfen wollte, um seinen Huf zu küssen, erwies er mir die Ehre, ihn sanft an meinen Mund zu erheben. Ich weiß sehr wohl, daß man mich wegen der Erwähnung dieses letzteren Umstandes sehr getadelt hat. Verleumder haben es für unwahrscheinlich gehalten, daß eine so erlauchte Person sich gegen ein so tief unter ihm stehendes Geschöpf herabließ. Auch habe ich nicht vergessen, wie gern einige Reisende sich außerordentlicher Gunstbezeigungen rühmen. Wären aber diese Verleumder mit dem edlen und höflichen Charakter der Houyhnhnms besser bekannt, so würden sie bald ihre Meinung ändern.

Ich begrüßte die übrigen Houyhnhnms in Gesellschaft Seiner Gnaden, stieg in mein Kanu und stieß vom Ufer ab.

Elftes Kapitel

Des Verfassers gefährliche Reise. Er kommt nach Neuholland und hofft, sich dort niederzulassen. Er wird von einem Eingeborenen durch einen Pfeil verwundet. Er wird gefangengenommen und mit Gewalt in ein portugiesisches Schiff gebracht. Die große Höflichkeit des Kapitäns. Der Verfasser kommt in England an.

Ich begann die verzweifelte Reise am 15. Februar 1715 um neun Uhr morgens. Der Wind war sehr günstig. Zuerst machte ich nur von meinen Rudern Gebrauch. Da ich jedoch bedachte, daß ich bald müde sein würde und daß der Wind umschlagen könne, wagte ich es, mein kleines Segel aufzuziehen, und kam hierdurch und mit Hilfe der Flut ziemlich schnell vorwärts. Mein Herr und seine Freunde blieben am Ufer, bis ich ihnen beinahe außer Sicht war. Auch hörte ich, wie der fuchsrote Klepper, der mich immer liebte, mir mehrere Male zurief: »Hnuy illi nyha maiah Yahoo«; das heißt: »Hüte dich vor Gefahr, artiger Yahoo.«

Ich beabsichtigte, eine kleine unbewohnte Insel zu entdecken, die jedoch genügen würde, mich bei einiger Arbeit mit den notwendigen Bedürfnissen des Lebens zu versehen; dies hätte ich für ein größeres Glück gehalten, als wenn ich Premierminister am ersten europäischen Hof geworden wäre, so furchtbar war mir der Gedanke, in die Gesellschaft und unter die Regierung von Yahoos zurückzukehren. In solcher Einsamkeit, wie ich sie mir wünschte, konnte ich doch wenigstens meinen Gedanken nachhängen und mit Entzücken an die Tugenden der unnachahmlichen Houyhnhnms denken, wobei mir keine Gelegenheit geboten wäre, in die Laster und Verderbnisse meines Geschlechts zu entarten.

Der Leser wird sich an meine frühere Erzählung erinnern, wie ich nach der Verschwörung meiner Schiffsmannschaft und während meiner Gefangenschaft mehrere Wochen lang in der Kajüte eingesperrt blieb, ohne die Richtung, die wir eingeschlagen hatten, zu wissen, wie mir ferner die Matrosen, als ich in das lange Boot gebracht wurde, mit wahren oder falschen Eiden die Versicherung gaben, sie wüßten nicht, in welchem Teil der Welt wir wären. Ich glaubte jedoch damals, wir befänden uns zehn Grad südlich vom Kap der Guten Hoffnung, ungefähr am fünfundvierzigsten Grad südlicher Breite. Dies konnte ich aus einigen Worten, die ich zufällig hörte, schließen, und die mir, wie ich glaubte, andeuteten, daß sie südöstlich nach Madagaskar steuerten. Obgleich diese Worte mir nur eine Vermutung an die Hand gaben, so beschloß ich doch, östlich zu steuern; denn ich hoffte, die südwestliche Küste von Neuholland oder vielleicht eine westwärts von diesem Land gelegene Insel zu erreichen. Der Wind blies aus Westen, und um sechs Uhr abends war ich wenigstens achtzehn Seemeilen nach Osten gefahren, als ich eine kleine, ungefähr eine Seemeile weit entfernte Insel entdeckte, die ich dann auch bald erreichte. Sie bestand nur aus einem Felsen mit einem durch die Gewalt der Stürme natürlich gebildeten Damm. Hier brachte ich mein Kanu in Sicherheit, bestieg einen Teil des Felsens und konnte deutlich im Osten Land entdecken, das sich von Süden nach Norden hin ausdehnte. Die ganze Nacht blieb ich in meinem Kanu liegen; am Morgen setzte ich meine Reise weiter fort und erreichte nach sieben Stunden die südöstliche Spitze von Neuholland. Alles bestätigte die schon früher von mir gehegte Meinung, daß die geographischen Karten dies Land wenigstens um drei Grad zu weit nach Osten setzen. Vor mehreren Jahren machte ich hierüber meinem würdigen Freund Mr. Herman Moll eine Mitteilung und sagte ihm die Gründe, weshalb ich meine Gedanken für wahr hielte. Er hat es jedoch vorgezogen, die Angaben anderer Schriftsteller zu befolgen.

Ich sah an der Stelle, wo ich landete, keine Einwohner. Da ich unbewaffnet war, wagte ich es nicht, zu tief in das Land hineinzugehen. An der Küste fand ich einige Schaltiere, die ich roh aß; denn ich wollte kein Feuer anzünden, aus Furcht, von den Eingeborenen entdeckt zu werden. So lebte ich drei Tage lang von Austern und Napfschnecken, um meine Lebensmittel zu sparen. Glücklicherweise entdeckte ich auch eine Quelle ausgezeichneten Wassers, was mir große Erleichterung gewährte.

Als ich mich am vierten Tag frühmorgens ein wenig zu weit in das Innere hineinwagte, erblickte ich ungefähr zwanzig bis dreißig Einwohner auf einer an fünfhundert Ellen von mir entfernten Höhe. Sie waren nackt und saßen sämtlich, Männer, Weiber und Kinder, an einem Feuer, das ich durch den Rauch erkennen konnte. Einer dieser Wilden bemerkte mich aber und setzte die anderen davon in Kenntnis, worauf fünf Mann auf mich zugingen und die Weiber und Kinder beim Feuer ließen. Ich lief so schnell wie möglich zum Ufer zurück, bestieg mein Kanu und stieß vom Land ab. Als die Wilden mich fliehen sahen, liefen sie hinter mir her, und bevor ich weit genug in die See gekommen war, schoß einer von ihnen einen Pfeil gegen mich ab, der mich am linken Kniegelenk verwundete; ich werde die Narbe mit ins Grab nehmen. Da ich besorgte, der Pfeil könne vergiftet sein, bemühte ich mich, als ich mich aus dem Bereich der Wilden fortgerudert hatte (an diesem Tag herrschte Windstille), die Wunde auszusaugen und sie dann so gut wie möglich zu verbinden.

Ich wußte nicht, was ich tun sollte, denn ich wagte nicht, an denselben Landungsplatz zurückzukehren. Somit steuerte ich nordwärts. Es erhob sich ein sanfter Wind, der aber nordwestlich und meiner Richtung entgegengesetzt war; ich wurde dadurch zum Rudern genötigt. Als ich mich nun nach einem anderen sicheren Landungsplatz umsah, bemerkte ich in Nordnordost ein Segel, das mit jeder Minute deutlicher wurde. Ich bedachte mich lange, ob ich es erwarten sollte oder nicht; zuletzt aber erhielt meine Abscheu gegen das Yahoo-Geschlecht die Oberhand, ich wendete mein Kanu, segelte und ruderte südwärts, bis ich denselben Damm erreichte, von wo ich am Morgen abgefahren war; denn ich zog es vor, lieber bei diesen Barbaren als bei den europäischen Yahoos zu wohnen. Ich zog mein Kanu so nahe wie möglich aufs Land und versteckte mich hinter einem Stein bei dem kleinen Bach, der, wie schon gesagt, ein ausgezeichnetes Wasser führte.

Das Schiff kam bis auf eine halbe Meile an diesen Damm und sandte sein großes Boot aus mit Gefäßen, um frisches Wasser einzunehmen (wie es schien, war der Ort Seefahrern schon hinlänglich bekannt). Ich bemerkte dies nicht eher, als bis das Boot beinahe das Ufer erreicht hatte; demnach war es mir unmöglich, einen anderen Ort, wo ich mich verbergen konnte, aufzusuchen. Die Matrosen besahen bei ihrer Landung mein Kanu, durchsuchten es gründlich und schlossen daraus, der Eigentümer müsse in der Nähe sein. Vier Matrosen blickten in jede Ritze und in jedes Loch, bis sie mich am Ende auffanden. Ich lag flach auf meinem Gesicht; einige Zeitlang betrachteten sie mit Staunen meine sonderbare und auffallende Kleidung, meinen Rock aus Häuten, meine Schuhe mit hölzernen Sohlen und meine Strümpfe aus Pelzwerk. Daraus schlossen sie jedoch, ich könne kein Eingeborener sein, da diesen Kleidung gänzlich unbekannt ist. Ein Matrose befahl mir schließlich in portugiesischer Sprache, aufzustehen und zu sagen, wer ich sei. Ich verstand das Portugiesische, stand auf und sagte, ich sei ein armer von den Houyhnhnms verbannter Yahoo und bitte nur, daß man mich abreisen lasse. Sie wunderten sich, daß ich in ihrer eigenen Sprache Antwort gab, und sahen an meiner Gesichtsfarbe, daß ich ein Europäer sein müsse; sie konnten jedoch nicht begreifen, was ich mit »Yahoos« und »Houyhnhnms« meinte, und brachen zugleich über meine sonderbare Redeweise, die dem Wiehern eines Pfer-

des glich, in ein lautes Gelächter aus. Furcht und Haß erweckten bei mir ein heftiges Zittern. Ich bat sie aufs neue, mich abreisen zu lassen, und näherte mich langsam meinem Kanu. Die Matrosen packten mich jedoch an der Brust und fragten mich, von welchem Land und woher ich gekommen sei; außerdem wurden mir noch manche andere Fragen vorgelegt. Ich erwiderte: In England sei ich geboren und hätte mein Vaterland vor ungefähr fünf Jahren verlassen; damals habe Frieden zwischen England und Portugal geherrscht; ich hoffte deshalb, daß man mich nicht als Feind behandeln werde, ich beabsichtigte durchaus nicht, ihnen irgendeinen Schaden zuzufügen; ich sei nur ein armer Yahoo, der irgendeinen einsamen Ort aufsuche, um seine übrigen unglücklichen Lebenstage dort zuzubringen.

Als jene Seeleute miteinander sprachen, glaubte ich, nie etwas Unnatürlicheres gehört zu haben; es kam mir vor, als wolle ein Hund und eine Kuh in England und ein Yahoo in Houyhnhnm-Land sprechen. Die ehrlichen Portugiesen erstaunten gleicherweise über meine sonderbare Kleidung und die Aussprache meiner Worte, die sie jedoch sehr gut verstanden. Sie erwiesen mir in ihren Reden sehr viel Menschlichkeit und sagten: Der Kapitän würde mich gewiß umsonst nach Lissabon bringen, von wo aus ich in mein Vaterland zurückkehren könne. Zwei Matrosen würden zum Schiff zurückkehren, den Kapitän von dem, was sie gesehen hätten, benachrichtigen und sich seine Befehle holen. Mittlerweile würden sie mich mit Gewalt in Sicherheit bringen, wenn ich nicht einen feierlichen Eid leistete, zu bleiben. Sie waren sehr neugierig, meine Geschichte zu erfahren; ich gab ihnen aber nur wenig Befriedigung, und sie glaubten, mein Unglück habe mir das Gehirn verwirrt. Nach zwei Stunden kehrte das Boot, mit Wassergefäßen beladen und dem Befehl des Kapitäns, mich an Bord zu bringen, wieder zurück. Ich flehte auf Knien, mir die Freiheit zu lassen; allein alles war vergeblich. Die Männer banden mich mit Stricken und hoben mich ins Boot, von wo ich in das Schiff und dann in die Kajüte des Kapitäns gebracht wurde.

Er hieß Pedro de Mendez und war ein artiger und großmütiger Mann. Er bat mich, ihm einen Bericht über mich zu geben, und wünschte zu wissen, was ich essen und trinken wolle; ich solle ebensogut bewirtet werden, wie er selbst lebe. Zugleich sagte er mir so viele verbindliche Sachen, daß ich mich wunderte, so viel Höflichkeit bei einem Yahoo zu finden. Ich blieb jedoch still und mürrisch; der Geruch von ihm und seinen Leuten brachte mich einer Ohnmacht nahe. Zuletzt bat ich, man möge mir etwas aus meinem Kanu zu essen bringen; der Kapitän aber ließ für mich ein Huhn und eine Flasche ausgezeichneten Wein kommen und befahl dann, mich in einer sehr reinlichen Kajüte zu Bett zu bringen. Ich wollte mich nicht auskleiden, sondern legte mich, wie ich war, auf das Bett; nach einer halben Stunde, als ich glaubte, die Mannschaft halte ihr Mittagsmahl, stahl ich mich aus meiner Kajüte, ging an die Reling, um ins Meer zu springen und mich lieber schwimmend zu retten, als in Zukunft noch bei den Yahoos zu leben. Ein Matrose verhinderte mich jedoch an der Ausführung meines Vorsatzes und stattete dem Kapitän hierüber Bericht ab; darauf wurde ich gefesselt und in meine Kajüte gebracht.

Nach dem Mittagessen kam Don Pedro zu mir und bat mich, ihm den Grund jener so verzweifelten Handlung zu sagen. Er gab mir die Versicherung, daß er mir alle ihm möglichen Dienste erweisen wolle, und sprach dabei so rührend, daß ich mich zuletzt herbeiließ, ihn als ein Tier zu behandeln, das einen kleinen Teil von Vernunft besitze. Ich gab ihm einen kurzen Bericht von meiner Reise, von der Verschwörung meiner Leute, von dem Land, wo sie mich aussetzten, und von meinem dortigen fünfjährigen Aufenthalt. Der Kapitän betrachtete dies alles wie einen Traum oder wie ein Hirngespinst, so daß ich außerordentlich zornig wurde, denn ich hatte die Eigenschaft des Lügens, die allen Yahoos, wo sie auch wohnen mögen, so eigentümlich ist, durchaus vergessen und dachte deshalb auch nicht an ihre Neigung, in bezug auf die Wahrheit gegen andere ihrer eigenen Gattung Verdacht zu hegen. Ich fragte ihn deshalb, ob es in seinem Vaterland Gebrauch sei, ein Ding zu sagen, das nicht existiere, und gab ihm die Versicherung, ich hätte beinahe die Bedeutung des Wortes Falschheit vergessen, und hätte ich tausend Jahre im Houyhnhnm-Land gelebt, so würde ich doch nie eine Lüge von dem geringsten Diener gehört haben. Es sei mir gleichgültig, ob er mir glaube oder nicht; als Dank für seine erwiesenen Gefälligkeiten wolle ich der Verderbnis seiner Natur so viel zugestehen, daß ich jeden Einwurf, den er mache, beantworten werde, so daß er die Wahrheit leicht entdecken könne.

Der Kapitän, ein verständiger Mann, bemühte sich mehrere Male, mich bei Widersprüchen zu ertappen, und hegte zuletzt eine bessere Meinung von meiner Wahrhaftigkeit; er fügte jedoch hinzu: Da ich eine so unverletzliche Anhänglichkeit an die Wahrheit besitze, so müsse ich ihm mein Ehrenwort geben, ihm auf dieser Reise Gesellschaft zu leisten, ohne irgendeinen Versuch gegen mein Leben zu machen, sonst werde er mich gefangenhalten, bis wir nach Lissabon kämen. Ich gab ihm das verlangte Versprechen, zugleich aber auch die Versicherung, ich wolle lieber die größten Leiden ertragen, als daß ich wieder unter die Yahoos zurückkehrte.

Unsere Reise verging ohne bemerkenswerten Vorfall. Aus Dankbarkeit gegen den Kapitän setzte ich mich bisweilen auf seine dringenden Bitten mit ihm zu Tisch und suchte dann meine Abneigung gegen das Menschengeschlecht zu verbergen, obgleich sich diese mehrere Male Luft machte; dies schien der Kapitän aber nicht zu bemerken. Den größten Teil des Tages verschloß ich mich jedoch in meine Kajüte und vermied es, irgend jemand aus dem Schiffsvolk zu sehen. Der Kapitän bat mich öfter, meine Kleidung eines Wilden abzulegen, und wollte mir seinen besten Anzug leihen. Ich ließ mich jedoch nicht bewegen, irgendein Gewand anzulegen, das auf dem Rücken eines Yahoos geruht hatte. Ich bat ihn, mir nur zwei reine Hemden zu leihen, die, wie ich glaubte, mich nicht sehr beschmutzen könnten, da sie, seitdem er sie getragen, gewaschen waren. Diese wechselte ich immer am zweiten Tag und pflegte sie auch selbst zu waschen.

Am 5. November 1715 landeten wir in Lissabon. Dabei drängte mir der Kapitän seinen Mantel auf, damit sich der Pöbel nicht um mich versammle. Er brachte mich in sein eigenes Haus und gab mir auf meine Bitte das höchste Zimmer im obersten Stockwerk an der Hinterseite des Gebäudes. Ich beschwor ihn, gegen alle Leute zu verheimlichen, was ich ihm über die Houyhnhnms erzählt hatte, weil der geringste Wink über diese Geschichte nicht allein eine Masse Personen herbeiführen würde, die mich sehen wollten, sondern weil ich auch dadurch wahrscheinlich in Gefahr geraten müßte, verhaftet und von der Inquisition verbrannt zu werden. Der Kapitän überredete mich, einen neuen Anzug anzulegen, ich wollte jedoch dem Schneider nicht erlauben, mir das Maß zu nehmen. Da jedoch Don Pedro beinahe von demselben Körperbau war, paßten mir die Kleider. Er versah mich auch mit anderen Bedarfsgegenständen, die ich vierundzwanzig Stunden lüftete, ehe ich sie gebrauchen konnte.

Der Kapitän hatte keine Frau und nicht mehr als drei Bediente, von denen keiner bei Tisch aufwarten durfte; sein ganzes Benehmen war auch so artig und sein Verstand so ausgezeichnet, daß ich wirklich anfing, seine Gesellschaft erträglich zu finden. Er überredete mich, aus dem Hinterfenster zu sehen. Allmählich wurde ich auch in andere Zimmer gebracht, von wo aus ich auf die Straße blickte; sogleich aber fuhr ich erschrocken wieder zurück. Nach einer Woche verführte mich der Kapitän, an die Tür zu gehen; ich fand, daß mein Schauder sich allmählich verminderte, Haß und Verachtung schienen sich jedoch zu vermehren.

Zuletzt war ich so kühn, in seiner Gesellschaft durch die Straßen zu gehen, verstopfte mir aber die Nase gehörig mit Raute und bisweilen mit Tabak.

Nach zehn Tagen legte es mir Don Pedro, dem ich Auskunft über meine häuslichen Angelegenheiten gegeben hatte, als meine Pflicht ans Herz, in mein Vaterland zurückzukehren und bei Frau und Kindern zu leben. Er sagte mir, ein englisches Schiff liege gerade im Hafen bereit, und er werde mich mit allem Notwendigen versehen. Es würde langweilig sein, die Gründe, die er anführte, und meine Widersprüche zu wiederholen. Er sagte, es sei ganz unmöglich, eine so einsame Insel, wie ich sie mir als Wohnort wünschte, aufzufinden. Ich könnte jedoch über mein eigenes Haus verfügen und meine Zeit in so abgeschlossener Weise, wie ich es wünsche, zubringen.

Zuletzt gab ich nach, da ich nicht anders konnte. Ich verließ Lissabon am 24. November in einem englischen Kauffahrteischiff. Wer der Kapitän war, wollte ich nicht erfragen. Don Pedro begleitete mich an Bord und lieh mir zwanzig Pfund. Er nahm von mir höflich Abschied und umarmte mich bei der Trennung, was ich so gut wie möglich ertragen mußte. Während dieser letzten Reise gab ich mich weder mit dem Kapitän noch mit einem seiner Leute ab, sondern verschloß mich in meiner Kajüte, indem ich Krankheit als Vorwand gebrauchte. Am 5. Dezember 1715, neun Uhr morgens, warfen wir an den Downs Anker, und um drei Uhr nachmittags kam ich wohlbehalten zu meinem Haus in Redriff.

Meine Frau und meine Kinder empfingen mich mit großer Überraschung und Freude, weil sie mich für tot gehalten hatten; ich muß jedoch offen gestehen, ihr Anblick erfüllte mich nur mit Haß, Ekel und Verachtung, und zwar um so mehr, da ich an meine nahe Verwandtschaft mit ihnen dachte. Ob ich mich gleich seit meiner unglücklichen Verbannung aus dem Houyhnhnm-Land bereits daran gewöhnt hatte, den Anblick der Yahoos zu er-

LILLIPUT
J.J.G.
ADOLPHE BEST SC.

tragen und mich mit Don Pedro de Mendez zu unterhalten, so waren dennoch meine Phantasie und mein Gedächtnis fortwährend mit den Tugenden und Ideen der erhabenen Houyhnhnms angefüllt. Wenn ich nun ferner bedachte, daß ich durch die Verbindung mit einer weiblichen Yahoo der Vater mehrerer Yahoos geworden sei, so empfand ich die äußerste Scham und Geistesverwirrung sowie auch den heftigsten Abscheu.

Sobald ich in mein Haus getreten war, umarmte mich meine Frau und gab mir einen Kuß; da ich nun an die Umarmungen eines so verhaßten Tieres schon lange nicht mehr gewöhnt war, fiel ich in eine Ohnmacht, die beinahe eine Stunde dauerte. Seit meiner Rückkehr nach England sind jetzt bereits fünf Jahre verflossen; im ersten Jahr konnte ich die Gegenwart meiner Frau und Kinder nicht ertragen; ihr Geruch war mir sogar unausstehlich; noch weniger konnte ich es leiden, daß sie mit mir in demselben Zimmer aßen. Bis auf diesen Augenblick dürfen sie nicht wagen, mein Brot zu brechen oder mit mir aus demselben Becher zu trinken; auch konnte ich es nicht erlauben, daß irgendeine Person meiner Familie mir die Hand berührte. Das erste Geld, das ich bekam, verwandte ich auf den Ankauf zweier junger Hengste, die ich mir in einem guten Stall halte; sie sind meine besten Freunde, zugleich mit dem Stallknecht, denn meine gute Laune wird durch den Geruch, der im Stall herrscht, wiederhergestellt. Meine Pferde verstehen mich ziemlich gut; ich unterhalte mich jeden Tag mit ihnen, und zwar gewöhnlich vier Stunden lang. Sie sind unbekannt mit Zaum und Sattel und leben in großer Freundschaft mit mir sowie untereinander.

Zwölftes Kapitel

Des Verfassers Wahrhaftigkeit. Sein Zweck bei der Herausgabe dieses Werkes. Sein Tadel über Reisende, die von der Wahrheit abweichen. Der Verfasser rechtfertigt sich gegen den Vorwurf böswilliger Absicht. Widerlegung eines Einwurfs. Die Methode des Anbaus neuer Kolonien. Lob seines Vaterlandes. Das Recht der Krone auf die vom Verfasser beschriebenen Gegenden wird bewiesen. Schwierigkeit der Eroberung. Der Verfasser nimmt Abschied von seinem Leser, spricht von seiner zukünftigen Lebensweise, gibt guten Rat und schließt vorliegendes Buch.

Nun habe ich dir also, lieber Leser, eine getreue Geschichte meiner Reisen gegeben, die sechzehn Jahre und sieben Monate dauerten. In der Beschreibung habe ich weniger Schmuck der Rede als die Wahrheit im Auge gehabt. Ich hätte vielleicht, wie andere, mit sonderbaren und unwahrscheinlichen Geschichten das Erstaunen erregen können; allein ich habe es vorgezogen, nur die Tatsachen, und zwar in gerader Art und im einfachsten Stil, darzustellen. Mein Hauptzweck war nämlich, dich zu belehren, aber durchaus nicht, dich zu unterhalten.

Für uns, die wir fremde Länder bereisen, die von Engländern oder anderen Europäern selten besucht werden, ist es sehr leicht, wunderbare Land- und Seetiere zu beschreiben. Dagegen sollte es der Hauptzweck der Reisenden sein, durch ihre Berichte von fremden Orten die Menschen besser und klüger zu machen, ihre Seelen durch schlechtes und gutes Beispiel zu vervollkommnen.

Ich wünsche sehr, das Parlament möge ein Gesetz erlassen, wonach jeder Reisende, bevor er seine Bericht herausgibt, dem Lord-Kanzler einen feierlichen Eid schwören müßte, er wolle nur dasjenige drucken lassen, was seinem besten Wissen gemäß vollkommen wahr sei. Dann würde die Welt nicht länger der

Täuschung ausgesetzt sein, die jetzt so üblich ist, weil manche Schriftsteller, damit ihre Bücher im Publikum desto mehr gelesen werden, den arglosen Leser mit den gröbsten Verfälschungen betrügen. Ich habe in meiner Jugend mehrere Reisebeschreibungen mit dem höchsten Entzücken gelesen. Da ich ja aber seitdem den größten Teil des Erdkreises selbst bereist habe und somit imstande war, manche fabelhaften Berichte nach eigener Beobachtung zu widerlegen, so habe ich einen heftigen Abscheu gegen solche Bücher erlangt, und ich ärgerte mich häufig, wenn ich die Leichtgläubigkeit des Menschengeschlechts so sehr mißbraucht sah; da nun meine Bekannten die Güte hatten, ihre Meinung dahin auszusprechen, meine unbedeutenden Bemühungen, meine Landsleute zu belehren, würden von diesen nicht übel aufgenommen werden, so stellte ich als meinen hauptsächlichsten Grundsatz auf, nie von der Wahrheit abzuweichen und mich mit aller Strenge daran zu halten. Auch kann sich mir nicht die geringste Versuchung zum Lügen darbieten, solange ich die Lehren und das Beispiel meines edlen Herrn und der erlauchten Houyhnhnms vor Augen habe, deren Schüler zu sein ich so lange die Ehre hatte.

> … Nec, si miserum fortuna Sinonem
> finxit, vanum etiam mendacemque improba finget.

> … Hat das Geschick den Sino so elend gebildet,
> wird es ihn nie zum Lügner, der Schmähliches kündet,
> noch machen.

Ich weiß sehr wohl, daß nur wenig Ruhm durch Schriften erlangt wird, die weder Genie noch Gelehrsamkeit und überhaupt kein Talent, sondern nur ein gutes Gedächtnis und ein genaues Tagebuch erfordern. Ich weiß ferner, daß Reisebeschreiber, wie die Verfasser von Wörterbüchern, durch das Gewühl und die

Masse derer in Vergessenheit geraten, die nach ihnen kommen und deshalb oben schwimmen. Auch ist wahrscheinlich, daß Reisende, die später die von mir beschriebenen Länder besuchen, Irrtümer entdecken werden, wenn wirklich welche vorhanden sind, daß sie neue Entdeckungen hinzufügen und mich so außer Mode bringen, so daß sie meine Stelle einnehmen, worauf dann die Welt vergessen wird, daß ich jemals etwas geschrieben habe. Dies würde mir wirklich eine große Kränkung bereiten, wenn ich dies Buch des Ruhmes wegen verfaßt hätte; da ich jedoch ausschließlich das Wohl meines Vaterlandes im Auge hatte, so kann ich mich in meiner Erwartung unmöglich täuschen. Wer wird meine Berichte der ruhmwürdigen Houyhnhnms lesen können, ohne sich seiner eigenen Laster zu schämen, obgleich er sich als das vernünftige und herrschende Tier seines Vaterlandes betrachtet? Ich will von den entfernten Nationen, wo Yahoos die Regierung führen, nichts weiter sagen; von diesen sind aber die Brobdingnagier gewiß am wenigsten verdorben. Es würde zu unserem Glück sein, wenn wir ihre weisen Grundsätze in Moral und Regierung annehmen würden. Ich vermeide es jedoch, noch weiterzusprechen, und überlasse dem verständigen Leser seine eigenen Überlegungen und die Anwendung der von mir gegebenen Beispiele.

Es ist mir sehr angenehm, daß dieses Werk wahrscheinlich keine Tadler finden wird. Welche Vorwürfe können denn einem Schriftsteller gemacht werden, der nur einfache Tatsachen erzählt, die sich in den entferntesten Ländern zutrugen, die uns nicht das geringste Interesse durch Handel oder durch diplomatische Beziehungen darbieten? Ich habe jeden Fehler sorgfältig vermieden, den man Reiseschreibern so oft und mit zu viel Recht zum Vorwurf macht. Außerdem lasse ich mich durchaus in keine Parteistreitigkeiten ein und zeige weder Vorurteil noch Böswilligkeit gegen irgendeinen Menschen oder gegen irgendeine Klasse von Menschen. Ich schreibe mit dem edlen Zweck, das Menschengeschlecht zu belehren und zu unterrichten. Auch kann ich, ohne das Gebot der Bescheidenheit zu verletzen, mit aller Dreistigkeit behaupten, daß ich diesem überlegen bin, denn ich habe durch meinen längeren Verkehr mit den ausgezeichneten Houyhnhnms mancherlei Vorzüge gewonnen. Ich schreibe ohne eine Absicht auf Ruhm oder Nutzen. Ich habe es mir nie erlaubt, ein Wort niederzuschreiben, das als Tadel gelten oder durch Beleidigung verletzen könnte; sogar die empfindlichsten Leute werden dergleichen nicht vorfinden. Somit habe ich vollkommen das Recht, mich als tadellosen Schriftsteller hinzustellen, und die Zünfte der Erwiderer, Bemerker, Rezensenten, Spione und Entdecker werden niemals Gelegenheit finden, ihre Talente bei mir anzuwenden.

Ich muß jedoch gestehen, daß mir folgender Wink gegeben wurde: Als Untertan von England sei ich verpflichtet gewesen, nach meiner Rückkehr einem Staatssekretär eine Denkschrift zu überreichen; jedes von einem Untertan neu entdeckte Land gehöre der Krone. Ich bezweifle jedoch, daß Eroberungen in den von mir entdeckten Ländern so leicht sein würden wie die des Fernando Cortez über nackte Amerikaner. Die Lilliputaner sind, wie ich glaube, durchaus nicht die Kosten wert, die eine Flotte und Armee zu ihrer Eroberung erfordern würde; es ist ferner eine große Frage, ob ein Angriff auf die Brobdingnagier verständig und ausführbar wäre. Ein englisches Heer oder eine Flotte würden auch dann in eine schlimme Lage geraten, wenn die fliegende Insel über ihren Häuptern schwebte. Die Houyhnhnms sind zwar zum Krieg jetzt nicht vorbereitet, in der Kriegskunst sind sie vollkommen unerfahren und haben auch keine Wurfgeschütze. Jedoch angenommen, ich sei Staatsminister, so würde ich abraten, einen Angriff gegen sie auszuführen. Ihre Klugheit, Einstimmigkeit und Unbekanntschaft mit Furcht sowie ihre Vaterlandsliebe würden allen Mangel an Kriegskunst leicht ersetzen. Man denke sich 20000 Houyhnhnms, die in die Mitte einer europäischen Schlachtlinie einbrechen, die Reihen verwirren, die Wagen umstürzen und die Gesichter der Soldaten durch furchtbare Hiebe ihrer Hinterhufe zu Brei zerschlügen. Auf sie könnte man mit Recht anwenden, was man dem Augustus nachgesagt hat: »Recalcitrat undique tutus.«* Anstatt eine Eroberung dieser großmütigen Nation vorzuschlagen, wünschte ich vielmehr, sie wären fähig oder geneigt, eine genügende Anzahl Mitbürger abzusenden, um Europa zu zivilisieren und uns die ersten Grundsätze der Ehre, Wahrhaftigkeit, Gerechtigkeit, Mäßigkeit, Vaterlandsliebe, Tapferkeit, Keuschheit, Freundschaft, des Wohlwollens und der Treue zu lehren. Die Namen dieser Tugenden befinden sich noch in jeder Sprache und kommen in älteren sowie neueren Schriftstellern häufig genug vor, eine Behauptung, die ich ungeachtet meiner geringen Belesenheit wagen darf.

Außerdem war ich noch aus einem anderen Grund nicht sehr geneigt, die Besitzungen Seiner Majestät durch meine Entdekkungen zu vergrößern. Um die Wahrheit zu gestehen, so fühlte ich einige Gewissensbisse wegen der Gerechtigkeit, mit der Fürsten bei einer solchen Gelegenheit verfahren. Zum Beispiel: Eine Piratenmannschaft wird durch Sturm in eine unbekannte Gegend verschlagen; zuletzt entdeckt ein Matrose Land vom Hauptmast aus; die Piraten ziehen an den Strand, um zu rauben und zu plündern, sie sehen ein harmloses Volk und werden mit Freundlichkeit bewillkommnet. Darauf geben sie dem Land einen neuen Namen, nehmen davon förmlichen Besitz für ihren König, stellen eine faule Planke oder einen Stein als Denkzeichen auf; ermorden zwei, drei Dutzend Einwohner, nehmen ein paar andere als Muster mit Gewalt mit sich fort, kehren nach Hause zurück und erhalten ihre Verzeihung. Hier nun beginnt eine neue Herrschaft, die unter dem Besitztitel des göttlichen Rechts erworben ist. Mit der ersten Gelegenheit werden Schiffe

* »Auf allen Seiten gesichert, schlägt er nach hinten aus.«

dorthin gesandt, die Eingeborenen vertrieben oder vernichtet, ihre Fürsten gefoltert, um ihr Geld zu entdecken; es wird eine vollkommene Straflosigkeit für alle Handlungen der Unmenschlichkeit und Begierde ausgesprochen, so daß die Erde vom Blut der Eingeborenen dampft, und diese verabscheuungswürdige Mannschaft von Schlächtern, die zu einer so frommen Expedition gebraucht wird, bildet eine moderne, zur Bekehrung und Zivilisierung eines barbarischen und abgöttischen Volkes bestimmte Kolonie.

Diese Beschreibung hat jedoch, wie ich betonen muß, durchaus keine Beziehung auf die britische Nation, die wegen ihrer Weisheit, Sorgfalt und Gerechtigkeit in Anlegung von Kolonien der ganzen Welt zum Muster dienen kann, die durch freigebige Schenkungen zur Verbreitung der Religion und Wissenschaft, durch die Wahl frommer, geschickter Hirten zur Ausbreitung des Christentums, durch das Verfahren, ihre entlegenen Provinzen mit nüchternen und verständigen Leuten aus dem Mutterland zu bevölkern, durch gewissenhafte Ausübung der Gerechtigkeit, durch Ernennung von fähigen, der Bestechung unzugänglichen Kronbeamten und endlich durch die Absendung von wachsamen und tugendhaften Gouverneuren sich im höchsten Grad auszeichnet, wobei letztere keine anderen Zwecke verfolgen, als das Glück des Volkes, das sie regieren, und die Ehre ihres Königs zu fördern.

Da jedoch die Völker, die ich beschrieben habe, durchaus nicht wünschen, erobert und unterworfen oder durch Kolonisten ermordet und vertrieben zu werden; da sie auch keinen Überfluß an Gold, Silber, Zucker und Tabak besitzen, so hegte ich auch die demütige Meinung, sie seien kein passender Gegenstand für unsern Eifer, unsere Tapferkeit und unser Interesse. Wenn jedoch die, deren Geschäft es ist, sich mehr um diese Sache zu bekümmern, zufällig anderer Meinung sein sollten, so bin ich bereit, sobald ich behördlich aufgefordert werde, mein Zeugnis dafür abzulegen, daß kein Europäer vor mir diese Länder besucht hat. Hierunter verstehe ich jedoch nur, insoweit man den Einwohnern Glauben schenken darf und falls kein Streit über die beiden Yahoos entstehen sollte, die man vor vielen Jahren auf einem Berg in Houyhnhnm-Land gesehen haben will.

Die Förmlichkeit jedoch, im Namen meines Fürsten von dem Land Besitz zu nehmen, ist mir niemals eingefallen. Wäre dies aber auch wirklich der Fall gewesen, so hätte ich, in Betracht des damaligen Standes meiner Angelegenheiten, wahrscheinlich aus Klugheit und Selbsterhaltung die Sache auf eine gelegenere Zeit verschoben.

Nachdem ich so den einzigen Tadel, der gegen mich als Reisenden erhoben werden kann, entkräftet habe, nehme ich hier zuletzt noch Abschied von allen meinen höflichen Lesern und kehre zu meinen Gedankenfreunden in meinen kleinen Garten bei Redriff zurück. Ich werde jetzt die ausgezeichnetsten Tugendlehren, die ich bei den Houyhnhnms erlernte, anwenden und die Yahoos meiner eigenen Familie, soweit solche Tiere diese begreifen können, darin unterrichten und so mich allmählich daran gewöhnen, den Anblick menschlicher Geschöpfe zu ertragen; ich werde die tierische Natur der Houyhnhnms in meinem Vaterland stets beklagen, jedoch aus Rücksicht auf meinen edlen Herrn, seine Familie, seine Freunde und das ganze Houyhnhnms-Geschlecht ihre Personen stets mit großer Rücksicht behandeln; denn sie gleichen diesen in allen Zügen, wie sehr auch ihr Verstand entartet ist.

Vergangener Woche erlaubte ich meiner Frau, mit mir zu essen; sie mußte jedoch an dem entferntesten Ende eines langen Tisches sitzen und die ihr vorgelegten Fragen in aller Kürze beantworten. Da mir jedoch der Geruch eines Yahoos noch immer anstößig ist, verstopfte ich mir die Nase mit Raute, Lavendel und Tabak. Obgleich es einen Mann in vorgerückten Jahren sehr schwer ankommen muß, alte Gewohnheiten zu verlassen, so hege ich doch noch die Hoffnung, daß ich bald meinen Yahoo-Nächsten in meiner Gesellschaft werde dulden können, ohne, wie es jetzt noch der Fall ist, mich vor seinen Zähnen und Klauen fürchten zu müssen.

Meine Wiederaussöhnung mit dem Yahoo-Geschlecht im allgemeinen würde nicht so schwierig sein, wenn es nur mit den Lastern und Torheiten zufrieden sein wollte, wozu es die Natur berechtigt hat. Ich ärgere mich nicht im geringsten über den Anblick eines Juristen, Taschendiebes, Obersten, Narren, Lords, Spielers, Politikers, Kupplers, Arztes, Zeugen, Anstifters zum falschen Zeugnis, Anwalts, Verräters oder desgleichen. Alle diese Erscheinungen sind dem natürlichen Lauf der Dinge gemäß. Sehe ich aber eine Masse von Häßlichkeit und Krankheit sowohl des Körpers wie der Seele vor Stolz sich blähen, so ist meine Geduld sogleich zu Ende. Auch kann ich nicht begreifen, wie solch ein Laster und solch ein Tier zusammenpassen können. Die weisen und tugendhaften Houyhnhnms, die an allen ausgezeichneten Eigenschaften, die ein vernünftiges Geschöpf nur ausschmücken können, so viel Überfluß haben, besitzen in ihrer Sprache keinen Namen für diese Laster. Diese entbehrt ohnehin der Ausdrücke, die etwas Böses bezeichnen, mit Ausnahme dessen, was sie an den verabscheuungswürdigen Yahoos bemerken. Das Laster des Stolzes konnten sie aber bei diesen nicht ausfindig machen, weil sie die menschliche Natur nicht in dem Grad zu erkennen vermochten, wie dies in den Ländern, wo die Yahoos herrschen, der Fall sein muß. Ich, der ich meine Erfahrung hatte, konnte jedoch einige Elemente des Stolzes bei den Yahoos bemerken. Die Houyhnhnms, die unter der Herrschaft der Vernunft leben, haben nicht mehr Stolz auf ihre guten Eigenschaften als zum Beispiel ich, daß mir weder ein Arm noch ein Bein fehlt. Jedermann wird sich dessen wohl nicht rühmen, solange er nicht verrückt ist, obgleich der Mangel jener Glieder ihn unglücklich machen müßte. Ich verweile länger bei diesem Gegenstand, weil ich die

Gesellschaft eines englischen Yahoos auf irgendeine Weise weniger unerträglich zu machen wünsche, und deshalb bitte ich diejenigen, die auch nur einen Schein von diesem lächerlichen Gebrechen haben, mir in Zukunft vom Leib zu bleiben.

Finis